我的信任记忆

吉建富 著

文汇出版社

图书在版编目（CIP）数据

我的信任记忆 / 吉健富著. -- 上海：文汇出版社，2014.6

ISBN 978-7-5496-1178-2

Ⅰ.①我… Ⅱ.①吉… Ⅲ.①纪实文学—作品集—中国—当代 Ⅳ.①I25

中国版本图书馆CIP数据核字（2014）第090534号

我的信任记忆

作　　者 / 吉建富

责任编辑 / 乐渭琦
封面题字 / 齐铁偕
装帧设计 / 王伊婷

出 版 人 / 桂国强

出版发行 / 文匯出版社
上海市威海路 755 号
（邮政编码 200041）
经　　销 / 全国新华书店
照　　排 / 上海歆乐文化传播有限公司
印刷装订 / 上海译文印刷厂
版　　次 / 2014 年 6 月第 1 版
印　　次 / 2014 年 6 月第 1 次印刷
开　　本 / 787 × 960　　1/16
字　　数 / 280 千字
印　　张 / 22.75

书　　号 / ISBN 978-7-5496-1178-2
定　　价 / 45.00 元

序

张煦棠

吉建富，我同他结识将近30年了，在《新闻报》，我们共事4年，他是一个不断出奇招的人。新的《新闻报》刚诞生，几个报社合并，办公室没有着落，眼睛一眨，他把房子借来了，叫我天天跑7层楼梯去办公，说是让我锻炼身体；好好的起劲跑新闻，他写起长篇连载小说，记者照干，眨眼又是作家了。 2010年世博会召开前夕，忽然上门送我一本新著《海派报业》，研究起上海的报业史来了。就说2013年5月5日，我专程第一次按响他家的门铃，急匆匆去看望这位刚从“鬼门关”归来的老同事、老朋友，10月15日中午12时，我吃罢午餐，正手拿几张报纸打算例行午休，忽然门铃大作，快递送来的是吉建富又一部新著清样，厚厚的一大包，说是写“信任”的专著。

信任，当今热门话题，小至老人倒地，要否相扶？大至美国发生信任危机；人与人，国与国，信任，无所不在，无时不在。吉建富，你怎么写？他竟要我为他的专著写个序言，我怎么敢当？我怎么写得像样？可我尽管耄耋之年，记者习性不改，吉建富送上门来的新著，我立即退回书桌前坐下，放下报纸，打开邮包，把一大叠书稿清样放在膝头，迫不及待地看了起来；当天的报纸不翻了，午觉不睡了，读下去，读下去，抬起头一看座钟，已经1点45分，就这么一口气读了一个多小时，还想再看下去，心里嘀咕：“这小子，信任，这个热门话题，竟把它写活了！”

再回头看题目，书稿的题目似乎还没定，只见“信任自己，信任别人，被别人信任——我的信任记忆”。信任，这个热门话题，这么一个严肃的题目，竟然可以这么写，竟然能这么吸引人读下去，我由衷地钦佩。当然，几十万字，我不可能一口气读完，但10月24日这天，我从上午9点30分开始读，直到晚上7点45分钟，只是中午草草地吃了几口饭，一天读了整整十个小时，计将近18万字，不是跳跃式地速读，硬是一字一句读，紧接着25日从晨7时到11时30分，全部读完30多万字。足见吉建富的功力，他就有这个本事，能让人饶有兴趣地这么快地读完压根儿“不吸引眼球”的专著。

他写信任，从儿时有记忆开始，一直写到今天，整整50年，用77个故事，把“信任自己，信任别人，被别人信任”贯穿始终，不，信任没有终极，应为贯穿著述完结。中间每遇故事要紧处，画龙点睛，作出73个“感悟”，以及七八个“中途遐想”。

在我看来，这部专著既像一部吉建富的自传体小说，又像一部社会纪实小说，娓娓描述，从童年家中角落里的1分、5分硬币开始，如何取得父亲、外婆的信任；信任从童年就要养成。到学校，同学间，师生间，如何建立彼此间的信任；进入工厂，迈入社会；从新闻岗位到文艺圈子，一则故事接着一则故事，一个人生阶段，递进到又一个阶段，每一则故事，每一个阶段，均紧扣着如何自我建立信任，如何取得别人的信任，这里边有顺利的愉悦，曲折的忧伤，亦有一旦失去信任的悔恨：于是；反复告诫务必珍惜得之不易的人际交往中彼此的信任，千万千万警惕由于自己的不慎而失去信任；人际间的互不信任，乃至引发社会的信任危机……

77则故事，73个感悟，50年的人生历程，吉建富以他的睿智，以一个成熟的记者与作家的联合体，运用形象描述与思辨论析的动人笔法，解读了一个并不轻松的话题：如何信任，如何建立自我信任，真正做到信任别人，被别人信任，从而消除社会的信任危机。最后讲到“重构我们的信任”。他大声疾呼，对信任要“永怀一颗敬畏之心！”他引用明代思想家、哲学家吕坤的名言：“畏则不敢肆而德以成，无畏则从其欲而及于祸。”他在专著中最后写道：“要有敬畏之心，要有感恩之心！”“生活还在继续，我将伴随‘信任’一路同行……”

这就算我一点读后感言。

（作者曾任文汇报社副总编、新闻报社总编）

目录

序……………………………………………………张煦棠

序章…………………………………………………… 001

第一章　信任，从童年开始展翅 …………………… 010

1. 父亲究竟骗没骗我 …………………………… 010
2. 家中角落里为何总有硬币 …………………… 013
3. 同桌坚守承诺，“送”我一分钱 ……………… 015
4. 一人失信，殃及整个团队 …………………… 017
5. 信任可以产生动力 …………………………… 020
6. 信任来于经验，亦毁于经验 ………………… 023
7. 判断，在十字路口彷徨 ……………………… 027
8. 忆苦饭的另一种味道 ………………………… 029
9. 为捍卫名声，我豁出去了 …………………… 031

中途遐想 ……………………………………………… 033

第二章　信任，在途中迷失方向 …… 037
1. 一只篮子给出的教训 …… 038
2. 输了棒冰，心服口服 …… 041
3. 为毛主席像章镶边 …… 043
4. “斗鸡”摔成骨折谁之过? …… 046
5. 小伙伴在我眼前丧命 …… 048
中途遐想 …… 051

第三章　需求，信任的出发地 …… 054
1. 病友成为我家亲戚 …… 055
2. 写的检查成了好作文 …… 058
3. 为看电视费尽心机 …… 060
4. 我让“放心”给骗了 …… 063
5. 老军长碗中的特殊米饭 …… 067
中途遐想 …… 069

第四章　工厂十年，体验信任回味无穷 …… 071
1. 团支部书记的目光 …… 072
2. 隐性的承诺仍令人期待 …… 075
3. 信任，大都与“同”相关联 …… 078
4. 我在黑板报上显身手 …… 080
5. 在半成品仓库的故事 …… 084
6. 承诺没有兑现之后 …… 086
7. 稀里糊涂毁了自己的信誉 …… 089
8. 我被停职检查前后 …… 093
9. 不做铁砧，就做铁锤 …… 098
10. 一只水斗，四个带锁的龙头 …… 101

11. 父亲为何摔坏录音机 …………………………………………… 106
中途遐想 …………………………………………………………… 112

第五章　融入艺术大军的洪流 ………………………………… 114
1. 报考北京电影学院 …………………………………………… 115
2. 不畏辛苦，排队买禁书 ……………………………………… 119
3. 参加虹口文化馆诗歌组 ……………………………………… 122
4. 在南市业余艺校学影视编导 ………………………………… 125
5. 告诉你一个“艺术”的秘密 ………………………………… 131
6. 一则新闻稿见报的前后 ……………………………………… 134
7. “十大优秀经理厂长”中的一员 …………………………… 140
8. 弥留之际兑现的承诺 ………………………………………… 145
中途遐想 …………………………………………………………… 151

第六章　在闯荡大社会的岁月 ………………………………… 155
1. 办《个体户报》的折腾 ……………………………………… 156
2. 走进《市场艺术》编辑部 …………………………………… 160
3. 要被别人信任没有捷径 ……………………………………… 165
4. 向社长推荐老编辑 …………………………………………… 169
5. 为啥我被别人留下坏印象 …………………………………… 173
6. 与《经济新闻报》的几次合作 ……………………………… 179
7. 在信任与不信任之间游走 …………………………………… 183
8. 夺回了被失去的信任 ………………………………………… 189
9. 我促成了一场红楼宴 ………………………………………… 195
10. 协助老蒋重出江湖 …………………………………………… 199
11. 借船出海渡过难关 …………………………………………… 205
12. 老蒋再次被人搞下台 ………………………………………… 210

中途遐想 …………………………………………… 215

第七章　在记者队伍中磨炼 ………………………… 217
1. 小试牛刀大获成功 ……………………………… 218
2. 我的两次经典策划 ……………………………… 222
3. 当了一回总指挥助理 …………………………… 229
4. 创办安庆记者站 ………………………………… 235
5. 不走寻常路的汪医生 …………………………… 240
6. 与大报记者的一次竞争 ………………………… 247
7. 担任长篇连载责任编辑 ………………………… 254
8. 因报纸结缘仍在往来的朋友 …………………… 262
9. 见证报社老总更替 ……………………………… 267
10. 走进《人见人爱》摄制组 ……………………… 273
11. 别克新世纪万里行 ……………………………… 278
中途遐想 …………………………………………… 285

第八章　重构我们的信任 …………………………… 290
1. 能与不能的信任重构 …………………………… 291
2. 一米线给我们的启示 …………………………… 297
3. 永怀一颗敬畏之心 ……………………………… 303
4. 重构信任的三岔路口 …………………………… 307
5. 常有一颗感恩的心 ……………………………… 314
6. 我到鬼门关前走了一遭 ………………………… 323
7. 医生，医院诚信的试金石 ……………………… 333
8. 美林阁作弊秤与德国蟹事件 …………………… 342

尾章 ………………………………………………… 349

序章

图 1

图 2

作者与女儿、《市场艺术》社长助理钱国梁在普陀山留影【图 1】

作者与作家俞天白、证券节目主持人左安龙欢聚【图 2】

作者与原《新闻报》副总编忻才良和“双笔王”顾浩君合影【图 3】

图 3

序章

相信每一位阅读本书的人，或亲身经历，或瞧见别人，都会遇到如下令你尴尬的事：当你手持一张百元人民币去购物，想一想营业员首先要做的是什么动作？假如是大商场，当收银员接过你递上的钱时，一定会放在验钞机上滚一下，以检验钞票的真伪；倘若是中型商店，营业员必定会将钞票不是先横摸、竖摸，便是将钞票高高举过头顶，仔细辨别诸如防伪的水印、金属嵌条之类的标记……当他们确认百元大钞不是假币之后，才会放心地“银货两讫”。

然而，这回该轮到你“出手”了：比方对方找给你一张50元纸币，嘿嘿，对不起，你也会左看右看，心忖：“我给你的是真币，你给我的会不会是假币？”其次就是看到手的东西，是食品，你会看生产日期，是香烟，你会摸摸、闻闻，总之，你会运用一切掌握的知识，动用一切可用的手段，目的只有一个，就是提防买到的是假货！

那么，你是否想过，怎么会屡屡出现此类司空见惯的“动作”，而且已经成为一种习惯？答案只有一个：这就是相互不信任。

按照《现代汉语词典》对信任的解释是：“相信而敢于托付。”对比前面所述的场景，是否可以理解为：不相信而不敢于托付？

根据《牛津词典》对信任的注解为：对某人或某物的可靠性、真实性、能力或力量抱有强烈的信任感。

由此我想到，我们去购物，与销售人员彼此不认识，对方完全有理由对你产生不信任感，正所谓“好人坏人”没有写在脸上。再则，我们所处的尽管是法制社会，然而“诚信”遭遇滑铁卢，你对别人信任，掏心掏肺一片真诚，却未必“好心有好报”。久而久之，“欺人之心不可有，防人之心不可无”的古训就成了颠扑不破的真理。

我又在想，假如营业员是自己熟悉或者是亲人的话，还会出现“验钞”的滑稽场景吗？我想肯定是不会的。父母或者兄弟姐妹，那是有血缘关系的人，自家人做营业员，你去买东西，他们恨不得“揩国家的油”，多给你点，哪里还会对你递上的百元大钞往假币上去想？因为他们知道，自家人是不会害自己的。由此，我得出结论，有血缘关系的，信任度则高。

果真如此吗？我亲历的一件事击碎了这个结论。

那是多年之前的事了。有一天，我接到一位相当投缘的朋友电话，从他欲言又止的话语中，我感到他家里好像发生了什么重大的事情。一见面，他就迫不及待地告诉我，说他母亲要与舅舅打官司，问我能否介绍一位律师。未等我开口，他便语速极快地道出原委。末了，他用满是期盼的眼神望着我，说了一句：“兄弟，我相信你能帮我的忙。”

当时，我顿感一股暖流滚过心房。何故？就是朋友说的“我相信你”。相信就是信任，朋友信任我，因而敢于托付。

原来，朋友的舅舅向他母亲借过2万元现金，当时还写了借条。他母亲说，姐弟之间借钱还要打收条？他舅舅固执己见，说，亲兄弟，明算账。既然弟弟把话说到这个份上了，朋友的母亲也只能恭敬不如从命，收下了借条。

这笔钱讲好一年后归还。当借款日子临近365天之时，朋友的母亲曾暗示过弟弟，说买房的贷款想一次性还清之类的话，可朋友的舅舅不知是没听明白，还是装聋作哑，不是不接腔，就是嘻嘻哈哈转移话题。朋友觉得事情有些蹊跷，担心舅舅不还钱。于是将隐藏在心中的念头告诉给母亲。母亲嗔怪他怎么会冒出这种想法，难道自家人还会赖账不成？

在我看来，朋友的舅舅与朋友的母亲是手足同胞，彼此信任是必然的。可朋友说，如今还钱的日子已过了大半年，他舅舅虽然没赖账，但就是拖着不还。最要命的是，他母亲在家翻箱倒柜，屋里屋外翻了个遍，唯独不见那张借条的踪影。

这事很棘手。要打官司，作为证据的借条没了，还找律师干嘛？我端起杯子，呷了一口茶，脑子在飞快地转动。朋友呆瞪瞪地望着我，潜台词不言而喻："我相信你会有办法的。"

相信我，就是信任我，虽说我是记者，见多识广，可遇到这样的事还是头一遭。我终于想出了办法，并自认为问题可以迎刃而解。于是我对朋友说，去做两件事，第一是写封信，首句务必写上舅舅的名字，这点非常重要，假如"没名没姓"，等于白写；而有了舅舅的大名，证据才能成立。

接下来直奔主题："你在某年某月某日借我3万元……"未等我把话说完，朋友立马抢白道："不是3万，是2万。"

嘿嘿，我要的就是这个效果。我笑着说："你都急了，想辩解，那你当事人的舅舅还不要发疯似的跳起来？"

第二件事：准备好一个录音笔，把它安在电话机上，注意，要做到可以随时取下。其目的就是防止朋友的舅舅不回信，而是打电话来责问。我告诉朋友注意事项，假如舅舅来电话了，无论是我朋友，还是他母亲，即使听得出是舅舅的声音，也要装作不知道，一定要明知故问对方是谁，对方必然会报上尊姓大名。这与写信时一定要注明舅舅的姓名异曲同工。

后来，朋友母亲并未与弟弟对簿公堂，他舅舅因为赌球输得很惨，还借了高利贷，最终拆东墙补西墙，借张三钱还李四，总算把姐姐的2万元给还上了。

好了，回到信任的话题上。

从我朋友的事情上可以看出，信任与血缘之间并没有直接关系。而陌生人之间一开始绝无信任可言，因为彼此不了解，只有当通过接触，或者通过某些事的办理，彼此才会渐渐熟悉起来，至于相互间的信任还需经过时间的考验。澳大利亚管理界思想领袖之一的瓦妮莎·霍尔女士是Entente咨询公司创始人，她的公司曾对来自澳大利亚各地的600个人询问同样一个问题：“什么是信任？”

答案众多，其中较为集中的如下：

▲你能依赖这个人，他们会言出必行。

▲跟他们在一起时会感到安全。

▲对某个人绝对有信心，相信此人不会辜负自己。

▲相信你不会被欺骗或者误导。

▲信任是人与人之间的纽带，是一种价值。

在我看来，全世界对“信任”的解释大都如此。而我对信任给出的模式从粗线条上划分为：信任自己、信任别人、被别人信任。倘若在这三个划分的“信任”前，各加一个否定副词“不”，就变成了另外三种“不信任”的划分，他们之间有着纵横交错、千变万化的关系，每个交叉点都是“信任”与“不信任”的撞击。你先前认为那人靠得住，对他绝对放心，这是信任所在。然而，事情发生了变化，你相信自己不会被欺骗，就像我朋友的母亲，差点被弟弟骗了，朋友的舅舅在我朋友一家人的眼里，当初“好人”的形象一下子发生逆转，成为了“坏人”，信誉变为零。

虽然我并不认识朋友的舅舅，却通过朋友的叙述，间接对他舅舅产生了不信任的印象。对朋友而言，他们一家对舅舅的不信任是直接的，而我是间接的，因我对朋友的信任，他所说的舅舅自然在我心里留下的信任度不说为零，至少低得可怜。这也证明，对一个人的信任可以来源自己的感受，也可以通过别人的描述，其结果是一样的。

我再说件事，以证实不能小觑“间接”的威力。

在一次采访时，我认识了一位其他媒体的同行，虽说以前从未谋面，但他的大名频频出现在报端，消息写得短小精悍，新闻点切入总能以小见大，可以说，我对此人有着良好的印象。如今在特殊的场合偶遇，大有相见恨晚的感觉，彼此交换名片后，有了一番愉快的交谈。对方热情有加，谈笑风生，从他的言语中，我得到了“此人路道蛮粗”的印象。尽管他也知道我的姓名，由于是第一次“面对面”，但我们还是找到了聊天的话题。分手时，他说“以后有用得着兄弟的时候尽管吩咐。”

说来也巧，不久我真的有事相求于这位老兄，因为他说过“教育局的事情来找我。”于是我给他打电话，他说“没问题，可以想想办法。”

还记得吗？《现代汉语词典》对信任的解释是：“相信而敢于托付。”我因为相信这位老兄说的话，所以托付他帮忙。那么，我接下来便是等待，而这位老兄所言“可以想想办法”就是对我的一种承诺。

假如他兑现了对我的承诺，即我托付于他的事办成了，我对他的信任度必然大幅度提升。这也意味着，信任是通过考验来证明结果的。如果承诺没兑现，信任的印象分必定大打折扣，假如一件事还不能说明问题，多次承诺均未兑现，那就能得出“此人不可信”的结论。

也许心急的读者要问了：这件事最终怎么啦？

别急，让我先来排一下几个关键词：需求——承诺——期待。

还需说明一下，我托付这位老兄办的事，并不是我自己的事，那是我的一个亲戚所托。当时我对亲戚老老实实地言明自己无法办理这件事，我的记者朋友答应帮忙。亲戚信任我，也是间接地满怀希望地期待着。你看，期待并不仅仅是我与那位老兄之间的事，他的承诺间接影响到我的亲戚。假如万一事情办砸了，因我有言在先，我的信任度可能受影响不大，而对于未谋面的那位老兄，亲戚一定会产生“此人是王伯伯”，是个不兑现承诺的“吹牛者”。

大约一个星期过去了，对方没任何信息。我想，他可能没找到人，或者找到的不是拍板的关键人物。我惟有耐心等待。

又过了一周，还是没任何消息。那是在一个小范围的好友聚会上，我躲到一边的角落里，忍不住悄悄给这位老兄打电话，小心翼翼地询问所托之事进展如何。此兄一听是我，马上先解释，一会儿说，之前人家出差去了，一会儿说，之后报社派他去了一趟北京；让我放心，他会把这件事搞定的。此刻，我已经对他失去了信心。但我似乎还抱有一丝希望，或者说是“死马当做活马医”，仍请他无论如何帮帮忙。岂料，我打电话时声音大了些，饭桌上的朋友听到了我们之间大致的谈话内容，一位很要好的朋友很不客气地对我说：“你怎么托这个瘪三办事情，盐也要卖馊了。”

为了证明他所说的是实话，他让坐在旁边的一位女士说说。这位女士我也挺熟悉，她问明情况，冷笑一声，说："这个家伙的话也能相信？十句有九句是假的，还有一句是造出来的。"

我苦笑道，我与此人也只刚认识不久，听他说过教育局那里有熟人。我也是头一回与他打交道，我当然相信他才托他办事，也是试试看，不试，怎么晓得他讲的是真，还是假？

饭桌上有几位朋友与他接触的时间长，经历的事也多，他们对他的为人处事一清二楚；而我同他认识的时间短，对他的为人处事一知半解。现在通过朋友们用实例向我证明此人的不可信，我也间接地加深了对此人的了解。我自然结束了我的"期待"。由此我想到，信任的建立并非一朝一夕，但要破坏业已树立起来的良好信任感，仅仅一件小事就能毁于一旦！

让我再来引用澳大利亚管理界思想领袖之一的瓦妮莎·霍尔女士经常给众人做的有关信任的测验。她让被测验者闭上眼睛，脑子里想一想生活中自己最信任的人，当想到他们的时候，脑海里最先出现的是哪些词语。众人七嘴八舌，各抒己见，瓦妮莎·霍尔把出现频率最高的挑选出来，得到的答案依次为：诚实、真诚、正直、无私的精神、言出必行。

她又让测试者再想想生活中自己最不信任的人，当想到他们的时候，脑海里会出现哪些词语。答案是：谎话连篇、自私自利、诡计多端、言行不一和喜欢背后伤人。

对照那位信誓旦旦"以后有用得着兄弟的时候尽管吩咐"的老兄，看看"最信任的人"所列出的五个答案，没一个沾边的，倒是与"最不信任的人"中，多个答案画上了等号。

信任的出发地是家庭。儿女与父母是最直接的检验者，其次为兄弟姐妹间的关系，信任将伴随一辈子。良好的信任基础是和睦家庭的纽带，反之，便是兄弟阋墙，反目为仇，亲兄弟成为冤家，"外面人"倒成为好兄弟。

信任，也是评判夫妻关系好坏的试金石。有些男人喜欢在外拈花惹草，虽偷偷摸摸，但总会露出蛛丝马迹。妻子时有耳闻，抑或凭着直觉隐约感到自家男人外面“有女人”，她就会偷看老公的手机，是否有暧昧的短信。当然，老实的男人遇到往日不爱打扮的老婆突然变得花枝招展，也会起疑心：“老婆外面有花头？”于是密切注意老婆的一举一动；老公也会偷看老婆的手机，是否有肉麻的文字，甚至采取盯梢、跟踪。正是夫妻之间的猜疑，彼此不信任，导致相互时刻提防对方，长此以往，劳燕分飞是必然的结果。

我还是从正常的家庭说起吧。

每天，对被家人送往幼儿园的幼童来说，他们绝不会明白“信任与不信任”，但他们的家人选择这家幼儿园就是对这家幼儿园的信任。我们之所以看见，信誉度高的幼儿园每年招生时门庭若市，家长们找熟人、托关系，不惜一切代价，目的就是为了让自家的孩子能进重点幼儿园。对去上小学的学生而言，他们就是上幼儿园幼童的翻版……

每天，夫妻去单位上班，他们就要面临“信任”的考验，这种职场上的考验往往体现在与同事之间、与领导之间。若你是领导，那么，这种考验便体现在干群关系，或者说上下级关系上。

假如你所在的单位是公交公司，是地铁、是银行、是医院，一句话，就是服务性行业；在这个“服务窗口”，你每天都要与被服务者打交道，且这些被服务者皆为陌生人。你讲不讲信任，不仅关乎于你个人的事，还关乎整个企业的命运。

在这些“服务窗口”，我们几乎大大可以听到争吵之声，甚至看到大打出手的场面。起因有的是误会，更多的为不信任所致，尤其是医院，医患矛盾突出，患者认为自己的毛病不需做B超，更用不着做核磁共振，结果两样都摊上，不得不怀疑医生是为了拿回扣，因此大吵大闹。如今，医生遭殴，甚至被杀的新闻屡见报端，这是我所言的“信任与不信任”已从家庭，网射状地向各个领域裂变的佐证。

三聚氰胺、苏丹红、地沟油、瘦肉精、毒胶囊……这些危害人体健康的东西竟然出现在我们日常吃的食品、药品中，难怪人们会发出“我们现在还能吃什么！”的无奈，这是非常可怕的事。

哪里出问题了？不言而喻，就是信任。无数触目惊心的事实告诉我们：如今，信任危机已经到了登峰造极的地步，重构我们的信任势在必行。

信任，不仅是人与人之间的纽带，也是人与动物之间的桥梁。假如你养了一群鸽子，你不信任它们，你是不敢放飞的。养狗的朋友更加清楚，主人善待狗，它们绝对对主人忠诚。有一户养狗的人家房子动迁，他们人走了，却将狗丢弃在老地方，那条可怜的狗，每天仍守候在老屋门前，它相信主人一定会回来的。然而，主人遗弃了它，路人见它饿得慌，给它吃东西，它不吃不喝，最终死在待拆迁的老屋旁。

在以下的篇章，“信任”与“不信任”会始终在你眼前浮现，你可以静心思考，也可以回避。无论你选择思考还是回避，有一点是可以十二分地肯定，即“信任”的实践犹如一把无形的枷锁，将伴随你一生，无论你活着，还是死了，它都将把你紧紧套着，永远无法分离！

第一章 信任，从童年开始展翅

图 1

图 2

童年时期的作者与父母合影【图 1】

作者与岳母、夫人及女儿在一起【图 2】

第一章

信任，从童年开始展翅

1. 父亲究竟骗没骗我

孩提时代，我对“信任”几乎一窍不通。然而，不因为我的懵懵懂懂，信任就不存在了，它总是围绕在我的身边。

我至今清楚地记得，因几枚硬币而引发的一系列故事，如今想来，桩桩件件都与信任密不可分。

1963年，我上小学一年级，学校动员我们订《中国少年报》，我以为父亲对我买书、看报之类的行为会特别支持。当年，我父亲住在厂里，每周六回家，住两个晚上，星期一清晨走。我心中满怀期盼，等着他快快回家。

到了星期六，那天父亲很晚才到家，我向父亲说起学校要我们订报的事。父亲叼着烟斗，燃烧的烟丝发出“吱吱”的声响，那暗红色的微火随着父亲的吸烟，变得忽红忽白。我父亲说，容他考虑一下，等下周六再讲。可以说，这一周仿佛格外漫长，我相信父亲这次回家一定会答应我订报的请求。相信，可以说是信任的另一种表述。

此时，班上只有一位女同学独占鳌头，订了《中国少年报》，惹得所有同学好生羡慕。我盼望父亲早点回家，为的是争取当“订报第二人”。在期盼的同时，我向母亲说起了订报的事，但在我心里，对母亲能否答应订报的事基本不抱希望。那时在我眼里，母亲似乎啥都做不了主。比如，我要一毛钱去看电影，她便会用嘴朝我父亲呶呶，意思是跟你阿爸去要。时间一长，我对自己向母亲求什么都失去了信心。这回，我是硬着头皮向母亲开口的，果然不出所料，我的愿望落空。

好不容易再次把父亲盼回了家，我直截了当地问：“那件事怎么啦？”

父亲眨巴着眼睛，一脸疑惑，问：“啥事？”

我愣了一下，说：“学校订报的事呀。”

“噢——”一声长长的拖音后，父亲说：“你刚读小学一年级，字还没认识几个，订什么报纸。”

父亲说的倒是实话，不过，别看我那年才8岁，也是一条汉子，对于父亲不兑现承诺非常愤怒。我哭着大吼：“你怎么说话不算数？”

父亲颠来倒去，还是那几句话，大概被我缠得没办法，最终笑眯眯地吐出一句：“等你读二年级的时候再讲。”

我知道自己再说什么都是废话，心里已经对父亲说的“等你读二年级时再说”的话将信将疑，最后不再相信了。从此我心中就有了阴影，每当向父亲提出要看电影或者其他什么要求时，都觉得父亲不会那么爽气答应，他在我脑海里留下了“不可信”的印象。

当我不再想订报的事时，父亲却突然提及，他不是拿钱给我，而是提出“交换条件”，要我在二年级考试时，语文成绩要优，作文成绩要优。我说不要订报了。父亲说，不订报，语文、作文也要优！

其实，我自上小学以来，对语文课特有兴趣，直到今天我都认为，一个人对文科、理科的偏好在小学就泾渭分明了，讲绝了，是天生的。我上二年级时，通过算术课学会了加减乘除后，就再也提不起兴趣，甚至感到恐惧，惟有上语文课，我显得格外兴奋和活跃。

转眼到了二年级下。一天，父亲突然问我，订报纸需多少钱。我以为自己耳朵听错了，埋藏在心中已久的订报夙愿被激活。未等我开口，父亲眉毛一扬，笑道：“我说话是算数的，到底要多少钞票？”

我回答不上来，因为我忘了。待我星期一去上课，问了老师，方知每月为三角五分，可是真的要付钱，只能等到父亲星期六回来了。孰料，我母亲下班回家，告诉我，父亲将订报的钱交给她了。我喜出望外，翌日，高高兴兴到学校订了报纸。父亲没食言，他在我心中“说话不算数”的不良印象，宛如写在纸上歪歪扭扭的字，被橡皮轻轻一擦，擦掉了。

感悟：对自己作出的承诺务必勇于担当，哪怕事情微乎其微，要么不答应别人，一旦答应了，就必须义无反顾地去兑现。光说不做必然失信于人，失信于人的人将无立足之地；若要被人信任，言出必行是考量的第一要素。

2. 家中角落里为何总有硬币

1964年，有许多事对现在的80后、90后来说，简直就是天方夜谭。

那时，上医院看病配药水，玻璃的药水瓶要付押金，像现在装咳嗽药水的瓶了被称为大瓶，押金是一角钱，稍微小点的瓶子押金为5分。等药水喝完了，瓶子拿到医院去退回押金。我那时常常生病，家里的药水瓶起码七八个，父亲总是要等到下回我去看病时，才将瓶子带去一起退掉，取回押金。

起先我并不知道还有这种“游戏规则”，之后像哥伦布发现新大陆似的发现了此中的奥秘。按理说，药水瓶用来装药水，把药水喝完后，便与我没有任何关系了。可它作为押金的凭证，就有了货币的影子。有一次，我家附近的嘉兴电影院放映故事片《古刹钟声》，同学有两张票子，每张一角。他原本是和弟弟一起去看的，他弟弟因有事去不成了，便叫我去看，言明我只要付给他8分钱即可。那时，一角钱可以买三只大饼，还能找零1分，同学岂肯把电影票白白浪费了？

我一听，来劲了。一角钱的电影票打了八折，要不是同学的弟弟去不了，我哪里捡得了这样的便宜货？我当即答应跟他一起去。可我同学坚持要我先付钱，我说，时候不早了，看完电影一定给你，还怕我赖账？

也许同学与我在“钱”上是第一次打交道，但我平时从不说谎，信誉度颇高。他朝我家墙上的挂钟看看，距离电影开场剩下不到十分钟。

举棋不定的同学这才下了决心，喊了一声："快跑！"我俩撒腿就朝电影院一路狂奔。

电影是好看的，但我同学不断朝我看，还念念不忘叮嘱我，散场后跟我回家拿钱。他的"叮嘱"是对我不信任的表现，这也不能怪他，毕竟人家已经出了钱，生怕收不回也实属情理之中。不过，我的情绪受到了影响，一边看电影，一边考虑如何还钱。父亲不在家，母亲未下班，只能向外婆伸手了。如此一想，我腰杆马上硬了，小声告诉他，讲好回去给钱，就回去给钱，让他放心。

电影看完了。同学紧跟着我，好像我要逃跑似的。等我回到家时立马傻眼了——外婆不知去了哪里。这意味着我拿不到钱，而我同学急得快哭了出来，他喃喃自语："还叫我放心呢，现在怎么办呀？"

当时我很尴尬，晓得这个同学那张嘴，人前人后说坏话是出了名的，要是我今天不拿出钱给他，说不定5分钟后，讲我"不要面孔"的话就会迅即传开。

为了维护自己的声誉和信用，我必须以最快的速度弄到8分钱，真可谓一分钱逼死英雄汉！顿时黄豆大的汗珠从我额上滚落，忽然，我看到放在墙角边上的药水瓶。出于无奈，我也顾不上那么多了，拿起一只大瓶直奔第一人民医院。我同学以为我要开溜，在我身后紧追不舍。当他跟着我到了医院，拿到了8分钱后，紧绷的脸才松弛下来。

一场"信任危机"被化解，但我心里害怕起来。回到家，看看墙角边一字排开的药水瓶，点了一下，还有6只，我不知道母亲发现少了1只会对我怎样。

母亲下班回家，我做贼心虚，时不时观察她的神色。好在她放下包就去忙晚饭，也没发现少了1只药水瓶。一连数天，平安无事，我才稍稍安心。

一天，我听母亲问父亲，地上的药水瓶一共几个。父亲并不十分肯定，说好像是7个。母亲说，只有6个。之后，他们把说话的声音压得很低，我隐隐约约听到母亲说，会不会是我拿去换钱了。父亲予以否定，说他相信我，不会自说自话拿药水瓶去退掉的。

又过了一段日子，我忽然在母亲睡觉的房间发现梳妆台上有2分钱，又在枕边看到一枚5分硬币。不知是母亲故意放着“试试”我，还是不小心落下的。反正我只当没看见。

终于有一天，母亲忽然放开嗓门，说她放在梳妆台上的5分钱不见了，边说还边瞅瞅我。我外婆听见后，说是她拿的。母亲板着的脸上露出了久违的笑容。

蹊跷的事发生了。母亲在扫地时，从床底下扫出了一枚5分硬币。外婆不是说，是她拿的，怎么现在又“多出”了5分钱？外婆事后对我说，她本以为是我拿了5分钱，怕我挨揍，她是替我“顶罪”的。她告诉我：“你妈妈想试试你，看你会不会拿钱。”

为何要“试试”我？说穿了，就是对我的不信任，尤其是怀疑家中的药水瓶少了之后。我以后再也没打过药水瓶的主意，我要永远保守这个秘密。

感悟：要被别人信任绝非易事。当信任遭受怀疑，可以证明自己诚信的最佳方法，是果断地用强有力行动，去化解不信任的目光，万万不可无动于衷。

3. 同桌坚守承诺，“送”我一分钱

这是个既趣味又有智慧的故事，能让我记住一辈子。

这件事发生在1965年的秋天，那年外婆去了乡下。一天早上，母亲交给我2角1分，还有一斤粮票，让我中午放学顺路买一斤切面回家，并再三关照：“钞票、粮票放放好，千万不要弄丢了。”

这里要有个交代；当时切面为2角1分一斤，需收一斤粮票。由于粮票太小，我把它放在铅笔盒里，钱，就放在衣服上衣口袋。我多次完成母亲交办的买切面任务，这也不是什么难事，从家到学校的路上就有两家米店。然而，开始时，我母亲总是不放心，就怕我把钱或者粮票弄丢了。当我每次都能顺顺当当地把切面买回家，母亲才渐渐相信我了。

记得那天学校上体育课，女生跳绳，男生跳鞍马，大家玩得不亦乐乎。我也玩昏了头，哪里想到一分钱从裤袋里溜了出去。现在说起来，一分钱算什么，买几根葱都要2角起板，就是地上有1角钱，大多数人看到了也会视而不见，生怕弯腰累着。可那时一首“我在马路边捡到一

分钱，交给人民警察叔叔手里边……”的歌唱红大江南北，可见一分钱的分量有多重。

直到下一节课，安静下来的我倏地想起母亲交办的任务，连忙摸摸钱，此刻才发现少了一分钱。这下非同小可，我再次摸遍全身，确定那一分钱真的永远离开了主人。

我脑子里一片空白。俄顷，我眉头一皱，计上心来：大不了少买一两面，或者给一斤粮票和2角钱，让卖面的阿姨少给一点点，不就行了吗？可这个想法瞬间就被我否定了，我知道母亲的眼睛“尖”，甭说“少一点点”，就是少了一根面，估计也逃不过她的火眼金睛。

如此一想，我顿时心烦意乱，瞅了瞅同桌，绰号叫“大头”的他正襟危坐，目不斜视，一副认真听讲的好学生模样。情急之中，我小声问他能否借一分钱给我，“大头”扫视了我一下，未接腔。我言简意赅地讲了原委，他嘴角微微向上一翘，低声说：“我送你一分钱。”

我惊住了，心想：“你就是借给我一分钱，我也会感恩不尽，哪有送一分钱的好事？”

如同炎热的盛夏，一滴水滴在滚烫的柏油马路上会瞬间蒸发，我赶紧追问：“送我一分钱？”

“大头”用力点点头，表示是千真万确！我心里打鼓，仍存疑窦。因我知道，同桌的兄弟姐妹一大帮，他父亲蹬三轮车，母亲是踏黄鱼车送货的，家境贫寒，他竟如此出手大方？

对同桌而言，他要么开我玩笑，给我吃“空心汤团”，要么是真心实意帮助我。前一种情况是他食言，我可能一辈子也不再理睬他；后一种情况是他遵守诺言，兑现承诺。信任与不信任就在这转瞬之间。

在我的期待中总算熬到了放学。我注视着“大头”，潜台词是：“一分钱你可以给我了。”

“大头”像个慢郎中，笃悠悠地说：“我帮你去买切面，到时候，你缺的一分钱由我给就是了。”

我的好奇心陡增，跟着“大头”到了离学校较近的一家粮店，只听他对营业员说：“买4两切面。”

营业员熟练地抓起一把面往秤上放，我上前拉了拉“大头”的衣角，小声说："我要买一斤切面……"

他对我说："一斤切面2角1分，一两就是2分1厘，四两面8分4厘，四舍五入，你只要付8分钱，懂了吗？"

我递给营业员一角钱和一斤粮票，他找我2分钱和6两粮票。"大头"又和我到了另一家粮店，这回他让我依样画葫芦，他替我拿着面，他要躲到一边去。

我问："这是为什么？"他推了我一把，我就没再问。我也很顺利地买了4两面，一算账，总共花了1角6分。此时，"大头"将他手上的切面交给我，说："你还剩下4分钱和2两粮票对吗？"

我明白了，"大头"出面替我再买2两切面，1两2分1厘，2两切面就是4分2厘，四舍五入，只要4分钱，我用2角钱照样买到了一斤切面。这一分钱算是他"送"的。

在回家的路上，"大头"喜笑颜开，说："你看我讲话算数吗？"

那时，我们上小学三年级，"大头"与我还都没学过"一言九鼎"的成语，但他已经用行动做到了"一言九鼎"。

感悟：坚守承诺要有底气，没有底气就别夸海口。"送"我一分钱的同学充满了"底气"！我拿到的不是物质上的一分钱，而是精神上的一分钱，充满智慧的一分钱。

4. 一人失信，殃及整个团队

作为家庭妇女的外婆没有工作，自然也就没有经济收入，全靠我父母赡养。后来，父亲托人为外婆弄了一个香烟摊，就摆在我家临街的石库门房子的天井里。天井是露天的，由于做了天窗，也成了一间小屋。我家地处两座桥的中间，马路对面是一家工厂，青色砖墙上的窗户正对着我家大门。

外婆的烟摊其实就是一个高度1米2的小橱柜，最上层装着玻璃，好让买香烟的人看得见里面摆放的各种香烟。里面的香烟牌子有印着武松打虎的勇士牌，每包售价1角3分，依次为劳动牌，每包1角7分，光荣牌2角2分，飞马牌2角8分，大前门3角5分；最好的是每包卖4角9分的牡丹牌香烟，相当于现在的中华烟，这种烟一般都在逢年过节时卖得最好。

对马路工厂的工人要买香烟必须走很长的一段路到厂门口，再从厂门口折回到我家，买好了香烟还得原路返回，一来一去就是500米。再说，他们也不能随随便便出厂门，你说是去买烟，门卫怎么信你？所以，他们大都利用吃午饭的空隙出厂买烟。

有一次，我在工厂的窗户下玩，一个穿着工作服的爷叔叫住我，说："我看了几天，晓得你是对面买香烟人家的，给你1角钱，帮我去买3支大前门。"

我拿着钱，飞快地跑过马路，告诉外婆，对面厂里的爷叔要买3根大前门香烟。当时外婆为了"跑量"，她把香烟拆开零卖，颇受欢迎。外婆看到有生意了，收下钱，拿了3支大前门香烟给我，我又奔到对面，交给那个爷叔。

自从这条"捷径"被爷叔打通后，其他工人也纷纷效仿，因此我常常扮演"快递"的角色。不过，问题来了，要买香烟的工人隔着马路喊我外婆，即使喉咙喊破了也无济于事，因为我外婆耳背，我同她说话都要凑到她耳旁大声说，她才能勉强听到。所以这条"捷径"并不通畅。那时我上小学三年级，中午回家吃饭，工人们见我回家了，总会抓住这个时机高声呼叫："买香烟——"

我犹如战士听到了冲锋号，立刻奔跑过去，有的工人爷叔给我8分钱，买3支飞马牌香烟。出手大点的，来一包劳动牌。之后，发现"买烟捷径"的爷叔对我说，为了让我少走一趟路，他们一帮要买香烟的爷叔商定了"游戏规则"：双手握拳，上下敲敲——要买劳动牌香烟；单手握拳举过头顶再落下——买勇士牌香烟；两手做飞翔状——买飞马牌香烟；十指相碰，呈斜坡状——买大前门香烟。再有就是单手五指并拢，放开，再并拢——牡丹牌香烟。这个动作直到外婆不再买烟时，我也没有瞧见工人爷叔做过。

买烟的爷叔们与我约定，等我中午回家吃饭时，听到他们高喊"买香烟哦——"我就要注意他们的手势，第一个手势为香烟牌子，第二个手势为数字，看他们伸出几根手指而定。

我来回跑动的频率越高，外婆的笑容就持续得越久，然而，外婆笑得欢，我却心里烦。这是因为买香烟爷叔"一哄而上"，我既要记住他们每个人所买的香烟牌子和数目，又不能搞错了钱，我只得用铅笔在纸上一一记下。却在记的时候遇到了难题，我不知道他们的姓名，怎么记？没法记，还是来回多跑几趟保险。

有一次，发现“买烟捷径”的爷叔指指身旁的一个也要买烟的人，关照我：“这个橄榄头买的是勇士牌，你不要搞错噢。”

我抬头仰望，那人的脑袋两头尖，被称为“橄榄头”可谓恰如其分。也就是在那么不经意中，我倏地来了灵感：我何不根据买烟爷叔的各自特征，给他们每个人都取上绰号，不就便于我记住了？

很快，我有了他们每个人的“特殊记号”：如发现“买烟捷径”的爷叔人高马大，像根电线杆，我就称他“电线木头”；有人脸上坑坑洼洼，自然叫“麻皮”，戴眼镜的叫“四眼”；还有个脑袋光秃秃的，我就叫他“光头”……诸如此类都因人而异。

这一天，“电线木头”要买一包大前门，他给了我3角钱，说还欠5分明天给。我说自己做不了主，要回去问问外婆。“电线木头”有些不快，喃喃自语：“怎么这样不相信人，去吧去吧。”

要知道，这不是1分2分钱，而是5分，那年头的5分很值钱噢，我自说自话，不要被外婆骂死？当我回去跟外婆一五一十地说了原委，外婆沉思片刻，问：“是那个长脚？”

外婆说的“长脚”和我说的“电线木头”同为一人，只是叫法有异。现在我只能随着外婆的叫法，说：“是的，就是那个长脚。”

外婆似乎下了决心：“这个长脚蛮守信用的，香烟先给他，叫他明天别忘了欠着的5分钱。”

我拿着香烟再过马路，“电线木头”等在窗前，见我手上的一包“大前门”，说：“欠你外婆5分钱，明天带来。”

这是中午时分，我在家吃了午饭，帮外婆送了几次香烟后就去上学了。下午放学回家路上，还没到家门口，就猛然听到“卖香烟的。”我不用看便知道是“电线木头”在叫我。我抬头看他，他拿着一枚5分硬币，“中午欠的5分钱，现在有了，拿去给你外婆。”我接过钱，想到外婆说的“这个长脚蛮守信用的”的话，我对“长脚”即被我称为“电线木头”的买烟爷叔好感加深。也可以说，我对他的信任度大为增强。

俗话说，榜样的力量是无穷的。专门买勇士牌香烟的橄榄头那天要买一包勇士牌，他只给了我一角钱，说："还有3分明天带来，还是交给你，否则你外婆会搞不清楚。"

第二天，橄榄头没来上班，第三天也没见他人影，直到第四天才露脸。我赶紧过去找橄榄头要钱，他却说："不记得了。"

一听橄榄头说此话，我急得快哭出来，连珠炮似的追问，橄榄头就是死不认账。我把外婆叫来，想想大人总能"压"得住对方，谁知，外婆去了也没管用。她气急败坏地对我吼道："下回眼睛睁睁开，这种不要脸的人少搭讪，就当阿拉少吃一只大饼！"

打那以后，不管是谁，卖香烟要赊账，一律被我拒绝。"电线木头"骂橄榄头："你这个瘪三，害得大家信誉扫地！"

感悟：在一个团队中，人人皆为其中一分子，个个守信用，自然形成良好循环链；一旦有一个"喇叭腔"，整个团队将信誉不再。岂能害人也害己？

5. 信任可以产生动力

被别人信任是一种幸福，要得到这种幸福完全取决于你自己。

我上小学的时候酷爱语文课。晚饭过后，我总要打开无线电听少儿节目。那个年代，我们整条弄堂近百户人家，只有我家有无线电收音机。我听广播到了痴迷程度，尤其是听长篇小说联播，总是听得津津有味。我的作文常常得优，与此密不可分。

我在临睡前，总要把明天要教的语文看几遍，什么生词啦，造句啦，都搞得清清楚楚，明明白白。第二天上语文课时，老师在上面讲某篇课文，要求同学们回去好好背熟，下一堂课她要抽检。我说："现在我就能背。"

同学们"刷"地一下，眼睛全集中在我身上，从他们的眼神中，我读出了"不相信"。老师放下课本，当即给我一个下马威："这篇课文今天还没教完，你就能背了？"

同学们哄堂大笑，我恨得咬牙切齿。老师见我没作声，以为我吹牛，鼻孔里"哼"了一声。为了证明自己的"清白"，我不知哪来的一股勇气，“霍”地一下站起身，慷慨激昂地说：“你们不相信，我来背给你们听！”也没等老师说同意不同意，我就一口气把课文背完了。

在以后的语文课上，老师经常搞突然袭击，不是让我背课文，就是指名道姓让我做造句。我总想表现自己，还怕你老师不叫我“表现”呢。后来我才意识到，老师想让我出洋相。但我久经考验，且回回都非常轻松的过关。

不久，我被老师任命为语文课代表。

由于我信任自己能背课文，会做造句，所以不怕老师“点名”。可要被别人信任，并非是件容易的事，从我所经历的事来看，关键的关键不能“瞎三话四”，必须要有真功夫；当我说出“你们不相信，我来背给你们听”的时候，同学和老师也许仍不相信，我惟有拿出实际行动来证明自己，这也是要为“被信任”而战所产生的动力。

从此，上语文课时老师没再叫我背课文，她知道自己可以“信任我”了。

这一年的“六一”儿童节前夕，学校组织一场全校的诗歌朗诵比赛，规定所朗诵的诗歌必须是原创。老师让我写诗歌，再挑选班里同学上台朗诵。我那时真不知天高地厚，竟毫不犹豫地领下了任务。

对老师来说，她相信我可以写出诗歌，而我被老师信任是值得自豪和快乐的事。然而，我动笔写诗歌时却“搁”住了，后来才知道，这叫创作。我写写停停，草稿纸不知被撕了多少张，终于忍不住跟老师说实话：“我写不了诗。”

其实，这很正常。我写不了诗是实话实说，并不会降低老师对我的信任，倘若我不说实话，找父母当“枪手”，或者东拼西凑去抄袭，一旦被老师和同学们知道了，他们今后还会相信我吗？要被别人信任不是在短时间内能够获得的，而经过长期考验得来的“被别人信任”却可以在瞬间崩溃。

我一旦说了真话，心中十分坦然。此时，有同学来通知我到老师办公室去，我立马忐忑不安起来，忖度：要挨骂了。当我进了办公室，原本坐着的侯老师猛地站起身，笑容可掬地招呼我坐下。我坐，老师站？我觉得不妥，忍不住问：“侯老师，叫我来有啥事情？”

侯老师说："请你来是为写诗的事，老师只想讲一句，我相信你能行！"

我说了一句："我绝不辜负老师的信任！"

侯老师十分平静地说："我静候佳音。"

啥叫"静候佳音"，静候就是一种期待，而我所言"绝不辜负老师的信任。"是我对老师作出的一个承诺，我必须兑现这个承诺。由于老师相信我能行，就是对我的莫大信任，这种信任必然会使我产生动力，我的潜能被激发，对自己有了信心。也可以说，我信任自己能够兑现承诺。

当天放学回到家，戴眼镜的侯老师对我信任的目光在我心中挥之不去。我放下书包，拿出铅笔，找来一张信纸，坐在桌前，灵感乍现。真的，就那么十分钟，我创作了自己人生中的第一首诗。

人人有双好眼睛

吉建富

工人叔叔有双好眼睛，
开动机器看得清。
农民伯伯有双好眼睛，
地里害虫捉得尽。
解放军叔叔有双好眼睛，
虎豹豺狼分得明。
我们有双好眼睛，
好好学习为人民。

现在想想，这也算诗？那年我在读小学三年级，对一个三年级的小朋友来说，好像还可以吧。

翌日，我把重新抄了一遍的诗小心翼翼地放在书包里，到学校，哆哆嗦嗦地交给老师。

侯老师看了后，连声称赞："写得好，写得好。"

让我一颗悬着的心总算放下了。

在“六一”儿童节那天，我写的诗被班上一位女同学晓燕在学校大礼堂深情并茂地朗诵，引来阵阵热烈的掌声，最终还获得了全校诗歌比赛第一名。

侯老师夸奖我，为班级争了光。我向她坦言：“是你‘我相信你能行’的话给了我信心，老师这样信任我，我怎么能辜负老师的期望呢？”

那个朗诵诗歌的晓燕也得到了老师的表扬，但我无论如何也没想到，我和她后来竟有了“故事”。

感悟：还是那个人，还是那件事，信任与不信任必然产生截然不同的结果。鼓励，称赞，一句“我相信你”抵得上千军万马。

6. 信任来于经验，亦毁于经验

这位女同学长得眉清目秀，一笑，露出洁白整齐的玉齿，很耐看。我是语文课代表，她是算术课代表，我们也算是班里的小干部，老师经常把我们召集在一起开会，商量班级里的大小事。

1966年“六一”儿童节过后，轰轰烈烈的“文化大革命”开始了。那年，我上小学四年级。班主任侯老师作为群众代表，被结合进了学校“校革会”。算起来，侯老师也称得上是学校“领导班子”成员，不知道她会不会“人一阔，脸就变”？

那个年代电视机是个稀罕东西，我是从报纸上得知毛主席在北京天安门城楼上接见来自全国各地的红卫兵，从报纸上的照片来看，那个场面声势浩大，宏伟壮阔。不久我们这些小学生成了红小兵，每天上课读《毛主席语录》，一时间，各种版本的红宝书成为紧俏品，但我们学校还是保证我们人手一本。

一天，侯老师神神秘秘地问我会不会吹口琴或者笛子？我说，口琴刚学会不久，还会打复音呢。侯老师亮出了底牌，原来，学校要成立一支“毛泽东思想宣传队”，将挑少数同学参加。她“胳膊朝里弯”，我们班上除我之外，还有那个朗诵我诗歌的女同学晓燕也被选上了，加上其他班级的几位，大约十来个人。学校给我们每人发了印有“毛泽东思想宣传队”并盖了大红印章的胸卡，凭这张胸卡，上公共汽车、乘渡船、进公园都可以免票。

我们被分成三组，晓燕和其他班级的一个男同学和我为一组，那个男同学我们本来就认识。我们要出发了，却不知欲往何处。那个男同学说他多次跟家人前往外滩乘渡轮过黄浦江到浦东去过，浦东没啥好玩的，就是在摆渡船上欣赏黄浦江还有些味道。

我和晓燕从来都没乘过渡轮，听那同学一说，便决定去吹吹黄浦江上的风，看看黄浦江上的云。我们上了55路公共汽车，售票员招呼我们买票，晓燕把别在胸前的“毛泽东思想宣传队”胸卡扬了扬，未等售票员接腔，晓燕大声说：“请大家把《毛主席语录》拿出来，翻到85页，跟我们一起读。”那种口气气吞山河。

我见车厢最后一排有空位，叫晓燕和那个男同学去坐。我们坐下时，车上的男女老少乘客个个拿出《毛主席语录》，并翻到了85页，只听晓燕银铃般的嗓音开始朗读，众人很不协调地跟着一起读着：“世界是你们的，也是我们的，但是归根结底是你们的，你们青年人朝气蓬勃……”晓燕突然停了下来，嚷道：“坐中间的那个乘客，你为啥不拿出《毛主席语录》？”

晓燕正准备上前，那人转过头来看我们，原来是位盲人，他哪里看得到我们，我猜测，可能是根据晓燕的声音断定方位的。晓燕又继续朗读下去，车厢里再次响起南腔北调。

很快，外滩到了，延安东路轮渡码头黑压压的人头，队伍见首不见尾。那个男同学吐吐舌头：“轮到我们上船可能要到吃晚饭时候了。”

后来，我们去了人民公园。在狭长的草坪上，几个身着黄军装、脚穿解放鞋的红卫兵大哥哥大姐姐朝我们走来，（当年，只有中学生可以乘火车、坐轮船到祖国各地大串联，也有高中生徒步去韶山毛主席的旧居。）其中一个大姐姐启动红唇：“我们是祖国的心脏首都北京离毛主席最近的地方的红卫兵，响应毛主席的号召，要把无产阶级文化大革命进行到底，我们来到上海，就是要号召大家，我们要打破一个旧世界，创造一个新世界！”

将近半个世纪过去了，我依然记得那个红卫兵大姐姐的慷慨陈词，更记得晓燕当时的几句提问。她说：“我们生在新中国，长在红旗下，难道我们的新中国已经成了旧世界？”

对方的一个红卫兵大哥哥说：“毛主席说，舍得一身剐，敢把皇帝来下马。”

记得当时我反问：“谁是皇帝？”

“……”

那个说“要创造一个新世界”的红卫兵大姐姐脸颊上布满红霞，她拍拍晓燕的肩膀，夸奖道：“上海的革命小将真厉害，我们要向你们学习。”说着，她从军用书包里拿出一枚金灿灿的毛主席像章，送给了晓燕。

当年，毛主席像章是个稀缺货，谁胸前佩戴一枚，肯定会引来众人的注目礼。打那以后，晓燕的胸前便与毛主席形影不离了。

一天，曾“送”我一分钱的“大头”在课间休息时给我们几个男生讲故事，他讲的是《林海雪原》里“百鸡宴”的故事。有位男生争辩道：“我们过年才能吃一次鸡，你说旧社会要吃100只鸡，不是瞎说吗？”

“大头”遵守承诺和兑现诺言给我留下深刻的印象，也可以说，我对他的信任度打100分。他讲的“百鸡宴”一定是有的。当时我说：“有啥不可能的，土匪下山，到老百姓家里抢来的。”

“大头”没理那个有疑问的男生，继续讲他的的故事。当他讲到杨子荣是个神枪手、百步穿杨时，我有感而发，指指不远处坐着的晓燕：“像她胸前的毛主席徽章，杨子荣也能在百米之外打中？”

谁知，晓燕猛地站起身，对着我大声呵斥道：“你反动，要杨子荣用枪打毛主席？”

我以为晓燕没在听我们讲故事，哪里晓得她不动神色。有些事不说穿了倒也没什么，现在一经晓燕这般发问，吓得我浑身打颤，同学们一哄而散。我向她拼命解释：“我不是这个意思，你不要误会。”

晓燕不依不饶：“男子汉要敢做敢当，犯错误不要紧，要紧的是怎样改正错误。我要去向侯老师报告。”

数十年以后，我看到了电影《人到中年》有个“马列主义老太太”，晓燕就是当年的“马列主义小妹妹”。

当时我向晓燕作揖求饶，请她千万别去告诉老师。她说要看我的表现。此后的几天，我常常窥视晓燕的脸色，生怕她去报告老师，那年头，“现行反革命”的帽子也许某人一句话就可以让你戴上，想想都不寒而栗。我忍不住问晓燕：“你不会去告诉老师吧?”

“算了，谅你是初犯，以后说话要动动脑子。”

我把头点得宛如小鸡啄米。

就在晓燕说那句“算了”的话讲过未满半小时，侯老师找到我，语重心长地说：“你怎么可以乱讲，要杨子荣朝毛主席像章开枪？老师晓得，你是作比喻，但这个比喻不恰当，接受教训，今后讲话要多动动脑子。”

看着和蔼可亲的老师慈祥的面容，我快哭了出来。

望着老师远去的背影，我在心里骂道：“晓燕，你这个挨千刀的，不守信用，刚才还信誓旦旦地说不会去告诉老师，是放屁啊！”

我立刻找到晓燕，问她：“这件事你答应我不去告诉老师的，为啥说话不算数？”

晓燕急了：“我没去告诉老师。”

我鼻孔里哼了一声：“你不说，老师怎么会知道的？”

“我向毛主席保证，我没去告诉老师！”

我再也不相信她了，对她的信任从此刹车。

放学时，侯老师找到我，板着脸说：“你怎么去责怪晓燕啊？来向老师报告的不是她。”

晓燕一定是受到了委屈才去找老师的，看来是我错怪了她。我急于想知道究竟是谁告的密，恳请侯老师提个醒。老师笑了，说：“怎么，你还想找你的同桌算账？不要多想了，早点回家去吧。”

“大头”？ 是这个在我心目中遵守承诺和兑现诺言的“大头”？是我特别信任的“大头”？一瞬间，我原本对他“信任”的高墙轰然倒塌！

感悟：对一个人的信任与否，取决于你经验的积累，尤其是经过岁月积淀的经验。然而，“经验”只能代表过去，以前被证实可以信任的人，未必永远保鲜。

7. 判断，在十字路口彷徨

我是在雨季知道“大头”出卖我的，由此，我对“大头”有了新的认识。

雨季，给了我机会。我在教室里高唱：“大头大头，下雨不愁，人家有伞，我有大头。”

晓燕颇为敏感，问我：“你跟大头翻脸啦？”

我告诉她，是“大头”去向老师汇报的。她说：“当时你还非说是我，我向毛主席保证，你就是不相信。”

我们正说着，上课铃声骤然响起，侯老师缓步进入教室。我这个人比较会察言观色，发现侯老师有些异常。平时，她总是精神抖擞、目光炯炯而慈祥的望着我们，今天，她目光呆滞，没正视我们，而是朝地上看。她的脸似乎有些僵硬，见到我们，笑了笑，这种笑非常不自然。我在心里嘀咕：“侯老师今天是怎么啦？”

只听侯老师说：“今天，我给同学们讲一个法国19世纪著名的现实主义小说家阿尔封斯·都德的《最后一课》故事吧。”

班上大多数同学都露着好奇的目光看着侯老师，她自顾自地讲开了——

法国阿尔萨斯地区被德国普鲁士军队占领以后，侵略者强迫当地学校改教德语。这是一所小学的老师在上最后一课，因为从此以后学校里不许再教法语了，小学生从此要学习异国统治者的语言。

有个学生叫小弗郎士，他因为迟到了，怕被老师骂，偷偷地溜进教室，老师看到他，也没批评他。他发现老师穿的是只在督学来视察或者发奖的日子才穿的礼服，站在黑板前上课了。老师说“我的孩子们，这是我最后一次给你们上课了。柏林已经来了命令，这里的学校只许教德语了。新老师明天就到。今天是你们最后一堂法语课，我希望你们多多用心学习……”

侯老师讲到这里，突然停了下来。随着她的目光，我看到教室外站着几个人，其中一个是我前面提到过的橄榄头，那次他买香烟还欠我3分钱赖账的家伙。

“他来干什么？”我顿生疑窦。

侯老师打开教室的门，橄榄头昂首阔步走了进来，身后跟着的是平时被我们暗地里叫“猪脚爪”的朱老师，还有体育老师。

朱老师扫视了我们一眼，满脸堆笑地说：“同学们，我来介绍一下，这位是工宣队队长陆伟光同志，他受上级领导的委派，到我们学校和我们一起搞文化大革命，我们热烈欢迎。”

教室里响起稀稀拉拉的掌声。我到这时才知道橄榄头的大名。

侯老师毕恭毕敬地在墙角边站着。橄榄头，噢，陆伟光看了我一眼，兴许认出了我？他清了清嗓子：“小朋友……”他似乎觉得这个称呼不妥，连忙改口道：“同学们，操拿，毛主席教导我们，工人阶级必须领导一切，我就是最硬当的工人阶级，现在毛主席派我到你们红卫小学来做工宣队队长，第一桩事体就是向你们宣布，侯……侯……叫啥？”他转过脸问朱老师。

朱老师说：“侯萍。”

陆伟光接着宣布：“侯萍伊拉阿爸是地主，伊拉姆妈就是地主婆，这是伊拉阿爸家乡革委会派人来揭发的。伊拉爷叔在外国，伊拉一家们就会里通外国。从今朝开始，侯萍不能再教课了。操拿，这种人哪能可以教课？同学们要被伊教坏的。我们已经作出决定，从今朝开始，伊去扫厕所，男厕所、女厕所统统要伊扫，同时还要伊扫扫自己的肮脏灵魂。”

我听到这里，一下子愣住了。想想侯老师的爸爸妈妈有问题，与侯老师有何相干？这是我当时的活思想。其二，不讲诚信的陆伟光跑到我们学校来当工宣队队长，还口口声声说是毛主席派他来的。毛主席怎么会认得这种3分钱都要赖账的人？

我当时无法作出正确的判断，只意识到，侯老师是提前知道自己“出事”了，要不然，她为啥要给我们讲《最后一课》呢？

感悟：信任与不信任时常在转换，你耳闻目睹的并不一定就是事实。好比魔术，你看着大卫把一架飞机在众目睽睽之下变没了，真的没了吗？那是不可能的，但他用障眼法迷惑了观众，或者说是他征服了观众。工宣队队长代表学校，代表组织，难道我们不信任组织？

8. 忆苦饭的另一种味道

没过几天，橄榄头操弄了一次全校师生同吃忆苦饭的闹剧。

我们这些生在新社会、长在红旗下的小学生，对忆苦饭没有丁点概念。吃忆苦饭之前，橄榄头当仁不让地召开全校动员大会。他站在操场的司令台上，翻开《毛主席语录》，振振有词地念了几段，下面是他自己的话了："同学们，操拿，毛主席他老人家讲得多么好啊，我是从万恶的旧社会过来的人，资本家把阿拉工人当棵草，新社会，毛主席把阿拉工人当成宝，工人阶级必须领导一切——"突然，橄榄头声音提高八度，喊起了口号。我们一时没有心理准备，以为是橄榄头说到激动之处心血来潮的壮举，因此人人都静静地看着他。

橄榄头也没想到，他的振臂高呼，竟然没一个人呼应。他把眼睛一瞪，又喊了一遍口号，这回，台下鹦鹉学舌般地稀稀拉拉跟着喊"工人阶级必须领导一切——"

站在司令台上的橄榄头对拖泥带水的节奏很不满意，他吼了一声："操拿，饭没吃过啊。"他哑然失笑，摇摇头又说下去："同学们没吃过旧社会的苦，就不晓得新社会的甜，为了红色江山万年红，我们让大家吃一次忆苦饭，这是为了阿拉不再吃二遍苦，受二次罪。现在马上就吃忆苦饭，我已经让食堂范师傅准备好了，大家一定要怀着深厚的无产阶级感情，把忆苦饭送到肚皮里。吃的辰光，大家要细细嚼，慢慢咽，一边吃，一边想，要想出对万恶旧社会的恨，想出对新中国的无比爱……"

橄榄头这段慷慨激昂的话一气呵成，中间居然没有"操拿"，倒也十分罕见。

吃忆苦饭开始了。全校600多名师生人手一团忆苦饭，只见橄榄头恶狠狠地咬下一口。我见他津津有味地嚼着，便以为这忆苦饭大概并不难吃。于是我掰下一点，放在鼻子下闻了闻，有一股说不出的怪味，正犹豫是否要往嘴里送的时候，就听橄榄头说："操拿，比旧社会的窝窝头好吃多了，我已经一团吃下去了，同学们、老师们加油吃啊——"

橄榄头说到"啊"时，一对小眼睛迅速环视操场，正巧与我的目光相撞。我不敢怠慢，很不情愿地将刚才掰下的那点忆苦饭送进嘴里，嘴一闭，才知道上了八辈子老当。这忆苦饭实在难咽下。令我惊奇的是，司令台旁的几名老师大口大口地吃着，宛如吃着香喷喷的粢饭团。

我看到忆苦饭，仿佛拿着一团大粪。这个奇怪的念头刚闪现，我窃笑不已，一个大胆的决定油然而生，想办法把忆苦饭丢进粪池里。我期期艾艾地向朱老师谎称肚子痛，要上厕所。她对我说："快去快回，厕所里面臭烘烘的，忆苦饭朱老师帮你拿着。"

我趑趄不前，紧紧地攥着忆苦饭，生怕被朱老师抢去似的，还在她面前故意咬了一大口，口齿含糊不清地说："没关系，我要抓紧时间吃掉，争取再吃一个。"

朱老师正在艰难的嚼着忆苦饭，口齿也含糊不清地说："去吧去吧。"

我飞也似的朝厕所奔去，就看见侯老师捏着扫帚从女厕所出来。我有些心虚，眼睛没敢正视她，径直走向男厕所，排闼直入，与隔壁班级的一个同学撞个满怀，我俩都惊出一身冷汗。彼此相互看看，谁都没说话，但大家都心照不宣。他出去后，我认出粪池里的那团东西。我也毫不含糊，把嘴里的忆苦饭吐得一干二净，手中的忆苦饭几乎同时被我丢进了粪池。

我迅即走出厕所，瞧见侯老师站在厕所门口不远的地方，脸上露出一丝令我不安的笑意。我惊魂未定，又发现橄榄头正朝厕所走来，他像条嗅觉灵敏的狗，嘴上叼着香烟，一步三摇地朝厕所走来，离我越来越近。

就在这时，侯老师也看到了橄榄头，她当作没看见，拖着扫帚，一个箭步进了男厕所。我不知道她要干什么，难道是怕橄榄头说她偷懒？还是要保护好我丢忆苦饭的作案现场？假如她为了立功……我有点害怕起来。

橄榄头深深吸了一口烟，问话接踵而至："阿是把忆苦饭掼到厕所里啦？"

我想，事到如今只能听天由命了，是福，总是福，是祸躲不过，于是壮着胆子说："你不要瞎说，我早就把忆苦饭吃掉了。"虽然我心虚，却知道没让你橄榄头活捉，怎么会承认？

就在橄榄头将要进入男厕所的一刹那，我忽然听到厕所里面传来“哗”的冲水声，那一定是侯老师拉了冲水箱上的链条。我恍然大悟，这是在为我们销毁丢忆苦饭的罪证啊，自己怎么就没想到这一点呢？在我听来，这冲水的声音犹如雄壮的交响曲，在我心中久久回荡。

橄榄头走进厕所，很快就又走了出来，一脸的沮丧。手中的烟蒂随手扔在侯老师刚扫干净的地上，还用脚踩了几下，一对贼眉鼠眼打量着我，似乎没在厕所里发现忆苦饭的踪迹，是他一生中最大的遗憾。这一点从橄榄头嘴里不停地嘀咕就能看出来，但我统统当他是在放屁。橄榄头在我的眼中如同被我丢进粪池里的忆苦饭。

感悟：心地善良的人即使身处逆境，善举也绝不会中止。他们言行一致，用行动书写被别人信任。相反，言行不一的人不会信任他人，他们认为“老子天下第一”，因此也就相信自己可以一手遮天。世上有谁能将全天下都搞定？

9. 为捍卫名声，我豁出去了

现在我要讲讲朱老师了。

这个女人是教音乐的，上课时候只会“啊、啊、啊——”从低音唱到高音，从来没有好好地唱过一首完整的歌。

自从工宣队进驻我们学校，她整天就围着橄榄头转，结果被结合进校革会，俨然成了学校领导班子成员。她经常说：“毛主席派工宣队来，工宣队信任我，就是无产阶级司令部信任我。”

世界上竟然还有如此恬不知耻的人。她信任自己，并自认为被别人信任，因此干劲十足。别看我那时才上小学四年级，也会将人与人比较。譬如我拿被发配去扫厕所的侯老师跟朱老师作比较，不怕不识货，就怕货比货，只要一比较，马上就能得出结论。侯老师正直，说话不会兜圈子，批评一个人，让你心服口服；朱老师总是像煞有介事的样子，好像全世界数她最能干，常常摆出一副盛气凌人的面孔教训人。我们背地里叫她“猪脚爪”，因为“猪”与“朱”同音。

我总认为，对这种自以为是、自我感觉特好的人要敬而远之。晓得了这种人的所作所为，不能与之硬碰，避避开，一旦发生正面冲突，自己肯定要吃苦头。岂料，我越是要躲着朱老师，她却向我兴师问罪来了。

这一天下午，刚上完第二节课，朱老师就气冲冲地走进教室，大声喊着我的名字，叫我到她办公室去。我不知道发生了什么事，或者说，发生的事与我有什么关系。

当我一走进教师办公室，我认为这样称呼才对，而不是朱老师说“到她办公室”。这间办公室还有另外三名老师一起办公，朱老师因为自我感觉好，办公室好像是她一人独用似的。

朱老师跟着我，真滑稽，应该是我跟在她身后的，是我步子迈得大，所以先进了办公室。朱老师劈头盖脸地问我：“给老师起绰号，骂我猪脚爪，嗯？”

我看到写字台旁坐着的一个一年级男孩，心里就明白了。这小男孩长得跟朱老师像一个模子里刻出来的，是她的儿子必然无疑。我想起来了，第一节课下课时，我们一帮男同学在议论朱老师，“大头”，还有“小眼睛”他们肆无忌惮地叫着“猪脚爪”的绰号，说她是老拉三（当年对卖淫的，或者女流氓的称呼），跟橄榄头搞腐化（当时特指发生不正当的男女关系）云云。我曾瞄到有个小男孩在旁边慢慢走过，还以为是哪个班上的一年级同学。

巧得很，平常我总把“猪脚爪”叫得乓乓响，今日我议论归议论，但绝无提及“猪脚爪”三个字，所以心里十分坦然。

朱老师问儿子：“你说是穿夹克衫的人，是这个人吗？”

我争辩道：“我穿夹克衫，就是我啦？我绝对没有讲过！”

朱老师的手指在写字台上敲了几下：“我现在正在调查，事体总会水落石出的。”她又问她儿子：“到底是不是他？”

我忍不住嚷道：“我对天发誓，我没有说过，你为啥就是不相信！”

“我儿子会瞎讲吗？”朱老师讥讽道。

对朱老师而言，她信任自己的儿子，她也相信自己的判断。但对我来说，就是不被别人信任，因此心里很委屈。我决定豁出去了，不再跟朱老师解释，一抬腿走出办公室。朱老师在我身后“唉唉唉”的叫唤，她没想到我会扬长而去。

我停下脚步。朱老师换了一种口气对我说："你就在我儿子面前承认一下，我这个做娘的在儿子那里可以有点面子。"

这算什么话，你要在儿子面前有个面子，那我算什么呢？我顶着压力，没有说过为啥要承认！我想起样板戏《沙家浜》中郭建光说的"胜利往往在最后再坚持一下的努力之中"的唱词，我现在就是"最后再坚持一下"。

朱老师见我如此"硬"，便说："那你告诉老师，是谁说的。"

我当然知道是"大头"和"小眼睛"说的，难道让我出卖他们。虽然"大头"曾在侯老师那里告过我的状，那是他做人有问题，反正我不会告他的状，我只是要维护自己的名声。

上课铃声响了。朱老师也没辙了，她悻悻地嘟囔着回办公室去了。

谁知，下课后，朱老师带着儿子，旁边站着工宣队的橄榄头等在教室门口，他们叫住了"大头"。朱老师的儿子说："妈妈，就是这个人。"

"大头"被带到办公室去了。

我没有幸灾乐祸。我只是想，我胜利了。

感悟："走自己的路，让别人去说"是一种境界，当一个人名誉受损时，这种境界就是阿Q精神了。别人要说，是别人的权利，你无法制止他们，然而，你有自己解释的义务。尽管常会遭遇"愈描愈黑"的尴尬，但为了避免日后可能留下的隐患，"豁"出去讲讲清楚是必须的，不过，这绝对需要勇气和智慧。

中途遐想

婴儿呱呱落地就有了对信任的感知。他们为何要哭？因为他们知道，哭，能给他们带来好处。啼哭可以引起大人们的注意，饿了，有奶吃；尿湿了尿布，可以换干净的；不想睡了，可以有人抱，这便是他们信任自己的开始。

怎么会产生不信任？当他们生病了，父母给他们吃药，由于从未尝过味道，他们信任自己，相信父母不会害自己，于是把药当成了糖；然而良药苦口，他们方知父母还会给他们吃一种苦的东西，于是反抗，紧闭小嘴拒绝，无奈“胳膊拧不过大腿”，苦药最终还是要被送进肚里，对父母的不信任从此开始。问题是，吃药毕竟是偶尔为之，绝大多数时候，他们还是“甜头”多，由此，他们在信任与不信任之间左右摇摆。

当听得懂人话，学会了走路，父母在他们心目中是世界上最厉害的人。他们信任父母，把父母的话当成圣旨；上幼儿园，父母关照他们“要听老师的话”，他们理所当然听老师的话。在听老师话的时候，他们的脑袋已发育成熟，他们的眼睛和耳朵已经可以观察和判断老师是否言行一致。当他们发现有的老师很凶，有的老师和蔼可亲，他们就会作比较：对“凶”的老师只有害怕，没有信任；而对和蔼可亲的老师则喜欢，则信任。在他们幼小的心灵留下难以磨灭的印象，他们把这种印象回家告诉父母，可以信任与不可信任的老师在他们父母那里泾渭分明。

上小学了，父母照旧会说“要听老师的话”。孩子们知道，这是父母“例行公事”，尽管他们涉世不深，但已经可以用自己的思维方法作出判断。虽然稚嫩，却也是不断认识世界的必由之路。在父母眼里，儿女永远是小孩，一切都得听父母的，殊不知，孩子们逆反心理就此生成。父母们按自己的思维方式教育孩子，他们常常忽略了自己的言行不一致，对孩子来说，他们看在眼里，记在心上，从信任父母转变成不信任父母，而父母们却浑然不觉。

我之所以把第一章的标题写为“信任，从童年开始展翅”，就是想提醒年轻的爸爸妈妈，你的孩子一出生，信与不信任就开始与他们做伴了。

过去，有兄弟姐妹，如今是独生子女。两个孩子以上的家庭，孩子们打小就会察言观色，父母有无偏心？哥哥姐姐是否比自己吃得多，穿得好？这是信任与不信任父母的试金石。在学校，同学之间的相互信任与不信任，他们与各位老师之间的信任与不信任，每天都在发生变化。老师的表扬，是对他信任的褒奖；老师的批评，是对他不信任的体现。童年或者少年的他们，在信任自己与信任别人和被他人信任之间不断校正航向。

哈佛大学工商管理学硕士、柯维林克国际公司创建人史蒂芬·M·R·柯维在他所著《信任的速度》一书中记载了他7岁时，父亲让他把院子弄得“绿草茵茵，干干净净”的故事。他的父亲史蒂芬·R·柯维博士是《高效能人士的七个习惯》一书的作者，在那本书里提及他教育7岁儿子“绿草茵茵，干干净净”的故事。

那年，他对7岁的儿子说：“儿子，现在我把照料院子的工作交给你，你要让它绿草茵茵，干干净净。”由于自家的草坪没有管理好，成了一片枯黄，他把儿子带到邻居的院子前，指着邻居的草坪说，“这是我所说的绿色。”

7岁的儿子已经将邻居家绿色的草坪与自己家枯黄的草坪作了比较，他知道了什么是绿色。然而，父亲告诉他，怎样让草坪变绿由他自己决定，只是不能刷油漆。父亲对他说：“你可以自由地选择任何方式，可以打开洒水器，也可以用桶提水，你往上吐口水都可以，只要你愿意。对我来说没什么区别，我要的就是让它变绿。”

说完，父亲拿来袋子，带着7岁的儿子清理了草坪上的纸片、树枝和一些杂物后，他告诉儿子：“这就是我所说的干净。至于如何完成任务，由你自己决定方法，我要的就是干干净净。”

7岁的儿子对“绿草茵茵，干干净净”有了直观的认识。父亲又告诉他：“我希望你能明白，当你接手这项工作后，我就不再做了，这是你的工作，这就叫责任。责任的含义是工作加信任。我信任你可以胜任这项工作。”

父子制定了一个验收程序：每个星期到院子里走一圈，查看进展情况。父亲对儿子说，如果他提出要求的话，自己会给予帮助的。但言明：“这是你的工作，你自己就是老板，你要鉴定自己的工作。”

“好的”。儿子答应道。

但是对一个7岁的孩子来说，父亲的这番话到底听明白了多少？他是否知道，一声“好的”就是承诺？四五天过去了，儿子什么也没做，还和邻家小伙伴在草坪上搞了一次烧烤，草坪不仅没弄干净，反而更加脏乱差了。到了约定的验收的日子，儿子才突然意识到，草坪既不“绿草茵茵”，也不“干干净净”。他哭着对父亲说：“爸爸，这活太难干了。”

父亲立即纠正道：“难干在哪里啊？你什么还都没干呢。”

在我看来，这“一问一答”对7岁的儿子批评已是相当重了。不过，父亲提醒儿子，依照协议，自己可以帮助他。并问儿子：“需要我帮忙吗？”

儿子破涕为笑，说：“需要。”

父亲问：“那你需要我帮你做什么？”

儿子看了一下四周，说：“你能帮我清理那边的垃圾吗？”

父亲说了“可以”后，帮助儿子把那些垃圾清理干净了。从此以后，7岁的儿子对院子真正负起了责任，最终做到了父亲要求的“绿草茵茵，干干净净”。

作为儿子，如今已是哈佛大学工商管理学硕士、柯维林克国际公司首席执行官的史蒂芬·M·R·柯维，在自己《信任的速度》一书中复述这件往事后写道：“我的父亲以这个故事为例来讲述尽职精神和双赢的协议。但是，作为一个7岁的孩子，我还根本不懂得那些深奥名词的意思。我对这件事的最深刻的记忆其实就是：我感觉到被信任了！作为一个小孩子，我那时候还不关心金钱和地位这些东西，这些东西对我没有激励作用，而激励我的是我父亲的信任。我不想辜负他的信任。我想让他看到，我有能力承担起这个责任。我的父亲给予我信任，这个信任鼓励了我，培养了我贯穿一生的责任感和诚信品格。”

由此看来，信任，在幼童心中有着多么重要的位置，这将影响着他们未来的人生。

图 1

图 2

第二章

信任，在途中迷失方向

图 3

作者与作家朱敏慎（左一）、诗人李根宝（左二）等欢聚【图 1】

作者与好友姚金根（左）、纪志芳（中）在一起【图 2】

作者与作家罗迦（中）、好友陈月麟合影【图 3】

第二章

信任，在途中迷失方向

1. 一只篮子给出的教训

1967年初，我家乔迁。这一年，我母亲开刀住院，父亲忙着去医院照顾母亲，我放学回家自己学着煮面，或者炒饭。由于当时买鸡蛋要凭购蛋票，父亲便将鸡蛋留给母亲补身子。我所谓的炒饭实际上是用猪油炒饭时倒点酱油，再放点葱花，味道挺不错的。

等到我母亲从医院返家休养时，原先她每天卖菜的任务就落到了我父亲身上。那个年代买菜是个累人的活，尤其是寒冬腊月，清晨4点，“买汏烧”们无奈地钻出暖烘烘的被窝，揉着惺忪的双眼，顶着刺骨的寒风，从各自的家门出发，奔向他们共同的目的地——小菜场。

看着父亲每天都是披星戴月去买菜，有一天，我自告奋勇去买菜，父亲同意了，并在前一天晚上把肉票、豆制品票和蛋票放进一个小塑料袋，把10元钞票装在皮夹里，他千叮咛，万嘱咐，别弄丢了，并关照我再买一棵黄芽菜。

那时买菜的人都带着竹篮子，将买好的菜放在里面，往手腕上一挎，回家。谁知，我第一次去买菜就遇上了倒霉事。

那天清晨4点，闹钟将我“叫”醒，当然，还有我父亲，他特意关照我拿新买的篮子去。我知道，那只新篮子是一个月之前买的，我当时就在父亲身边，看着他同人家讨价还价。我听到买篮子的中年男人指着篮子说："竹子青皮的，是刚砍下做篮子的。"我一看果真如此，"青皮"便印在了脑子里。现在，我就拿着这个篮子奔向了菜场。

我一到菜场，才深刻领会"莫道君行早，更有早行人"的含义。清晨4点半，天幕黑漆漆的，只有星星眨着眼睛。菜场里早已人山人海，人声鼎沸。我迅速兜了一圈，看到豆制品摊位排队的人最少，其次是卖肉的，队伍最长的是卖黄芽菜的。我发现，一些婆婆妈妈用砖头代替排队，也有人用一捆烂草绳"排队"，还关照后面的人："我排在你前头，我到前面去看看。"

小菜场为6点开秤，"到前面去看看"的人实际上是在打时间差，他们在队伍短的地方先买好其他菜，再赶过来找到自己的砖头、草绳，等于找到了自己的"位子"。我一看"门道"，也学着样，将竹篮子放在卖黄芽菜的队伍里，从前面数过来，我是第18个，看到一位阿姨排在我后面，我很有礼貌地对她说："阿姨，我排在你前头，我到前面去看看噢。"

阿姨点点头。我大步流星奔到肉摊头，一看只有6个人排队，我心里暗暗高兴，我也可以打时间差，买好了肉再去买菜。我刚排在第7个，后面来了一位中年男子，我喊了一声："爷叔，我排在你前头，我到前面去看看噢。"

这位爷叔说："我可能要走开的……"话音未落，他身后来了一位阿婆，我对阿婆说："阿婆，我排在你们两个前头噢，我到前面去看看。"

阿婆"噢"了一声。

我看了一下菜场立柱上的钟，已是6点差5分了。我赶紧朝着卖黄芽菜的摊位跑去，准备拿篮子先来买肉。正当我走近黄芽菜的摊位时，看到一个年纪比我大不了几岁的小姑娘正拿起我的篮子。我大声喊叫："喂喂喂，你做啥拿我篮头？"

哪想到，对方拿起篮子反问："这是我的篮子，怎么讲是你的啦？"

我火冒三丈，明明拿着我的篮子，还说是她的，不由分说，我冲上去要夺回篮子。小姑娘的手臂伸在篮子柄里，无论我怎么拉，篮子始终在她手上。我骂了一句脏话，挥拳向对方打去，不料，拳头在空中划了一个弧形，还未落到对方身上，却被一只有力的大手抓住了。还听到小姑娘哭喊着：“妈妈，这个人要抢我篮头！”

我马上争辩道：“是我的篮子，怎么讲是你们的？”

叮零零——菜场开始卖菜的铃声响起。

篮子还在小姑娘手上，她母亲推了我一把，吼道：“小赤佬，当心吃生活，你放手，我们要买菜了！”

我怎么会放手，自己的篮子被人拿了，还说我抢她们的篮子，天下岂有这样的道理？我当时相信自己一定能夺回篮子，所以，放开喉咙大吵大闹。后来这事闹到了菜场办公室。

纠察问对方篮子的特征。小姑娘的母亲说她们的篮子是黄豆颜色，篮子柄上系着一根绳子。她一说篮子是黄颜色的，我知道自己今天是赢定了，因为我清楚地记得，父亲买篮子时，卖篮子的特意说“竹子是青皮的”。我对着纠察说：“我的篮子是草绿色的，柄上没有系绳子。”

纠察到里屋把篮子拿出来，我立马傻了眼，草绿色的篮子怎么变成淡黄色了？小姑娘的母亲眉开眼笑，像个胜利者，兴奋地说：“看看，你讲你的篮子是草绿色，我讲我的篮子是黄豆颜色，偷人家篮子，还强词夺理!”

纠察一看篮子，十分严厉地对我呵斥道：“好了，现在清爽了，你拿错人家篮子了。”

我孤注一掷：“他们讲篮子上有绳子，怎么没有啊？”

小姑娘母亲一脸不屑：“绳子可能掉了，草绿色总不会落掉吧？”她们拿着篮子扬长而去。

我拖着沉重的脚步回到家，老老实实向刚起床的父亲讲述了事情经过。父亲笑了，说：“头一趟去买菜，竟将一个新篮子给‘卖’了。”

我好生纳闷，父亲并未责怪我，反而笑眯眯的，这不是咄咄怪事？父亲似乎看出了我的心思，不紧不慢地讲了一通，我顿时茅塞顿开。原来，竹子刚砍下时是墨绿色的，时间一久，叶绿素丧失，就变成了淡黄色，这是自然规律。我哪懂这个理，还非常信任自己的眼光，结果被“自信”出卖了。

感悟：信任自己就是对自己充满信心，这是难能可贵的。然而，信任自己并非盲目的信任，或者说是过分的自信，过高的估计自己的能力，失望就会接踵而至。

2. 输了棒冰，心服口服

我还想起了一件事。具体的年月已经淡忘，但是那个结果却让我终生难忘。

我们楼里住着几位中学老师，他们都订了《文汇报》，每天上午9点左右，身着绿色邮局服装的邮递员都会摁响清脆的自行车铃声，出现在我们大楼门口。这一年的三四月，我与楼下的柳家的关系比较密切，小柳的爸爸上课去了，他要到晚上从学校回家才能看报。

说实话，“文革”中的报纸还真没啥看头，头版右上角每天刊登一条毛主席语录，下面不是“生产形势一片大好”，就是“世界上还有三分之二的人民生活在水深火热之中”。在我那时的印象中，我们中国人民是多么的幸福啊，“无产阶级只有解放全人类，才能最后解放自己。”

我常常是下午放学回来，就直奔柳家看报纸。记得这天是星期四，我放学较早，回家时在大门口看到邮递员阿姨，背着绿色的帆布包，非常神秘地走进柳家，拿出一份《文汇报》，对柳家妈妈说：“上午送来的报纸要收回，这是新的报纸。”

小柳的姐姐是知青，因病从插队落户的农场回沪休养。她一个劲地问“为啥要调报纸”，邮递员阿姨笑而不答。我说：“肯定有什么文章印错了。”

邮递员阿姨点点头，转身要走。我央求她说说哪里错了。她拼命摇头，我却拼命拉着她的袖口，大有“不说清楚不许走”的架势。也许被我纠缠得没办法，邮递员阿姨拿着刚收回去的报纸，点了点头版靠中间的一行字，我看了一遍，是“敬祝毛主席万寿无疆！”

我说：“没错呀。”

她让我再仔细看看，我又看了一遍，非常自信地说："对的呀，哪里错啦？"

邮递员阿姨打着手势，嘴里连连喊："轻点，轻一点。"她用中指指着，我一看，竟是"敬祝毛主席无寿无疆！"

这天下午，我像往常一样来到柳家，柳爸爸显然已经看过了《文汇报》。我拿起报纸，粗粗地浏览了几个标题，其中有一则消息"郭沫若率文化代表团访日"，我眼睛扫过这条新闻后，又看了其他诸如革命现代京剧《智取威虎山》进京演出，等等等等。

柳爸爸瞟了我一眼，说："你真行，就这么一看，报上的新闻全阅读过啦？"

我年少，自认为自己记忆好，就这么几条消息，一看标题就清楚了，有啥多看的。我信任自己，这是无可挑剔的，瞧着柳爸爸对我不信任的目光，我说："新闻只要看标题，就可以知道大概的内容，像郭沫若率领文化代表团到日本去了……"

我刚说到这儿，柳爸爸说："郭沫若没有去日本。"

那时的《文汇报》与现在的一样，都是对开的，虽然我刚才瞧见报纸头版对折着，上半部就白纸黑字清清楚楚地印着"郭沫若率中国文化代表团访日"，那还会有错？于是，我说："柳爸爸，我视力不差，记忆力也不错，刚刚看过报纸，明明看到郭沫若率代表团到日本去了，你怎么会说他没有去呢？"

"假如没去咋办？我们来打赌，要是郭沫若去日本了，我请你去虹口游泳池游泳；要是郭沫若没去日本，你请客我一根棒冰，怎样？"柳爸爸信心十足。

我岂敢示弱，因为我确信自己没有看错，难道柳爸爸会在报纸上变戏法？为保险起见，我又朝报纸看了一眼，还是那个标题，我再次对自己充满信心。我甚至已经在考虑可以去游泳了，合算呀，真合算，即使我打赌输了，也就是4分钱一根棒冰钱，而柳爸爸若输了，他要给我的游泳票是1角5分，我无论如何都要与他"赌一把"。

我用手在桌子上一拍，说："柳爸爸，我们一言为定，谁输了，谁就兑现承诺噢！"

柳爸爸露出狡黠的笑容，再次问我："现在改正还来得及，你决定好了吗？"

说实在的，我认为柳爸爸是在诈我，决战时刻，我可以说是万分信任自己。我不再说话，用力点了点头，算作回答。

只见柳爸爸将报纸缓缓展开，我仍镇定自若地朝报纸上看去，这一看自己立刻认输。原来，在"郭沫若率文化代表团访日"的大标题下还有一行小标题——"因健康原因，中途返回北京"。

我真的彻底傻了。

柳爸爸和蔼可亲地点拨我："今日你打赌输了的棒冰钱要拿出来，这是给你买一个教训，柳爸爸送你一张游泳票，咱们桥归桥，路归路，今后千万要注意，信任自己是有前提的。"

打那以后，我学会了倾听，一定要等让别人把话讲完。阅读也同样如此，必须把要看的文章从头至尾看全了。惟有这样，才能信任自己。

感悟：信任自己是有前提的，看似有了十分把握，其实不然，经验、判断都有可能出错；我们常常看到是事实的局部，而绝非全部。

3.为毛主席像章镶边

我们新搬的住处是一幢老洋房，我家住二楼，前边说到的柳家住在我家下。住的虽说是洋房，十户人家分住在三个层面，底楼与二楼各住四户，三楼是两户。除了三楼两家的煤气灶放在各自的家门口外，其余8户全挤在底楼后面的厨房里。旁边有一间很小的浴室，每回洗澡都要轮着进行；不过，彼此相互说好的，在家的人先洗，上班的人回家分批洗澡，倒也相安无事。

那年我12岁，我家隔壁住着滑稽演员徐双飞，我们小朋友都管他叫爷叔。爷叔现在大约年近八旬，早就从人民滑稽剧团退休了。"文革"结束后，他与杨华生、绿杨等演出《七十二家房客》、《三毛学生意》等滑稽戏，受到观众的喜爱。可"文革"期间，我有缘与徐双飞做了近两年的邻居，也与他打过一回赌。

那件事与毛主席像章有关。现在我讲述尘封已久的往事，还是按当年的称呼，叫徐双飞为爷叔吧。

话说当年爷叔，风华正茂，也就三十出头。那时，剧团停演，爷叔就歇在家中。我有时看到爷叔带着据说是他的徒弟到家来，爷叔操琴，徒弟“啊—啊——伊—伊——”地吊嗓子。我们一帮小鬼头远远地听着，就会说“又在喊阿姨了。”

数十年后，我在电视上看到徐双飞爷叔表演滑稽戏，姜到底是老的辣，这与我在“文革”初期，听到他坚持练唱功密不可分。

我还是来说爷叔与我打赌的事。

我以前学校的同学，就是马列主义小妹妹晓燕，一年前，她得到北京红卫兵大姐姐送给她一枚毛主席像章，惹得我好眼热。没多久，晓燕告诉我们，她胸前佩戴着的毛主席像章被人偷了，她提醒大家“这是阶级斗争新动向”，让我们务必提高警惕。就是这么小的毛主席像章也有人要偷，我父亲想了个好办法，他找来一枚别针，在我衣服里面将毛主席像章别住，本事再大的小偷也无从下手。

搬到新地方后，父亲经常能从单位拿回毛主席像章。当时毛主席像章造型十分简单，色彩单一，小的犹如现在的5角硬币。

爷叔得到的毛主席像章亦如此，不过，他在装饰上动起了脑筋。爷叔从百货商店买来钉在大衣上的彩色珠光有机玻璃纽扣，这种纽扣直径比毛主席像章大一圈。爷叔的终极目标是：将纽扣中间部分镂空，就留着一圈边，而后把毛主席像章镶嵌进去，如此一来，毛主席像章就显得更漂亮了。当时，我一下子还没搞懂。

爷叔十分喜欢楼下的老戴，说是老戴，其实就比我大两岁。那天，老戴喊我到前花园等着，说是待会儿爷叔要为毛主席像章镶边。我根本就没明白，只听懂了毛主席像章。我好奇，不停地发问，老戴绝对比我成熟，他说，慢慢看就晓得了嘛。

爷叔很有耐心，他指指有机玻璃纽扣，从一个铅笔盒里拿出一把三角锉刀。他说，要把纽扣中间部分掏空，只留下最外面的一圈，最后把毛主席像章嵌在里面，等于镶了一圈边。这下我才明白。

爷叔自顾自用锉刀在纽扣上细心地锉着，我看他对未来充满必胜的信心。此时，老戴似乎有些担心：“爷叔，弄得好吗？勿要弄到最后弄断掉。”

爷叔用锉刀轻轻在老戴头上敲了一下，反问道："怎么弄不好？你不要触霉头。不管做什么事情，要对自己有信心，要信任自己，一定会成功！"

老戴站起身，我以为他要去厕所，两分钟后，他拿了一粒纽扣返回："爷叔，我也要来试试。"

爷叔一看老戴拿来的是黑颜色的纽扣，忍不住笑了起来："你要死啊，毛主席像章外面套一圈黑的，不怕被人家抓起来？"

爷叔讲到这里，突然"喔哟"一声，我一看，他手上加工的珠光有机玻璃纽扣几乎就要大功告成，却由于两手指左右拼命捏着已经成环形的纽扣两边，或许用力过大，导致"环"的断裂，功亏一篑。爷叔苦笑道："小赤佬，霉头被你触到了。"

俗话说，外行看热闹，内行看门道。我觉得自己已经看出了门道，当即拍着胸脯说："我可以弄得好！"

老戴甩过来一句："爷叔都弄不好，你弄得好？我跟你赌一把，要是你做成功了，我给你一粒有机玻璃纽子，要是你弄不好，你给我一粒，怎样？"

爷叔也来轧闹猛，说："我也跟一粒。不过要讲清爽"，他把一枚毛主席像章摆在方凳子上，再次强调"要正好嵌进去噢"。

我由于对自己能做好这个有十分的把握，换言之，就是我十分信任自己，所以当即答应"搏一记"。

我飞快奔到马路对面的百货商店，花了5分钱买回来一粒有机玻璃纽扣，用爷叔的工具飞快地锉起来。不消半个小时，一粒纽扣被我加工成一个"圈圈"，嘴里还嘀咕"这有啥难的？你们两个快点准备好纽子吧。"

当我用半圆锉刀小心翼翼地做最后的冲刺，终于圆满完成。老戴嘴里不断飘出"咦咦，没坏掉嘛"。

我拿起毛主席像章往加工好了的纽扣里放。照理说，像章应该镶嵌在纽扣里的，不料，毛主席像章从纽扣后面放进去，却从前面出来了。

爷叔偷着乐："我们有言在先的，要正好嵌进去，这算你输了。"

"你输了输了，给我们一人一粒纽子。"老戴幸灾乐祸。

爷叔见我愣在那里，马上给我讲解门道。原来，这粒纽扣的加工应该是正面稍微小些，背面稍微大些，形成一定的斜切面，这样把毛主席像章从纽扣背面放进去，才不会从前面跑出来。唉，愿赌服输。我又去买了两粒有机玻璃纽扣，算是“学费”。

感悟：信任自己并非自以为是，看门道也要会看；啥叫“门道”？一个人不可能什么都懂，只有对某个领域真正研究透了，才能说去看门道；一知半解，那还是看热闹。要信任自己，何尝不亦如此？

4.“斗鸡”摔成骨折谁之过?

说到“看门道”，不久以后发生的惨祸，让我饱尝了太信任自己的恶果。

事情起因是小伙伴们斗鸡。所谓的“斗鸡”，并非人们常见的拿鸡与鸡斗，而是人与人斗。咋斗？一脚着地，一脚翘起，用手拉住，成“4”字状，对方亦如此，开战前，彼此都会高喊：“鸡鸡鸡，啥人不斗鸡，就是老母鸡！”

在震天的叫喊声中，双方用单腿跳跃，或冲向对方，或灵活避让，一切都得看现场发挥。我就是在楼上看到小伙伴们经常斗鸡，那叫居高临下，坐山观虎斗。

数次观战，我接受了看错门道的教训。我用心看，认真想，细琢磨，终于看出了门道来。斗鸡因为是“金鸡独立”，首先要掌握好平衡；其次，你要进退自如，不能硬拼，要用巧劲。冲上去时可以是真冲，也可以是虚晃一枪，短兵相接，你翘着的腿先稍稍抬高，而后用力朝下压，直到把对手压得双脚着地就算赢了。当然，你可以朝下压，也可以先将腿压低，瞅准机会，向上挑，同样可以将对手“挑下马”。再则，就是凭力气，狭路相逢勇者胜!

我每每看着小伙伴们斗鸡，看一次，就在脑海里研究战略战术。不知多少次，小伙伴们叫我加入他们的斗鸡队伍，都被我毅然决然地回绝了，因为我还没准备好，岂能打无准备之仗?

虽然我一个劲地看着，在家里也对着镜子练习，通常都是将左腿翘起，左手抓住膝盖处的裤子，右手则抓住左腿的脚背，要前后左右移动，完全仰仗着地的右脚。

斗鸡可以一对一，也可以三对三；三对三就是团体赛。一天，隔壁的小胖子要与我单挑，我自认为自己已经掌握了斗鸡的“门道”，可以上场试试身手，于是一声“好”，双方便摆开了决战的架势。我心里说：“来就来，谁怕谁呀。”

由于我们是第一次交手，双方都不知彼此的实力，前几个回合都为试探性的。我发现小胖子因为长得肥头大耳，蹦蹦跳跳，时间一长就累得气喘吁吁。好，我就抓住他的这个弱点，跟他打持久战。我左躲右闪，引得他紧追不舍，我看准了一个机会，在向一旁跳跃的时候，眼睛余光扫到小胖子追过来了，我猛地一个回马枪，抬起膝盖就朝小胖子腿上压下去，他一个踉跄，差点摔倒，只好乖乖地放开手，翘着的左脚无奈地落地，我首战告捷。

紧接着第二个回合开始，这次我想用“挑”的战术将小胖子挑倒。我不再与他拼体力，而是单刀直入，冲上去就用膝盖向上一挑，小胖子一转身避开了；我接着就是故伎重演，将膝盖抬高，用力压向小胖子的腿，没想到他早有防备，在我压向他的腿时，他顺势用膝盖向上一挑，大有“四两拨千斤”的气势，结果，我被他挑落在地。

我很不服气，当小胖子喊道“鸡鸡鸡，啥人不上鸡，就是老母鸡”时，我单腿跳跃，三步并作两步，已经冲到他面前，我对准他的腰眼撞去，小胖子一松手——输了。他说，下午再叫几个人来，搞一场团体赛。

我从看门道的旁观者，到了冲锋陷阵的实战者，与小胖了几个回合的交手，我绝对信任自己有把握战胜对方，即使下午三对三，路数是一样的，还有什么花头?

中午，我跟老戴、小柳一说下午同隔壁小胖子一帮人斗鸡，他们摩拳擦掌，纷纷表示“斗他们一个人仰马翻”。

下午，三对三斗鸡开始了。双方斗智斗勇，他们害怕人高马大的小柳，全都躲着他；老戴保存实力，在原地踏步，对方绰号孙悟空的瘦子对着老戴的屁股狠命地撞，痛得老戴直喊“哎哟哇啦”。我仍与小胖子交战，他使出了怪招：整个人靠在我身上，我本身就站不稳，被小胖子

“借力”，令我不得不用力顶住，这正中他的阴谋诡计，他倏地退后，我却失去重心，双脚着了地。

我只能退出。如此一来，我们这边只有两人应战，很快，老戴也败下阵来。小胖子他们三人夹击小柳一人，我们输了第一局。

第二回合又燃战火。我要尝鲜，向孙悟空扑去，我用“挑”与“压”相结合，孙悟空被我挑落在地。这次轮到我们三对二，形势一片大好，我们乘胜追击。就在我沉浸在胜利在望的喜悦之中，对方另一名战将绕到我身后，向我突然袭击。只听老戴向我高喊：“当心背后！”让我躲过一劫。

当时，我想我们一方三个，对方只有两人，我们以少胜多，稳操胜券。

我信任自己，完全能够叫对方认输。在信任自己的同时，我也信任小柳和老戴，只要我们齐心协力，胜利肯定属于我们的。一摊晾衣服滴下的水将一块脸盆大的泥地变得很滑，我们谁也没有注意到，正当我准备再次向小胖子发起进攻时，正好踩在这块湿滑的泥地上，我顿时滑倒，就在即将倒地的瞬间，我右手本能的一撑，顿时痛得我呲牙咧嘴。

老戴和小柳赶紧过来将我扶起，他们一碰我的右手臂，我再次痛得几乎要昏厥过去。由于我父母都在上班，老戴叫来他在里弄加工组上班的妈妈。戴妈妈赶来一看，说是骨折了，她二话没说，回家拿了皮夹，就将我送到医院。一拍片，果真是骨折，医生为我接上骨头，又绑上石膏，痛得我似鬼哭狼嚎。到如今，每每想到此事，我的右臂总会隐隐作痛，那是刻骨铭心啊。

感悟：这是我过分信任自己所付出的代价。信任自己可以，但是万万不可盲目，要掌控好一个度，惟有把握住了“度”，信任自己才有意义。

5. 小伙伴在我眼前丧命

这是我亲眼目睹的小伙伴死在我面前。这个绰号叫“外国人”的小伙伴为他的过分自信而丧命，令人扼腕。

这是我们隔壁班级的一名同学，那年我们都在上小学五年级。这名同学天生一头鬈发，鼻子笔挺，眼睛微微凹进去，活脱像个外国人，由此，我们大家都叫他“外国人”。我现在讲述他的往事，还叫他当年的绰号“外国人”。

造成豆蔻年华的“外国人”撒手人寰的“罪魁祸首”是自行车。

说到自行车，我先来说说自己。父亲解放前是永安公司职员，临近上海解放前夕，他辞职干起了个体户，也就是私营小业主。皆因在大公司做过，眼界比较高，他买的自行车全都是外国货，其中最后一辆是英国的“蓝翎”。我在8岁那年，父亲教会了我两样东西：一是骑自行车，二是游泳。对于游泳，我记得，父亲说，小孩必须学会游泳，万一掉进河里，不会被淹死；假如是女孩，从小要学会喝酒，成年以后，不怕被坏男人用酒灌醉而招致不测。

我学自行车时，起先非常害怕，父亲总在一旁鼓励：“别怕，阿爸相信你，用不了多久，你就能学会的。”

父亲让我先 脚踩在踏脚板上，一脚在地上蹬几下，让自行车滑行，我很快就掌握了“滑行”。说来也真奇怪，自从父亲说了“相信我很快就能学会”的话之后，我骑自行车的技能突飞猛进。不过，前提是我父亲要稍微扶住自行车。那时我才8岁，还是个小孩，28寸的男式自行车在我胸前显得十分高大；我的左脚没法跨越自行车三角架上的横杆，父亲又让我将右脚穿过三角架，从而避开了上方的横杆。

一天，父亲教我学自行车，他扶着自行车后面的书包架，我用力踏着自行车，父亲扶着自行车，边跑便说：“有阿爸扶着，你就大胆地踏。”

我信任父亲，他一定会在后面保护我。我也信任自己，我离开不再要父亲扶着、自己“单骑”的时刻不远了。我骑着自行车忘乎所以，老半天没听到父亲的声音了，我回头向后看个究竟，却发现父亲在数米外正注视这我，原来，他早就放手了。我就是这样在踉踉跄跄，磕磕绊绊中起步，在某一天突然可以独自骑车了。

话说比我大一岁的“外国人”，他家的自行车是26寸女式的，所谓女式车就是三脚架上没有横杆。他常常在星期天向他母亲要来自行车的钥匙，要与我一起去骑自行车。可想而知，我家自行车是28寸的，轮子直径比他家的女式26寸自行车轮子大；再说，我家自行车是外国货，性能远远超过国产的自行车。“外国人”跟我比车速，怎么比得过？嗨，这小子腿长，耐力比我强，他拼命蹬车，竟时常超过我。我不服气，也加快速度蹬车，在河浜旁的小马路上，我们你追我赶，难分胜负。

到了暑假，“外国人”提议“去冲桥头”。这里有必要交代一下，所谓的“冲桥头”，就是骑自行车从桥上冲下来。以往，我骑车时，上桥推行，下桥也推行，等到斜坡坡度不大了，才敢继续骑车。而“外国人”骑车上下桥如履平地，我好羡慕。

这回，“外国人”喊我去冲桥头，我被他“挑上山”，跟着他去桥上。“外国人”讲了冲桥头的要领，诸如胆子要大，把握好平衡，稍微“带”一点刹车……我是第一次抖抖索索骑车从桥上冲下来，感觉两旁的树木都快速地朝后退。第二次冲桥头，也很顺当，心里想想，冲桥头也不过如此。其实，四十多年前，马路上汽车并不多，因此，我们可以放心大胆地冲桥头。

冲了一阵桥头，我说要回家了。“外国人”玩得正起劲，乐不思蜀，他骑车一会儿单脱手，一会儿双脱手，犹如杂技演员，十分自信。我觉得他的车技已经炉火纯青，而我还得加倍努力练。我不管“外国人”如何挽留，跨上自行车从桥上向家骑，刚想往桥下“冲”的时候，突然看见一辆大卡车慢慢朝桥上驶来，我立即跳下自行车，推着自行车靠边走。

大卡车距离桥面还有六七米，司机按了一下喇叭后，把车停了下来。此时，“外国人”骑车正从桥上冲下来，我一看，大卡车司机把头探出车窗外，一个劲地喊：“踏脚踏车的小朋友当心，当心——”

真是说时迟，那时快，我瞧见“外国人”的自行车对着大卡车的车头撞了过来，他刹车了，不料，自行车停住了，人却从车上飞出来，脑袋不偏不倚，正好撞在大卡车左前轮的六角螺帽上。我“啊”了一声，瞠目结舌；大卡车司机大声对路人说：“我车子停着，是他自己撞过来噢。”

“外国人”在我面前就这样永远地闭上了眼睛。一个刚才还活蹦乱跳的人，就这样离开了人世，生命是如此的脆弱，不堪一击。

后来我想过，“外国人”在离世前绝对信任自己的车技，我也目睹了他的车技，应该说信任自己没有错，那他到底错在哪儿呢?

感悟：过分的自信会对现实失去正确的判断，而正确的判断来源于谦虚和谨慎，信任自己要与变化无穷的现实同步。一味信任自己，不会变通，或者不与时俱进，信任就会转变成任性；一旦形成任性，“信任自己”必将成为自己的绊脚石。

中途遐想

信任自己，就是相信自己的能力。每个人能力有大有小，且表现在不同的领域。我看过一部纪录片，说的是一位弱智的舟舟，其父亲是乐团的指挥，小舟舟从小耳濡目染，不知不觉也学着指挥。父亲发现只要音乐一起,舟舟就会显得兴奋无比,他的指挥有板有眼,父亲让他指挥一个乐队，舟舟竟然将整段曲子全部指挥完。他的父亲后来异想天开，与一家外国著名的交响乐团商量，恳请对方能给他儿子一次机会。在父亲眼里，他信任自己的儿子，经过无数艰难曲折的请求，对方终于将指挥棒交给了弱智的舟舟，当演奏一结束，外国人惊奇地望着舟舟，在他们看来，这是不可能完成的事，竟然成为事实。

我不知道舟舟是否认为是父亲对他的信任，从而让他能够指挥自如？不过，有一点是可以肯定的，那就是舟舟把指挥当作了游戏，他是在玩。而他的父亲信任自己，他的儿子可以指挥世界级的交响乐团。

信任自己，必须建立在切合实际的基础上，否则，就是盲目信任自己，那是十分糟糕的事。行笔至此，我正好看到东方电视台的“东方直播室”一档节目，当主持人简单介绍当日主人公的一些情况后，我顿时义愤填膺。

这名当事人的尊姓大名我已不记得，只觉得他很牛逼，姑且就管他叫小牛吧。这个小牛出生在我国一个贫困的小山村，他有个妹妹，他们的父母是老实巴交的农民，祖祖辈辈生活在山沟沟里。他上完高中，发誓一定要考上大学，为祖辈争光。父母用羸弱的身躯辛苦地劳作换来不多的收人为他圆梦，其妹妹也主动放弃学业，为的是省下钱来支持他上大学。小牛经过不懈地努力，终于踏进了高等学府。

父母为儿子感到自豪，妹妹为哥哥感到骄傲。小牛读到大二后，没告诉家人，就自己退学了。父母一直以为儿子在大学苦读，他们加倍付出地劳作，在之后的两年一如既往地给儿子寄学费，包括借款，陆陆续续又给了儿子8万元。这是凝聚着父母血汗，还有妹妹为挑起家庭的重担而拼命打工挣的钱。

小牛自从大学退学后，异想天开，要当一名马可波罗式的旅行家。他用父母给他付学费的钱买了一架相机，从此浪迹天涯。用他自己的话说："我要用相机记录下祖国名山大川，有朝一日扬名天下，以此来报答父母。"

当小牛被主持人请上场时，张口就夸夸其谈，令现场观众一片哗然。他还拿出了自己拍摄的照片，电视镜头来了一个特写，在我看来，每张照片都是小牛与几乎相同的大山、瀑布等合影，而据他本人说，这是跨越了多少多少省市，历经多少多少艰辛才拍到的"好照片"。

他还撰写游记，并当场念了一段，我觉得比小学生略胜一筹。现场观众对"好照片"和所谓的游记并不感兴趣，他们纷纷指责小牛太鲁莽，放弃学业还要欺骗家人，尤其是含辛茹苦的父母，包括为他放弃学业的妹妹都蒙在鼓里，他们全被骗了。

被请到现场的一位旅游杂志的主编指点小牛的作品："这样的照片就是普通的风景照，我们刊物不会刊登，而游记写得如报流水账，我们也不能录用……"

现场其他专家频频发问，"你这么做究竟是为了什么？"

"为实现当一个旅行家的梦想！"小牛在说他远大理想时，他妹妹正陪着父亲在隔壁的房间，通过监视器屏幕看着、听着。当他们被主持人请到台上时，妹妹对着哥哥连珠炮似的发问："你知道我们在家里过的是啥日子？每天就买些豆腐放在开水里煮煮，一块钱咸菜可以吃一天，为的就是能省下每一分钱，可以为你付学费。你却瞒着家里退学，你对得起爸爸妈妈吗？"

妹妹泣不成声，让场上观众无不动容，却没敲醒一意孤行的哥哥。小牛不断地争辩，一再强调自己的"理想"。我觉得他是一个井底之蛙，也不掂掂自己的分量，口气大有何用，他对自己充满信心，却没有面对现实。信任自己无可非议，盲目的信任，造成众叛亲离。

我从电视上看到，小牛的父亲——一位中国最普普通通的农民，布满皱纹的脸将不到60岁的年龄变成了七十开外。他的父亲从头至尾没有说过一句话，当儿子突然跪倒在地，请求父亲的宽恕时，他的父亲老泪纵横，仍未说话，却一把搀起跪地的儿子。

小牛在心理博士的开导下，表示要重返母校继续深造。有观众说，大学不是游乐场，怎么能想出去就出去，想要进去就进去？即使你重新考试入学，今后的学费……

我不想在此赘言了，只想告诉读者，小牛的父亲始终没有开口，即使在被女儿扶着，步履蹒跚地走下台时，也未说一句话。我从他的"肢体语言"上读出了，他再也不会信任儿子了；同样，小牛的妹妹也不再信任哥哥了。

不切合实际的信任自己，盲目的信任自己，这都是对信任的误读。假如一旦误读，务必迅疾纠正，不然的话，就是对信任的亵渎。可想而知，对一个亵渎了信任的人，不会有好下场的，包括以上我自己举到的例子，也佐证了这一点。

图 1

第三章

需求，信任的出发地

图 2

图 3

作者与著名电影表演艺术家陈述在影片拍摄现场【图 1】

作者与作家贾升在徐州【图 2】

作者与“双字辈”笑星吴双艺、李青、童双春交谈【图 3】

第三章

需求，信任的出发地

1. 病友成为我家亲戚

当你有所需求时，你就会寻找目标，在寻找目标的过程中，你心中必然会跳出“信任”这个关键词。比如你有一块十万元的名表需要清洗、加油，你脑子里立马就会考虑将表送往哪里去加油；尽管家门口就有几家修表摊，你断然是不会去的，因为你不放心。那么去哪儿呢？看来，亨达利或亨得利钟表店是唯一的选择。道理不言而喻，那是百年老店，有信誉，十万元的名表唯有送到那里才令你心定。

我想起了一件往事。

1967年，我母亲住院开刀时，隔壁病房有一对宁波中年夫妇，丈夫吴先生是当地渔业公司的，肺上有个洞，来上海住院。据说这种病在当时是不治之症，因为国外研制出一种专门治疗这种病的特效药，售价每瓶100多元；当时一个工人每月的工资也就五六十元，吴先生每月要吃两瓶进口的特效药。这种昂贵的药似乎专门是为吴先生生产的，他吃了两瓶，肺上的洞就渐渐变小了。

吴先生的妻子彩英白天在医院陪丈夫，晚上住旅馆。不到一个星期，彩英就与我母亲熟悉了。这家医院有位医生是我父亲单位同事的爸爸，通过这层关系，我母亲得到了很好的照顾。吴先生与妻子发现了这个秘密，便主动和我母亲搭讪，母亲在病房正闷得慌，有人前来聊天，求之不得，数天下来，彼此便无话不说。

母亲管这对夫妇叫宁波人，我父亲担心肺病会传染，关照母亲“少接触”。母亲说她问过医生，吴先生的这种肺病是不传染的，假如传染的话，早就转到肺科医院去了。

母亲在医院住了半个多月，出院那天，吴先生的妻子彩英与我母亲相互留了联络方式。一周后，吴先生也基本康复出院，临行前，他们按图索骥来到我家，与我父母已“哥哥姐姐”相称。父亲让我叫他们爷叔和阿姨，那年我12岁，平白无故多了个爷叔阿姨。

爷叔阿姨回宁波不久写来一封信，信中讲到他们在上海举目无亲，能认我父亲和母亲为哥哥姐姐是缘分，不是亲人胜似亲人；并告知，一个月后，吴先生还要到上海的医院复查……

我甚感奇怪，问父亲：“医院里的病人怎么成了朋友？”

父亲说：“大家比较谈得拢。”

所谓“谈得拢”，肯定是彼此都有好感。可否这么认为：好感是信任的基础？我想是的。双方连好感都没有，哪来的信任？从需求开始，紧接着便是寻找目标，几乎与信任同义词的好感就产生了。宁波爷叔阿姨目的非常明确，想在上海找一个“落脚点”。

在医院，在那么多的病友中，为啥偏偏找到我母亲呢？我想，宁波爷叔阿姨一开始就有了自己的想法，起先，他们眼观六路，耳听八方注意观察，这便是寻找目标；通过与他们初步锁定的目标（绝不会是我母亲一人），再进行甄别，最终才确定了目标。

目标确定后，就要面对面的接触，因为彼此都不熟悉，也无信任可言，只有通过接触才能逐步了解对方。可以肯定，最初的接触，彼此都有戒心，这很正常，因为信任还未确立。信任还有主次的关系，宁波爷叔阿姨信任自己的眼光，他们知道我父亲与主治医生关系非同一般，他们要通过我父亲与主治医生搭上关系；他们相信自己的判断，只要努力，就会达到目的。所以说，他们是主动的。

我父亲起先不明就里，只是被动的应对，因为他不知道对方的真正意图。通过接触，我父亲渐渐搞懂了对方的想法，他知道对方信任自己，但不知道他认识的医生是否愿意配合。于是他只能对宁波爷叔阿姨说，让他去试试。在对方看来，这就是答应了，他们万里长征走完了第一步。他们要做的就是耐心等待。

我父亲很清楚，对方在期待他兑现承诺。虽然他没把话说死，由于被别人信任了，他必然要去做这件事。对我父亲来说，他作出了承诺，就是一种需求，他思来想去，他要估计自己去向医生打招呼会不会被拒绝，这一点很要紧，倘若事先估计不会成功，那就该免开尊口，惟有绝对的把握，才可以出手。

很久以后，宁波阿姨告诉我母亲，当时他们思想斗争了老半天，到底要不要跟我父亲说帮忙找医生的事，他们怕一下子被我父亲回绝，弄得彼此都尴尬。但经过一番“旁敲侧击”，他们认为我父亲是个热心人，一般不会拒绝的，所以才开口请求帮忙。他们成功了。

父亲后来找到主治医生，没有拐弯抹角，而是直截了当地说了某某病床的“宁波人”想让他治病的要求，那位主治医生爽快地应允了。他对我父亲说：“老吉，没问题，既然病人这样信任我，就是看得起我。”

这位主治医生所说的“看得起我”，潜台词便是“信任我”。他对我父亲说：“老吉，你是相信我才会来跟我说，而且不兜圈子，我就喜欢这样。”他还告诉我父亲，“宁波人”已无大碍，回去休养休养，过段日子再来复诊。

宁波爷叔阿姨回家乡去了。一个月后再次来上海，他带来十几条一尺来长的大黄鱼。那个年代，每个月按一家五口人为大户来算，也只能是两斤放在冰库里冻得邦邦硬的鱼，而四口人只能算小户，只有一斤鱼。宁波爷叔一下子送给我们十几条，若用“鱼票”来买，恐怕两年的鱼票都不够。我父亲执意要给钱，被宁波阿姨拒绝了。

父亲说，带几条去给主治医生，宁波爷叔说，另外已经准备好了。从此，宁波爷叔阿姨与我们像走亲戚似的常来常往，即使我们1969年再次搬家，他们还是一如既往的来，就连他们的女儿购置结婚嫁妆也都到上海来买的，当然，他们女儿结婚，我还陪着父亲母亲一起去了舟山沈家门，我现在还能讲几句正宗的宁波话，就是从那个时候耳濡目染的。

感悟：信任犹如一个储蓄罐，储存着你对人生的经验，储存着你对世界的认知；当你在生活中有用得着别人帮忙的时候，“信任的储蓄罐”便打开了。信任更是一个记录仪，记录着你自己平时的所作所为，别人会根据这个“记录仪”对你作出判断。保持良好的诚信记录，千万别玷污了“记录仪”。

2. 写的检查成了好作文

1969年，我们搬到的哈尔滨路，对面是上海最早的救火会之一的消防队，（现已在里面建起消防博物馆）。

那一年，中国军队在珍宝岛与苏联军队打了一仗，毛主席发出“深挖洞、广积粮”的最高指示。我们里弄组织居民到消防队隔壁的虹口中学去做砖坯，规定每户要做15块。我作为我家的代表，在暑假里和几个同学去了。

说起做砖坯很滑稽，用一个活络的“井”字木格，虹口中学正在挖防空洞，从地下挖出的泥就是我们做砖坯的原料。我把做砖坯当作玩游戏，先将泥土用水如和面粉似的调和，再像做馒头似的反复揉，把揉均匀了的泥土放入“井”字木格的中间，用木锤夯实，然后打开“井”字木格，取出砖坯，就算完成一块砖了。

当你完成15块砖坯后，有专人负责检查和点数，没有人信任你会自觉完成任务。这些砖坯就在学校操场的土窑烧制，成型后的砖就用于正在修建的防空洞。

那年我刚进复兴中学上初一，我们学校距鲁迅公园很近，各个班级轮流到公园参加挖防空洞的任务，我的任务是用翻斗车运送从地下被挖出的土。

我们的班主任改为了钟老师，一位满腹经纶、教历史课的老师。他原先在一所大学里授课，“文革”中被下放到我们中学，同学们都叫他“老钟叔”。为啥会这样叫钟老师，这是当时电影放得最多的就是“三战”——《地道战》、《地雷战》和《南征北战》；《地道战》中的老村长就叫老钟叔，他发现鬼子前来偷袭，回去报信已来不及，于是一路小跑，奔向村口的老槐树下，拉响了大钟。在老钟叔特写的脚步镜头里，一段“紧拉慢唱”的音乐演凑得荡气回肠，已成为经典。

我们的钟老师上了年龄，板刷头上白多黑少。他上历史课时，站在讲台上，不用看教材，说古道今，犹如说书，我最喜欢听“老钟叔”讲课了，“唐宋元明清，从古说到今”。由于钟老师年纪大了，他带我们去鲁迅公园参加劳动时，就坐在茶室喝喝茶，抽抽烟。

鲁迅公园很大，我们一个班的同学在里面分散运土，几乎彼此见不着面。我推了两车土以后，瞧瞧谁也看不到我，便溜到鲁迅纪念馆“参观”去了。在馆里走马观花，不知不觉过了将近一小时，赶紧出来，想混到“劳动者”的队伍里，被某些积极分子，或者喜欢告状的同学看在眼里，记在了心上。

第二天，钟老师板着脸站在讲台上，他干咳了几声，说：“深挖洞、广积粮是毛主席发出的指示，何谓深挖洞？就是挖防空洞；学校为贯彻伟大领袖的指示，让我们同学去鲁迅公园参加挖防空洞这项光荣而又伟大的任务，这是对我们同学最大的信任。可是，就有那么几个同学，中途竟然开溜，这是什么行为？说轻了，是不热爱劳动；说重了，就是没有严肃认真对待，应该好好反省。希望这些同学下课到办公室来勇于承认错误，每人必须写一份深刻的检查！”

我这才知道，和我一样开溜的还大有人在。我思想斗争了许久，万一自己不在这份“黑名单”上，我不是自投罗网吗？假如上了“黑名单”，自己不去主动坦白，会不会罪加一等？想来想去，我觉得还是应该去，即使钟老师不知道我开溜了，我能积极主动承认错误，就是讲诚信，一个讲诚信的人是可以得到老师和同学原谅的。虽然信任度上打了折扣，但在“诚实”上可以加分。

如此一想，我当即就撕下练习簿上一页纸，旋开钢笔套，稍稍考虑了一下文字的布局，从哪里切入，怎样转承启合，如何做到把检查写得符合作文的凤头、猪肚、豹尾要求？一番思考后，我胸有成竹，一气呵成。

下课铃声一响，我见钟老师进了办公室，便跟了进去。我说：“钟老师，昨天我在参加鲁迅公园劳动时开溜了……”

钟老师笑嘻嘻地抢白道：“我知道你会来找老师，不像有些同学，能赖则赖。你明天把检查交来。”

我恭恭敬敬地递上检查，说：“我已经写好了。”

钟老师“哦”了一下，立即戴上老花镜看我写的检查。我站在一边，心里忐忑不安，不知能否过关。须臾，钟老师猛地一拍写字台：“好好，写得好！”

我吓了一跳，听到钟老师连连说好，悬在嗓子口怦怦乱跳的心放了下来。

那份检查大意是：毛主席向全国人民发出“深挖洞，广积粮”的指示，我有幸融入到这场声势浩大的运动中，感到无上荣光！然而，当我一走进此次我们劳动的场所——鲁迅公园时，立刻被大自然的美景所吸引。我忘记了自己的任务，尽情欣赏着，当意识到深挖洞是头等大事之时，我要用实际行动来弥补自己的过失，我加倍努力，争取把浪费了的时间夺回来……

钟老师用商量的口吻问我：“我来改几个字好吗？”说着，他用红笔在我的检查上圈圈画画，随后讲了他改动的地方：“被大自然的美景所吸引”，此处“吸引”改成陶醉。他说，“弥补自己的过失”，弥补二字用得好。后面的“把浪费的时间夺回来”，“夺”这个动词用得好，建议把“浪费的时间”的浪费改为“耽搁”或者“耽误”才贴切。最后，他大笔一挥，把“我的检查”划掉，写下“记一次有意义的劳动”。

点睛之笔，令我终生难忘。当时钟老师还作了一个让我惊叹的决定，他说：“我相信你能够写好作文，我要让班干部把你这篇作文抄在教室的黑板报上。”

钟老师信任我，是对我最大的奖励。

感悟：因需求而需找信任，信任又有着不同的方式，从心底里发出的赞美，让批评转了方向，这就是信任的力量。钟老师对我的“检查”修改，让我一辈子难以忘怀。

3.为看电视费尽心机

我第一次看电视大约是在1963年。那次，父亲带我到漕河泾，去他工作的单位，我记得那种电子管的电视机，显像管里播放的黑白节目，我看的是一部滑稽戏《糊涂爷娘》，很多年以后才晓得是杨华生先生和他的妹妹绿杨演的。

再后来看电视，是我多年以后从走了半小时路，到提篮桥附近母亲工作的禽蛋一厂看样板戏《智取威虎山》。我为啥要言及电视机，这里有一则关于“信任”的故事。

如今在上海要找一户没电视机的人家绝对是件难事，但在30多年前，在上海要找一户有电视机的人家却是相当难的事。1972年我还在复兴中学念书，邻居用类似热水瓶胆的5寸示波管装了一台小电视机，原本门可罗雀的家里，一下子变得异乎寻常地热闹起来。晚饭过后，左邻右舍的大人小孩都往他家的阁楼挤，把那楼板压得“嘎嘎”直响，为了看画面与小人书差不多大小的电视，众人早将生死置之度外。我父亲不准我去，他怕哪天阁楼会塌。

后来，居委会办起了“向阳院”，购置了一台16寸的黑白电视机，从此每当傍晚，弄堂里的男女老少便在那儿抢座位，等我去时，能站在第20排已算幸事了，结果是只闻其声，不见其影。遇上数九寒天，还要耐得住刺骨的瑟瑟北风。

1973年，我们学校也有了电视机，放在大礼堂，每晚轮流安排2个班级学生观看，这2个班的班长把守大门，不是自己班里的同学休想进得去。

有天晚上播放朝鲜电影《卖花姑娘》，“向阳院”的电视坏了，学校也没轮到我们班级看电视。有位同学让我一起去他姐姐的厂里看电视，说他认识门卫，保证能带我进去。因有看电视的需求，而且是强烈的需求，我满怀欣喜跟着他去了。

在路上，他问我知不知道，我也认识的“小眼睛”转到三（3）班去了，而且还当上了班长。我说，“小眼睛”转到三（3）班我是知道的，但当上了班长，我并不清楚。

我们到了他姐姐的厂门口，门卫似乎认识我同学，只放他一人进去。我立马好话说了一大堆，同学也为我求情，可那门卫全然不顾，竟一脚将铁门踢上。金属的撞击声在黑夜里格外刺耳，我的心被震得好痛。

我在工厂铁门外的小路上站着，昏暗的路灯将我的身影投射在路面上。我正准备离开，忽然铁门打开了，我同学走了出来。我忙问他为啥不看电视了，他见我还没走，嘟嘟哝哝告诉我，电视机锁在箱子里，管理电视机的人找不到钥匙，真是活见鬼了。

电视机要锁在箱子里，这是对工人们的不信任，这样的事情在当时实属正常。

不知咋的，那天我像发了疯似的，大有“不看电视不罢休”的决心。

我身边的同学不停责怪自己，说：“今天我放你白鸽了，下回你会不相信我吗？”

其实我根本没想得那么多。倒是我同学自己感到失信于我，怕我以后不信任他了。我连声说“没有”。这怎能怪他呢，门卫不认识我，也没什么信任可言，他乐得多一事不如少一事。但他认识我同学，同学的姐姐是他们厂里的，这就是一种担保；而同学对我的“担保”似乎分量不够，假如同学的姐姐说一声“让阿拉阿弟的同学进去好了”，说不定，门卫看在同学姐姐的面子上，会放我进去的。问题是，同学的姐姐下班了。

我对同学说，我们既然出来了，索性一不做二不休，到学校去找“小眼睛”。经我如此一说，同学认为可行，于是我俩飞快地往学校赶去。

在路上，我还十分有把握地说，“小眼睛”看到我们去，还会不放我们进去看电视？同学笑道：“不会的。”我们都十分信任自己，认为“被拦在外面”的几率几乎为零。

我们很快就赶到了学校，径直奔向大礼堂，远远的就听到电视播放的声音。当我来到大礼堂，轻轻敲门，开门的正是“小眼睛”。

我迫不及待地告诉他，“向阳院”的电视坏了，想到学校来看。我同学也一口一个“小眼睛”帮帮忙。谁知“小眼睛”一本正经起来，甩出两个字“不行”。这让我始料不及，我说，里面黑咕隆咚的，大家都在看电视，有谁会注意我们。

“小眼睛”拦住我们，并说：“老师让我当班长，就是对我的最大信任，我不可以自说自话放你们进来。毛主席教导我们，世界上怕就怕认真二字……”

真是见鬼了，搬出毛主席来了，我们还有啥好说的。我拍拍同学的肩膀，说：“算了算了，认得这种人，弄得像真的一样！”

我因为要看电视，从这一需求出发，在心里寻找到了“目标”，由于信任自己，也信任别人，先跟着“下过保证”的同学去他姐姐厂里，我被拒之门外；重新寻找“目标”，并再次信任自己，找到了“小眼睛”，却让我又一次吃闭门羹。

翌日，在学校，“小眼睛”特意来找我，一再表示歉意。他告诉我，昨晚，三（4）班的女班长一直虎视眈眈地望着他，假如他放我们进去，那个女班长一定会前来阻止；不仅如此，她还会到工宣队那里去告他的状，那他就是一个不诚实的人了。

我说，一个晚上下来，我也想通了。

感悟：多年以后，我遇到“小眼睛”，提到当年这件事，他竟回答我说“不记得了”。这让我惊愕不已，当年我一直对“小眼睛”坚守诚信底线的做法表示感慨，其实，他自己并未真正理解“诚信”的含义。尽管“信任”总在我们身边，有人不管在任何时候，都恪守“信任”的法则；有人却会用“信任”做挡箭牌。我们需要的是从内心发出的对信任的承诺。

4. 我让“放心”给骗了

这是1973年盛夏，这一年我就要毕业。我们学校安排这个年级的学生到崇明富民农场学农。这是我第二次离开家，虽说不远，几乎就在家门口，但毕竟是远离父母，独自出门在外。

富民农场是部队农场，每天起床、中午午休以及晚上睡觉都要吹军号，不过，这个“吹”应该打引号，因为军号全是挂在电线杆上的大喇叭里播放的。我在学校组织的野营拉练时被安排去编过《野营战报》，到了农场学农，学校又让我编《学农战报》。所谓的编报，即到各连队去收集同学们在学农中涌现出来的先进事迹。对于写稿，我可谓轻车熟路，尤其是经钟老师的指点，写作水平突飞猛进。由于是编报，我每周只要下田劳动一次，平时就看看书，写写消息稿。但，人仍算是三（1）班的。

钟老师也被学校安排跟我们在一起，他是“管理者”，加上年纪大了，用不着下田，平时就在连部办公室喝喝茶，抽抽烟，偶尔还会跑到镇上买一瓶酒回来，慢慢品尝，小日子过得优哉游哉。一天，有同学在水稻田里抓到两条黄鳝，自己没法烹饪，放掉觉得可惜，正巧被钟老师看到，他说给他。同学乐得做个“顺水人情”，将那两条黄鳝给了钟老师。

钟老师当众宣布：今后谁抓到黄鳝给他，可以半天不出工。同学们一阵雀跃，摩拳擦掌，问：“钟老师讲话算不算数？”

钟老师反问：“我说的哪句话没算数啊？一言既出，驷马难追！”

说来也奇怪，打那以后，同学们再也没抓到过黄鳝。莫非黄鳝听得懂人话，全都跑得无影无踪。不过，我可以断定，钟老师绝对是个讲信用的人，真的有同学抓到黄鳝送来，他肯定会恪守承诺的。

管理我们学农的是一名解放军排长，姓林，我们都叫他林排长。个子不高的林排长长得倒也不难看，浓眉大眼，一开口，露出洁白整齐的牙齿，就是脸上有十余颗雀斑，钟老师在把他介绍给我们时说：“同学们，这位是解放军林排长，军装上是四只袋袋，是带‘长’字头。”

林排长比我们大不了几岁，也正值青春期。他看到我们男同学，人都目不斜视；瞧见女同学，眼睛里会放出异样的光芒。他时常看上去好似不经意，其实是很在意的盯着我们班上已发育且长得漂亮的女生看，长得一般的，他顶多瞄一眼就够了。

就是这个林排长，有一天让我吓得不轻。

我们吃过午饭后就回寝室睡觉，2点起床号一响，大家起床排队到田里干活。林排长规定，睡觉时谁也不准说话，假如他发现有一人讲话，整个班的同学都得起床。

我们的寝室是篱笆墙，透过缝隙，从里面可以看到外面。一天下午不到1点，大部分同学已经进入梦乡，只有两个同学睡不着，躺在床上天南地北的小声聊着。殊不知，林排长正巧路过，他听到有人说话，立即从篱笆墙的缝隙朝里面张望，他看清了目标后，蹑手蹑脚走了进来，说话的同学被逮个正着。

这下仿佛炸开了锅。林排长立即叫道："一班男生起床！"

我就是一班的，闻听林排长高喊"起床"，迷迷糊糊地睁开双眼，不知发生了什么事，只听林排长精神抖擞地训话："我曾有言在先，睡觉时候不许讲话，若被发现，一人讲话，全班起床。现在，我决定，你们这个班去跑步，跑到前进农场后立即返回，快去快回！"

真是，领导一句屁话，我们就得冒着酷暑去跑步。班长揉着惺忪的眼睛，在林排长面前高喊："一班的同学跟我走！"

我们稀稀拉拉的队伍走出寝室。树上的知了不知疲倦地鼓噪着，火辣辣的太阳当空照，天上没有一片云，也没有一丝风。走过一个拐角处，一些还没睡醒的同学骂骂咧咧。我当即提议，是那两个同学闯的祸，由他们自己擦屁股，叫他们奔到前进农场后马上返回，我们各自找个阴凉处继续睡觉。除了那两个哭丧着脸的同学外，其他同学一致赞同。话音未落，各自都朝树荫下跑去。

班长挥挥手，对其中一个绰号叫阿五头的同学说："你们快去快回吧。"那两个同学得令，虽有一万个不情愿，也不得不朝前进农场跑去。

见两个同学远去的背影，我和班长也走向前面的牛棚。我问班长，那两人会不会耍滑头，走到半路又回来了？班长十分肯定地回答："勿会的，阿五头是我邻居，伊蛮老实的，侬要相信我，伊拉肯定会去前进农场再回来的。"既然班长打包票，他又如此信任自己，还让我跟着他信任阿五头，我也只能相信班长的话了。

我也不知自己稀里糊涂睡了多少时间，在睡梦中被"阿拉回来啦"的说话声惊醒，抬腕看手表，快到吹起床号了。班长招呼横七竖八躺着的同学赶快起身，众人三三两两地伸着懒腰起身。其实，那两个闯祸的同学在走出我和班长的视野后，便就近找了一个牛棚，倒头就睡了。他们算好了时间，估计时间差不多了，遂装模作样地俨然一副刚赶了远路的样子，气喘吁吁地回来了。

当班长集合好队伍，嘴里发出"一二一"的口令，仿佛都是刚从前进农场跑了一个来回。

此刻，只见林排长脸色铁青，两手插在腰间。等听到班长说：“报告！我们已从前进农场回来了。”

林排长从鼻孔里发出一声冷笑，问：“人家给你们带回来什么东西？”

我捅捅班长，轻声告诉他如何如何应付，班长让阿五头出列，对林排长说：“你来问他。”

被称作“阿五头”的同学脸色陡变，正想说什么，就听林排长阴阳怪气地说：“我老实告诉你们，我打电话给前进农场，假如你们到了那里，就将一张写着‘加强纪律性，革命无不胜’的纸条带回来，你们根本就没去，怎么带得回来啊？”

我当时很慌，因为是我出的主意，追查起来，不知林排长会如何处分我。就在我胡思乱想之时，班长开腔道：“报告林排长，馊主意是我出的，你要处分就处分我吧。”

我愣住了。明明是我出的主意，班长为何要把事情揽在自己身上？

林排长脸色似乎不那么难看了，在他眼里，我们班长大小也算一个干部，按钟老师的说法，也是“四只袋袋”，他们还经常碰在一起研究工作什么的。

就在林排长扫视我们时，操场上大喇叭里响起了起床号。他作出了决定：“你们一组今天把二组翻地的活包掉，二组可以继续休息。”

这就是惩罚。我也被赶着一起去农田干活。县官不如现管，林排长就是“现管”，他说的话就是“最高指示”，我们只有绝对的服从。

十来个同学在领了锄头后，跟着班长前往两里地外的已经收割了麦子的农田。我问班长，为啥要替我“顶罪”？他苦笑道：“我太自信了，也太信任阿五头，让你提出怀疑的人也跟着一道相信。我这是对太信任自己的惩罚。”

感悟：“阿五头”耍了个小聪明，却没想过自己的信任度将会降低；也不清楚，曾对他产生过怀疑的我和他的邻居班长之间的对话。怀疑，是对信任的挑战。班长信任自己，也是建立在信任“阿五头”的基础上。如果“阿五头”跑到前进农场，带回了“加强纪律性，革命无不胜”的纸条，班长自然会对他更加信任，而我则会把怀疑改成了信任。

这个“信任”是完成了，但在我的怂恿下，整个小组对林排长耍了一个大滑头，虽然林排长浑然不觉，但是，我和班长都在为自己的“信任度”做减法，只是当时我们都没有意识到这一点。

5. 老军长碗中的特殊米饭

还是在富民农场。

我们吃早饭比较简单，大家起床整理被子，洗漱完后，就排队去食堂吃早饭。大家围坐在一个大木桶前，木桶里是炊事班早已煮好的粥。木桶旁的脸盆里放在咸菜或者萝卜十，每人两个馒头。

中午吃饭程序比较复杂，首先是每位同学听到哨声，提着小凳子，拿着搪瓷碗和筷子，排队到食堂门口集合。每个班的副班长出来收齐自己班上同学的搪瓷碗，这些碗上不是写着同学的名字，就是有着各自的明显记号，反正彼此绝不会拿错自己的碗。副班长进入食堂内，为每个碗里分菜。

我们站在外面等着的同学还有一项规定动作，在班长的带领下，不是朗诵一段毛主席语录，就是唱一首革命歌曲。最滑稽的是，班长非常喜欢朗读毛主席语录：“革命不是请各吃饭，不是做文章……”事后，我老是问他：“革命不是请客吃饭，我们正排队准备吃饭，那么，吃饭就意味着不革命了，是吗？”

有一天中午，各班级的学农同学唱完歌，带着小凳子进了食堂，大家都朝自己班级盛饭的木桶跑去，随即便听到“噼噼啪啪”小凳子着地的声响。声音一停，同学们的屁股已经与小凳子亲吻了。

大家低头看菜，闷头吃饭。三个班级近150人吃饭，泥地上难免掉落一些米饭。我们对这些掉在地上的米饭早已司空见惯了，因此也就熟视无睹。可这一天发生状况了。

还在大家吃饭时，一位满头银发的首长在林排长的陪同下走进了食堂。当时我正巧抬头，猛地见到老首长时不知所措，老首长满脸微笑，走过来，拍拍我肩膀：“哪个学校的，上初几啦？”

我站起身，一声“报告首长”后，一一做了回答。老首长突然收起笑容，皱皱眉头，吩咐食堂的一名小战士拿一个碗来。他向我们招招手，踱着方步朝前低头走着，似乎在泥地上寻找什么东西。

林排长小声告诉我们，刚才走过去的是军长，这次来场部视察。

我们都向老军长那里张望，想看看他拿碗到底要干什么，却不见他的身影。正在疑惑时，蹲在地上的老军长忽然站立起来，径直朝我们这儿走来。一到我们盛饭的木桶前，二话没说，又蹲下身子，将掉在地上的米饭捡到拿在手上的小碗中。他如同又回到了当年硝烟弥漫的战场，瞪大眼睛寻找敌人似的，走遍了整个食堂，从地上被他捡起来的米饭足有半碗。

林排长站在一边要助他一臂之力，被老军长制止了。他一挥手，对林排长说："你去集合队伍，我有几句话想和同学们说。"

林排长双手做成喇叭状放在嘴上，高喊："同学们，吃完饭在食堂原地待命，老首长有指示！"

我们同学大都吃完了饭，不约而同地都面朝老军长站立的方向。老军长旁若无人地拿起热水瓶，拔下瓶塞，将开水倒进小碗，而后摇晃了几下，又把水倒在泥地上。他反复做了三次这个动作，随即在桌子上拿起一把调羹，准备说话了。

这时，林排长端过来一张长凳，让老军长站上去。老军长喃喃自语："为了让同学们听得更清楚，我上！"

有同学小声议论：林排长是拍马屁，让老首长站得高，看得远，他想过没有，毕竟上了岁数的人了，万一老首长没站稳，从凳子上摔下来，不得了。

老军长站在长凳上，将近1米80的个子，加上笔直的腰板，人显得格外高大。但他站得稳稳当当。他说话了："同学们，我手里有小半碗米饭，这是同学们吃饭时不小心掉在地上的。现在我把它们一粒一粒捡起来了，我要当着同学们的面消灭它。"说着，用调羹三下二下就把米饭送进肚里。"同学们，你们都会读'谁知盘中餐，粒粒皆辛苦'的诗句，我们不光要在嘴上会念，重要的是，要用实际行动来证明自己真正理解了它的含义。我相信，你们不是故意要与米饭过不去，而是不小心掉在地上的，没关系，捡起来吃了就是了，不捡，就造成了浪费，这就不好了。那么，我们是否可以从源头上抓起，大家不让米饭掉在地上？

你们能做到吗？”

“能——”同学们异口同声地回答，洪亮的声音在食堂里久久回荡。

“你们说了‘能’，就是给自己下了保证，下了保证就要担起责任。一个没有责任心的人是得不到别人尊重的。我信任你们……”老军长饱含期待的目光，跳下长凳，挥手走了。他的一席话留在了我们同学的心中。

从当天晚饭开始，直至两个月的学农结束，食堂的泥地上再也没出现过一粒米饭。

感悟：这件事虽然过去了40年，但我依然记忆犹新，仿佛就发生在昨天。还不是老军长那句“我坚定地相信你们，从今往后再也不会把米饭掉在地上了”的绝话？对老军长来说，他是信任别人，而我们感到的却是被别人信任了。信任可以产生排山倒海的力量。

中途遐想

我们每个人一生中有多少个需求？回答是：无法统计。举个最简单的例子，譬如说，早晨起床后要洗脸刷牙，这就是你的需求。刷牙要用到牙膏，你马上就遇到了信任的问题，用什么牌子的牙膏，是防酸的，还是洁齿的？你信任广告上推荐的牙膏品牌，还是在超市根据自己的喜好购买牙膏。

洗漱完之后，你要吃早餐，是在家里弄好呢，还是到外面去吃？假如想喝豆浆，你是去永和豆浆店，还是家旁边的小店？你必定要作出选择，这个选择就是已经储存在你脑子里的信任度。

脑子里的信任度从何而来，以上述牙膏为例，当你看到某品牌牙膏的广告，你间接的“认识”了它，鉴于广告介绍的特色，你购买了这款牙膏。回家一试，与广告上宣传的完全一样，你既相信了广告，又信任了牙膏产品；反之，如果并非像广告宣传的那么好，你就会对广告产生怀疑，对所购的牙膏不再信任。

之后，你通过其他渠道，获得另一种牙膏的信息，本着试试的心情把牙膏买回家，一试，两个字：真灵。于是，在你的记忆之中，你对这款牙膏予以认可，从而把信任这个品牌牙膏的信息储存在了记忆中，直到依据这个程序，你又选择了另一种牙膏，之前储存在脑子里的前一种品牌牙膏，被后一种品牌的牙膏所替代；你开始信任后一种牙膏了。

由需求引发出信任的法则。需求有着不同的层次，可以分为一般的需求、特殊的需求，或者强烈的需求；那么，信任度也跟着可以分为低信任度和高信任度。所谓低信任度，是指对你的需求只满足了一小部分，而高信任度则是对你的需求完全满足。

是否可以认为，没有需求就没信任的法则？回答是否定的，无论你有没有需求，信任的法则永远存在，只是你没去动用它。我打小就不喝酒，迄今对酒都没有需求，但不管是茅台，还是拉菲葡萄酒，它们必须货真价实，不因我没有需求，它们就可以不讲信誉。

作者和原解放日报社副总编辑毛用雄在《新闻晨报》创刊十周年庆典上合影【图 1】

作者参加“别克新世纪万里行”启程仪式【图 2】

作者与著名电视节目主持人曹可凡、好友吴道富合影【图 3】

图 1

第四章 工厂十年，体验信任回味无穷

图 2

图 3

第四章

工厂十年，体验信任回味无穷

1. 团支部书记的目光

金色的带有躁动的学生时代结束了，1973年11月，我被分配到一家大集体工厂。同一天去报到的都是刚出学校门就迈入工厂大门的18个年轻人，其中8个是女的。

那天早晨，我拿着报到单，按图索骥找到四平路头道桥桥脚下的一条小路，再找到门牌号，首先映入眼帘的是一排低矮的私房，私房外有一块菜地，一个七十开外的老头正用锄头锄地，看到我们一帮男女站在厂门口，他朝屋里大声说："这爿小厂总算来了新鲜血液了。"

我们前来报到的年轻人就等在厂门口的路上，说是路，却没路名，路口标注着421弄。我仔细观察着将要成为同事的另17个男女，除了女的，我对9个男同事一一扫视过去，记下第一印象。我认为这"第一印象"十分重要，尤其是彼此都不认识，如何迅疾找到相对来说比较谈得拢的人，一是观察外表，诸如长相，衣着打扮；二是通过交谈，大致了解对方的基本信息，这也是实施"信任法则"的第一步。

8点还差5分，从厂里走出一位戴眼镜的中年男子，看上去也就比我们年长七八岁。他自我介绍叫张兴发，是厂里的团支部书记。我们跟着他走进厂里，在第一排二层楼的一间小会议室坐下。张兴发说，党支部书记和厂长马上就来，我先和大家相互认识一下。于是，我们各自自报家门，当我报了姓名后，张兴发说："哟，大吉大利，要把祖国建设得更富强。"

张兴发的一席话给我留下深刻的印象。这就是第一印象吧，至少我认为他说话很风趣，也很会灵活运用"现成的材料"，借题发挥。我们还谈不上相互信任，也不可能在如此短的时间就能信任了。

等到党支部书记、厂长来了之后，张兴发把我们一一向他们介绍，我惊叹他的记忆，他一个也没对不上号；当介绍到我的时候，他把先前"大吉大利，要把祖国建设得更富强"的话重复了一遍，后来，党支部书记和厂长对我的印象特别深。

当我与张兴发独处时，他看上去好像不经意的一些问话，其实都是经过深思熟虑的。例如，你平时有什么爱好，家里兄弟姐妹几个，父母是干什么工作的。当时我想，他一定是看过我们档案的，譬如我的籍贯、文化程度等，他一概都不问，他打听的全是他想进一步了解的信息。

我相信，他也会用同样的方法，私下里去询问每一位新进厂的年轻人。为证实自己的判断，第二天我去问了其他刚来报到的新同事，得到的回答不出我所料。

当然，我也会有选择地去与新同事聊天，看似不经意的说说笑笑，至少我有目的的了解他们。不过，我要了解他们，与张兴发要了解他们的目的是完全不同的。我，从那时开始要与他们做同事了，有可能是一辈子，也有可能是一阵子；而张兴发要了解他们，目的性很明确，他属于"厂领导"之一，可以向书记、厂长说说他对我们每个人的"个人印象"，这些"印象"完全可以左右党支部书记、厂长对我们的印象。

印象与信任有什么关系？起初，我觉得别人对自己的印象十分重要，但并没有意识到这与信任搭界。当时，自己只是想，一定要给别人留下好的、深刻的印象。我回想自己给别人留下了什么印象。

先说张兴发。我到他的办公室去，这间十几平方米的房间，摆着三张写字台，依次坐着团支部书记张兴发、工会主席潘小妹、保卫科科长余少华。我进去时未注意，腰部撞到了张兴发的写字台一只角，酸溜溜的。张兴发正襟危坐，他身后写字台上的电话铃声响起，他向我摆摆手，算是打招呼。他转过身接电话，我估计来电话者是要找张兴发身后两张写字台的主人，就听张兴发对着话筒说："对不起，他们都不在。"

我当场建议张兴发，把他的写字台与他身后的写字台"贴"着放，即面对面放，他背朝办公室门，这样，地方就显得宽敞些，电话机就摆在中间，他打电话时就不用做转身动作了。张兴发一声"好"后，当即让我帮他一起搬写字台。这太简单了。我把他的靠背椅子搬出来，与他一起把写字台原地调转180度。后来，张兴发曾多次对我说："小吉，你这个主意有道理。"

我想，自己已经给张兴发留下了好的、深刻的印象了。后来，保卫科科长余少华拍着我的肩膀说："你就是'大吉大利，要把祖国建设得更富强'、办公室里的写字台变位置"的吉建富？"

我明白，这些都是张兴发的"传播"效应。余少华比张兴发大几岁，从部队复员到厂里担任保卫科科长。此人一顶军帽戴头上，两只眼睛骨碌碌地看人，时刻注意阶级斗争新动向。张兴发与他不同，"国"字脸，戴着一副黑框眼镜，看你时，显得友善而慈祥。

一天，在工厂食堂吃饭，我买了一碗菜汤面，加了一块1毛5分的红烧肉。一般买菜汤面的人，大都添8分钱辣酱，张兴发那天也吃面，他就是买的辣酱。我正低头吃面，张兴发端着辣酱面坐在我对面，他朝我碗里瞧瞧，说："哟，你碗里的圈圈比我多嘛。"

张兴发所说的"圈圈"，就是漂浮在汤上的油花。他这就算是跟我打招呼了。按理说，我应该先同他打招呼，因为我没看到他过来，他的这种"打招呼"显得很自然，又不失面子。

张兴发咽下一口面后对我说："局工会准备搞一本《职工文艺》，将来有机会，我推荐你去，你有兴趣吗？"

"有兴趣的。"

感悟：对一个人的印象好与差，直接关系到对这个人的信任与不信任；印象从何而来？这完全取决于你自己平时的言行，言行一致是首要的，但你的言行还包含着你的真实状态，包括知识积累、工作经验、价值观、对世界的认识、气质以及待人接物的表现等等。我给张兴发留下了比较好的印象，这些“好印象”让张兴发对我产生了信任感。他又把对我的印象“影响”了他人，因此我认为，“信任”不仅可以来自直接的印象，也可以来自间接的印象。

2. 隐性的承诺仍令人期待

自从张兴发说过“将来有机会，我推荐你去”的话，在我看来就是一种承诺，我当然是满怀期待。可是一晃过了3个月，张兴发没再提起此事，让我从一个兴奋点跌至冰点。我又不能去兴师问罪，只是在心里对张兴发的言行打了折扣。

这时，我在锯料车间的实习结束了。在锯料车间百天，我的工作就是将碗口粗的圆铁，按照规定的尺寸锯下。你不用担心，不是我用钢锯锯铁，而是操作锯床锯铁。锯床上方安装了一把特质的锯条，机器开动时，通过管子，源源不断输送着冷却液，工人师傅称之为“肥皂水”。不知是锯条质量差，还是我的技术水平差，老工人起码3天将锯条上的牙齿用得几乎平了，才换上一根新的；而我，一天就弄断了两根锯条（当时每根锯条售价18元，我学徒工每月工资仅17.8元）。锯料车间组长吓得连声说：“你休息，你休息，让我来。”

我在锯料车间学习结束后，被分配到机修车间，这是一个有技术含量的车间。厂里请来的两位近七十岁的退休师傅钳工手艺呱呱叫，其中一位吴老先生原先带着一名比我早进厂一年的徒弟，这次，我和新进厂的小邱有幸成为他的徒弟。

我这个人，自己喜欢的东西可以无师自通，不喜欢的东西，学上三年都可能学不会。吴师傅戴着老光镜，眼光犀利，他挺直了腰板，看我时，我心里感到吓丝丝的。大师兄人高马大，眼睛也大，一笑，脸上呈现两酒窝，十分讨人喜欢。他看到吴老先生，一口一个“师傅”，小邱也师傅长、师傅短地叫着。我呢，一声“师傅”，声音低得像蚊子叫，师傅耳又背，哪里听得见？所以，我留给他的印象最差。

师傅一个星期来两次。这天，他交给我和小邱一份图纸，上面是一把小锤子的尺寸，他吩咐我俩：“你们大师兄用不着做这么简单的活，你们两个给我好好做，师傅会慢慢教你们的。”

小邱得令一脸轻松，他巴不得可以在师傅面前露一手。这就像我在中学上语文课，同学们听到钟老师布置写作文，脸上会阴云密布，他们怕写作文，而我一听写作文，就如同现在的师弟小邱，会一脸轻松。这回仿佛倒了个顺序，我看了看师傅交给我们的图纸，脸上立马阴云密布。有啥办法呢，只有硬着头皮做了。

图纸上的小锤子从底部看是正方形的，只是要将四只角锉成半圆，俗称“倒角”。将小锤子立起来看，约莫1.5寸高，在顶端三分之一处为45度斜角；在之下的二分之一处打一个椭圆形的洞，以便安装木柄。

我看到师傅回家时的肢体语言，他亲昵地拍拍小邱的肩膀，虽然未说话，这“一拍”已经表明他：“师傅信任你。”

师傅对我看了一眼，开口道：“用心点做，师傅下个礼拜要来检验的。”

很有意思，师傅对我是说话的，可他“话里有话”，我也看出，他对我不信任的目光；对小邱，他尽管没说话，肩膀上的“一拍”，这就叫“此时无声胜有声”啊。

我瞧见小邱已经找来一段圆钢，按图纸尺寸锯下了一段后给了我。我谢过他之后，赶紧用卷尺量好尺寸，把圆钢锯下一段。这个程序太简单了，接下去的活就麻烦了。你想想，要把侧面看是“O”形的圆钢锉成“口”形，得下不少功夫。在正常的工作上，遇到这种活，对不起，肯定要放到刨床上加工，但是，师傅让我们用锉刀锉，目的是让我们锻炼基本功。

没有办法，只能硬上。就在我用锉刀锉着圆钢时，发现旁边的小邱已经把“O”形的两面锉成了“L”，而我锉了许久，一个面还没锉平。此时大师兄走过来，马上发声音，他告诉我，锉刀去换一把粗齿的。这时我才恍然大悟，原来，外表看上去是一样的锉刀，上面的“齿”却分为粗齿、细齿和中齿，我拿的是细齿，细齿是用来细加工的，怪不得小邱的速度比我快。

我马上换了一把粗齿的锉刀，一上手，效率立即提高了三倍。正当我全神贯注锉着圆钢时，有人敲了一下我的脑袋，上海人讲（吃‘毛栗子’）。我回头一看，原来是师傅不知啥时候站在我身后。

还没等我开口，师傅发话了：“锉锉刀，要用弓步，侬两只脚直笔笔，像两根蜡烛插在地上，哪能做得好生活？”

我赶紧换成弓步，身子微微转过来，锉刀在圆钢上来回滑行。师傅摇着头说：“锉锉刀，拿锉刀柄的右手用力，左手只要搭在上面把把方向的，侬看侬只会用戆力气，哎……”

从师傅的一声叹息，我知道自己这辈子也不是做钳工的料。随师傅怎么说了，反正他是不会再信任我了。

师傅说过“慢慢会教你们的”，这是他对我们作出的承诺，后来，他根本就没有教我什么，可否认为，这是他没有兑现承诺？

最后，谜底终于揭晓，与师傅一起来的另一位退休的何师傅，操着一口宁波话对我说：“侬迭个小囡咋弄弄啦，捺师傅勿欢喜侬，话侬勿是做迭个生活的料啦。”

翌日，团支部书记张兴发找到我，说：“还记得吗，上次我跟你讲的，局工会要搞一本文艺刊物，有机会让你去参加，现在机会总算来了，明天下午你到这个地方去开会。”说着，他拿出一张通知单给我。

我一激动，说出了心里话。我告诉张兴发，我以为他是吹牛皮呢，因为当时他告诉我的时候，我是满怀期待，结果他没有兑现承诺。

张兴发笑着说：“现在兑现承诺了？”

之后，我们有了一番关于承诺的探讨。归纳起来是：承诺会有两种方式出现，一种是直接的，例如，“下周一，我请你吃饭”，这是有明确的时间概念，我便会期待；假如“下周一”，说请我吃饭的老兄没有请我吃饭，那就是他食言，未兑现他的承诺，信任上自然要被扣分。

另一种是“有机会咱们聚聚，我请你吃饭”，这也是一种承诺，只不过，它没有一个时间的界定，可能一周后，也可能三周后，或者三个月后。问题是，说“有机会聚聚”的朋友不知晓得自己说出的话，是随口说说，还是一本正经的许愿，如果是一本正经的，而且在不久的将来兑现了承诺，那么，他这个承诺是属于“隐性的”，我们务必要分清对方承诺的性质，以便决定你期待的时间长短。

感悟：原来，承诺还有直接与隐性之分。是直接的承诺应该立即兑现，而隐性的承诺作出后，承诺者千万别忘了，别人在翘首期待；倘若“随口说说”的，最好不要说，因为别人会误以为你已经作出了承诺。

3. 信任，大都与“同”相关联

在一个星期四的下午，我拿着张兴发给我的局工会召开所属各单位出席“关于编发《职工文艺》座谈会”的通知，来到“二轻局”会议室。

我进入会议室，到底是局里的会议室，比我们厂里的会议室大了好几倍。我举头环顾四周，没一个自己认识的人，也不可能有认识的，因为我是第一次参加会议，假如还有第二次，我对某些人至少可以做到一回生，二回熟的。

我朝大约有三张乒乓台大小的会议桌看去，长方形的桌子，墙上有毛主席像的那面应该是会议主持人，也可以说是此次会议的最高领导的席位，那么，我们这些参加会议的“小巴辣子”肯定是分成两边坐。这两边也有前后之分，离领导近的是前面。我为了能引起主持会议的领导注意，坐在最靠前不行，因为领导在长方形桌子的顶端，他坐着的时候，眼睛朝前看，能引起他注意的最佳位子是第三个，正好对着领导的视线；而最靠前的位子由于视线角度的关系，很可能被忽略，甚至看不到。

于是，我在面朝会议室门这边的第三个位子坐下，因为脸朝门，进来出去的人我都能看见。很快，会议室里几乎坐满了来开会的人。我看到一个身背照相机的男子，看上去比我年龄稍大些，他人很消瘦，说话鼻音挺重。他发现我在瞄他，索性走到我身边的位子坐下，并自我介绍说：“我叫陈月麟，是四平工具厂的，你是……”

我已经知道了他的名字，这只是读音，并知道了他所在的工厂。我在自报家门后，从拎包里拿出一本封面用大红颜色印着“工作手册”的小笔记簿，让陈月麟把他的名字写在簿子上。他用圆珠笔写下了自己姓名，还有工厂的电话号码。

我为什么要他亲笔书写名字呢？这是我的一个小秘密，我可以根据笔迹，大致判断一个人的文化修养。陈月麟的字写得像蛇一样连笔书写，写这种字的人性格有点“弯弯绕”，喜欢兜圈子，说话细声慢语，有时候，会让我这个急性子的人，听得肚肠根子发痒。当然，这也不一定准确，还得从接触中获得直接的印象。

有来无往非礼也。我把自己的名字，以及单位和电话号码写在工作手册上，顺手将纸撕下递给陈月麟。他接过纸说："朋友两个字老漂亮的。"

其实，我知道他在恭维我，我从来不练字，所写的字只能说马马虎虎，根本谈不上"老漂亮的"。

此时，从会议室门外走进一位五十开外的大块头，陈月麟看到大块头，立即端着照相机起身迎了上去："喔唷，金书记今朝精神焕发。"

被称作金书记的笑道："刚做过五十岁的生日。"

"怪勿得，人逢喜事精神爽嘛。"陈月麟看到金书记坐在长方形会议桌的顶端，也是我先前判断的位子上，正欲坐到自己的座位上，只听金书记看着我问："这位是……"他立刻把我的姓名和厂名告诉了金书记。我立马满脸微笑，叫了一声"金书记"，算是打了招呼。

"同志们，开会了"，金书记滔滔不绝地讲了一番话，大意是：东风吹，战鼓擂，目前国内外形势一片大好，我们二轻局也不例外。今年五一国际劳动节就要到了，我们决定出一期歌颂红五月的集子，请大家来集思广益，不用点名了，大家各抒己见。

我当时就在心里想：金书记的开场白是"八股文"，后面两句成语用得恰到好处。正在我走神之际，一位与陈月麟差不多年纪的女士启动红唇："首先感谢金书记给我们爱好文艺的工人一个平台，让我们有了用武之地，我们一定要把这本歌颂红五月的集子搞得漂漂亮亮的。"

发言的人一个接着一个，大多数人并没有"各抒己见"，而是高度的一致。我是第一次参加这种会议，心里打着小九九，也不知道该不该发言。彼此都是初次见面，第一印象格外重要。假如不发言，别人无法了解我，尤其是金书记可能"说一句话"，就能改变我命运的人，犹如弥勒佛似的稳稳坐在"顶端的位子"，正好非常清楚地看到我。就在我犹犹豫豫时，金书记看了一下出席会议者的签名本，点我名发言。

我有点抖豁，但发言是逃不过的，宛如箭在弦上，不得不发。豁出去了，我首先作自我介绍，好让与会者记住我。此时没有人会信任我，我必须说出与众不同的见解，哪怕就那么一点的不同也行。

我已经在脑子里“过滤”了一遍已经发言者的“发言”。于是我开腔了：“刚才各位发言，如同八仙过海，各显神通。我谈几点不成熟的想法，作品要短小精悍，样式可以写诗歌，也可以写散文。被选入集子中的诗歌一定是佼佼者，建议局工会能不能在适当的时机组织一场诗歌朗诵会，朗诵其中的部分诗歌？其二，每家厂都有黑板报，我们厂的黑板报好像有很长时间没有更换内容了，不知其他厂的情况如何，因此，我建议，每家厂先来一次选拔赛，把初选出来的作品写在黑板报上，黑板报上就有了新内容，我暂时就想到这些。”

陈月麟接着我的话说：“阿拉厂里的黑板报起码有三个月没换过内容了”。众人七嘴八舌，都说着自己厂里的黑板报。

我注意到，金书记笑眯眯的，正用信任的目光注视着我。他说：“小吉同志的两条建议都非常好，我们研究后再作决定。”

我知道自己给众人留下了好印象。

感悟：我们已经清楚了，好印象是信任的第一步。而信任往往产生于同学，尤其是同班同学之间；之后是同事之间，同一幢楼的邻居，或者有共同语言的人之间，还有诸如同乡，志同道合者等等，即使是陌生人，只要与“同”搭界，那么，信任的问题便会不请自来。我与陈月麟的“同”在哪里，可以说是“同一个局的”。从此开始，我们成了彼此相互信任的朋友。

4. 我在黑板报上显身手

我怎么也没想到，就在自己参加局工会会议之后不久，保卫科科长余少华把我找到办公室，说：“厂里现在的老厂房要拆掉重造，组织上决定让我来负责。这是一项光荣而又艰巨的任务，经过我们慎重研究，决定让你来参加基建工作，具体情况等一会儿会召集参加基建工作的同志开会时介绍的。”

我已经弄清楚了，由于师傅不信任我，在厂部领导面前讲了他对我的印象，领导自然要根据这个“印象”考虑我的未来方向。现在已经明摆着，我不是做钳工的料，所以会被弄到参加基建上来了。

我也不责怪师傅，从某种意义上，还要感谢他，是他一开始就看出我“不是做钳工的料”，倘若不是师傅让我悬崖勒马，即使我一直呆在机修车间，我也不会有出息。如今卸了包袱，只是不知搞基建会不会有出息？

一个地方出了师傅的不信任，不等于在另一个地方就得不到信任，有时候想想，树移树则死，人移人则活。我就去搞基建吧。

所谓的基建，就是造房子，旧的不去，新的不来，老厂房已被拆除，建筑公司的工人已在厂里安营扎寨。

我要干的活是“推”石子。过去搅拌混凝土全是在工地进行的，不像现在马路上到处都能见到的搅拌车，那是由专门的搅拌公司把加工好了的混凝土运往建筑工地，因而省去了在工地上搅拌混凝土的工序。

当时，我们厂区本身地方就不大，可谓螺蛳壳里做道场。黄沙和水泥放在雨淋不到的地方，如同现在超市里卖的“贡丸”大小的以吨计算的石子就堆在露天，足有二层楼高。我的任务便是操纵一个由卷扬机带动的铲斗，从最下面开始，拨动开关，卷扬机的钢丝绳拖着铲斗前行，把地上的石子顺着斜坡送到高处的搅拌机里。

这可是个力气活，仿佛老牛犁地，后面的人要扶住犁耙一样，我必须用力摁住铲斗，不摁，铲斗就铲不住石子而空行。余少华把我们几个“经过慎重研究”后挑选来搞基建的年轻人分成早中晚三班，每次干活就一个人。我最怕寂寞，干活累点倒没啥，只要有人可以说说笑笑，我就不感到累了；小年轻，倒头睡上一觉，第二天照样精神焕发。可现在偏偏就是一个人干活，本身就很吃力了，再加上“独当一面”，那就愈发感到累。

我在心里甚至骂起了师傅，是他对我的不信任，造成我如今吃苦头。可这也是没法子的事，因为浇注好一层楼面后，有个让混凝土自然凝固的时间，一般是一个星期左右，遇上下雨天，还要适当延长。此时，扎钢筋的工人拼命扎钢筋，他们的工作完成后，木工赶来，用厚厚的松木板钉成木框，将钢筋龙骨四四方方围住，只有这道工序完成后，才轮到我的活。

当第二轮活儿启动时，我轮到上夜班。顶着满天的星星，伴着搅拌机的轰鸣，晚风中，我全神贯注，使劲扶着抓斗，虽说是寒冬，我却浑身冒汗，只能穿一件帆布工作服。干这个活也有间隙的休息，此时，我点上一支烟，腾云驾雾地享受片刻。也就是抽一支烟的工夫，搅拌机的轰鸣声再次响起，我又要去卖苦力了。

说实话，起先两天因为觉得新鲜，干活时还能对付，可时间一久，这个枯燥乏味的活令我生厌，但是又十分无奈。我惟有咬牙坚持，总有混凝土浇注完的那一天。

由于我是夜里来干活，对于厂里白天发生的一件事浑然不觉，而这件事却实实在在跟我有关。

这天夜里，我顶着寒风从家中骑自行车到了厂里。门卫秦阿姨拿着一个信封交给我，说是白天的杜阿姨下班时特意关照，一定要交到我手上。我漫不经心地接过信封，一看，是我熟悉的张兴发的笔迹，不知他为何写信于我。别管了，谢过秦阿姨之后，我迅疾撕开封口，掏出一张厂里的便签，上面的确是张兴发写的字。

我一目十行地飞快阅读，脸上不由得露出了微笑。一个人遇到喜事，总会在脸上流露，除非你是特工，或者有深厚功底的演员，否则的话，你必定会按捺不住心中的喜悦。我当时差点笑出声来。秦阿姨马上有了反应，问：“啥事体嘎开心啦？”

我说：“从明天开始，我不用再做这断命的生活了。”

没想到秦阿姨点头道：“侬会写写弄弄，是好勿要做迭种吃力的生活了。”

我听到从一位大字不识几个的劳动妇女口中说出这样的话，应该是幸福的，秦阿姨可以代表厂里广大劳动妇女的心声，她对我的看法，就是厂里广大劳动妇女的看法，只是她们没说出来罢了。

我手上展开的信笺上是这样写的：“吉建富同志，今天上午局工会金书记来厂指导工作，谈及你为红五月职工文艺汇编献计献策，得到了局领导的赞扬。他建议你应该为厂里的黑板报再作贡献，经厂里研究决定，从明天起，调你到半成品仓库工作，那里相对来说，空余时间较多，你可以有更多的时间来考虑厂里四块黑板报的编排，暂定每月更换一次，具体情况明日下午面谈。张兴发。”

我只是傻笑，无法用语言来表述心里的一个想法。20年后看到贾平凹的《废都》里有一句如今可以称作段子的话，叫作“说你行，你就行，不行也行；说不行，就不行，行也不行”。用在当时我的身上再恰当不过了。

我被调到了半成品仓库，在那里的事后面再讲，现在还是说黑板报的事。

厂里四块黑板报分别放在食堂、进厂的一块空地前，还有就是二楼会议室走廊上。其实是三处，因为进厂空地前的一堵墙上用水泥砌成的黑板至少是常规尺寸的两块半，我则算它两块。那时的资讯远远没有现在发达，可以看的报刊就那么几种，为了完成出黑板报的任务，我想到要“借船出海”。

我首先拟好了栏目名称：如《团讯》，请团支部书记张兴发发动他下面的三个团小组，每月必须交一篇稿件。厂长搞了一面“流动红旗”，每月评一次，我就来一个《流动红旗》；对局里的简报进行编发，栏目就叫《上传下达》，还有诸如《青工生活》、《学习园地》、《班组简讯》、《报刊选摘》、《生活小常识》、《厂里厂外》、《文学欣赏》等十来个，现在我只记得这几个了。

我清楚知道“游戏规则”，自己只是一颗别人棋盘上的棋子，千万不可自说自话。我打了一份请示报告给张兴发，他当场表示“很好，可行”。不过，我看见他在我的请示报告上写下“请赵书记、徐厂长阅定”。

两天后，我看到这份请示报告上，赵书记在自己的姓上划了一个圈，写了“同意”。徐厂长在他的姓上也划了一个圈，也是“同意”二字。我想，赵书记“同意”了，你还能不同意？这只不过是个程序，张兴发走完这个程序后，对我说：“就按你的思路去做吧。”

感悟：局工会金书记对我的信任产生了连锁反应，我首先要感谢张兴发给了我能展示自己的机会，我抓住了能让别人信任自己的瞬间，我的一番即兴发言是我信任自己的最好注解。当时，信任他人还是我一厢情愿，但我必须得信任自己，我从小酷爱文学，有一定的文学基础，对自己又有信心，才可以有那次在局工会会议室里的一番表现。当信任产生裂变之后，自己必须与时俱进，向更高的目标冲锋。我编了几年的黑板报，让全厂更多的人“认识”了我，他们对我赞不绝口，我尝到了被他人信任的滋味，溢于言表。

5. 在半成品仓库的故事

我到了半成品仓库报到，负责人老任，是个五十开外是小老头，瘦小的身躯，背微驼，戴着秀琅架眼镜，有点像影片《渡江侦察记》里的那个情报处长。他知道我要去，已经作了安排。

那时，我们每个工人都用厂里现成的木板做了更衣箱，你人在哪个部门，这更衣箱就跟你“走”。后来，厂里规定，在一个阁楼上，辟出两间房间。用于男女更衣室，但，成品仓库内被允许可以安放更衣箱，所以，我的更衣箱马上转移到了半成品仓库，老任所说的“已经作了安排”，就是给了我放置更衣箱的地方。

其实，我曾到过这个仓库，那是我在锯料车间实习时和组长一起去的。当时还不清楚“半成品仓库”究竟是做何用的，记得那次进去时，就是这个老任，一双警惕的眼睛始终未离开我，生怕我要偷东西似的。

顾名思义,所谓的“半成品”，一定是成品中的某些零部件，当把它们装在一起时，才能是最后的产品。现在，我是名正言顺地进入“半成品仓库”。此前，管理仓库的是老任和一男一女两个保管员，女的脑子“搭进搭出”的，男的经常发羊癫疯，看来，这个仓库的活也不重，否则怎么能用两个“半成品”的人来干活？

我去了之后才发现，自己完全想错了。半成品仓库如同图书馆里放着的一排排书架，只不过它是铁架，每个铁架高度2米，宽4米。每0.5米有一根直档，正好是一个长方形铁盘的宽度。每根直档上下两边用三角铁做了导轨，如同直立的梯子，大约有10档。我第一天去就注意观察了这个铁架，每个铁架横着放8个铁盘，每一档竖的放10个铁盘，很清楚，一个铁架就是放80个铁盘。每排铁架之间的距离为1米，这正好方便翻斗车进出。

我们厂生产的产品是手动起重工具，俗称手拉葫芦。其中诸如长轴、钢架板、棘轮等十余种加工好的零件作为半成品，放在我们仓库，装配车间安装整机时，到半成品仓库来领这些东西。还有20公斤一包的链条也放在我们仓库。装配车间来人领了某种零件后，要开领料单，我们根据领料单上的发货数字，减去库存。老任规定，每半个月盘一次货，就像现在超市里每月都要盘货一样。但是，我们仓库里的“铁疙瘩”又重，又有油，脏兮兮的。每次盘货，都要把每个铁盘搬下来，才能清点库存。

这就碰到了信任的考验。库存的数目到底“碰得拢”吗？似乎不清点就不放心。老任也动过脑筋，他在每个铁盘子上都挂上了专门到印刷厂印制的卡片，卡片上分成两排作为记录用的格子，一边是进货记录，另一边为出货记录。他非常自信，认为只要做好每一笔进出的记录，一般是不会出问题的。

然而，他遇到了头痛的问题，因为半成品零件大都浸在机油里，机油弄到卡片上，你再用圆珠笔写数字，根本就写不上去。所以卡片要经常更换，上面记录的数字也必须跟着重写，有时，卡片一日之内要更换数次，每一次都必须重新填写数字，真是麻烦透了，但你必须要不怕麻烦。按老任的话说“现在麻烦点，是为了今后不麻烦”。这话没错，但是，干活的人可以省省力气，为啥不想想其他办法？

我跟老任提出这个问题，他批评我：“年纪轻轻，就想偷懒。”

他觉得我是想办法偷懒。其实，“偷懒”是创造发明的动力！譬如，过去我们用煤球炉烧水煮饭时，你要不断加煤球。为了“偷懒”，人们发明了煤饼炉子，用做成有洞眼的煤饼，一只煤饼可以烧老半天，比起煤球炉，你不用不断地加煤球了。后来我们使用了煤气，加煤饼的活也省了，但煮饭时，你人还得看着，要不然，煮饭的水会溢出来，滴熄掉了煤气，弄不好会出人命。咋办？造出了压力锅，煮饭就不用人看着了。人们似乎觉得还可以更加“偷懒”，现在不是发明了电饭煲了吗？完全自动化了，这就是“偷懒”带来的好处。

当时，我还远没如今想得这么多，但我已经看出了问题。然而，老任告诉我，他在半成品仓库干了这么多年，也动过不少脑筋，这个卡片是最经济实惠的。言下之意，“我都没办法了，你刚来就有办法啦？”

分析老任的话，明显他是不信任我。若要让他信任我，我就必须想出“偷懒”的办法来证明自己，这个“证明”便是我的承诺。办法在24

小时后就被我想了出来。我的做法是：用塑料片裁成与手表面子差不多大小的圆形，印上从0至9的阿拉伯数字，把它安在一块长方形的塑料片上，一定要可以转动；在每块塑料片上安装四个印有数字的小转盘，我们从正面可以看到的塑料片上只有并排四个小洞，通过小洞，我们只能看到四个数字。如此一来，我们可以在9999数字中任意调节。老任听我说了一半，就明白了整个道理。他不由得称赞我“会动脑筋”，并当场画出图纸，送印刷厂加工。

我又“乘胜追击”，提出每包20公斤的链条要靠墙堆放，不能像现在横七竖八“大呼隆”的堆成小山似的，要清点数字就得一包包的挪动，那就要费大力气。我建议，靠墙竖着堆放，每一排用行车堆放8包，防止太高会倒下来伤人。我们并排堆放，要被领去用时，按着顺序，一排排地搬，拿走了一排就是8包，假如第二排拿走了5包，剩下3包一目了然。这个建议也被老任接受了，并立即照我的设想实施。

实践证明，我的两个设想大大减轻了我们的劳动强度。老任看我的目光变得柔和了，还时不时地夸奖我一番。我知道，他改变了对我最初的看法，这也是从不信任变成了信任的过程。

感悟：要让别人信任自己，首先是要自己信任自己，信任自己就是对自己有信心；如果自己一时还没考虑周全，信心就会不够坚定，这很正常。千万不能硬撑，面对现实也是对自己的一种信任，因为自己知道了自己的欠缺，或者说是“不行”，你就不会盲目的信任自己。从某种意义上说，可行性是信任自己的关键。此外，要让别人信任自己，就得用实际行动来证明自己，没有任何捷径可走。

6. 承诺没有兑现之后

老任绝对对我信任了，但我却自己毁了信誉，让他对我的信任大打折扣。

先说一段奇闻，老任竟然是我家远房亲戚，这令我始料不及。

事情是这样的。一天，老任递给我一支“飞马牌”香烟，我们在仓库外面一边抽烟，一边聊天。他问我祖籍是哪里，我把家里户口簿上写着的“籍贯”说了一遍，没想到老任立刻显得兴奋起来。问我母亲是否姓庄，我一愣，母亲的确姓庄。反问老任，他是如何猜到的？

老任说，不是猜的，因为他家什么人嫁给了我母亲家什么人，算起来他还算是我的表舅。三弄四弄，今朝弄出个表娘舅来了。老任讲了几个人的名字，让我回家问我母亲，只要对的上号，他就可以算我远房亲戚了。

我将信将疑，说明我还不信任老任，要让我信任，惟有回家询问母亲，只有母亲说“是”，那我才能信任老任。看来，要信任别人也不是件容易的事，关键是要用事实“说话”。当我回家向母亲一说，母亲一脸惊奇，问我是怎么知道的；我父亲也听到了，脸上同样写着大大的问号。

我一五一十地把事情的来龙去脉说了一遍，父亲立即对我母亲说了一连窜的人名，最终确定老任的确是我家的远房亲戚。当我第二天碰到老任，还未等我开口，他就先发问。我跟他开开玩笑，说：“我母亲搞不清楚。”老任好像有些失望，说：“可能时间长了，有些事情记不住，忘了。”他提议，有机会到我家“家访”。

其实，老任家离我家就隔着三条横马路，步行大概10分钟。从厂里出来，走5分钟的路就到了14路电车终点站。我乘14路电车到吴淞路下车，老任他在我后面一站下车。

人，很滑稽，说起来“这个人我认识的”，此话不会错，你认识此人，此人未必认识你。倘若说“这个人我熟悉的”，说明你对此人关系非同一般。当然，熟悉也要分等级的，一般性的熟悉，与十分熟悉的等级相差甚远。就在我撰写本书时，偷闲参加了一个朋友间的聚会。在饭桌上，有人说起某局的局长很难说上话，这时，一个中年男子信心满满地说：“这个局长我熟悉，上个礼拜还一道吃过饭呢。”

此兄用了一个“熟悉”之词。说“局长很难说上话”的朋友眼睛一亮，问：“有没有联系方式？”他说了一件要托付的事。

那位老兄立刻掏出手机，调出局长的号码，一摁按钮，向我们示意“别出声”。电话通了，此兄大声说道：“吴局，我是晚报的记者老沈，呶，就是上个礼拜我们在顺风大酒店一道吃饭的，我坐在你旁边的老沈。喔唷，你是贵人多忘事，想起来啦？噢，我有个朋友想来拜访你，你讲什么？现在正在开会，有空再讲？好的好的。”

我当时差点没把嘴里的西瓜汁喷出来，此兄与局长是“一面之交”，竟然敢说“熟悉”的？不说了，现在这样的人太多了。什么叫“熟悉”，并非天天碰头吃吃喝喝的“酒肉朋友”；这种“朋友”喜欢掼浪头(沪语意思为说大话，充大佬)，你不能太相信他的话。只有尽管多年未谋面，你有事相托，一只电话过去，对方二话不说，就把事情办了，实在办不了的，他也会如实相告的朋友，才是真正“熟悉”的朋友。

回过头来再说老任。他似乎仍不死心，再三追问我：“你跟你妈妈讲清楚了吗？”

不能再乱讲了，否则，老任会对我有看法的。一个人被别人留下的“看法”十分重要，“看法”就是信任的衡量标准。我告诉老任，我母亲说已经确认了，老任真是我们家的远房亲戚。老任笑了，说：“今天下班顺路上你家拜访。”

这就有了老任的“拜访”。他买了一袋苹果，说：“第一次上门不能空手去。”

至于具体的拜访内容就不在此赘述了。我由此知道他有个弟弟在德国，已经加入了那里的国籍。老任上面有个姐姐，下面有个妹妹。这个妹妹在上海火车站售票处工作，那时购买火车票比起如今的春运购票还要难。老任的妹妹摊上这等好差事，托她买火车票的人是没法“空手”去的。老任借了妹妹的光，厂里几个厂长要出差，火车票自然要找老任帮忙，老任的妹妹力挺哥哥，所以，在厂领导面前老任还是蛮吃香的。现在，我也算是他的亲戚了，通过他，我也与厂领导说得上话了。

老任告诉我，他已跟厂领导说了，有机会让我去学驾驶。我知道，厂里现在有两辆三轮卡车，嘿嘿，80后、90后，你们没看到过，也许听都没听说过吧。这种日产的三轮卡车，顾名思义就是三个轮子的卡车，装载量为1.5吨。方向盘在左侧，就像我们现在看到的汽车方向盘。当时，厂里正在申请购买四轮的卡车，培养新驾驶员势在必行。

自从老任说过“有机会让我去学驾驶”的话之后，我自然就是期待着这一天早日到来。老任说过了，就是对我的一个承诺，他必须兑现自己的承诺，这是信任的关键所在。然而，我等了3个月，却等来了厂里一个和我同一天进厂的女生司美芳去学驾驶员的消息，我的“驾驶梦”破了。

老任为了安慰我，每周让驾驶员把三轮卡车开到附近的一所中学的操场上，再让我在操场上开着兜风。我岂能客气，发动引擎，挂上挡，犹如在游戏场里开“碰碰车”。一段日子下来，我把车开得像模像样的。

这也算是老任他在对我作出的承诺未兑现之后，给我的一种补偿吧。

感悟：作出的承诺没有兑现，要看实际情况，遇到老是不兑现承诺的人，你就要给此人记在“不能信任”的黑名单上。一次偶然的“未兑现”，不能说明作出承诺的人不能再予以信任了。但是，自己向别人作出的承诺没有兑现，你必须要立即有“危机公关”意识，如何设法解释和弥补过失，是对信任的一大考验。老任让我在中学操场上开车，就是对我的一种补偿，这不妨也是个办法。不过，通过此事，我悟出了一点：即在向别人作出承诺之前，务必先要掂掂自己的分量，量力而行才是正确的选择。

7. 稀里糊涂毁了自己信誉

一天，我在出黑板报，老任神色慌张地跑来，嘴里不断嚷道：“不好了，不好了，季宝根的车子跟人家车子相鼻头了，你跟我到现场去一趟。”

我不知道老任为何要叫我一起去。我们上了司美芳驾驶的另一辆三轮卡车，直驶四平路黄兴路口。

当我们赶到时，警察正好处理完毕，双方各打五十大板。

我终于知道自己要担任什么角色了。原来，季宝根此时虽已苏醒，但他刚经历了撞车，仍惊魂未定，心里留有阴影；再加上“一撞”，头部不是轻微脑震荡，就是至少还没缓过神来。老任要我驾驶这辆挡风玻璃碎了的三卡回厂，不过，这个“驾驶”应打引号。

其时，由司美芳驾驶的三卡尾部挂一根钢丝绳，拖着刚被撞过的三卡前行。我就坐在后面三卡的驾驶室把握方向盘，不仅如此，还要眼疾手快，在保持车距的情况下，不能让钢丝绳拖在地上。这比自己直接开车还麻烦，就像裁缝将一件做好的衣服拆后重做，与用一块新布直接裁剪做衣服要麻烦得多是一样的道理。

我坐进三卡的驾驶室，刚把排挡放在空挡，司美芳就开动了车子。

我点燃一根香烟，给坐在副驾驶室的老任递过去一根，他用打火机点燃烟后，说了一句“当心点”。我稳稳地把住方向盘，一路顺风地跟着司美芳的车回到厂里。司美芳的车未熄火，带着季宝根去了医院。

从这件事之后，我在仓库里就感到闷得慌，老想即使开不了车，就当个装卸工，可以整天去“外面的世界”。除此之外，还有一大好处是，每天可以报销1角7分钱的午餐费。我跟老任一说，这回他没有当场表态，一定是接受了上次未兑现承诺的教训。

等待了几天，老任说厂领导批准我去跟车做装卸工。其实，厂里的调度只是坐在楼上办公室发发单子，真正操作的还是老任。所以说，我并没有离开他的管辖范围。

我名正言顺地每天跟着三卡出去了。已经在车上干了几年的装卸工肖阿姨人瘦小，力气可不小，这都是她做装卸工锻炼出来的。肖阿姨的儿子与我同龄，她还有个女儿，正在谈恋爱。还有个装卸工小卢是与我同一天进厂的，他进厂后就直接上了三卡。

我们每次出车，三卡驾驶室只能坐两人，小卢到老任那里拿送货单和提货单，我们则根据这些单子提货、送货。现在回想起来，那是我在厂里最快乐的时光。为啥这么说，我讲出来与大家一起分享。

所谓的送货，就是把厂里加工好的零件送到淬火厂淬火。零部件在加工时，钢材先退火，使其变“软”，以便车床、钻床、刨床、铣床等加工，加工好的零件再经过高温处理，使其恢复原先的硬度，甚至超过原来的硬度。写出《于无声处》的宗福先就曾在上海热处理厂工作过，我在那里还见过他。

我们在厂里把要送出去淬火的零件装上车，也就是十来分钟的时间，车在路上行驶，起码一个小时，到了淬火厂，卸货的时间还要短。如果要把那里前一次送来加工好的货带回去，我们几乎不用动手，人家厂里有吊车吊送，我们回厂后，用铁锹往半成品仓库门口推下去，下面有人把它运走。说穿了，一天上班时间8小时，真正干活也就1小时，其他时间就是坐在车上聊天看风景。

要是这天送货，或者到浦东去取货，那是再开心不过的事了。你想想，在厂里装货就是十来分钟，车子开到杨树浦路自来水厂旁的摆渡口，等着汽车轮渡过来的船过江。那时候，上海黄浦江上只有通往金山这一座大桥，还有一条打浦路隧道。我们的厂在东北角，车子不可能要绕一个大圈子再折回来到川沙合庆，假如一定要这么兜圈子的话，起码要多用两个小时。所以，车了过江必定是到杨树浦路，或者公平路摆渡口过江。由于千军万马一条华山道，在江边等候的时间，起码要一个小时，多的时候，几个小时都有。这些老任都是一清二楚的，一旦遇到去浦东，他就随我们便了。而在平时，他则“能掐会算”，我们在路上时间长了，回厂后，他就会问长问短。

自从我们确认远房亲戚关系后，我似乎成了他潜伏在车上的耳目，因为他信任我。只有我说的话他才相信，因为以前他问肖阿姨，或者小卢，他们攻守同盟，口径高度一致，总有五花八门的理由来解释，老任对他们早出“晚”归，心里清楚，一定是他们到哪里“打横”去了。无奈，抓不住把柄。

有一次，就是那个撞车的驾驶员季宝根开车，我们算算，这天应该在下午2点前就可以回厂的，却因他做“私生活”而延误了两个多小时。上午9点，我们是空车出厂，到砂轮厂仓库提砂轮。车刚出厂门，就停在了路边，季宝根下车给我递烟，我知道他今天必定有事求于我，否则是不会轻易发香烟的。

果然，他开口道：“今天老克勒家里要搬一只大厨，大家帮帮忙，中午他请我们吃饭，砂轮只好放到下午去装了。”

“老克勒”是现在沪语“有风度、有腔调的人”之意，他是厂里医务室的厂医。那个年代，每家工厂不论大小，就是一个“小社会”，麻雀虽小，五脏俱全。老克勒姓唐，但我们几乎忘了的姓名。他一只“奶油大包头”，鼻梁上架着当时并不多见的金丝边眼镜；你想想，那时候能被别人喊“老克勒”的，是不简单的事。现在老克勒要用厂里的车子运大橱，其实他完全可以跟厂长“讲一声”的，但是，老克勒生性高傲，不把厂长放在眼里，调度和老任就更不放在眼里了。但他忘了“两条腿”走路是原则：上面的领导要摆平，下面的中层干部也要摆平，尤其是我们这些“小巴辣子”，更不能小觑，所谓“小鬼难缠”就是这个道理。老克勒上面、下面都没搞定，倒是把我们“最底层”的搞定了。

季宝根告诉我们“计划”后，就发动车子去了长寿路的一个家具店。肖阿姨充耳不闻，她在车上也干“私活”——把厂里每月发的劳防用品纱手套积攒起来，拆开线头，将纱线绕成团，再用结绒线的针结纱线“绒线裤”。中国劳动人民的智慧在她身上充分体现出来。

我们在家具店等了很长时间，终于等来了“老克勒”买的大橱。我们把大橱搬上车后，老克勒执意要请我们吃午饭。如果放在平时，到了午饭时间，我们的车到哪里，就在哪里找家小饭店吃饭。3两猪油菜饭，加一碗骨头黄豆汤，就2毛钱，报销1毛7分，自己只需拿出3分钱。若吃一碗肉丝汤面，只要1毛5分，还有多余的2分钱可以进自己的腰包。那天，“老克勒”请我们每人一碗猪油菜饭，外加一碗番茄蛋汤，每人的开销是2毛钱，我们谁都不会忘了拿报销单，回厂里还可以报销1毛7分。

替“老克勒”运了一次大橱，我们每人品尝了一顿“免费午餐”，季宝根却还得到了“老克勒”送给他的两包香烟——一包海鸥牌，一包凤凰牌，两包香烟加起来6毛几分。那天回厂晚了，老任问我原因，季宝根事先跟我们商量好了“统一口径”。我告诉老任，车轮胎漏气，备胎上次送厂修理还没修好，所以只能慢慢把车开到修理厂补胎，排了很长时间的队……老任说：“回来了就好。”

此事就被我这样搪塞过去了。事先，季宝根还有过预测，他对我说：“不要紧的，老任是你娘舅，只有你去讲，他才会相信。”

岂知，事情会败露。不久，老任到医务室配药，“老克勒”在当时请我们运大橱时问过季宝根，这件事是否要跟老任打声招呼？季宝根说他会去跟老任说的。现在老任来到医务室，“老克勒”以为季宝根已经向老任打过招呼了，所以他乘此机会谢谢老任。“老克勒”这一声“谢谢”，老任马上晓得，我那次向他说的“轮胎漏气”完全是一派胡言。

老任从医务室出来，立即把我找去，他不直言，而是“寻我开心”，故意不说他已知道了事情的真相，而是旧话重提，我还蒙在鼓里，把上次说的理由又重复了一遍。这时，老任露出狡黠的冷笑，用手指点点我，说：“还要说谎，唐医生已经告诉我了，你们帮他运大橱……叫我以后怎么再相信你呀。”

老任说的唐医生就是“老克勒”。我脸上一阵红，一阵白。我自己把别人对自己的信任给毁了。

真是祸不单行。由于我每天都在外面出车，厂里原本每月出一期的黑板报，变成一个半月，甚至两个月出一期。此时，团支部书记张兴发又调到其他厂去了，没人督促我。我也以出车工作忙做借口，心安理得地把出黑板报事能拖则拖，结果“拖”出了事情来。

不知什么时候，局工会主席到厂里来慰问，他特意看了受到金书记称赞的黑板报，就是这么“一看”，看出了问题，黑板报上还是三个月前的内容，有不少字因日晒，又“飘”到雨，所以都“缺胳膊少腿”。陪同慰问的党支部书记和厂长看到局工会主席紧锁双眉，马上意识到问题的严重性。当即表示，正在酝酿新的人选参与出黑板报。

这时，厂里刚新进来八九个返沪的知青。很快，我每月编写黑板报的任务被一个“四眼哥”所替代了。

感悟：好不容易获得了别人的信任，却没有细心呵护，一个被揭穿的谎言，毁了自己的信誉。信任的建立来之不易，毁灭却是分分秒秒的事，既然被他人信任了，就必须持之以恒地保卫这个成果。老任不再信任我，是我咎由自取，因为我没把为别人说谎当一回事，之后令我痛心疾首，事情已经过去了30多年，我依然记忆犹新，惨痛的教训让我一辈子忘不了。此外，对编黑板报所建立起来的被他人信任，亦因自己根本就没想到，信任是要不断维护的！假如我不想编写黑板报了，绝对应该自己向上级提出来，自己“有言在先”，与被别人刷掉是两个概念，自己提出不干了，是自己的主动性，而被上级领导刷掉则是被动性，被动是因为别人不再信任你了。

8. 我被停职检查前后

我们厂当时有个优良传统，即每逢周四，厂部的干部都要到车间参加至少半天劳动，干部与群众打成一片，但干部们从来都不到卡车上来参加劳动的。这是因为三卡后面坐不了那么多人，我们也不需要再添加哪怕是一个人。

这一次的星期四那天，老任给我们的任务是去南汇，这是个绝好差事。我与肖阿姨和小卢正准备出车，老任急匆匆跑来，让我们下车。我看到供销科长盛忠喜带着计划科的两位美女，一路嘻嘻哈哈走来。厂里不少人暗地里都叫盛忠喜为“老狐狸”，那时有部朝鲜电影《看不见的战线》中，一个老奸巨猾的特务代号就叫“老狐狸”，所以，厂里的工人移花接木，把那个“老狐狸”移到了盛忠喜身上。

盛忠喜抽烟时喜欢将香烟插在一个有机玻璃烟嘴里，把香烟叼在嘴上，活脱一个《沙家浜》里的刁德一。

此时，盛忠喜走过来，问老任：“讲好了吗？”

我和肖阿姨坐在三卡后面，盛忠喜发号施令：“今朝是干部参加劳动的日子，你们统统下来，跟大卡车去装链条，让两位女士出车。”

说句难听的话，假如让我下车待在厂里玩玩，我也就算了。问题是，把我们叫下车，到从外面借来的一辆4吨的交通牌大卡车上去装运每包20公斤的链条，这不是存心欺负人吗？假如今天一开始就讲明去装运链条，我也会服从命令听指挥的。

盛忠喜看到肖阿姨和小卢都下了车，就对我说：“快点下来，不要影响人家出车。”

我人虽然下车了，但明确表示：“今天我是不会去装链条的，如果去，就是王八蛋！”我放了狠话，目的就是给自己断掉后路。狭路相逢勇者胜，我知道“老狐狸”连厂长见他都让三分的人，他怎么会把我这个小巴辣子放在眼里？

季宝根驾驶的三卡上载着两个女干部走了。从外面借来的大卡车上的司机不停按着喇叭，肖阿姨劝我：“算了算了，胳膊拧不过大腿的，跟我们走吧。”

我谢过她的好意，挥挥手，让她跟小卢赶快出车。我已铁下心，看你“老狐狸”拿我咋办。老任拉拉我衣袖，说：“不要犟头倔脑了，没有好结果的。”

“你算威胁我？怎么，还想吃人？啥人怕啥人啊！”其实，我是说给盛忠喜听的。

这个“老狐狸”涵养功夫极好，转身向厂里走去。当他看到肖阿姨和小卢跟着大卡车走了，我还站在原地时，他停下脚步，喉咙也响起来了：“告诉你，今天你没出车，算你旷工！”

说实话，当时我心里也很紧张，不知道会产生怎样的后果。但是木已成舟，车子已经开走，何况我又讲过“如果去就是王八蛋”的绝话，我只能硬着头皮屏牢。

老任摇摇头，一脸无奈地跟在盛忠喜身后，去了楼上盛忠喜的办公室，我则进了半成品仓库旁的电工间。

一会儿，厂里的广播喇叭突然响起，老任通过广播让我马上到四楼厂长办公室。我知道“老狐狸”是不会善罢甘休的。用通俗的话说，是不会让我太平的。山雨欲来风满楼，我必须做好应对的准备。

我慢吞吞地走上楼梯，笃悠悠地拾级而上，边走边考虑对策。到了四楼，正欲往厂长办公室走时，老任站在隔壁的生产科（车间调度、计划供应、供销等联合办公）的办公室门口堵住我，说：“你只要去向盛忠喜打个招呼，事情就算过去了。”

那时我年少气盛，又不更事，心想：没那么便当，盛忠喜先前在大庭广众把我弄得很没面子。面子是什么？是做人的信誉，你盛忠喜让我在众目睽睽之下信誉受损，现在却在“人烟稀少”的场合，让我“打个招呼”，给他一个下台阶。这样，盛忠喜丝毫没有什么损失，可我受损的信誉谁来挽回？

现在想想，其实我就“打个招呼”，啥事也没了。最关键的是，我没出车，也不算旷工，本身就让盛忠喜未兑现承诺，他不是说“今天你没出车，算你旷工！”，结果不算旷工，不是我没面子，而是他没有面子呀。

然而，我当时没有明白这个道理，最终导致事情进一步的复杂化。

记得我对老任说：“他不是讲算我旷工吗，除非他亲口跟我讲，不算我旷工，否则，他讲的话就是放屁！”

老任把食指放在嘴上，对我制止道：“轻点，轻点。没意思的，你只要舌头打个滚，又不吃亏。”

我转过身就往楼梯口走，被老任一把拽住：“我好话讲了一箩筐，你不听，自己吃苦头。”

盛忠喜在生产科里大吼：“老任，这种人敬酒不吃吃罚酒，我倒不相信，看今天谁凶过谁！”

说实话，假如盛忠喜没说“看今天谁凶过谁”，我倒想顺水推舟，就按老任说的“舌头打个滚”，既给了老任的面子，又给了盛忠喜的台阶下。可是，现在盛忠喜却说出这样咄咄逼人的话，我还能缩回来吗？绝对是不能的。看来，盛忠喜这个“老狐狸”不过如此，他也不懂“危机公关”的原则。

老任拽住我的手松开了，我索性走进厂长办公室。这间办公室最里面的桌子是徐厂长的，靠进门的桌子是汪副厂长的，中间的位置是戴副厂长的，他经常生病住院，加上徐厂长经常出差，厂长办公室里只有汪副厂长一人独守，现在他也参加干部劳动去了。

我从靠墙的报夹上取下《解放日报》翻翻，又从没上锁的小书橱里拿起几本企业管理的刊物随便看看。吃午饭的铃声骤然响起，我抬腕看表，11点半，也可以说，已经是半天混过了。走，吃饭去，人是铁，饭是钢，一顿不吃饿得慌。

在食堂里，突然想到，今天的1毛7分是报销不了了。有啥关系，自己掏钱。我买了一块香喷喷的红烧肉，再买了一盆清蒸带鱼，外加青菜和番茄蛋汤。正在找位子，厂技术员阿黄招呼我过去，坐下后，阿黄说：“小菜蛮丰富的嘛。”

我夹了一块带鱼塞到阿黄碗里，他没推辞。问及我与盛忠喜的事，我如实相告。他提醒我：跟盛忠喜“一对一”时，可以把话说得“硬”点，人多时，要给他面子的，否则顶在杠头上，反而对你不利。

我十分信任阿黄，他的社会经验比我丰富，仔细分析他的话，我认为是很有道理的。所以，下午我再到厂长办公室里坐着，汪副厂长回办公室，一见我，问我坐在这里干什么？我言简意赅地把事情原委讲了一下，顺手递给他一支烟。他露出蜡黄的门牙，那是被香烟熏的。他笑笑说：“你同盛忠喜不要一般见识，我来做做老娘舅，下午没事不要坐在这里了。”

汪副厂长跑到隔壁生产科，马上折回来说：“老盛出去了，今天不进来了，你去看看车子回来了没有，假如下午有任务，你就去出车，怎么能算旷工呀。”

汪副厂长古道热肠，这番好意，我还不领情吗？

我跑到楼下，问门卫阿姨车子回来过吗？门卫阿姨说，回来过，刚刚又出去了。我便到电工间聊天，又到对面的医务室逛逛，最后下班回家。

第二天，我正常跟着肖阿姨和小卢出车了。本以为此事已经结束，汪副厂长不是说了“怎么能算旷工呀”。但到了拿工资这天，我发现工资被扣了1.6元，再看看工资单，没算我旷工，却算我请一天事假。

我明明整天都在厂里的，怎能算我“一天事假”？我问财务科的出纳小张，她说，工资单是根据劳动工资科送来的报表做的，有问题可以去问厂长。我没有拿工资，并在签名单上划掉了自己的名字，出纳只好收回我的工资。

我找到汪副厂长，他问：“现在算你旷工吗？”

我说：“没有。”

“那就对了。”汪副厂长认为应该信任他。

我哭笑不得，说：“没算我旷工，却算我事假。”

汪副厂长也显得十分无奈：“事假不事假，我就管不着了，反正我讲过不算旷工的。”

正好一脸愁容的徐厂长走进办公室，我把这事一讲，他说：“可能劳资科弄错了，我来问问看。”

依照“信任的法则”，徐厂长说“我来问问看”，这是他对我的承诺，但是，他并没有框定一个确定的时间，这就有点悬。我必须趁热打铁，于是我“逼”他现在就去，当然，我是有求于他，说话用词相当客气，“请你”、“麻烦你”、“希望你”一些敬辞不断出现。徐厂长被我搞得头都大了，操起桌上的电话，打到劳资科，他站着听电话，听着听着，突然声音提高了八度：“是盛忠喜讲的，有啥根据吗，好了好了，不要讲了。”

徐厂长放下电话给我出难题：“只要这天有人证明你上班时候是在厂里的，被扣掉的一天事假钞票补给你。”

我马上说：“汪厂长就可以证明。”

汪副厂长被我顶在杠头上，他说了两个字：“是的。”

我很感激汪副厂长的“证词”，马上恭恭敬敬地递给他一支香烟。

不抽烟的徐厂长看看我，说：“我会去跟劳资科讲的。”

又是一个没有时间概念的承诺。我不依不饶：“徐厂长，不是我不信任你，我是怕你贵人多忘事，麻烦你现在能不能就批一张条子，让我交给劳资科。”

徐厂长可能想想也对，便坐下，在一张信纸上写了一行字，还签了名递给我。我接过细细阅读，上面写着：“请补给吉建富同志一天加班工资。”

我立即提出意见：“徐厂长，请你这样写，补发被错扣的一天事假工资。”

“你怎么这么麻烦，不是一样的？”徐厂长显出老大的不快。

我当时是这么想的，补我一天加班工资，我被扣掉的钱虽然回来了，但“一天事假”的“存根”仍在，时间一久，我的“记录”上就有了“一天事假”的记录，我想把这方面的事情彻底“删除”。

由于我的坚持，终于让徐厂长按照我的思路办了。

感悟：算我旷工的事，究竟谁是谁非，一言难尽。但是有一点是不能含糊的，那就是遇到诚信被别人“弄脏”了，自己就必须立即行动起来，想尽一切办法去把它擦干净。我当时去门卫那里露露脸，到医务室兜一圈，在电工间坐半天，这都是为了证明自己在厂里的一种策略，因为有了汪副厂长的“一句话”而不需要另外三方面的“证词”，但我确实是在做前期准备。不过，当时并没有考虑到，这已经牵涉到了信任的问题。我的独有经历，让我有了独特的感受，这也算是一种财富吧。

9. 不做铁砧，就做铁锤

上述标题取自歌德的一首诗，诗的内容已忘了，就牢牢记住了这两句至理名言。怎么会想到歌德的呢？那还得从与我同一天进厂的另两位男同事说起。

这两个人的家都在虹镇老街上，当年逼仄的小巷弯弯曲曲，低矮的房子纵横交错，没有规律地紧紧相连。那里住着绝大多数是操苏北口音的男女老少，在这样的环境求生存的人们着实不易。我发现，虽然同在一片天空下，但他俩的谈吐举止有着天壤之别，我想，这绝对是家庭的环境熏陶所致。

童红春，1米78的个子，鼻梁高。他见到自己还算“讲得来”的人，总是面带微笑的倾听，显得内向的他话不多，一旦碰到感兴趣的事，尤其是“观点的碰撞”，他会不温不火地说上几句，且被我认为“很有道理”。由于身材魁梧，他被分在距离厂部百米开外的锻工车间。那里昏暗，又肮脏不堪，只有身体壮实的人才吃得消。像我这种手无缚鸡之力的人去那里干活，恐怕不消半个小时就可能昏倒。

身体健壮的童红春，一眼就被厂里生产调度看中，他被分到锻工车间。我经常看到他脚穿老开皮鞋，吃力地拉着装满铁钩的翻斗车，身子朝前倾斜，即使寒冬腊月，他的额头上仍冒着热汗，见到我，总是露着笑容。他把锻打好的零件拉来后，返回锻工车间时就用一只手推着翻斗车走。“拉车”，是人在翻斗车的前面，“推车”，人则在翻斗车的后面。

有时他正好推着翻斗车回锻工车间，我会递给他一支烟，并陪他走一段路。他这个人说话绝对算数，答应人家的事，桩桩件件都兑现，所以我们彼此谈得非常投缘。

柴守彪与童红春性格脾气正好相反。他见人三分笑，没见人也会偷着乐，不知是刚手淫完事，还是捡到了皮夹子，反正就是笑口常开。照理说，整天无忧无虑，应该是好事，但我总发现他的笑很虚伪，是硬装出来的。

柴守彪在机修车间跟我一样学钳工，只不过不是一个师傅。他有事没事喜欢到团支部书记张兴发办公室坐坐，自从张兴发调到其他厂之后，他便“搭”上了工会主席潘小妹。他经常帮潘小妹写写总结，起草通知什么的，潘小妹把他当成了秘书。现在，潘小妹面临退休，她向党支部书记推荐柴守彪当工会主席。

党支部书记同样到了退休的年龄，不想多管闲事，他告诉潘小妹，工会主席不是任命，而是要经过选举产生的。潘小妹大字不识几个，但一听此话，立即就明白了，党支部书记不想管闲事，假如想管的话，他会说“好啊，可以呀”之类的话。

潘小妹又找到徐厂长，把对党支部书记说的话重复了一遍，徐厂长说：“好啊，可以呀。”

潘小妹是绝对信任徐厂长的，所以连声道谢，她似乎为自己找到了接班人而兴奋不已。不久，她便把对这个喜讯告诉了柴守彪。

柴守彪竟按捺不住激动的心情，在食堂吃饭遇到了徐厂长，放在平时，他是不敢坐徐厂长吃饭的那张桌子的，这天，他却满面春风地坐了过去，而且是与徐厂长平起平坐。

徐厂长听到柴守彪同他打招呼，鼻孔里含糊不清的“嗯”了一声。柴守彪以为自己与徐厂长已经是“自己人”了，将来就是“厂部领导”了，还要在一起开展工作呢，所以说话下巴也不托牢，无轨电车乱开。当时，我就坐他们旁边的饭桌上，看得清清楚楚，却没听明白。我隐约听见柴守彪对徐厂长说“感谢栽培”的话。

徐厂长照旧哼哼哈哈地“嗯”了.几声，没有实质性内容，最后连碗里的饭都没吃完，突然站起身，扬长而去。

再说童红春，他对“领导岗位”不屑一顾，倒不是他的自命清高，而是与生俱来的不喜欢，假如给他封个什么官，也会被拒绝。性情中人，就是如此。

童红春最近看到局里的职工大学正在招生，他知道，要改变自己的命运，“惟有读书高”，于是拿来招生简章细细看，发现上课全都安排在晚上。假如要去读书，势必有几天的中班就无法上，于是，跑去找徐厂长。本想徐厂长会支持厂里的小青年去“充电”，不料，他跟徐厂长一说，立即被否定了。

徐厂长问他：“工作重要，还是读书重要？”

“都重要。”童红春答道。

徐厂长说：“重要之中还有主次，工作是厂里的事，读书是你自己的事。”

这是童红春第一次同徐厂长谈自己读书的事。两天后，他瞅准一个机会，又向徐厂长说起自己读书的事。徐厂长老调重弹：“我早就讲过了，工作是厂里的事，读书是你自己的事，你想想，国家的事重要，还是你私人的事重要？国家的事再小，也是大事；私人的事再大，也是小事……”徐厂长突然发现童红春已经扭头走了。

我讲了半天，想要告诉读者什么呢，那就是柴守彪和童红春，为了各自不同的“理由”，准备联手对付徐厂长了。他们要“拖”我下水。因为我曾去局里开过会，认得了金书记，要我带他们去拜访金书记。

我支支吾吾没答应，假如一答应，就是作出了承诺，他们必定是满怀希望的期待。我让他们死了这个心，所以当他们对我好话说尽，简直把我捧到天上去了，我仍斩钉截铁地告诉他们：“不行！”

须知，没有我，地球照转，他们照干。童红春给我看了一本《外国文艺》，上面有一首歌德的诗，其中有这么两句：“谁不愿做铁砧，谁就应该做铁锤！”

我明白他的意思。我说了一句：“祝你们好运。”

童红春没离开的意思，我只好呆在原地，无法挪步。他告诉了我，徐厂长为什么会这样对待他和柴守彪的。原来，前不久厂里分进来一批返沪的知青，其中吴志仁是徐厂长老同事的儿子。鉴于老同事这层关系，徐厂长应允对方会好好安排他儿子的。

此时，局里有一个读书名额，徐厂长自然要兑现对老同事的承诺。当工会主席潘小妹将近退休，她的工会主席“位子”要有人来顶上。徐厂长一下子就想到了吴志仁，没想到潘小妹有点拎不清，擅自做主，推荐柴守彪来接她的班。这柴守彪更是个愣头青，八字还没一撇，就弄得像真的一样。所以，徐厂长要皱眉头。

感悟：工会主席潘小妹信任柴守彪，所以推荐他做自己的接班人；她更信任徐厂长，听到徐厂长说“好啊，可以呀”时，她相信自己没有听错。她也信任自己，相信自己的眼光，但是，从旧社会过来的潘小妹，虽然有着强烈的翻身感，但不谙官场上的那套“游戏规则”。作孽啊，被书记、厂长耍弄了，还浑然不觉。信任自己固然没错，信任别人可没那么容易。尤其是在这种小官场上，更要小心为好。

10. 一只水斗，四个带锁的龙头

我家住的是虹口消防队旁的石库门二楼。三楼照理是露天晒台，上世纪50年代初，被搭成了一间房子，不到10平方米。它的下面是亭子间，亭子间下面就是底楼的灶间。

楼下一家六口，大女儿在自己家里，也就是我家的楼下结婚，很快

就添新丁。我外婆在世时，由于家里地板就是楼下的天花板。周围的房子都是统一的模式，左邻右舍的楼下全都做了一层泥幔，既隔音，又美观，然而我家楼下人家可以说是家徒四壁，没钱做泥幔，外婆拄着拐杖，“笃笃笃”的声音就在楼下邻居的头顶响个不停。楼下也只当耳边风。后来，我父亲用橡皮钉在我外婆的拐杖底下，把声音减小到最低程度。

亭子间阿姨早年离婚，把一双儿女拉扯大，女儿去了贵州插队落户，儿子上班住在厂里宿舍。亭子间阿姨在大饼店工作，一回家就洗涮不停。由于亭子间不到10平方米，放了一张床，一张小方桌，几乎没有什么余地了。老阿姨跟我母亲特好，常常带两根油条回来送给我母亲，说：“店里弄点面粉，多做了两根。”

这回轮到我母亲“吃了人家的嘴软”。上下扶梯的楼下有一块将近3平方米的地方是我家堆放东西的，亭子阿姨隔三差五会就把她家的搓板放进去，又把躺椅放进去。我对母亲说：“怎么可以让亭子间来放东西？”

母亲劝我：“人家暂时摆一摆，到时候会拿掉的。再讲，人家家里地方小，也是没办法。”

那年我已22岁，在父母面前还是“小孩”，但我总可以说说我的担心吧。我的担心，其实就是对亭子间阿姨的不信任。我母亲对亭子间阿姨深信不疑，说明母亲是十分信任她的。至于我的担心，母亲叫我“省省力气”。事实证明，母亲是太信任别人了。

再来说说三楼晒台搭出的住家，搬来搬去，走马灯似的，两年换了三家。最近来的这家浪头特大，六十开外的女主人是个聋子，耳环左右两只耳朵上戴。大女儿与小儿子和她住一起；丈夫支内带着大儿子在西部地区，夫妻俩只有春节前后才能团聚。

我们家同楼上的邻居发生了矛盾，起因是灶间四户人家合用，就一只自来水水斗，上面装了四个龙头，每只龙头都连着各家的小水表。当年一大奇景是：各家的自来水龙头上都套着一个马口铁的铁罐，靠近铁罐底部弄了两个洞，不用自来水时，各家都会用一根粗螺丝穿进洞中，因为螺丝一头有“屁股”，一头打一个孔，用作挂锁的锁眼，可以把龙头锁上。为什么要上锁呢？一句话，就是彼此相互不信任，提防对方偷水。现在回想起来，当时的上海劳动人民有不少精力都用在这上面了。

一只不大的长方形的水斗，有四个自来水龙头，就意味着有四户人家合用。遇到傍晚烧晚饭时，楼下的邻居“近水楼台先得水”，一般都在下午很早就煮饭烧菜了。就是楼上新搬来的这家，女主人聋子似乎有洁癖，占着水斗可以洗上老半天。我母亲下班回家时，楼下的那家邻居晚饭也已吃好了。

亭子间阿姨一个人吃饭，常常煮点粥，啃两个馒头就对付过去。因此，在灶间里就是楼上的聋子霸占着自来水水斗。其实，这个退休工人完全可以稍稍提早些用水，或者抓紧点用水，好让我家淘米、洗菜。问题偏偏出在我母亲不好意思同聋子讲，若是讲起来，也蛮累的。这就造成聋子独霸一方的局面。由于我父亲在吴淞上班，路上单程起码两个半小时，他平时下班回家时，正是我母亲煮好了饭菜，所以，他一点也不知道聋子的厉害。

有一天，父亲下午提前回来了，见我母亲坐在家里没去忙晚饭，就问“为什么”，母亲让父亲去淘米。父亲得令，拿着装了米的锅子下楼直奔灶间，马上就遇到了聋子这个拦路虎。父亲见她在洗衣服，就说：“对不起，我们饭还没烧呢，你衣裳可以等会洗吗？”

聋子也不必装聋作哑，她一个劲地“啊啊啊，你讲什么呀？”

聋子耳朵失聪，眼睛又没失明，怎么看不见呢？父亲硬是挤过去，与聋子“并肩战斗”。这下激怒了聋子，她振振有词道：“你男同志怎么轧在人家女同志身上啊？”

聋子一嚷，她女儿从三楼“噔噔噔”跑了下来，人还未到，声音已先到：“做啥做啥？想欺负人啊！”

父亲气得差点吐血。我母亲赶紧下楼，对我父亲说：“我天天都碰到这样的，他们晚饭已经吃过了，我们还没烧呢，就欢喜轧在这时候洗衣裳，真不识相。”

聋子的女儿一张面孔演“白骨精”不用再化妆。平心而论，长相还是可以的。她就是认为自己漂亮，又与楼下的邻居打得火热。我家楼下的邻居因为再也吃不到我母亲要与他们分享的海货，对我们一家的态度发生了逆转，并与三楼聋子一家联手，目的就是对付我们家。

那天，我父亲心里想："好男不与恶女斗，退一步海阔天空。"他上楼找来一个橡皮水管，把它套在我家的水龙头上，再将橡皮水管伸到窗外，跑到外面用水去了。向外拓展空间，这不失为一种没有办法的办法。

怪事连连。母亲对父亲说，放在灶间的肥皂很不经用，是不是现在的肥皂质量差了？又说，新配的热水瓶也不怎么保温，刚烧好的开水，没多少时间，泡茶连茶叶也泡不开。

父亲想了想说："热水瓶不保温可能是质量问题，肥皂不经用，我怀疑是楼下的人揩油用的。"

我在一旁听着，觉得父亲的怀疑是有道理的。楼下的人家不是说他们穷到一块肥皂都买不起的地步，只是贪小，或者揩油后有一种愉悦的心情，因为今天"赚"了一次。他们是否知道，你今天"赚"了一次，就是把自己的"诚信度"降了一次。

我决定要"用事实说话"。

我们灶间有一张小方桌，是我家用来切菜用的。我已大致摸清了楼下大女儿到灶间用水的规律，早上洗脸、刷牙，吃过早饭洗碗，而后去上班；下午回来淘米洗菜，晚饭后洗碗。我估计，假如她要揩油我家肥皂的话，多数会在晚上这个时间段。尤其是夜间，她以为我们都在楼上，没人会注意她"伸手"。

有天晚上，刚过8点，我下楼准备出去，在楼梯口见到灶间里有微弱的白光，这是楼下人家装的3W的节能灯，如同一根蜡烛，俗称"蜡烛灯"发出的淡淡荧光。三楼和亭子间用的是15W的电灯泡，因为我母亲视力差，我家用的是25W电灯泡；晚上烧饭时，家家都开灯，其实，我家的灯一开，已经照亮了整个灶间，尤其是楼下这家人家，像"鬼火"似的蜡烛灯，开着也是摆摆样子的。

灶间里微弱的荧光是楼下人家的独有标志。现在我正要下楼，看到的就是这个标志，又听到自来水的流水声，我暗想，楼下人家会不会用我家的肥皂洗手？如此一想，我便蹑手蹑脚地走下楼去，楼下人家的大女儿用了我家肥皂洗手后，将肥皂放回肥皂盒的一幕正巧被我撞见，父亲的怀疑得到了证实。我要逮住这个千载难逢的机会，当场揪出揩油的人。

我也蛮促狭的，用了生平最大的声音，大吼一声："你用我家的肥皂啊，怪不得我家的肥皂怎么用得这么快啊。"

楼下的大女儿屁眼里屎没被吓出来的话，至少心跳超过一百二十。我见到她脸色苍白，用手拍着自己的胸口，许久没出声。我想：不会吓成精神病吧。就在此时，她开口了："我拿错了。"声音小得像蚊子叫。

我当即戳穿她："窗台上只有我们一家人家的肥皂，你怎么会拿错呢？"

灶间的窗台上的确只有我家的一个肥皂盒，孤零零地躺在那里。我抓住机会数落着，此时三楼的女儿从外面开门进来，一见这架势，她立马明白了是怎么回事。我还想说什么，她比真正揩油的人还要起劲，一连窜的反问句脱口而出："啥人要用你家的肥皂，人家家里没有肥皂？你不要瞎三话四，当心吃耳光！"

楼下的大女儿仿佛冬眠的蛇，苏醒了过来，两个女人对付我一人，形势急转而下。我们的争吵声惊动了四邻，他们纷纷赶来，都想不出钞票看白戏。我父亲也闻讯下楼来，我被气得胸闷。急中生智抛出一句："你们敢诅咒吗，今天谁用过别人家肥皂，一家人统统死光！"

这下，三楼的女儿不敢替楼下的大女儿回答了，她知道，这种绝话是不能瞎说的。正在我以为自己反败为胜之时，楼下的大女儿望着众人，声音突然提高了八度："谁今天用过别人家肥皂，一家人统统死掉！"

我始料不及，哪里会想到，揩油的女人竟然可以用"全家人的性命"来诅咒。我愣在了那里。

第二天，亭子间阿姨悄悄告诉我，楼下小儿子把我家放在灶间的热水瓶里的开水用了一点，再灌一些自来水后放回原处，我们使用时并不觉得开水少了，但热水瓶里的开水似乎"冷"得很快，难怪我母亲会感叹：现在新配热水瓶胆质量差了，不怎么保温了。要不是亭子阿姨揭开谜底，我们还一直怪罪厂家呢。

感悟：这是一个特殊的年代，发生的事也特殊。自来水龙头要上锁，就是邻里间相互不信任的写照。明明被我当场发现揩油我家的肥皂，竟可以大言不惭地发誓："谁今天用过别人家的肥皂，一家人统统死掉！"实在太恐怖了。但转念一想，人家还不是为了保住自己的信誉吗？失去了信誉，也就失去了被别人信任的资本，从这一点上讲，我也就理解了。

11. 父亲为何摔坏录音机

1979年是我父亲60周岁，就在他行将退休的前一年，即1978年五六月，他厂里得到一批日本产的三洋单喇叭录音机票子，领导上照顾父亲，送了一张给他。父亲回家告诉我这个好消息，并让我自己去指定销售"三洋单喇叭录音机"的杨浦区第三百货商店购买。

父亲让我独立去"完成任务"，这是对我的信任，我应该高兴，应该兴奋才是，但我生怕自己买回的录音机有问题，要知道，这架单喇叭的录音机要500多元，这几乎是我一年多工资啊。我讲了自己的担心，父亲答应陪我一起去。他事先去银行取来500元现金，连同购录音机的票子装入一个小包内。

在买录音机时，营业员去仓库拿货了，我对父亲说："让营业员教教我们怎么用录音机。"

父亲说："营业员总要教我们的，他不懂，还做什么营业员。"

这话包含了这样几个信息：1.父亲信任自己，相信他自己的判断；2.做营业员绝对清楚销售的商品性能；3.你这孩子，怎么连这起码的常识都不懂？

当营业员拿来了一个印刷十分精美的纸盒，打开包装，从塞得整整齐齐的"泡沫塑料"中取出一个长方形的黑色录音机，插上电源，从一个密封的塑料袋里拿出一盘磁带，上面印有"试听品"字样，把它装入录音机中。营业员说："等一等，让我看一下说明书。"

父亲不解地问："你是卖录音机的营业员，怎么不会开录音机？"

"前两天我病假，今天刚上班，还没弄过录音机，不要急……"营业员边说，边看说明书，随后按下一个按钮，磁带转起来了，但喇叭里没有发声音。

我提醒道："看看音量开关开了吗？"

营业员旋转一个转盘，录音机突然发出音乐声，是《红河谷》，"人们说你就要离开村庄，我们将怀念你的微笑，你的眼睛比太阳更明亮……"

捧着录音机，在回家的路上，我问父亲："你不是讲卖录音机的营业员总归懂录音机的，事实证明，这个营业员就是不懂。"

父亲在我肩上拍了一下，说："下回讲话要当心点，世界上没有绝对的事。我也是太相信自己，总认为老经验管用，哎……"

回到家里，我打开录音机，听来听去就是《红河谷》。我当务之急就是要另外买空白的磁带，或者现成的音乐或者歌曲磁带。问题是，现在商店里没货。

在厂里，顾藕芳师傅要退休了，她的父亲是我国著名的围棋高手顾水如，顾水如也是围棋高手吴清源的老师。顾藕芳的大儿子江德培将顶替母亲到我们厂来，在顾藕芳退休的前一天，我无意间说起买磁带的事，她说，等她儿子来上班后，让我去问问她儿子，因为她家有一台双喇叭的录音机，好像有盒式磁带。

说实话，顾师傅临退休前说了一席话，我权当"一席话"，她只是说"去问问她儿子"，她儿子还未正式进厂，就算进了厂，还有待我"去问问"。问的结果无非是"有"和"没有"两种。所以，我在谢过顾师傅后，并未把这件事放在心上。

在我的心里，倒是把阿黄放在了首位，因为他妻子家有人是香港公民，从香港帮我购买磁带是比较靠得住的。当我向阿黄询问到香港买磁带的可能性时，他说要回去问问他老婆。这话表达的意思并没有回绝我，而是要等他"问问老婆"后才知道结果。我只能静静地等待，别无他法。

大概一个星期后，在厂里，阿黄跑来告诉我，磁带弄不到。弄不到磁带是很正常的事，他却显得很不好意思，连连表示歉意，弄得我倒不好意思起来。正在这时，一位长着"国"字脸、浓眉大眼，一开口，露出上下两排整齐牙齿的中年美男子走过来，问："哪位是吉建富？"

我朝来者看去，说自己就是。对方自我介绍："我是顾藕芳的儿子，叫江德培，我妈说，你要的两盘磁带，我现在带来了，是索尼牌，60分钟的，一共50元。”此前，我还不清楚盒式磁带分60分钟与90分钟一盘的两种规格，牌子除了三洋，还有索尼，经江德培一说，才学到了两个新知识。我连声说“谢谢”，并告诉他：“钞票我明天带给你。”

当时阿黄也在场，他说：“顾师傅的儿子，尊姓？”

“我姓江，长江的江，道德的德，培养的培。”

“江德培？我叫黄兆良。”

大家算是认识了。我十分感慨，对江德培说：“顾师傅是个很讲信用的人，老实讲，我当时只是随口讲讲，也没特别摆在心上，想不到，她倒记在心上。到底是大人家出来的，就是不一样。”

江德培没接腔，只是笑笑，走了。没走几步，又转身回来，问我：“你邓丽君的歌有吗？没有，我家是双卡录音机，我帮你转录一盘。”

“你就帮我拷一盘。”我说着，将手里的一盘还没焐热的磁带递给江德培，他拿着磁带走了。

我问阿黄：“啥叫双卡录音机？”

阿黄很有耐心的向我讲了一番，我才弄懂，我家新买的录音机有录放功能，但只能录“外面”的声音；双卡的是可以同时放两盘录音带，并可以将其中一盘录音带上“东西”翻录到另一盘录音带上。

第二天，江德培把录好的邓丽君歌曲录音带交给我，我马上将准备好的50元钱交给他。算是“银货两讫”。当天下班，我骑着自行车飞快地往家赶，一到家，便急吼吼地把邓丽君“请”进录音机，随着悠扬的乐曲，“你问我爱你有多深，我爱你有几分……月亮代表我的心……”委婉动听的歌声直扑我耳膜，从此我才知道，世上竟然还有如此美妙动人的歌曲。

我母亲20多岁进禽蛋厂做工，那是刚解放不久，中国高层提出“解放妇女劳动力”，要让“家庭妇女”走出家庭，男女平等，都可以有工作。当时，不少家庭妇女由于家里孩子一大帮，她们只能在家带孩子，哪怕是5个孩子，靠丈夫一人做工，就可以养活全家人。妻子还用得着出去做工吗？当时，谁家的女人出去做工，说明这家男人没花头，他的收入难以养家糊口。

我母亲并非如此，单靠我父亲一人的收入，家里已经过上了小康的日子。但我母亲认为，自己挣钱，总比伸手向男人拿钱来得自在，腰板也硬了。所以，她毅然决然报名参加了工作。事实证明，30年后她退休，拿着劳保工资，而当年不想参加工作的那些“家庭妇女”，永远成为家庭妇女，没有退休工资，甚至没有劳保。那是后话了。

我母亲进工厂，当年的小姊妹不少，到她退休时仍在交往的没有超过三个，那完全称得上是知交了。就是一位比我母亲年长的大姐阿桂，过去在厂里大小也算个小头头，她对我母亲十分照顾。自从我家有了录音机后，母亲去阿桂家总会说起录音机如何如何好。上了年纪的阿桂“听过算数”，可她的两个儿子眼睛瞪得比电灯泡还大，跟我差不多岁数的年轻人跑到我家来听录音机，听得兄弟俩乐不思蜀。

阿桂家的老大试探性地问我母亲：“阿姨，录音机可以借我回去听两天吗，就两天。”

我母亲毫不犹豫地说：“可以。”

兄弟俩捧着录音机，如同捧着个宝贝，一路哼着“路边的野花你不要采……”回家了。

我没啥好说的，是父亲出钱买的录音机，母亲答应借给阿桂家的孩子，他也同意的，不就是两天嘛。再说，“新箍马桶三日香”，录音机已被我“玩”了这么多日子，早就没有当初的兴奋与新鲜感了。借给阿桂家儿子两天又怎么啦？

两天后，阿桂家的大儿子亲自将录音机送到我家。我母亲不知是客气，还是真心的，反正说了一句：“什么时候想要听了，再来拿。”

我母亲的这句话，对阿桂家的大儿子来说，是“特大喜讯”，对我来说，是“晴天霹雳”。何以有如此想法，这是因为我母亲连“借”字都没说，她用的是“拿”，而且是“再来拿”。

果不其然，没过几天，阿桂的大儿子又上我家，他开口说：“阿姨，录音机再借我回去听听。”

尽管我母亲用词是“拿”，阿桂的大儿子仍用“借”，一字之差，说明他还是拎得清的。人家是客气，自己不好当福气。我忍不住了。问：“这趟准备借几天？”

阿桂大儿子伸出五根手指："借五天。"

五天很快过去了，录音机没有归还。"两个五天"过去了，仍不见录音机的踪影；我有点屏不住了，问我母亲："妈，录音机啥时候还来啊？不是讲好五天吗，已经十天了，怎么还不还来呀？"

母亲被我逼得没办法，她拿了几只苹果，借故去看阿桂，顺便拿回录音机。然而，苹果送去了，录音机却没拿回来。母亲回家对我说，阿桂家的小儿子再想听几天。最终，录音机在"三个五天"差一天还回来了。

这次我很不客气地对母亲说："以后他们再来借录音机，你就告诉他们，录音机坏了。"

似乎太平了一段日子。一天，母亲去阿桂家回来说，阿桂的小儿子想借录音机。我大吵大闹，说："录音机是听不坏的，但是磁带要听得磁粉磨掉，磁带薄了，到最后没办法再听了。三日两头来借录音机，他们自己不能去买一个。"

我把录音机藏了起来。母亲说她已经答应过阿桂，不可以不讲信用。父亲让我把录音机拿出来，我死活不肯。对我父亲而言，他对借录音机的态度是对半开。怎么讲？就是百分之五十同意，百分之五十不赞成。犹如一架天平秤，往"同意"上靠，就是支持我母亲；往"不赞成"靠，就是支持我。从他要我把录音机拿出来来看，他是偏向我母亲的，要不然，他为何要我把录音机拿出来？

我就是不肯。父亲苦口婆心地对我说："录音机借不借给人家再讲，你现在先把录音机拿出来。"

我母亲老大的不快，她嘀咕道："录音机是我们买的，你有啥权力不拿出来？"

母亲说得一点都没错。由此我想到，"经济实力"是决定一切的，假如这架录音机是我出钱买的，情况又会如何？阿桂的儿子要来借，母亲只能同我商量，主动权在我手上。现在录音机是父亲出钱买的，我有什么权力阻止母亲借给人家，这是她的权力呀。

但我还是没把录音机拿出来。父亲光火了，他朝着我大喊大叫："我讲过了，录音机先拿出来，借不借给人家再讲，你算什么意思？"

事情就坏在我母亲身上。倘若她不再发声音，也许我就会把录音机拿出来，让父亲来定夺。可我母亲虎着脸嘟哝：“有本事，自己去买录音机，拿人家的东西藏着，算啥本事？”

父亲对母亲说：“你也少说两句，本来没啥事情，现在弄得大家都不开心，一个么，借录音机借上了瘾，一个么，死不肯借，早晓得这样，买啥断命的录音机，自己在找死！”

这话表明了我父亲的“内心独白”，起先，他在“借”与“不借”中摇摆不定，一边是妻子，一边是儿子，他左右为难。现在，他说出“借录音机借上了瘾”，说明他对阿柱的儿子一而再，再而三来借录音机这件事，心里也不舒服，加上我没交出录音机，他预感其家庭地位会骤然下降。如果我当时把录音机拿出来，在我父亲看来，他至少在家里说话还是有分量的。

母亲听到父亲“你也少讲两句”时，突然大哭起来，哭得父亲和我都心烦意乱。我一看这架势，很不情愿地把录音机拿了出来。我对父亲说：“你说的，录音机先拿出来，借不借给人家再讲，现在录音机拿出来了，你准备怎样？”

母亲看着父亲：“我已经答应阿柱了，不借给人家，我不是不讲信用了？叫我以后怎么做人啊？”说着又哭起来。

父亲拿起录音机，嘴里嚷道：“烦死了，烦死了！”话音未落，他将录音机狠狠地摔在地上，“现在好了，大家统统心死了！”

母亲见状，立即停止了哭泣，蹲下身将机身已摔坏的录音机捡起来，心疼地喃喃自语：“摔坏了，摔坏了，录音机摔坏了呀……”

父亲吼道：“坏了好，大家统统太平了！”

也真是太巧了，家里的“录音机风波”还未完全平息，阿柱突然登门拜访。其实，她是亲自出马来借录音机的。就在阿柱敲门时，父亲一声“来啦——”便跑出开门。我见母亲把录音机放到桌子上，迅即用手抹干了眼泪，僵硬的脸庞上的肌肉突然松开，展现出笑容来。我知道，“摔录音机”毕竟是我们家里的事，家丑不可外扬嘛。

阿柱进屋后，一眼就看到被摔坏的录音机，不由得问：“录音机坏啦？”

父亲苦笑道："真是不巧，从台子上落下来的。哎，要去修了。"

阿桂东拉西扯地说了些无关紧要的事后就告辞了。

说实话，录音机买来没多少时间就人为地弄坏了，当时修理录音机的商店并不多，父亲不想去修录音机了，我也无能为力。后来是阿黄拿回家，用了半个多月，才让这架录音机起死回生。

感悟：想想还是阿桂家的人害人，第一次来借录音机，讲好两天归还，很守信，两天就归还了。第二次来借录音机，说好是借五天，结果是"三个五天"，对于不讲信用的人，我还能信任他吗？正是由于阿桂家的儿子不被我再信任，所以我才会做出藏起录音机的举动。

对我母亲而言，她因为答应过人家，要把录音机借给人家，由于我的阻挠，她无法兑现自己的承诺，"叫我以后怎么做人"的想法，让她拼着老命也要借出录音机。阿桂家的人哪里知道我家录音机损坏的真正原因，我们也不会去揭秘。不久，我父亲总结出教训：家里人要思想统一，步调一致，倘若有分歧，尽可能求大同，存小异，把东西摔坏是最愚蠢的行为。

中途遐想

行笔至此，我的老朋友叶启晓送来他近50万字的大作《诠释人类学》。他是上海中医药大学的教授，闻听我在写有关"信任"的书，便建议我从古汉语中找找"信"的"说法"，我觉得是个非常好的主意。

众所周知，古代汉语都是单音节词，而现代汉语则是双音节词，譬如"妻子"，在现代汉语中是指"老婆"的意思，但在古汉语中，它是两个词，即"妻"与"孩子"。

古汉语的词有"本义"，再从本义词中引申为"引申词"。我查了"信"字，它是由一个人与一个言所组成，即从人，从言。信的本义是言语真实。《老子》中有"美言不信，信言不美"之说。《墨子》有"言不信者行不果"。

由言语真实引申为"对人真诚，不虚伪"。《论语·学而》中就有"与朋友交，而不信乎？"用作不及物动词，意思是守信与实践诺言。从真实、守信又引申为相信、认为可靠。如《论语·公冶长》中有：

“始吾于人也，听其言而信其行。”

自从佛教传入中国，在佛经的翻译上就有了信士、信女的意译词，从而又进一步引申为信仰。由相信引申为随意与放任。我一下子明白了“信口开河”的“信”是何意了。

从真实、守信还引申为信约和盟约，从信约又可引申为凭证。怎么与“凭证”搭界？原来，“信”与“符”字连用，即成为符信。“符”是“竹”字头，说明与竹子有关。本义是古代朝廷传达命令或调兵将用的凭证。按《说文》解释：“符信，符，信也。汉制以竹长六寸分而相合。”那时候纸张尚未发明，而商周时期的甲骨文已被淘汰，逐渐兴起的是把书信或文章刻写在竹木简上。由符信再引申为使者，送信的人……

还是回到现实中来。

1973年，我还不足18岁就进了工厂。对“信任”的认识其实是对自己，对他人品性的认识。尤为重要的是对“信任”的实践，讲到底，仍是对“人”的实践。过去了那么多年，经历的事情太多太多，如同大浪淘沙，能留在记忆深处，可以信手拈来的事情却并不多，如今还能写下来与众人分享的也就是上述几件。

工厂就是一个小社会，从家庭出发，抵达工厂，用现在的话来说，就是职场。不过，在那个吃“大锅饭”年代，没有如今激烈的竞争，所以，我没用“职场”这个词，我想把它放在写中国改革开放后使用。

回首在工厂的那段时光，那是我刚步入成年人的行列，不再是学生时代，大都与同龄人打交道，而是同各种“大人”们打交道了。信任自己，信任他人，被别人信任交织在一起，变化反复无常。我能做到信任自己，信任他人，却无法左右被别人信任的话语权。这是毫无疑问的。然而，要让别人信任我，我必须做到言行一致。有一点要特别强调：我的言行一致并非做给别人看的，这是一个做人最起码的道德底线。

道德的底线是个人世界观和价值观最低级别的起点，而信任度则是导航仪，当我认识到这一点后，我便把它作为检验和校正自己行为的一把尺子。

我说过，工厂是一个小社会，当我准备离开工厂，要到外面去闯荡时，我猛然意识到，那是一个大社会。

第五章 融入艺术大军的洪流

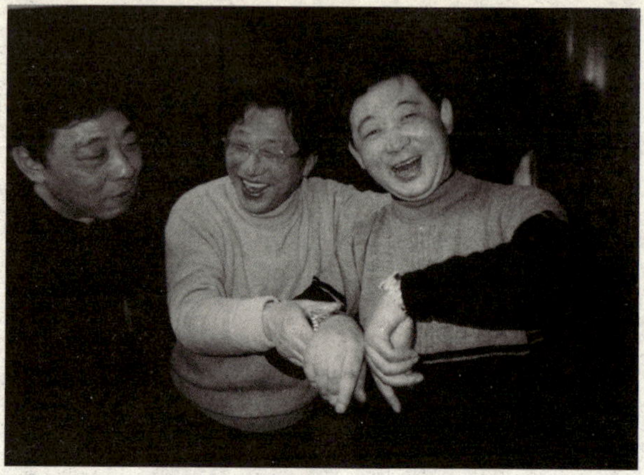

图1

图2

图3

作者与原文汇报社党委书记吴谷平（中）、好友朱中民欢聚【图1】

作者和王汝刚、陈钢、淳子在一起【图2】

作者与作家曹冠龙（中）等一起【图3】

第五章

融入艺术大军的洪流

1. 报考北京电影学院

1977年12月11日至12日，这是上海恢复高考的日期，也是破天荒的，因为高考都是放在6月的夏天进行的，“文革”后恢复高考的决定比较仓促，故放在了冬天举行。

对于高考，我绝对是无动于衷，因为我在小学四年级后就自我放弃了上数学课，都说“知识改变命运”，可我没有数学这门“知识”，我不信任自己能够考上大学，所以，我从报上看到这条“要用知识改变命运”的重大消息时，心里只是“噢”了一下而已，但是厂里的大师兄告诉我，与我一起进厂的小林兴奋不得了，已经投入到紧张的复习中去了。

小林请了一个多月的事假，在家复习迎考。有一天，他骑着自行车找到我家，他要与我探讨作文的写作。这是我的特长，我自然也不谦虚，尽量讲些自己比较有把握的见解，例如，要学会审题，决不能“跑题”，如果是议论文，该如何如何夹叙夹议，是记叙文，又该怎样怎样谋篇布局。

小林信任我，我也信任自己，一个人不可能什么都懂，也不可能什么都不懂，我恰恰对作文偏爱，自小就与它有着不解之缘。我再次由衷地祝愿小林能考出好成绩，步入高等学府之门。他见我家种的太阳花煞是好看，他想要些花籽回家。当时，太阳花刚开过，没有留下花籽，未开花的花蕾正含苞欲放，我答应小林，一旦花儿开了，我会即刻将花籽带给他。

1977年12月12日，之前小林与我和大师兄相约，他一旦考试结束就回厂里，所以，我那天早上去上班时，就把太阳花的花籽用一张信纸包好，准备下午等小林来厂里时交给他。

上午8点，我刚到厂里，大师兄就厂门口等着我，一见面就劈头盖脑地说："小林没了。"

说实话，我还没搞明白"没了"的含义，遂问："啥叫没了？"

一旁的小宁波解释道："就是走掉了。"

"走"了，是一种敬辞，是"死了"的意思，好比皇帝死了，要用"驾崩"一样。不过，当时我没敢说出口，不久前还见小林活蹦乱跳的，今天还有考试，怎么人就"走"了？要知道，他与我同龄，那年都是22岁！

大师兄提议，我们现在就去小林家。

小林家离厂就七八分钟的路程。我们在一条小路上看到一个花烛店，于是买了一个花圈，写上大师兄和我以及小宁波的名字后，直奔小林家。

小林的父亲是一家科研所的工程师，母亲是中学教师。我们到达他家时，其父正与小林母亲接待亲戚，一见我们，简单地讲了小林的情况，那是当日凌晨3点多，父亲迷迷糊糊听到单独睡在小房间的小林喊叫了几声，他立刻起身到小房间查看，当他打开电灯，看到儿子把被子踢到了地上，左手垂在床沿边。他大声呼叫儿子，却没有任何反应，被惊醒的小林母亲奔进小房间，看到儿子，她瘫软在地板上。小林父亲发疯似的奔到楼下的一家工厂门房间，说明来意，门卫立即帮忙拨通了120急救中心。十分钟后，救护车呼啸而至，穿白大褂的医务人员拿着担架直冲小林房间，当他们进去后不久，就宣布小林已经死亡。

我看到小林的左边整个脸是紫色，他父亲说"是突发脑溢血"。大师兄请小林父母节哀顺变，我忽然想起了那包太阳花花籽，便轻声对小林父亲说："我们约好的，今天下午，小林考试结束后到厂里去，他向我要的太阳花花籽让我带给他，我今天把花籽带来了，可……"

我把包得方方正正的太阳花花籽拿出来，递给小林的父亲，他双手接过去，在说"谢谢你"的同时，他对儿子说道："林林，同事来看你了，你要的花籽也带来了，你带到天堂去吧。"说着，他将花籽放进了小林的上衣口袋，他再也忍不住了，泪水夺眶而出。我们赶紧告别。

临行前，我向小林的遗体三鞠躬。我喃喃自语："小林，我没有食言，我兑现了对你的承诺，太阳花花籽交给你了……"

1978年5月，我从报上获悉北京电影学院将在上海戏剧学院设招生点的消息，我得知不用考数学，于是竟不知天高地厚地偷偷跑去报名。报名处的老师问我报什么系？我从招生简章上看到有导演、表演、摄影、美术和录音5个系，便说报导演系。

好不容易熬到考试的那一天，我再次来到上海戏剧学院，我们是5个人一组，在外面等候，里面如何考试，外面一点都不知道。等到我们这一组进考场后，我是第一个考试。我大大方方地打量着3名正襟危坐的考官——两男一女，中间的考官问我："请你说说电影有什么特点？"

我竟然答不上来，嘴里还一个劲地自言自语："电影有什么特点？"

考官说："是的，我在问你，电影有什么特点？"

如果放在现在，我可能是这样回答："电影是一门综合艺术，它集文学、戏剧、摄影、绘画、音乐、舞蹈、建筑等于一身。电影可以运用电影组接技巧的蒙太奇手法，充分突出主题，具有超越其他一切艺术的表现手段。无论是识字的还是不识字的都能看懂，一句话老少咸宜……"

可是我当年啥都不懂，还傻乎乎地去应考，胆也真够大的。考官瞧我实在是答不上来，便转至下一道题，让我朗诵，我随口朗诵了一首毛主席的《沁园春·雪》。又让我表演一个小品，题目是《清洁工》，我脑海里马上呈现出在马路上看到的环卫工人，于是作拿扫帚状，挥动两条胳膊，辛勤地扫街。片刻，我手朝肩上拉了一下，算是拿下了毛巾，又在脸上擦了几下，算是擦汗吧。完后，我继续扫地，我想，反复这么几个动作是否太单调了？于是我嘴里学了几声鸟鸣，我抬头朝树上看，说明我热爱大自然。正当我想继续扫地时，被考官叫停。他说："可以了。"

另一位考官："下一位0352号。"

规定我们一组5个要"同进同出"，我便被请到一旁观看。看上去，这位考生年龄比我大不了几岁，他要考试的小品题目为《当听到周总理逝世的消息后》。他是这样表演的：从马路上回家，掏出钥匙打开房门进屋，打开收音机，又拿起热水瓶倒了一杯开水，刚喝了一口，突然听到了什么，茶杯掉在了地上，把脸贴近收音机，似乎不相信自己的耳朵，听着听着，他突然放声大哭，喊了一声"周总理"后竟泣不成声，泪流满面……

中间坐着的考官突然鼓起掌来，连声说："可以了，可以了……"

这位考生太投入了，竟停不下来了，他仍在不停地抽泣。请他自己选一首诗进行朗诵，他选的是《周总理办公室的灯光》，可想而知，他刚刚还沉浸在失去周总理的巨大悲痛中，现在让他朗诵《周总理办公室的灯光》，还不声情并茂，发挥极致吗？

我们一组5人一起走出考场，我上前祝贺0352考生，他不好意思地笑了。我说："你一定能考上！"

三天后初考发榜，我知道自己肯定是没希望的，但我心里惦记着"0352"号，我相信自己的判断。为看看自己的判断究竟正确与否，我又一次去了上海戏剧学院发榜处，我很快就找到了"0352"号。至于我，名落孙山。

感悟：我至少还有自知之明的，因为对于高考，我不信任自己，知道自己是绝对不行的，所以必须放弃。小林在学校里刻苦认真学习，要知道，那时候每位读书的人都处于同一个环境里，我放弃了学数学，别人却不言放弃，至少他们就比我多学了一点。别小看这一"点"，对于学习的人来说，他们就是在"同一起跑线"上，关键取决于自己。在同一大环境中，家庭——这个小环境显得尤为重要。小林出生在知识分子家庭，父母相信，儿子不会永远在这么一家小厂奋斗终生的，他们信任儿子，所以鼓励他参加高考。他们永远也不会想到，儿子竟会突然倒在高考的征途上。

对于我而言，报考电影学院是对艺术之门发起的一次冲击，都说“要打有准备之仗”，可那个年代，你到哪里去找复习的资料？去何处寻觅“入门良方”？当我在考场目睹0352考生的小品考试时，我醒悟了：那是自己在寻找借口。老是寻找借口的人，是办不好事的。

2. 不畏辛劳，排队买禁书

我知道自己此生已与大学无缘，但“社会大学”永远向我敞开着，就看我自己有没有决心进入。也就是在1978年5月，从厂里的邢宝平一次无意中的交谈中，我得知他的父亲在新华书店工作，最近为迎接一批将被解禁的名著上柜而忙得不可开交。

于是我想请邢宝平跟他父亲去说说，能不能替我买几部世界名著。当我提出这个请求时，邢宝平一口允诺，说：“小事一桩，你就等着吧。”

叫我“等着”，就意味着邢宝平答应了我。我想，大家都是成年人了，他应该清楚，“答应”了，就是对别人作出了承诺。我想，他会兑现自己的承诺。然而，第二天邢宝平遇到我，根本就没提那桩“小事”，我忍不住了，问他：“跟你老爸讲过吗？”

“喔唷，对不起，忘记了。你放心，明天一定给你回音。”邢宝平没有过多地解释。

求人的事，我对邢宝平又能怎样呢。明天就明天吧，但愿明天他别再“忘记”了。

睡了一觉起来就是第二天。当我赶到厂里，径直去找了邢宝平，他正在倒冷饮水喝，一见我，便说：“我问过我爸了，我爸讲，你要什么书，要写好书名，否则不好操作。”

我哪里知道世界名著的书名？“文革”之前我还小，没有读过世界名著；十年浩劫，别说我，就是众人也无法接触世界名著，孤陋寡闻的我现在正要补上这一课，甭管是什么书了，众人要去抢购，总是有道理的。

我对邢宝平说：“随便帮我买两本就可以了。”

邢宝平的热情骤减，嘴里嘟哝着：“我去跟我老爸讲讲，看他怎么说。”

求人不如求己，我必须做好两手准备，万一邢宝平老爸打回票，我就得自己起早去新华书店排队，总能买到几本书的。如此一想，我也就不再着急了。

这天下班，我直接去了新华书店“打打样”。这一去，还让我赶上了，我瞧见书店门口贴着的“安民告示”：明天上午供应世界名著，每人限购5本。

其实，在“文革”后期，我陆陆续续买过一批长篇小说，其中有浩然的《金光大道》、《艳阳天》，高玉宝的自传体小说《高玉宝》、黎汝清所著《海岛女民兵》；还有不知名作者的《征途》和上下两册的《三探红鱼洞》……我每每阅读这些小说，也时常被书中的人物所吸引。现在看来，在当时那个特殊的年代，“高大全”的人物固然不可取，但作品的艺术手法还是可以借鉴的，仅此而已。

回到家里，晚饭过后，我对母亲说：“明天是礼拜天，你早上去买菜的时候叫我一声，我要去书店买书。”

我母亲清晨去买菜时，总要把闹钟调到5点，我在这个时间去新华书店，等上午8点半开门，还会买不到书?

想不到一到那里，我才深刻领会啥叫“莫道君行早，更有早行人”。队伍长龙已从四川北路排到了拐弯的昆山花园路上了，毛估估起码上千人。我一打探，排在最前面的人是昨天晚上八九点钟就来了。

等到开始卖书了，长长的队伍挪动得很慢，两个多小时后，当我已经看到队伍的最前面时，就听一位纠察哇哩哇啦大叫：“世界名著卖光啦，只有《林海雪原》、《青春之歌》啦——”

我突发奇想，要大喊邢宝平的名字，因为他父亲就是这家书店的。昨天，邢宝平还同我讲“我去跟我老爸讲讲”，他爸爸有可能是纠察，也可能是柜台上的营业员，我大叫他儿子的名字，说不定他会听到，听到了必然会有反应的。我相信自己的这个判断。

然而，我叫喊了七八个“邢宝平”，并没有人来搭理我，反而遭到前后一起排队者的白眼。我心想，只有三种情况才“叫”不到邢宝平的爸爸：一是邢宝平的爸爸今天休息；二是他正在柜台上忙着，我毕竟离开柜台还有几十米，他老人家没听见，或者说是没注意；三是他正好去上厕所了……

无论怎样，我觉得自己不应主动放弃，而是更加卖力地“见缝插针”多喊几遍，除非邢宝平爸爸今天没上班，不然的话，他怎么会无动于衷呢？于是，我又喊了起来，忽然，一名站在新华书店门口正在维持秩序的工作人员抬头看着我，他向旁边的纠察讲了几句话后，便径直朝我走来，人未到，话已出：“你找邢宝平？”

我立马觉得有戏。连忙接腔道：“你是邢宝平爸爸？我是他厂里的同事……”

我还没把话说完，那人用手制止道：“我家宝平跟我讲起过，你先排着，我等会儿来找你。”说着就转身走了。

我不明白他为何突然转身离开了，还叫我“先排着”。我仍老老实实地排队，眼睛不停地朝书店门口张望。过了六七分钟，邢宝平的爸爸在我身后拉了我一下，示意我跟他走。原来，他是从新华书店的后门出来的，难怪我眼睛一直盯着书店的门口也没见着他。

邢宝平爸爸领着我从书店的后门进了书店，他这才向我解释：“从前门进来要被排队的人说闲话，我已经帮你弄好了书，有一本是苏联的《钢铁是怎样炼成的》，还有5本中国的书，你看一看。”

我接过书一看，是《林海雪原》、《青春之歌》、《欧阳海之歌》、《烈火金刚》、《铁道游击队》和奥斯特洛夫斯基《钢铁是怎样炼成的》。我连声说谢谢，马上掏钱，算好了书的总价，当我把兜里的钱倾囊而出时，不由面露难色，因为还差6元3角。

“钞票不够？没关系，看看还差多少，明天带给我家宝平好了。”邢宝平爸爸火眼金睛，我还没开口，他就已经轧出了苗头，令我肃然起敬。

我赶紧把身上带着的钱全部交给邢宝平爸爸后：“还差6元3角。”

邢宝平爸爸接过钱，点都没点就放进裤袋里。我问：“你怎么不点一下？”

邢宝平爸爸笑道：“要相信人家，你不会弄错的。”

我顿感一股暖流涌遍全身，被人信任的感觉真好。

感悟：一次闲聊，无意中听到邢宝平的爸爸在新华书店工作，从而再得知“文革”后一批被禁的文学名著要在新华书店供应，我自然不会放过“近水楼台先得月”的良机。说实话，从邢宝平爽快地答应我“小事一桩，你就等着吧”开始，我就急切盼望他能兑现承诺。然而，他“喔唷，对不起，忘记了”，我立即起了疑心，甚至觉得他有可能根本就没同他父亲说过。

其实我不该不信任邢宝平，先前怀疑他的念头被他父亲帮我买到了文学名著所击得粉碎！何况，我买书钱不够的局促不安，被邢宝平父亲轻描淡写的一句话“明天带给我家宝平好了”所化解。更令我感动的是，他接过我给他的钱，点都不点，尤其那句“要相信人家，你不会弄错的”话直到今日仍温暖我的心。被别人信任是件愉快的事，而能够信任他人的人就是一个胸襟开阔的人。

3. 参加虹口文化馆诗歌组

我兴高采烈地把书带回家，怕阅读时弄脏了书，找来包书纸，小心翼翼地把6本书一本一本包起来。

读书是一个人安安静静的“独立活动”，必须排除一切干扰，哪怕是刚刚遇到了不愉快的事。在“一个人的事”之后，脑海里多多少少会吸收部分东西。这个“东西”是什么？我的体会，它是读书人的感悟，你从书里接受了新的信息，有些信息能与你产生共鸣，甚至让你在此基础上进一步升华。然而，在得到了阅读的益处之外，你就应该与他人交流，把自己的读书体会与他人分享，或者从与别人的交流中得到读书以外的某种收获。

要与别人交流，最好能找着志同道合者，这个愿望很快就成为了现实。1978年5月的一天，我路过离家不到十分钟路程的虹口文化馆，瞧见该馆诗歌创作组招生的海报，立即要来报名表，匆匆赶回家，填好内容，带上照片又折回那里。报名处的同志收下材料，让我回家等通知。

在此我顺便说一下虹口文化馆，它的来头可不小。1904年，西班牙商人安·雷玛斯在南京东路同安茶居和福州路青莲阁等处放映“影戏”，即无声短片。4年后的1908年12月22日，安·雷玛斯在海宁路乍浦路口，就是虹口文化馆所在的地址租借一处溜冰场，用铁皮搭建一座可容纳250名观众的电影院——虹口活动影戏园，这是上海首家正式电影院。

从当年的《申报》刊登的消息来看，首映的影片为《龙巢》，并称虹口活动影戏园为中国首家电影院。1913年，虹口活动影戏园由日本人接办，改名为东京活动影戏院；1915年更名为虹口活动影戏院；1919年又改名为虹口大戏院，一直沿用至新中国成立后。1965年1月1日，改名为虹口区文化馆剧场；1985年，又改建为虹口文化娱乐厅。而改建为虹口文化娱乐厅前后的两任经理都是我的朋友，他们与我都有精彩的故事，那是后话了。

我终于等来了虹口文化馆业余诗歌创作组录取的通知。

第一次去参加活动，负责诗歌组的文化馆干事是位三十出头的女士，她自我介绍说："我叫姚英，女兆姚，英雄的英。"她笑容可掬地拿着"花名册"，随着喊出的名字，逐一认识了我们。

我也由此逐一认识了组里的成员，不过，现在还能记得名字的只有：冯永杰、吴祈生、孟好转、石鸿泉和孙康，迄今惟有孙康与我保持联系，并时常有来往。

说实话，虽然我孜孜不倦地学写诗歌，但这么多年过去了，至今仍写不了诗歌。我当时似乎就知道这个结局的，所以，不到两年，我就"改行"写小说了。以后我成为上海市作家协会会员，入的就是小说组。

这中间就有信任与不信任的问题。我当时对自己写诗的状态进行了评估，诗歌有自己的表现手法，我起先是模仿，如同书法家临帖一样，要打好扎实的基本功，才能最终形成自己的风格。要模仿，就得多看优秀诗人的作品，所谓熟读唐诗三百首，不会作诗也会吟。

我读了臧克家、郭小川、北岛、舒婷等人的诗，被他们的诗作深深打动，情不自禁地也写上几行诗。激情过后，冷静下来再瞧瞧自己写的东西，那是诗吗？汗颜之时赶紧撕了。那些诗坛名家是一个令人高山仰止般的标杆，我只有向他们致以崇高的敬礼！

我参加虹口文化馆诗歌创作组的目的是要寻找志同道合者，我首先应该向身边的人学习。如此一想，我每逢周三参加诗歌组活动时，便格外注意在行的组员。为何要这样说？因为组员并非个个在行。

据我观察，长得颇似演琼瑶剧、有“台湾第一小生”林瑞阳的冯永杰，写诗不仅仅是讲押韵，他的诗有内涵且富有哲理。吴祈生有一张菩萨面孔，说话慢悠悠，很有修养，但他写的诗歌欠激情。孟好转的工作单位离虹口文化馆就百来米，他人消瘦，说话却中气十足，说不了几句，就会蹦出一个“操那”，他的诗带有野性。最年长的石鸿泉是电车公司工会的，由于失聪，我们交谈常常要靠纸和笔，他的诗带有民歌风味。来自丝绸印染厂的孙康属于内向型，他的诗大多为工厂题材，我从中感受到印染车间的喧嚣……

我自己呢？东一锤，西一棒，写点应景的，结果什么都写不好。如今想起来最傻的是还很自信，似乎非常信任自己。殊不知，碎玻璃冒充金刚钻，常常对组员的诗评头论足，当时看到被我评论的诗作者往往报以微笑，并不与我争辩，其实，他们是不想与我一般见识。在他们眼中我不懂装懂，连起码的写诗规律都没搞明白，还大言不惭地振振有词。

我那时哪里晓得自己其实是个十足的傻子？倒是孙康常常转弯抹角地提醒我，他婉转地纠正我对他人诗作的曲解：“如果会写诗的人绝对不会这么讲的。”

听了孙康的分析，我额上黄豆般大的汗珠一颗接着一颗滚落下来，惭愧啊。

这并非言多必失的问题，关键是信任出了问题。信任自己没错，问题是该如何信任自己？肚里没有“货”，还自以为是，那还不被别人戳脊梁骨？

啥叫肚里有“货”？我来现身说法。这一年的冬天，上海下了一场罕见的大雪，我“诗兴”大发，挥笔写道：“申城啊下了场好大好大的雪/白了屋顶/白了大街小巷/白了整座城市/孩子们在玩打雪仗/雪球在这银色的世界飞舞/天空中传来他们笑声朗朗……”

这是诗吗？简直是开玩笑。且看有肚里“货”的组员集体为我“会诊”。他们点拨我：写诗不能就事论事，而要有立意，要把眼中看到的场景加以提炼，主题才能升华；不仅如此，还要有诗的意境，给人们一个想象的空间……

最后众人你一言、我一语地为我改诗："雪球在空中划出弧形/天际传来银铃般的笑声/那是孩子们在打雪仗/洁白的世界充满豪情/一位满头银发的老将军/挥舞着铁锹把道路铲平/他弯腰抓起一把雪/双手把它捏得紧紧/随着右臂奋力一挥/他目送雪球远行/宛如当年将手榴弹投向敌营……"

不用我赘言，明眼人一眼就能看出优劣。

我当时一愣一愣的，同样都是写雪，为啥有天壤之别？

感悟：艺高人胆大指的是肚里有"货"者，我的"艺高人胆大"是要加双引号的。的确胆大，却并非艺高。真正"艺高"者倒是十分低调的，他们是真人不露相，再来个大智若愚；他们对自己了如指掌，却从不轻易显摆，那是绝对信任自己的表现。我与他们恰恰相反，一知半解，甚至"半解"都没有，却要弄得像啥都懂似的。这世界上，聪明人装傻子难，而傻子要扮演智者容易，只不过我自以为聪明，还要一本正经评论智者的诗作，不是傻逼吗？信任自己固然没错，一旦是无知的信任、过分的信任就是迷信。

还要强调的是：别人不说你，并不表示别人是对你的信任，他们或碍于面子无法说，或根本就不想说，因为你与他们不在一个档次上；反过来，别人赞扬你，也未必就是对你的信任，你或是他们的上司，他们阿谀奉承，或是他们的长辈，他们尽说好话，你觉得是被别人信任了，其实"信任"成了烟幕弹，千万别被这样的"信任"遮住双眼，那会迷失方向！

4. 在南市业余艺校学影视编导

我至今都没学会写诗，却在虹口文化馆诗歌组获得了文学艺术的熏陶。

记忆犹新的是一次上海诗歌作者的大团聚。大概是1981年，《萌芽》杂志社在上海市工人文化宫举行了评诗会，刊物的编辑事先将初选的诗歌来稿打印好，请与会者评头论足，最后依据打钩的得票高低，定下作为采用的稿件。各区文化馆、工人俱乐部都派代表参加，我也有幸忝列其中。直到现在，我都认为这是"走群众路线"的好办法。

就是在这次"评诗"会上，我认识了南市区文化馆诗歌组的钱国梁，还见到了不少上海诗坛风云人物。那次要评的诗大约100多首，其中不少原诗的作者也在场。可以说，迄今我还有印象的一首诗，大意为：“炼钢高炉张大口/成吨矿石吞下喉/吐出板材千万张/那是收条请签收”。

经过在虹口文化馆诗歌组两年多的锻炼，我写不好诗，鉴赏水平却与日俱增。我已经很自信了，这也意味着我信任自己的眼光，信任自己的判断能力，于是当即在这首诗上打钩。两个小时后，打了钩的诗作集中至宁宇、陈晏、李根宝等编辑手上，又经历短暂的统计，结果就是我也打钩的这首诗票数最多。由此看来，这回我没盲目信任自己。从而我也得出这样的结论：好作品必然会产生共鸣。

在这次“评诗”会上我有一大收获，认识了从沪东造船厂出来的工人诗人钱国梁，那时他正借调在出版社做编辑。他告诉我，南市业余艺校将开设电影编导班，正在招收学员。我闻听此言，当即决定报名参加。我不由想起数年前，自己不知天高地厚地报考北京电影学院的尴尬场景，我决定要多学一门“手艺”，弥补欠缺的电影编导艺术。

南市业余艺校坐落在老西门附近。从招收章程上我看到了讲课的老师有《庐山恋》的导演黄祖模、《405谋杀案》的导演沈耀庭，以及《快乐的单身汉》的导演宋崇等。好家伙，聆听他们授课定当获益匪浅。

我得出这个结论是出于对他们的信任。也许有人要问了，你又不认识这些导演，为何会产生信任感？

是啊，我的的确确不认识这些导演，我是通过他们拍摄的影片而“认识”他们的。这就是说，信任一个人，是观察被信任者所作所为得到的印象。那时，《庐山恋》、《405谋杀案》和《快乐的单身汉》放映已有一段时日，影片好评如潮。能拍出这般深受观众喜爱的影片导演不值得我信任吗？

给我们上课最多的是宋崇。他当时比较年轻，在电影理论研究上是下了工夫的。听了宋崇的课，我对电影剧本的写作、电影拍摄的理论不是“大致了解”，而是全面掌握。等全部课程结束，我“编剧”的考试得了98分。

上海电影制片厂导演沈耀庭上课主要讲自己拍摄影片的过程，他不怎么多讲理论的东西，这并不是他不懂电影的理论，而是他用自己的实践把我们带入电影的王国。沈耀庭讲《405谋杀案》，从选演员、找外景，到音乐的插入，让我们身临其境，听得明明白白。最有意思的是，他讲课时拿出一本大大的笔记簿，里面好几处都夹着手指宽的纸条。他戴上老花镜，瞄几眼笔记簿，随后摘下老花镜，一口气能讲上半小时。

沈耀庭非常自信。有一次，艺校校长走进教室，问他："这批学员素质如何？"

沈耀庭快人快语："应该这么问，我讲的东西学员们听得懂吗？我可以很自信地说，他们绝对听得懂，不仅听得懂，而且记得牢。"

这时，有一名男同学大声说："沈导演讲课不要太灵噢，我们学到了不少东西。"

说话的男同学叫王国平。多年以后，他进入上海电视台工作，成为蜚声海内外的中国MTV第一人。他执导的音乐电视片《我爱五指山，我爱万泉河》奠定了他在中国MTV序列中的地位。

我之所以会想起此兄，因为我要证明沈耀庭当年的自信是无可挑剔的。记得沈耀庭还说过，他年轻时曾骑着自行车，走街串巷卖酱油。这种场景我小时候见过，卖酱油的人推着自行车，自行车的三脚架上安着用帆布做的袋子，里面放着瓶瓶罐罐，还有用毛竹做的打酱油的盛器，大一点的盛器"一勺"下去为一斤，小一点的盛器为半斤。自行车的书报架上则放着一缸酱油。沈耀庭就是这样做营业员的，又从"打酱油"的成为一名军人。

我在课间休息时，常常与沈耀庭聊天，一来二去，知道了他在1960年从部队复员，开始做放映员，后又去《上影画报》当记者，再后来调到上海海燕电影制片厂做场记，师从徐韬、刘琼、徐苏灵等著名导演。直到1976年他才导演了处女作《东港谍影》，之后又编导了电影《405谋杀案》，在全国一炮打响走红，当年创下一亿多观众的最佳票房纪录。

沈耀庭在上课时告诉我们，一个人对自己要有信心，要相信自己能够做成这件事，不过，在做这件事之前，必须准确判断自己的实力，千万不能硬撑；信任自己没错，但不可过分，过分了就是迷信。

这些话让我回味无穷。

由于沈耀庭要去宁波拍摄《马素贞复仇记》，他的课由《庐山恋》

的导演黄祖模来顶。这要感谢沈导的“息课”，好让我们聆听另一位大导演的授课。

黄祖模讲课喜欢用反问句，譬如“导演要拍谁的马屁？”

我们七嘴八舌地回答：“演员”、“剧务”、“制片主任”……

黄祖模微笑地看着我们，待我们“议论纷纷”完了，他才抖出答案：“是摄影师。”

还未等我们缓过神来，他又会发问：“你们知道这是为啥吗？”

我当时回答道：“导演的意图要通过摄影师才能体现，导演的设想再好，摄影师没能拍好，等于白搭。”

黄祖模接着问：“摄影师要拍谁的马屁？”

我们面面相觑。黄祖模哈哈大笑起来：“是照明，没有好的灯光，摄影师本事再大，片子也没法拍。”

虽然黄祖模只给我们上了两堂课，却让我们胜读十年书。

在第二堂课结束时，黄祖模说他正在拍摄影片《张衡》，片中需要一些群众演员，我们愿意去的可向他报名。班上大约十来个同学举手，我坐在第一排，黄祖模便让我记下要去的同学姓名。我记下后，将名单交给黄导。他瞄了几眼，大声说：“后天上午到上影厂3号摄影棚找我！”

我问几个无动于衷的同学，为啥不去参加影片拍摄？他们的答案几乎惊人的相似：“路太远。再讲，进了摄影棚，候场起码老半天，等到正式开拍，镜头一晃而过，有可能根本就没拍到你，就算拍到了，电影里的你也不晓得在哪个角落，没啥意思……”

话不投机半句多。我也懒得与他们争辩。依我的想法，开开眼界还怕路途遥远？不过说实话，1982年的上海交通的确拥堵不堪，现在从我家乘地铁半个多小时就能到达上海体育馆附近的上影厂，那个时候，要换乘几辆公交车，没有两个钟头是到不了的。我当时连续几天是骑自行车去的，在我看来，权当锻炼身体。

张衡是东汉时期伟大的天文学家和文学家，他发明的地动仪达到了当时世界顶级水平，直至今日仍为人们所称颂。扮演张衡的是许还山，我见黄祖模导演在向他说戏，许还山有时点头，有时表述自己的想法。

管理服装和道具的分别给我们群众演员分发服装，身着古装，脚穿布鞋，腿裹绷带，这番打扮连自己都快认不出自己了。

负责道具的给了我们每人一块长条子木板，我问："这是什么？派啥用场？"

负责道具的说："是令牌，等一会儿你们就晓得派啥用场了。"

多年以后，我才搞明白，这个"长条子木牌"叫笏，又称朝板。古代大臣朝见天子时用来记录天子的旨意，也可用来书写向天子上奏的章疏内容，一般为竹制的，而根据官品的级别，还有用玉或象牙制作，清朝时则不用了。

由此看来，当时管道具的自己也不懂，竟还来忽悠我们。

要让带胶片的摄影机真正转动起来着实不是件容易事，无论是正式演员，还是群众演员，都得不停地走场，直到导演认为"可以了"，才轮到正式开拍。

在上影厂的3号摄影棚里，制景的工人将偌大的场地搭建成一个皇宫，一根根笔直的圆柱拔地而起，整个地面都铺着红地毯，放眼望去，满目红色；在皇宫的最里边是有5级台阶的平台，皇帝坐在龙椅上，可以俯视臣群。

由于我们一遍遍地走场，红地毯上尽是灰尘。黄祖模导演叫停，请清洁工速速清扫场地。我正站在著名演员高博和冯奇的身旁，我恭恭敬敬地叫了一声"高老师、冯老师"，他俩同时微笑地向我点点头。这时，两名清洁工人用扫帚在红地毯上清扫，扬起的灰尘在"皇宫"里弥漫着，有些呛人。只听高博对冯奇说："现在是改革开放的年代了，还用这么落后的工具扫灰，弄个吸尘器，又快又干净……"

冯奇笑道："那要超支喽，你我的奖金要少一点，你愿意？"

哈哈哈，高博与冯奇都笑了起来。一阵灰尘正朝我们袭来，高博赶紧用古装宽大的衣袖遮住脸。就在此时，黄祖模用电喇叭吩咐道："请给高博同志马扎，请高博同志坐着休息。"

高博放下衣袖，大声说："不用不用，免了免了！"

还未等马扎拿来，影片又开始拍摄。我就站在高博和冯奇的身后，我们个个都双手持"朝牌"，随着一声："山呼万岁"，在场的演员异口同声地高喊："万岁！万岁！万万岁！"

如此喊了三遍之后，黄祖模喊道："现在正式拍摄！"

"万岁！万岁！万万岁！"

我听到高博口中喊出的却是："受罪！受罪！受洋罪！"引得冯奇忍俊不禁。高博自己也窃笑不已。

戏，是一场一场拍的，高博和冯奇拍完这场戏就离开了。临走时，他俩向我摆摆手，说："你们辛苦啦，再见！"

我到一旁等下一个镜头。有一位五十开外的男子四处张望地朝我们走来，人还未到跟前，就张口问："你们谁的乐感好？"

除了我举手之外，其他人都毫无表情，这令我好生奇怪。还没容我多想，来者又问："你知道什么叫乐感吗？"

这问话显然是对我不信任。也难怪对方，彼此素不相识，不了解底细，人家有疑虑也在所难免。问题是"打铁还需自身硬"，我要被别人信任，就要拿出被别人信任的理由，否则，叫别人怎么信任我呢？

我随即回答说："所谓的乐感，就是对音乐的感觉，我嗓子不行，喜欢音乐，乐感特好。"

对方亮出身份，原来是场记，他要找一个乐感好的群众演员出演影片中弹古琴的，我就这样被选上了。影片开拍时，我看到那架"古琴"，不禁哑然失笑，这是一块像古琴造型的道具，即一块涂着黑漆的长形木板上，安着几根纳鞋底的线，算是弦了。我双膝跪地，听着喇叭里播放的古乐，跟着节拍，指尖在"弦"上流畅地滑动。摄影机在长长的导轨上移过来，我全神贯注地"演奏"着，片子一条就过了。

事后，那位场记拍拍我的肩膀："你的乐感真的很好。"

感悟：对自己有充分的认识，是信任自己的基础，这个"认识"包含着对自己作出正确的判断。这如同炒股，你对所购进的股票要有一个判断，是绩优股，还是潜力股？要作出比较正确的判断，除了看财务报表之外，平时就得注意这家上市公司方方面面的信息。

我一开始学写诗，就遇上自己无法驾驭形象思维的创作，虽然苦苦追求，却并无长进，于是果断放弃，这就是对自己有一个正确的认识。假如我没有对自己作出这样的判断，一味地写写写，一辈子也写不出什么名堂来的。

至于我在影片《张衡》当群众演员，“捞”到一个操古琴的角色，这是我对自己作出正确判断的结果。我在音乐方面并无造诣，只能说是比较喜欢流行音乐，这种“喜欢”也是一般性的欣赏。当时我接受了大脑的一半是管视觉的，另一半则管听觉的理论；我们绝大多数人只用右脑，假如听听音乐，让左脑也“用”起来，你就可以调节自己的大脑，让左右脑子交替使用，人就会觉得轻松，所以我听音乐的目的仅此而已。音乐听久了，自然会产生“乐感”，当场记问“你们谁的乐感好？”的时候，我丝毫没有犹豫地举手，因为我信任自己，信任自己在这一方面是“懂行”的。假如我对音乐一窍不通，还要硬出头，结果一上场就立刻露馅，我的“信任度”还有吗？由此，我得出结论：信任自己，靠的是实力。

5.告诉你一个“艺术”的秘密

要提高自己的文化修养和艺术水平，没有捷径，全凭刻苦钻研，不断给自己灌输这方面的知识，日积月累，方能达到一定的高度。所谓“一定的”高度，那是因人而异，讲得明白点，就是根据每个人实际情况而定。

姚明有2米多高的身材，是个打篮球的“料”，他打篮球从上海打到国家队，又从中国打到美国NBA，成功了，达到了一个“高度”。然而，2米或者接近2米的人并不鲜见，他们中也有人想打篮球，但只能在区队、市队打，这就是他们的“高度”。

虹口文化馆除了诗歌组外，还有业余曲艺队。当时，王汝刚就是曲艺队的成员，那时他人消瘦，不像现在一只面孔圆冬冬，身板壮鼓鼓。他演曲艺折子戏，模仿能力特强。另一位也姓王的朋友，国字脸，棱角分明，一口浑厚的普通话字正腔圆，此人是我同学楼下的邻居，他参加的是虹口文化馆业余话剧队。

这“两个王”我都见过，相比之下，同业余话剧队的王见面机会比较多，而王汝刚则在排练时我与他偶尔聊上几句。依照“两王”给我的印象，王汝刚讲段子，一个接一个，生活中的事被他“冷面滑稽”一说，包你笑得肚皮痛，是个唱滑稽的“料”。另一个演话剧的王，老是绷着脸，好像别人欠他多还少似的。最让我伤自尊的那次，他问我：“你懂演话剧的规律吗？”我自知我这辈子也演不了话剧，因为我吐字不清，长相欠佳，这说明我有自知之明的勇气。正因为这位演话剧的（业余）王盛气凌人的腔调，导致我“坏事变好事”。我径直找了文化馆的魏馆长，言明自己想参加业余话剧队。

军人出身的魏馆长快人快语，似乎看出我突然想参加业余话剧队中藏着的隐情。他单刀直入地问：“你想参加话剧队，一定还有其他什么目的？”

对魏馆长，你必须实话实说，用不着同他兜圈子。于是我简单扼要地说了自己遇到的不快。没想到魏馆长闻听此言，哈哈大笑不止，他招呼我坐下后，语重心长地说：“小吉啊，一个人要做一件事，尤其是他不擅长的事，千万不能蛮干，一定要综合考虑自己的实际情况。像你想参加话剧队，动机首先不纯，即使让你参加了，你想过没有，自己拿什么跟人家比拼？像我们馆里曲艺队的王汝刚，滑稽界的老前辈杨华生看过他的演出，认为他是演滑稽戏的料，准备把他招到滑稽剧团去。至于那位演话剧的小王，演了《于无声处》，观众反响很好，但他要进一步发展，那要看他自己的造化了，有些事，即使再努力也超越不了自己。我看你，写写弄弄没问题，要想演戏，不是我泼你冷水，趁早打消这个念头。话剧队你就不要参加了，我让你去参加在市工人文化宫举办的戏剧讲座，怎么样？”

数月后，魏馆长突然病故，他说的这番话，我至今仍记忆犹新，终生难忘！

我在市工人文化宫听戏剧讲座共计5课。一开始，上海戏剧学院的老师讲述戏剧理论，老师讲的已经是非常浓缩的戏剧理论，起先很深奥，之后令我进入佳境。这5节课的内容我至今只记得其中的一课，30年过去了，我还清晰地记得，甚至在日常生活中、工作上还都能派用场。

以后我当了记者，做采访记录只是记一些关键的诸如日期、人名，采访结束返家写新闻时，比如当时被采访者讲了5件事，我凭回忆能复述3件，那么这3件事情是重要的，未被记住的另两件事之所以记不住，说明它并不重要，即使我写下来，在整篇报道中也是可有可无的；既然可有可无的，那就干脆不写了，因为我写了，读者也不会感兴趣。

这就是一个选择的问题。到如今，我甚至在想：电影学院、戏剧学院的编剧课程上完了，毕业的学生就一定能当编剧？那是不可能的。学校按教学大纲像灌填鸭似的照本宣科，你无法自己选择，学校对你的信任完全建立在考试的分数上。但是，我那时因为是搞业余文学创作，对听戏剧理论课我是先看课程安排，然后根据自己的喜好来选择课程。我对“三种艺术”刻骨铭心，因为它对我有用。我现在能够随口说出这些道道，也可以随手写下来，真的，很有意思，我把它写出来，与大家分享。

在墙上挂着一幅画，或在某处有一尊雕塑，它们都要占据一定的空间，这就是空间艺术；而“空间艺术”是需要用眼睛来看的，因此，它又被称为视觉艺术。某人唱一首歌，或朗诵一首诗，我们不可能从一开始就知道结尾，必须得听完整个过程，这需要一定的时间；你也许知道了，这叫时间艺术，而“时间艺术”是用耳朵来听的，因此，它又被称作听觉艺术。

我们根据这两种“艺术”，到生活中找找实例。《声动亚洲》和《中国好声音》是上海东方卫视与浙江卫视两档收视率颇高的节目，参赛者在舞台上放声高歌，属于什么“艺术”？还用问吗，当然是听觉艺术和时间艺术；参赛者在演唱时，台上还有倩男靓女伴舞，哝，问题来了，这些伴舞者在台上占据一定的空间，这不是空间艺术吗？是的，我们需要通过双眼欣赏，也是视觉艺术，这两个“艺术”同时出现，就是综合艺术。这也是本节的标题。

我们去看电影，偌大的银幕占据着一定的空间，演员的表演需要时间与空间，毫无疑问，电影是一门综合艺术。那么，到剧场欣赏话剧、京剧、歌剧、滑稽戏，是否也是综合艺术？答案是YES。那么，电影与戏剧有何不同？电影是演员通过银幕间接与观众交流，而舞台上的演出，演员则与观众直接交流，这种交流往往会让演员受观众的情绪感染，尤其是滑稽戏，演员一抖包袱，观众笑声不断，此时演员会加以发挥。

其实，当时我听戏剧理论讲座时，老师对这“三种艺术”讲得十分简单，他滔滔不绝讲述的戏剧创作理论对我来说没啥用处，反而一笔带过的“三种艺术”却让我受益匪浅，以致现在不吐不为快。

回想当年在虹口文化馆遇到的“两王”，如今的王汝刚早已功成名就，而问我“你懂演话剧的规律吗？”的那个王先生则昙花一现，至今仍默默无闻。他太信任自己了，对别人却一点都不信任，而这恰恰是这位王兄的致命弱点，但他却没有意识到这一点。

当我对戏剧理论学了一点“皮毛”，经自己再加工，得到了至少我认为的一定“高度”后，我在某天去同学家的时候，有意想与业余话剧队的王先生切磋切磋，岂料，我同学告诉我，那位王先生最近脑子不正常了。原来，此兄自打演了话剧《于无声处》之后，本想参加另一部话剧的演出，却被排为B角，到后来B角都没轮上，似乎被打入冷宫，心态变坏，整天胡思乱想，结果脑子搭进搭出，最终被“请出”了业余话剧队。

感悟：别人对你不信任未必是坏事，你要调整好心态，仔细寻找自己的原因。别人为何对你不信任，除了不熟悉外，你必须用事实、用实力来“说话”外，没有其他办法，那么你就拿出实力来证明自己即可。在熟悉的人之间，碰上被别人不信任时，你只要断定自己做人从来都是言行一致的话，说明别人对你还不够真正了解。比如你对烹饪颇有研究，烧得一手好菜，由于你做人比较低调，不张扬，别人对你这方面的爱好不了解，当朋友聚会，你对一桌佳肴“指点江山”，有人不屑一顾，那是不信任你的表现。为了让别人能够信任你，此时，你务必不能再谦虚，必须使出浑身解数，把一道道菜的食材、烹饪方法一一告知，有机会还要露两手，用实力说话，别人还会不信任你吗？

6. 一则新闻稿见报的前后

我参加虹口文化馆业余诗歌组的活动完全是利用业余时间。白天还要去厂里上班，看了“外面的世界”以后，我愈发不安心在这家小厂干一辈子，为此决定寻找离开的机会。按现在的说法，叫作“跳槽”。如今跳槽实在是太普遍、太简单了，可我所处的那个年代闻所未闻，这是体制的缘故。我在大集体企业，要到全民所有制企业已是件难事，即使到了全民企业，还有事业单位与工厂之分，还有工人编制与干部编制之分，一句话，那时，一个人从进这家企业开始，要在这家企业干到退休。

在第四章中，我讲述了自己所在的工厂“那些事”，我把陈姐的事特意安排在这一节来写，是因为其弟弟陈金发与我沾上了边，且这个“边”又与虹口文化馆搭界。

因为我这个人口无遮拦，心里有话不说出来会生病的。陈姐常听我说起虹口文化馆的事，真是“说者无心，听者有意”，一天，陈姐来找我，说她弟弟陈金发最近从部队复员回上海，到嘉兴电影院担任副经理。她弟弟也喜欢写写东西，要我同她弟弟聊聊，能否介绍他去参加虹口区文化馆的活动。

我一口允诺。

嘉兴电影院是我小时候常常光顾的地方。记性好的读者一定还能想起本书第一章第二节中我曾说到的，同学让给我一张《古刹钟声》的电影票，我为了还他8分钱，只能把家里的药水瓶拿到医院退掉拿钱的事吧？我们看电影的地方就是嘉兴电影院。

现在，陈姐的弟弟从部队复员，到这家影院当副经理，要与我交朋友。在一个阳光明媚的上午，我找到了陈金发。乍一见面，就像见到了陈姐，陈金发和他姐姐长得实在是太像了。

对于陈姐，因其爱人“阿根头”在厂部计划科工作，大小也算厂部的中层干部，由于这一层关系，陈姐从机器轰鸣的车床车间调到厂部托儿所当保育员。假如陈姐说她会写写东西，我不会相信的，因为我们在厂里天天见面，对她十分了解。但她的弟弟，我是通过陈姐间接“认识”的。当我见到陈姐的弟弟陈金发时，陈金发拿出一本杭州出版的文学刊物《东海》杂志送我，上面载有他的一篇短篇小说《水兵》。

这篇小说主要内容是：漆黑的夜晚，一位年轻的水兵持枪在海边站岗，他想到了大辫子女友，心里思忖，今晚站岗是为了她，也为家中父母争光……

我当时大惑不解：“解放军站岗应该时刻想到的是为了保卫祖国，怎么是为父母争光？又怎么可以想女人？”

陈金发愣了一下，随即笑着回答：“吉建富，你肯定没当过兵，我是海军，亲身经历过。我站岗的时候，半夜里，一个人在哨位上，数天上的星星，脑子想到是为我们祖上争光，想到的是大辫子姑娘，啥人一天到晚脑子里装的都是阶级敌人？”

这回轮到我愣住了，仔细想想陈金发的话，他没说错，说明我的思想还没解放，还停留在极左思潮的思维模式阶段。既然陈金发的艺术修养已经达到了一个“高度”，为何还要让我引荐去虹口文化馆参加业余诗歌组的活动？

当我把自己的疑惑抖出时，陈金发诡异地一笑，说：“多个朋友多条路嘛。”

陈金发只参加了一次虹口文化馆业余诗歌组的活动，之后就没再去过。我心里非常清楚，他的“文学高度”已经超过了虹口文化馆的业余作者的“高度”，不必再去轧闹猛。但他先前听他姐姐介绍的虹口文化馆业余创作组，是从我口中转述的，他信任自己的姐姐，自家人是不会骗他的，也没有必要骗他，所以一定要亲眼目睹。倘若虹口文化馆的业余创作小组的“高度”是他心目中的“高度”；换言之，比他的“文学高度”高，那他就会走进这个“文学的殿堂”。

原先负责我们诗歌组的姚英调到其他单位去了，从部队文工团复员回沪的张国英“顶”了姚英的岗位。张国英一口标准的京腔，浑厚又粗狂，一开口，就知道他在专业文工团呆过。不过，话要说回来，演员与创作是“两股道上跑的车”，张国英在文化馆没干多久，便自己去开琴行当老板了。

这世界也实在太小了，填补他“空缺”的竟是陈金发。

嘉兴电影院与虹口文化馆都属于虹口区文化局系统，陈金发被调到那里，只不过是本系统的内部调动。现在，由他负责我们业余诗歌组的活动，也可以说，他成了我的领导，只不过这个“领导”是打双引号的。

在我看来，不管陈金发心目中对虹口文化馆的“文学高度”是高还是低，屁股决定脑袋，他只能改变思路与时俱进。毕竟是有想法的人，陈金发组织诗歌组开展活动时，不断提出不能闭门造车，应该“出去走走、看看”。不仅是“走出去”，他还把当时一些声名鹊起的作者请进来。

陈金发是写小说的，他请来的作者也都是写小说的。我记得第一位是程乃珊，程女士当时还是中学老师，发表了《穷街》等令人耳目一新的长短篇小说。程乃珊谈她的创作体会，给了我们不少启发。我名义上还在学写诗，实际上已经向写小说迈进了。假如把诗歌比作"曹营"的话，我身在"曹营"心在汉，这个"汉"自然是指小说。

第二位来向我们诗歌组成员谈创作经验的是陈村先生。那是1983年深秋的一个晚上，在虹口文化馆的一间会议室里，陈村不像现在直不起腰（他自称弯人），腰板笔直地坐着侃侃而谈。他讲得非常生动，我们听得津津有味。我除了对他的谈小说创作留下深刻印象外，还对他那天戴的眼镜产生了好奇。

陈村所戴的眼镜就是一般性的塑料镜架，很明显，镜架的中间断裂了，用橡皮胶粘着，我闻到一股伤筋膏药的味道。前不久，与陈村先生同桌吃饭，我特意提到了当年这段往事，他称依稀记得，好像是准备出门时不小心弄断了镜架，家中没有"备货"，又不能爽约，只能"这副卖相"上阵了。

给我们讲小说创作的还有如今是旅美作家的曹冠龙。他们给我的印象是：个个充满自信。他们的"被别人信任"，完全是建立在"信任自己"基础上的。陈金发在当时写小说的"圈子"里也已崭露头角，却不见他之后再继续写下去。

一天，陈金发找到我，说三角地菜场对面开了上海第一家"青年书店"，女经理叫刘晓云，是个待业青年，由她带领着另外3名待业青年开办的。他要我找个拍照的，我写文字，加上摄影，图文并茂，成功的概率大。此外，他还要把曹冠龙请到青年书店，这样见报的几率更大。

我那时给报纸投的消息稿，偶尔有"几块豆腐干"大小的文字发表，但我充其量只是自认的"通讯员"，报社编辑并未这样称呼我。然而，随着我的大名时常出现在报纸上，自己弄得"像真的一样"，但是，对于陈金发怂恿我写"青年书店"的新闻，我犹豫不决，心想，即使自己是真正的记者，也未必就能拍胸脯说"没问题"。假如我煞有介事地说"没问题"，就是对自己的不负责，万一稿子登不出，陈金发对我的信任度必然下降。因此，我答应"试试看，多数是登不出的"。

陈金发笑了，说："登得出最好，登不出也没啥关系，你毕竟是业余的。”

有了他这几句话，我似乎增加了自信。我找到当年在局工会出席宣传会议时认识的四平工具厂的陈月麟，他那时背着照相机，“咔嚓咔嚓”不停拍照的场景一直留在我的脑海中。我找出他留给我的单位电话号码，一只电话打过去，陈月麟想了半天才记起我。当我把要拍“青年书店”照片的事一说，他立马说：“没问题，碰个头，再策划策划。”

于是我们相约在虹口文化馆见面。陈月麟一见我就说：“朋友，我们好久没碰头了，从今往后要保持联络。”

到底是长我几岁，又是个热心人，陈月麟说他认识《文汇报》的编辑，称“青年书店”的题材有新意，要登报估计没问题。我担心拍照的那天，青年书店里面没有顾客，场面单调。他说已经想到这个问题了，建议青年书店提前几天在店门口出海报，告诉众人，某月某日，青年书店邀请著名作家曹冠龙来店里与大家交流，这样可以事先通知读者，届时肯定有顾客上门的。

我与陈月麟商量停当，便去找他的本家——陈金发。我与陈金发敲定去青年书店拍照的日期，信心满满地告诉他，稿子见报“没问题”。

就是这一句话，差点让我信誉扫地。

拍照的那天，陈金发陪着曹冠龙来了，店里还来了不少看到海报来的读者，把一个不到10平方米的店堂挤得满满的。陈月麟举着照相机，闪光灯一闪一闪，场面相当壮观，我心想：成了。接下来就是把照片洗印出来——那是陈月麟的活；我负责文字，彼此分工明确后，各奔东西分头落实。

我的“消息稿”很快写好了，就等陈月麟的照片。这位老兄做事十二分的认真，他是厂里的图书馆管理员，在图书馆内屋搞了一个暗房，放照片的活就在厂里干，对此我是绝对信任的，但两天后，陈月麟跑来告诉我“闯祸了”。原来，他考虑到把胶卷送到照相馆去冲洗，需要两天时间，为了赶速度，他便自己冲洗，原本拍照时的曝光就不足，加上冲洗胶卷又出了问题，结果底片不能用，唯有一张我与陈金发、曹冠龙和刘晓云的合影还算勉强凑活，但这张照片是不能作为图片新闻用的。当时，我对陈月麟的摄影水平大打折扣，因此，信任度也大打折扣。

其实，陈月麟对自己的摄影水平过于信任了，否则他是绝不会贸然行事的。事情已经发生，相互埋怨也无济于事。我只能把百来字的文字稿交给他，让他去找认识的《文汇报》的记者。我一等就是十天，陈月麟说他认识的记者告诉他，“版面紧张，要排队发稿”。我心忖：版面再紧张，豆腐干一块的地方也挤不出？

一开始，我三天两头打电话问陈月麟，时间一长，我便失去了耐心。陈月麟见到我总是先开口说“看样子不行了”。

我决定另谋出路。在那段日子，陈金发只打过一次电话给我，问“事情怎样了？”就5个字，令我心烦意乱。我又不能言明陈月麟把照片搞砸了，那样的话，我会被陈金发留下“你这个老兄办事不行，判断出问题”的不良印象，所以只是说“再等等”。

冷静下来一想，“青年书店”的消息应该适合于《青年报》呀，于是将稿件直接送到了该报社，很快就登出来了，虽说是“豆腐干”般的简讯，毕竟我没有食言，也可以说是我兑现了承诺。

感悟：俗话说“没有金刚钻，不揽瓷器活”。信任自己，其实就是对自己能力的判断，有足够的能力就是金刚钻，你可以揽“瓷器活”。过高地估计自己的能力，那是碎玻璃冒充金刚钻，你对别人的承诺十有八九难以兑现。试想一下，倘若无法兑现对别人的承诺，别人还会对你信任吗？要让别人信任你，完全取决你自己。

我不懂摄影，曾瞧见陈月麟常常举着相机四处拍照，看到他所拍摄的照片还蛮像样的，便觉得他的摄影技术是“金刚钻”；他自己也以为“可以拍拍的”，岂料，拍拍是可以的，但冲洗胶卷技术没过关，差点误事。他也向我承认：他是太相信自己了。信任自己固然没错，还要看自己的实际能力是否达到了“金刚钻”要求。

陈金发写短篇小说已经达到了“金刚钻”的水平，他能够将作家程乃珊、陈村、曹冠龙请来。也正由于他信任自己，这个信任是建立在他对自己能力的正确判断上，所以，他才可以从嘉兴电影院调到虹口文化馆担起负责文学创作组的重任。

7.“十大优秀经理厂长”中的一员

陈金发在虹口文化馆干了不久，上级决定把虹口文化馆改建为虹口文化娱乐厅。如此改名，它的功能从原先扶持和普及群众文化变成了以盈利为主的娱乐场所。这也是当年大环境使然。陈金发被任命为虹口文化娱乐厅的经理。

说是改建，实际上是重建。就在陈金发准备转换角色的前夕，他组织诗歌创作组到地处四川北路武进路口的红星书场搞活动，让我认识了书场的经理梁竹崎。当两年后虹口文化娱乐厅正式对外开放不久，曾为“改建”呕心沥血的陈金发却被调往虹口区图书馆担任馆长，取代他经理位子的是红星书场的经理梁竹崎。

后来我才知道，梁竹崎从只有八九名员工的红星书场调到三四十名员工的解放剧场任经理，又从那里被调至虹口文化娱乐厅任一把手，竟与我有关。

大概是1983年5月，陈金发组织诗歌组最后一次活动，我们一行七八个组员去红星书场采风。红星书场也是虹口区文化局属下最小的一家单位，与共和国同龄的梁竹崎经理是个很有想法的人。在一间小会议室，众人听梁竹崎介绍书场的情况，看得出，也许是彼此第一次见面的缘故，他谈得比较拘谨。我从他的一席话中捕捉到如下信息：当时书场都在下午与晚上演出说书、评弹等，票价5角钱。当年的5角钱还蛮值钱的，大凡听说书的都为老年听众，5角钱对有些人来说，不是个小数目。

梁竹崎要把书场的上午利用起来。他买来不少评弹、说书的录音磁带，在书场的空地摆上桌椅，提供一杯茶水，只要付5分钱，评弹爱好者可以一边品茗，一边欣赏评弹，梁竹崎称其为“评弹茶座”。

我们聊了一个多小时，诗歌组的活动结束。组员们都回家了，我了去一趟厕所，也就是五六分钟的光景，一场突如其来的暴雨把我困在了红星书场。虽然我回家骑自行车不消5分钟，但不期而至的雨下得实在太大，我只能在书场里避雨。此时梁竹崎准备去吃饭，在门口碰到我，知道我在躲雨，他问：“你姓吉？”

算他还有点记性，但没喊出我的全名，我当即报了自己的全名。梁竹崎说：“你等着，我去弄两客盒饭来，我们随便吃一点，再聊聊。”

我没推辞。

盒饭来了，我与梁竹崎共进午餐，边吃边谈，一下子拉近了彼此的距离，我们都有相见恨晚的感觉。之前，他与我们诗歌组的人介绍情况是1个和80个，现在与我们是一对一，目标集中，话题专一，所以彼此印象深刻。他拿来已经搞了数期油印的《评弹之窗》，他希望我帮他搞成铅印的四开小报形式。我对写新闻、编报纸可以说是轻车熟路，对这一点，完全是相信自己的能了，所以当场表示“没问题”。

我这回说“没问题”，真的是没问题。

梁竹崎显得很平静，我知道，他对我还不十分了解，光听我说，不是说不信任我，在他心里打几个问号是很正常的，假如他一听我说“没问题”就很兴奋，那倒是不成熟的表现了。

简单的午餐结束，雨也停了。我与梁竹崎约定，一旦落实好了印刷厂就打电话给他。

“没问题”，就是我对梁竹崎作出的承诺，我必须兑现这个承诺。我心里有底，之前我曾听陈月麟说过，他们厂里的印刷品都由他送印刷厂，他同印刷厂的厂长混得很熟。于是我立马找到陈月麟，将印《评弹之窗》的事一说，他表示接受上回青年书店照片出纰漏的教训，也为了消除我在这件事上可能对他“有想法”，一定要陪我去印刷厂，最终由我洽谈后再定。

于是我同陈月麟来到杨浦区一家规模并不大的印刷厂。那时的印刷还是铅字排版，不像如今电脑排版、印刷绝对快捷。我到排字房兜了一圈，那里的设备虽然简陋，但要印四开的《评弹之窗》是足够有余的。关键是价格，在陈月麟的帮助下，谈妥了印价。当然，最终拍板的还是红星书场的经理梁竹崎。

简而言之，当我把印刷价格告诉梁竹崎时，他说：“就这么定了。”

一锤定音后，铅印的《评弹之窗》在我的编辑下问世了。这里要特别提到周芝石先生，当时他是工商银行上海分行天目路营业部的负责人，因酷爱评弹，常常到红星书场听说书，一来二去便与梁竹崎熟悉了。梁竹崎搞了个虹口评弹爱好者协会，周芝石是理事，他对《评弹之窗》常常提出建设性的意见。我因帮梁竹崎编《评弹之窗》，时常去请教周芝石，便与周芝石成为朋友。顺便说一下，周芝石后来担任了中国人民银行上海分行副行长、国家外汇管理局上海分局副局长和中信实业银行上海分行行长。

周芝石建议梁竹崎，将《评弹之窗》寄给钟爱评弹的陈云同志。梁竹崎还有点抖豁（沪语意为担心、害怕），不过，最终还是将每一期的《评弹之窗》寄给中共中央办公厅转交陈云同志。

几个月后的一天，我去红星书场，梁竹崎喜形于色地告诉我："陈云在我们《评弹之窗》上批示了，称我们为弘扬评弹事业做贡献，可喜可嘉。"我一听，立即建议梁竹崎可以写个新闻稿给报社，他马上制止道："陈云同志的批示是由陈云办公室发给上海市文化局的，上面关照'没有传达任务'，我们不好随便写的。"

不过，这件事我一直记在心上。当时我就在心里想，这又不是什么坏事情，有什么不可以报道的？但既然梁竹崎已经说了"没有传达任务"，我也不能硬来。中国的国情就是如此，否则的话，不仅仅是我自找麻烦，有可能还会连累梁竹崎。

机会终于来了。

我堂哥吉建纲"文革"结束后是复旦大学新闻系的党支部书记，上海市委宣传部一纸调令让他出来做恢复《青年报》的工作，他在《青年报》干了一段日子，又被调往解放日报社任秘书长。我堂哥在《青年报》工作时，我常去该报走走，因此也认识了徐世平、忻才良、吴纪椿、黄汉民、尹学尧等老师。我也时不时地给该报投稿。

记得大约是1984年，这年是新中国成立35周年。年初，由共青团上海市委员会主办的《青年报》搞了一次与共和国同龄的"十大青年优秀经理厂长"评选。事前，报纸连续刊发了"征文启事"，不久便在报上选登了部分征文。这些征文所写到的厂长、经理的事迹，在我看来好像很一般，我不由得萌发了写一写梁竹崎的念头。

想写，是一回事，真的要动笔前我还是去找了梁竹崎补充采访，他用怀疑的眼光看着我，明显是对我不信任。尽管他没说出口，但我着实感觉到了。有些东西是不用挑明的，只有心领神会。我也没有打包票，说一定能够成功，但我把看到《青年报》上已经刊出的征文内容告诉他，并分析说：像你这种类型的经理独一无二，评不上“十大青年优秀经理厂长”，至少征文可以登出来。

我根据征文的要求，不仅写了梁竹崎，还写了一篇青年书店刘晓云，将两篇征文用挂号信寄给了《青年报》。三个月后，写梁竹崎的那篇刊登出来了，编辑打电话告诉我：“来稿太多了，只能挑选部分稿子刊登，写青年书店的那篇只能割爱了，最终评选结果估计要在一个月后公布。”

对我而言，我对梁竹崎承诺的“至少征文可以登出来”已经兑现，至于他能否被评上“十大优秀经理厂长”不是由我决定的；说实话，也不是编辑部能左右的，那还要看投票的结果，这里面的变数谁也说不清楚。

我感到安慰的是，我并不欠梁竹崎什么了。

令我欣喜的是，梁竹崎被评为“上海十大优秀经理厂长”；我写的青年书店经理刘晓云被评为提名奖，那也是一项荣誉，这荣誉不仅仅是他们的，同样也是我努力践行的结果。

作为“十大青年优秀经理厂长”的梁竹崎与另外9位先是去深圳考察，随后又去北京，万里、郝建秀接见了他们。十大优秀经理厂长回沪后，时任上海市市长的汪道涵又接见了他们。上海的《解放日报》和《文汇报》同时刊发消息，还配发了照片，画面上正巧是汪道涵市长满面笑容地与梁竹崎握手。

虹口区文化局张局长仿佛发现新大陆似的，说：“我们局里还有这么优秀的人才呀，放在小小的书场实在是大材小用了。”

于是，一纸调令将梁竹崎调到了有30多名员工的解放剧场担任经理。有意思的是，解放剧场对面就是虹口文化馆，先前提到的陈金发此时正热火朝天地忙着改建虹口文化娱乐厅。作为经理，陈金发全身心地扑在工地上。那个时候，钢筋、水泥都是紧俏货，除了计划内的，陈金发还要自行解决一部分计划外的。他动用了部队老战友的关系，勉强填补了建材缺口。

正当虹口文化娱乐厅竣工，陈金发走马上任不久，却被文化局调任虹口图书馆馆长，他为改建工程的竣工立下了汗马功劳，却没来得及享受来之不易的成果。他的经理一职被梁竹崎取而代之。

梁竹崎一上任就把我找去，问："我该怎样谢你？"

我说："是朋友，不言谢。"

梁竹崎想了想，吐出一句："君子报恩，十年不迟。"

对我来说，为《青年报》写征文之时，我也不清楚是否会成功，更没想到，梁竹崎竟然被评上了"十大青年优秀经理厂长"，这是他的造化。他要"报答我"，那是他的事，但我并没有觉得他该报答我什么。其实，我在帮他编《评弹之窗》时与周芝石先生交上了朋友，周芝石后来出任中国人民银行上海市分行副行长，我那时正在筹备创刊的《市场艺术》杂志社工作，编辑部要开一个账号，最低存款至少5000元，杂志社启动资金用得只剩下3000元。我自告奋勇地去找了周芝石，他给我批了一张条子，最终我把事情办成了，受到了社长的称赞。可以说梁竹崎已经"回报"过我了。

既然提到了周芝石，我想起一段往事。那次，我采访一个金融会议结束后，搭周先生的奔驰车回去，我印象中，那辆车的车牌号是88288。在车上，周先生告诉我，1986年11月14日，美国纽约证券交易所的董事长约翰·范尔林先生访华。邓小平会见范尔林时专门提到了中国也发行了股票。范尔林随即向邓小平赠送了一枚纽约证券交易所的证章。按国际惯例，中国领导人也必须回赠一件礼物。经再三考虑后，决定回赠范尔林先生一张50元面值的飞乐股票。当时的股票还未进行无纸化交易，股票是印在一张练习本大小的纸上，转让交割时，买进者的印章敲在股票背面。但准备赠送给范尔林的股票并未写范尔林的名字，而是填着周芝石的名字，并由他亲自交给范尔林的。

范尔林知道自己成为持有中国股票的第一个外国人时，开怀大笑。当他接过这张股票仔细端详，发现持有人不是他的姓名，于是问："周芝石是谁？我是范尔林啊！"当向他解释原因后，他说："我的股票就要用我的名字，我亲自去上海更名过户。"后来，范尔林一行飞抵上海，在西康路中国首家证券交易部静安证券营业部，将"周芝石"的股票过户至自己名下。如今，这枚范尔林先生的"原始股"已永久陈列在纽约证券交易所的橱窗内。

感悟：周芝石在金融界干了50个春秋，他除了担任中国人民银行上海市分行副行长外，还担任过国家外汇管理局上海分局副局长、中信实业银行上海分行行长；2012年5月4日因病去世，享年78岁。我有缘与周芝石成为忘年交，他对自己的自信给我留下深刻印象。要知道，周芝石的自信源于他丰富的金融知识，他信任自己便是建立在此基础上的。他对评弹的爱好是发自内心的，他能向梁竹崎建议，将《评弹之窗》寄给陈云同志，也是出于他对自己判断力的信任。应该说，梁竹崎当时没有这个想法，也不敢有此想法，这说明他对自己没有信心，也可以说是不信任自己掌管的《评弹之窗》可以让陈云同志收到。事实证明，周芝石的建议是正确的。

再来说我自己，当时看到《青年报》刊出评选“上海十大优秀经理厂长”的征文，认为都比较一般，由于我对自己的这一判断绝对自信，所以敢向梁竹崎说：“即使评不上，至少征文可以登出来。”要知道，这样的话是不能随便说的，在梁竹崎看来，我给他的“底线”是征文一定能够见报。假如征文没有登出来，梁竹崎对我的信任必然降低，尽管他嘴上不说，心里一定是这么想的。看来，我信任自己并没有盲目，而是经过深思熟虑的，因为我知道，像梁竹崎这样类型的经理独一无二，再加上我写征文时格外注意细节，这也是能够取得成功的一个关键。

8. 弥留之际兑现的承诺

自当梁竹崎担任虹口文化娱乐厅经理之后，他的确花了不少心思经营。

娱乐厅里添置了高档音响设备，除了大厅是众人K歌的大场子外，还设有KTV包房。前面曾提到，地处海宁路乍浦路口的虹口文化娱乐厅的前身是西班牙商人安·雷玛斯在1908年年底开设的上海首家正式电影院，梁竹崎将地下室开发利用后，到工商局注册了“雷玛斯酒吧”的营业执照，再将他大学同学在闸北区一家饮食店工作的妻子何慧燕调来担任“雷玛斯酒吧”的经理，这中间离不开文化局张局长的鼎力支持。饮食店是大集体企业，转到全民企业已经很了不起了，再由全民企业变成事业单位编制，在那个年代更是不得了的转变。梁竹崎做到了。

伴随着虹口文化娱乐厅在乍浦路上声名鹊起，梁竹崎看在眼里，喜在心头。他又将沿街的一间屋子改造成美容室对外营业，后来我发现他一改往日不修边幅的习惯，可以说是近水楼台先得月，他时常光顾美容室，随着吹风机的频频暖风，他的发型紧跟时代潮流。加上KTV的便利条件，他还三天两头去一展歌喉。

我这个人是这样的，当别人没当官前，或者还未发达起来时，我与他们交朋友可以无话不说，一旦他们事业有成，我便会与他们保持一定的距离，生怕被误认为我是巴结他们。对于梁竹崎，我也不例外。除非他打电话说“有要事商量”，我才会去找他。

时间一久，我发现梁竹崎在变，对员工说话有了官腔，不像之前在只有八九名员工的红星书场当经理，那时，他与员工打成一片，员工的心思他都知晓。自从有了“十大优秀经理厂长”这顶“红帽子”后，他便觉得自己真的是很优秀了。

由于他一心扑在工作上，对家庭的照顾就少了，妻子对他颇有微词；尤其是看到他与同学的妻子成为一条战壕里的战友时，意见就更大了，发展到最后与他劳燕分飞。好在文化局在虹口区分了一套房子给梁竹崎，他与判给他的儿子一起生活。

我是局外人，不想无端猜测梁竹崎婚变的真正原因，那是他的“家务事”，也可以说是隐私，我也不便多打探。倒是多次听到张局长语重心长地告诫梁竹崎“要多注意影响”。

梁竹崎听进没听进去我不知道，但对扶持他的张局长，他是有敬畏之心的。

不过，我总预感到什么，张局长知道我就是写梁竹崎征文的作者后，在与梁竹崎交谈时也不避讳我，有时甚至当着我的面给梁竹崎“敲木鱼”。次数一多，我也习以为常了。

为了叙述的连贯性，我把应该按照时间顺序放在后面讲述的事提到前面。

1980年，我被上海电视台聘为通讯员，那是我常常给电视台提供新闻稿件的结果。那个时候，自己一心想跳出大集体企业，自认为只要我勤奋努力，总有一天能够梦想成真。其实是自己太幼稚了，连个“游戏规则”都未搞明白，电视台是事业单位，大集体企业首先要“跳”到全民企业，再从全民企业“跳”到事业单位，还有个“工人编制”要转为

“干部编制”，一系列的举措比登天还难。

记得我撰写的一条《虹口育能院的老师们》新闻片稿，说的是一群为低能儿辛勤工作的特殊老师们的事迹.。片子播出后，立即被中央电视台转播，这在当时是件不容易的事。一般来说，上海电视台拍的新闻片在自己台里的频道播出并不难，但要被央视选中转播就相对比较难，我提供的两条新闻片被央视转播，说明我是有新闻眼光的人。

那时，电视机还没普及，电视台也只有5频道和8频道。上海电视台的男播音员是刘伟，女播音员叫王君燕，我与他们渐渐熟悉起来。通过他们，我认识了一位副台长，我竟不知天高地厚地提出我可否到电视台来当一名记者。这位副台长说他“心有余而力不足”，他讲得十分婉转。后来我们熟悉了，他才直截了当地告诉我：“不是你不能胜任此项工作，而是编制根本无法解决。”

1985年，我到了《市场艺术》杂志社担任记者和编辑，直到我离开也没有解决编制问题。1988年，我到了新创刊的《上海经济时报》做记者，又是碰到无法进“事业单位”的难题。这不仅是我个人的难题，也成为经历过那个年代的人无法抹去的集体记忆。

1989年，走投无路的我在梁竹崎面前无意间说起自己的苦境，他听，就说：“君子报恩十年不迟，这件事，看看我是不是可以帮忙。”

我没想到梁竹崎会说“可以帮忙”，我似乎捞到了一根救命稻草，生怕他会收回这句话，连忙紧追不舍，问他考虑如何帮忙？

梁竹崎笑了。我立马觉得自己很傻，他的笑说明了这一点。多年以后，我才醒悟，倘若当时梁竹崎拍着胸脯，慷慨激昂地说：“没问题，这件事包在我身上！”那未必是好事。他说“看看我是不是可以帮忙”，至少在他心里大概有六七成把握，他在没有十分肯定的情况下，只能这样回答我。这算是梁竹崎给我的一个承诺吧，我充满着无限期待。

在我与梁竹崎接触那么多年，他给我留下的印象是个很讲信誉的人，但我不知道这回他该如何兑现他对我的承诺。三天后，梁竹崎打电话给我，说这件事可以操作了。我没多问，立即赶到虹口文化娱乐厅，梁竹崎微笑地看着我，从他自信的笑脸上，我知道大功告成。

梁竹崎显得很轻松，他简明扼要地把如何操作的过程讲了一遍，我笑逐颜开。原来，他要将我的关系转到文化局，再由娱乐厅作为接收单位接过去。后来就是这么办的，我从业的《上海经济时报》总编办开出调令单，将我转成了报社的事业编制，我从工厂的工人，一下子三级跳，转变成了事业单位的员工。

一切搞停当后，我去告诉梁竹崎，他说："办成了就好，我也算完成了一桩心事。"

不料乐极生悲。

那是1990年，《上海经济时报》与《新闻报》合并，合二为一的《新闻报》负责人事同志找我，问我的人事档案为啥没有一起转来？我才明白，自己的人事关系已经转到了报社，但档案仍在厂里。我觉得这又有啥难的，找梁竹崎再帮下忙，把我的档案从厂里转出来就是了。可当我打电话到虹口文化娱乐厅时，接电话的人告诉我，梁竹崎已经调走了。

我打了梁竹崎的BB机，他回电话给我，并约我到他家去。我顿感蹊跷，一个堂堂的娱乐厅的经理，怎么一下子被调走了，我想找他，还要到他家里去？

去了才知道物是人非。原来，文化局的张局长退休前夕曾找过梁竹崎，在肯定他这些年工作成绩的同时，指出他树敌较多，一旦张局长退休了，他的日子会不好过。为此，张局长给他找好了出路，让他去外区的文化馆担任副馆长。但被他婉言谢绝了。

俗话说"大树底下好乘凉"，张局长就是梁竹崎头顶上的大树，然而，这棵大树已经完成了历史使命，即将挪窝。换言之，梁竹崎无法再受到张局长无微不至的关照，他还是选择了"我自岿然不动"的既定方针。

这就要说到信任的问题了。张局长在"局长"的位子上干了这么多年，高瞻远瞩，见多识广，深谙官场游戏规则，相信自己的判断，也可以说是信任自己。

梁竹崎也是信任自己，而且是绝对信任自己。他或许遇到过无数的激流险滩，却都一次次地化险为夷；他或许遇到过无数的艰难险阻，也都一次次地转危为安，他不相信作为上海滩"十大优秀经理厂长"的他会被对手打倒。他谢绝了张局长的一番好意，态度是那样的坚决，那样的果断。而作为他顶头上司的张局长认为，既然部下不听，也只好作罢，但愿自己所担心的事不会发生。

张局长退休后不久，梁竹崎就被调至一家电影院任副经理，张局长的预言成了事实。梁竹崎被迫离开了虹口文化娱乐。一个原先是“一把手”的经理，现在却成了“二把手”，他心有不甘，却又无可奈何。混了一段日子，最终来了个留职停薪，自己到外面开了一家展销公司，倒也忙得不亦乐乎。

当我向梁竹崎说起我的人事档案要从工厂里转出来时，这次他坦白承认，张局长退休后，他失去了靠山，连一般过去见了他都是主动热情打招呼的人，好像都不认识他似的。新上任的局长过去也知道他，现在似乎忙于工作而无暇过问。最伤脑筋的是，梁竹崎与文化局的其他头面人物也“碰”了起来，其中做“红面孔”和“白面孔”的人都有。

即使如此，梁竹崎还是给我一丝希望，他说他要去文化局为我据理力争，希望我自己也想想办法。我心里很清楚，我遇上了大麻烦。

那次分手后，我装糊涂，请报社总编办公室去工厂转我的档案，当年开调令到文化局转我人事关系的人事干部十分懂行，他说我的人事关系是由文化局转来的，报社只能到文化局转我的档案；报社与工厂没有关系，无法转我的档案。这个结局是我早料到的，我只是想能否蒙混过关，实在是太幼稚了。

一晃过了三个月，我的档案仍静悄悄地躺在工厂的档案室；报社也多次向文化局发函，催促移交我的档案，却始终没得到回复。我成了人事关系与档案分离的人。

我知道梁竹崎也无能为力，不然的话，一旦有消息，他绝对会在第一时间通知我的。出于无奈，我还是厚着脸皮打电话给梁竹崎，他安慰我：“现在还不行，但是总归有办法的。”

又过了三个月，我突然接到是梁竹崎的电话，说他生病住院了。我问明病房号，立即赶到第一人民医院，在走廊上遇到了梁竹崎同学的妻子、被梁竹崎调到虹口文化娱乐厅担任雷玛斯酒吧经理的何慧燕，（她因梁竹崎被调离而受牵连，辞职后与梁竹崎一起创办展销公司）她告诉我，梁竹崎患了肝癌，他自己还不知道，让我见他时别露出口风。

我大吃一惊，强颜欢笑，装着若无其事地走进单人病房。看到梁竹崎气色很好，要不是何慧燕事先告诉我梁竹崎得了癌症，我是一点都看不出他得了绝症。

梁竹崎刚打完电话，他将听筒放在床头柜的座机上，满脸微笑地同我打招呼后，主动提及我的档案事来。他说："小吉，你的事一直是我的一桩心事，当时我不懂，否则一枪头解决，怎么会弄到现在这样尴尬的局面。你放心，只要我不死，我一定会帮你解决！"

我胸中滚过一股暖流。请他不要为这件事再费心思，养好身体为重。他像是说给我，也像说给自己听的："这桩事情不办好，我死不瞑目！"

病房的空气似乎凝固了，令我喘不过气来。见护士进房打针，我借故离开了。从此，我几乎每星期都要去医院看望梁竹崎，瞧见他一天天消瘦，不到一个半月，竟瘦了15公斤。

这天上午，我在家接到虹口文化局打来的电话，让我通知报社去取我的档案。我以为自己听错了，拼命问对方是拿谁的档案？对方准确无误地说出我的姓名，我顿时愣住了。挂了电话就奔向医院，要将这个好消息告诉梁竹崎。当我到了医院见到梁竹崎时，他正在吃力的吸氧气，一看到我就费劲地说："你的事情基本可以解决了。"

我告诉他已经解决了。他说了一句："没想到这么快，那我就放心了。"

原来，昨天文化局的领导知道梁竹崎不久于人世，特意来探望他，见到骨瘦如柴的梁竹崎时动了恻隐之心，毕竟一位只有47岁的人，就将撒手人寰，还有什么不可以原谅的呢？他们问梁竹崎有什么事需要局里办的，梁竹崎断断续续地讲了我的档案之事，局领导让办公室主任记下，并吩咐"回去就办理"。

当晚，我再次去看望梁竹崎，他佝偻着身子，喘着粗气对我说，他这次要去见马克思了，临行前兑现了自己的承诺。他关照我，时间不早了，让我回家去，明天不用再来看他了。我依依不舍地离开了医院，5个小时后，梁竹崎的心脏停止了跳动。他用生命兑现了自己的承诺，我没齿不忘！

感悟：梁竹崎在生命最后时刻，兑现了他对我的承诺，那是悲壮的，也是在他自己的信任度上不给我留下不良记录，这的确难能可贵。但是，我还是为他的英年早逝扼腕叹息。我反过来想，假如他当时听从张局长的安排，去了外区的文化馆，那会是一个什么局面呢？无非是这么几种结局：一是甘当副手，从头再来；二是自以为是，与“一把手”发生冲突；三是不愿寄人篱下，另谋高就。无论发生哪种状况，都不会像现在这样被调离娱乐厅后的“胸闷”。如果当时他离开娱乐厅去他处就职，那是自己主动的调离，如今的调离是被迫的、无奈的调离，性质完全不同。梁竹崎为此耿耿于怀，常常借酒浇愁，加上终日闷闷不乐，心情压抑，这些至少是诱发患肝癌的因素吧。

在我看来，罪魁祸首就是梁竹崎过于信任自己。我是信任他工作能力的，他在被调离娱乐厅之前，并没有把娱乐厅搞得年年亏损，也没有贪污腐败的劣迹，不然的话，他怎么能“净身出户”？呜呼悲哉，人死不能复生，但愿他的“教训”可以作为我们的前车之鉴。

中途遐想

近日，我看到《参考消息》上转载西班牙《阿贝赛报》一篇题为《死前最后悔的5件事》的文章，自认为讲得很有道理，在此我引述如下，与读者分享。

很多曾徘徊在生死边缘的人在死而复生之后做的第一件事就是改变以往的生活方式。他们常常会感慨，度过一个让人悔恨的人生实在太不值得了。那么让濒临死亡的人最后悔的事情是什么呢？

1. 我应该过自己想要的生活，而不是别人所期望的生活。这是他们说的频率最高的一句话。很多人一生中从未实现自己的梦想，这主要是因为他们选择做那些自己认为应该做的事，而非真正想做的事。

2. 我不应该那么拼命工作。这是男性经常说的一句话。他们后悔没用更多的时间陪伴家人，看着孩子们长大，而是把所有是精力都花在了工作上。

3. 我应该有勇气表达自己的感情。那些为了避免与人发生龃龉而压抑自己情感的人，为自己平庸而乏味的一生感到后悔。在这样的一生中，他们活得根本不像自己。

4. 我应该与朋友常联络。和疏于照顾家人一样，没有给予朋友足够的重视也是让很多人感到后悔的事。可惜的是，一旦接近死亡，逝去的时光就再也追不回来了。

5. 我应该生活得更幸福。那些生活得并不幸福但得过且过，没有勇气改变生活的人在濒临死亡时往往会发出如此慨叹。

文章在最后得出这样的结论：对所有有时间改变生活的人而言，采纳别人的意见是一种亡羊补牢、让自己死而无憾的最佳方式。

我在想，梁竹崎在生命行将走到尽头之时是否有最后悔的几件事？我觉得肯定是有的，至于他究竟有哪些后悔的事，我不敢妄加猜测，但有一点是可以肯定的，那就是他信任自己一定能兑现对我的承诺，毫无疑问，在这一点上，他是没有遗憾的。

这话题有些沉重，我们换个话题吧。

我发现信任与成本大有关系。信任上升，效率则上升，而成本就下降；反之，信任下降，效率也随之下降，成本则上升。举个简单的例子，假如有个小区周边治安很好，居民安居乐业，不用担心家中有窃贼光顾，可以说对居住小区的物业信任无比。小区物业每晚只派一名保安巡逻即可，成本不大，效率却极高。

另一个小区，周边治安不好，业主家的财物经常被盗，居民们怨声载道，他们对物业不信任，甚至有业主拒付物业管理费，物业经理不得不在小区四处安装探头，派出五六名保安昼夜巡逻，成本大大上升，而效率却下降。你看，信任度的好与差，直接关系到效率与成本。

就我们个人而言也是如此。你与某位朋友亲密无间，彼此不会相互猜疑，这便是信任的表现，因为信任是牢固关系的关键组成部分。试想，你请他，抑或他请你办一件事，你们之间还用多费口舌兜圈子吗？完全不需要浪费这种不必要的精力。要知道，所花精力多，就是成本高而效率低。倘若遇上初交者，或者关系极其一般的人，你要托他办一件事，没有活雷锋，只有掏腰包请客送礼，还要好话说尽，拜托拜托。如此一来，成本上升而效率下降。

信任与不信任犹如天平秤的两端，我们每个人的所作所为总会在这两边左右摇摆，要保持在信任一边，就得恪守诚信，一个不讲诚信的人，必然把自己放在了不被别人信任的位置上。我时常在问自己：“你是一个被别人信任的人吗？”

说实话，尽管我自认为是一个可以被别人信任的人，但能保证永远吗？有时明明自己已经开诚布公了，却被别人不理解，或者是误解而造成别人的不信任。我一直苦苦寻求能够破解答案的良方，在阅读了哈佛大学工商管理学硕士、柯维林克国际公司创建人史蒂芬·M·R·柯维所著的《信任的速度》一书时，对他所总结信任与不信任的十三种行为获益匪浅。

这十三种行为分成“正面行为”与“反面与假冒的行为”，我将它引用如下。读者你在阅读时，左面黑体字的是“正面行为”，右侧则是“反面与假冒的行为”。

关于品德的行为

一、**直率交流**——撒谎、编故事，讲一半真话，含糊其辞，溜须拍马。

二、**表达尊重**——不关心他人，不尊重他人或只尊重对自己有用的人。

三、**公开透明**——保留信息，暗箱操作，制造假象，装腔作势。

四、**匡救弥缝**——不承认或不补救错误，掩盖错误。

五、**显示忠诚**——出卖别人，把功劳都据为己有，当面说好话而背后说坏话。

关于才能的行为

六、**取得成果**——完不成任务，只有行为没有成果。

七、**追求进步**——听任自己的能力退化，用同一个老办法对付所有问题。

八、**面对现实**——忙于工作，但绕开真正的问题。

九、**明确期望**——自己假定期望或者不表明期望，制造模棱两可的期望。

十、**负起责任**——不承担责任，“这不是我的错！”，让他人承担责任。

品德和才能的行为

十一、**先听后说**——不听别人的，先说后听，假装在听，不用心理解别人说的话。

十二、**信守承诺**——违背承诺，答应的事不做，做出模糊的承诺，不做承诺。

十三、**传递信任**——假装信任而窥视监督他人，给予他人责任而不给予权力。

正如我前面说过的，信任与不信任犹如天平秤的两端，我坦诚自己还未全部做到黑体字所标出的信任标准，但时时处处以此标准来鞭策自己。

作者与吴道富参加蒋期馨先生70大寿【图1】

作者与越剧表演艺术家徐玉兰、王文娟等在一起【图2】

作者在老市长汪道涵题字的招牌前留影【图3】

图1

图2

图3

第六章 在闯荡大社会的岁月

第六章

在闯荡大社会的岁月

1. 办《个体户报》的折腾

现在再将时间转回到1984年。

那一年的年头，我与虹口文化馆业余故事创作组的丁建平认识了，他大我一岁，彼此的名字中都有一个“建”字。然而故事创作与诗歌创作完全是两码事，但与小说创作有共同之处。当时我人虽在诗歌组，却并不喜欢诗歌，我的兴趣倒是在小说上。加上陈金发就是写小说的，他请来为我们诗歌组辅导的却都是写小说的。我这个颇爱小说的人与喜欢写故事的丁建平成为朋友是十分自然的事。但是小丁的志向似乎也并不完全在创作故事上，当时，他经常在《金色年华》、《青年一代》杂志上发表文章，令我特别羡慕。

自从与丁建平认识后，我发现他话不多，活动能力却超强。他见我常有新闻作品见报，便拿来一篇描写市百七店持有足球裁判证书的女经理的特写，据说曾投给一家刊物没刊用，又改成新闻稿寄给上海的一家报纸，也如同石沉大海。

我看了新闻稿，发现稿子少了通常写新闻的5 个W，于是严格按照写消息的要求改写了稿子，以我们两个人的署名，投给了《解放日报》

体育部，稿子很快就刊登了出来。不久，小丁又拿来一篇讲述虹口法院的法官协助街道办起托老所的特写，我阅后感到写得太散，而且缺乏细节，于是建议补充采访。经我另起炉灶重新写过，再投给《上海法治报》，很快就见报了。如此一来，小丁对我写新闻的能力完全信任了。

一天，这小子像吃了兴奋剂似的，找到我说“我们可以一起办件大事”。随即和盘托出自己办报的计划。当时上海干个体户的如雨后春笋，他想办一张《个体户报》。

这的确是个好创意，尤其是我仔细阅读了小丁写的策划书后，当即决定一起干。真是吃了豹子胆！中国国情，哪有私人可以办报？可当年我们都实在太幼稚。

最可笑的是，我们居然说动了虹口图书馆的决策者，将图书馆地下室的一间房间借给我们。门上挂了一块“《个体户报》编辑部”的小牌子。我与小丁几个人各自从家里拿来500元。我那时结婚才一年多，妻子一听要拿500元，如同审计干部，让我“把情况说说清楚”。我当然要把未来的前景描绘得灿烂辉煌，妻子只问了一句“赚得回来吗？”其实，我心里也在抖豁，天晓得是肉包子打狗有去无回，还是损失一半，抑或翻番赚回？

更滑稽的事还在后头，报纸审批八字还没一撇，小丁要将印报纸的纸张先买回来。我到《解放日报》社去找堂哥吉建纲，他是报社的秘书长，批了一些报社印报的边角料新闻纸，我们运回来存放在虹口图书馆的“编辑部”里。鬼才知道究竟何时才能派上用场。

不久，小丁请来了一位中学的方老师，方老师又带来了一位长者——罗迦先生。我与罗迦聊天，似乎觉得曙光就在眼前。罗迦生于1939年，19岁随上海学生救亡工作队赴香港，之后回到桂林，由胡愈之先生介绍进生活书店工作，第二年到《桂林晚报》任记者，不久同麦紫等创办了《新诗潮》，是中华全国文艺界抗敌协会桂林分会和上海分会会员；曾担任江西樟树《敏报》副刊主编兼《西北社》总编辑，全国解放后在上海市教育局工作，1958年被错划成右派，直到1979年平反才返沪。

罗迦不断带来消息，说他在上海社科院的哥哥认识新闻出版局的某某人，并与市委宣传部报刊处的宋军联系上了。似乎万事俱备只欠东风，然而，一个多月过去了，方老师只来过编辑部两次就没再见他踪影，其实，他是知道事情难以办成，三十六计走为上计。我与丁建平仍傻乎乎地盼望喜讯。

喜讯未盼到，虹口图书馆的决策者轧出苗头不对，当机立断，请我们离开。这是英明的，起先他们不知我们什么来头，尤其是见到他们认为德高望重的罗迦先生，遂对我们无比信任，可是时间一久，不但我们觉得罗迦是雷声大雨点小，他们觉得根本就没有一滴雨，哪有继续让我们占着茅坑不拉屎的理？

当时上海市个体者协会还未成立，倒是闸北区与卢湾区（现与黄浦区合并）和虹口区成立了区个体者协会，我和小丁与这些协会协商合办《个体户报》的事宜，得到的最后答复惊人的一致：市个体者协会正在筹备，等市个协成立了，去与他们谈，或许能行。

其实他们是在应付我们。对这些人来说，他们是工商局的，是代表国家的行政机构，我们是普通百姓，是个人行为，他们与我们是官与民的关系。他们既不想与我们搞僵，也不想全力以赴；他们人人都多一事不如少一事，何必给自己添麻烦？小丁似乎还抱有幻想，我是已经丢弃了幻想。只不过罗迦先生时不时说自己找过他哥哥，好像马上就有消息了。

这天我豁出去了，跟小丁说：“我们让罗迦带我们到他哥哥家去当面问问，不要老是听二手信息。”于是找到罗迦先生，告诉他这个决定，他“呜哩嘛哩”解释了老半天，归纳起来就是一句话“现在条件还不成熟”。

我不依不饶，固执己见，坚持要去不可。罗迦先生被逼无奈，勉强答应领我们去见他长兄。他哥哥住在四川北路的大楼里，我们乘电梯到三楼，罗迦摁响了他哥哥家的门铃。他哥哥开门，见弟弟后面还有“尾巴”——我和小丁，让罗迦进了屋，低声训斥道：“这事正在办，你怎么把人带到家里来了？”声音不高，却“震”得我耳膜生疼。

我们登门拜访，准备洗耳恭听，哪有将人拒之门外的？我当即跟小丁说不要进去了，免得他们兄弟伤和气。小丁责怪我“脾气不好”，非让我再坚持一会。他话音未落，罗迦出来招呼我们进屋。

我断定是谈不出结果的。事实不出我所料，罗迦哥哥告诉我们，出版局还没有回音，可能搞不成云云。走到大街上，罗迦仍显得好不尴尬，呫哝着，说他解放前要办报、办刊物，只要凑上几十块大洋，去登记一下就可以开印了，没想到现在会这样难。

我在安慰罗迦的同时，让小丁想办法把那些新闻纸解决掉。他自然明白“解决掉”的含义，说他已经在考虑了，现在有所学校想买。算我们运道好，新闻纸涨价了，一周后，新闻纸“解决掉了”，我们每人取回自己的500元投资外，各自还拿到所赚的差价48元，算是利息吧。

话要说回来，这一番折腾也让我们有了意外收获。小丁和我为办报接触了不少个体户，见到有新闻价值的人物，我们就写成新闻稿投寄给全国各地的报刊，我俩的名字经常出现在各地的报刊上。经过如此练兵，小丁写新闻也得心应手起来。

但对于创办《个体户报》的这件事，小丁后来说了一句意味深长的话：“我是太相信自己了。”

感悟：“我是太相信自己了”，这是小丁的一句大实话。这句话只有在小丁与我四处碰壁后才说得出来。相信自己就是信任自己，当时我们都太信任自己了，以为“世上无难事，只要肯登攀”就会达到目的，问题是，我们没有看得那么深，那么远。但是为啥方老师来了两次就不再来了呢？因为他已经看到了“前面的路”，这是一条走不通的死路。为啥方老师能看出这是条死路？难道他不信任自己吗？恰恰相反，方老师是太信任自己了，他相信自己的判断，于是果断退出。

现在我明白了，要信任自己首先自己肚里应该有“货”。或者换句话说，自己心中要有一把衡量成败的尺子，这把尺子上的刻度就是“信任”的标准；你能否信任自己，用这个“标准”来对照，就能够立即得出结论。而这个“标准”是我们平时生活经验的积累；是我们通过实践得到的知识，也是看书、听别人讲述得与失的经历得来。所谓他山之石、前车之鉴，都是我们完善信任“标准”的基础。惟有在自己心里构建起判断信任度的坐标，信任自己才不会迷失方向。

2. 走进《市场艺术》编辑部

《个体户报》没办成，我老实多了。可丁建平却把一腔豪情化作了写作的热情。写新闻是突出一个“写”字，他不再写新闻，也不再写人物特写，这些都是“写别人”；他把精力投入到故事创作上。虽然都是“写”，性质却截然不同，后者是为自己写，属于创作范畴，档子要比写新闻、写大特写高多了。此时，小丁不停地创作故事，向《上海故事》、《故事会》等专业刊物投稿。

上世纪80年代初，上海市总工会有一本文艺刊物，就叫《工人创作》。小丁经常向这家刊物投稿，有一次被编辑部请去参加“文学创作班”学习。在那个创作班上，他遇到了上海第一百货商店的朱敏慎，当年朱敏慎与郎慕中先生都是写商业题材小说的作家。朱敏慎在单位担任总会计师，要知道，南京路上的上海第一百货商店闻名遐迩，全国各地的游客来到上海南京路，几乎都会去逛逛。然而，朱敏慎毕竟是一个作家，你要他放下手中的笔，那要等到下辈子。（本书稿尚未完成，2013年2月11日年初二，原《市场艺术》杂志的王婉云打来电话告诉我，5天前朱敏慎在家摔了一跤，突然去世了，终年79岁）。

第一百货商店隶属于上海市商业一局。商业一局有位离休的孔学哲局长，他在位时平易近人，古道热肠，口碑绝佳。其他离休或退休的局长、副局长赋闲在家，按规定可以向局里申请用车，但必须听从办公室的统一安排，用车要提前预约，你要指定哪天未必可以派车，孔局长却能随叫随到，可见老人家做人地道。

这位孔局长有两个公子，其中一位的妻子是写诗歌的钱国梁妹妹。钱国梁本在一家大型船厂工作，也因酷爱诗歌创作，又笔耕不辍，在上海诗坛名声不小。就像朱敏慎，要他不写也是不可能的事。但是，他毕竟是一名船厂的员工，八竿子也打不到文化单位这一领域，于是“穷则思变”，他就有了要自己创办一份杂志的迫切愿望。

钱国梁深知个人是实现不了这个心愿的，这就是他比我与小丁的高明之处。都说要信任自己，我与小丁的“信任自己”是盲目的，是无知的，而钱国梁的“信任自己”却是有自知之明的。他一想，就想到了妹妹的公公——商业一局离休的孔局长。

原来，孔局长离休在家，除了养养君子兰之外，剩下的全是“空闲时间”。老人家深知生命在于运动，尤其是大脑，务必要常思，才不会记忆衰退。此时，媳妇的哥哥前来拜访，谈了要创办一本《市场艺术》杂志的总体设想，孔局长听得十分仔细，听完后当即决定由他出面向局里汇报，并让钱国梁去“积极准备”。

孔局长利用自己的人格魅力和盘根错节的人脉关系旋即展开行动，这就有了经商业一局党委研究，同意由孔局长担任社长，钱国梁担任社长助理创办《市场艺术》杂志的决定。有了这一“尚方宝剑”，钱国梁把申请报告送到上海市人民政府财贸办公室，等盖了章，再送往市新闻出版局，不久便顺理的拿到了出版刊号。这如同一对准婚者办理了结婚证，新郎新娘办不办喜酒都可以睡在一起一样，这也意味着，《市场艺术》可以随时出版。

钱国梁是创办《市场艺术》的倡导者，他为了把刊物能在市场上一炮打响，建议孔局长请时任商业部部长刘毅题写贺词；他又亲自出马，通过《解放日报》的查志华，请时任上海市委宣传部部长王元化先生题写刊名。王元化先生欣然命笔，于是，日后的《市场艺术》杂志刊名便有了王元化先生的手迹。

一切手续都齐备了。商业一局考虑到总编辑人选，必须是本局的干部，因为朱敏慎就是本系统的人，他便被任命为《市场艺术》总编辑。

小丁与朱敏慎在“文学创作班”上邂逅，不知咋的就谈到了他与我想搞一张《个体户报》的事，当即被朱敏慎嘲笑了一番，不过，他笑归笑，笑过之后透露了自己被任命为《市场艺术》杂志总编辑的信息，并建议小丁不妨参加编辑部的工作。

当时小丁还在一家工厂担任一个车间的工段长。到底带个“长”字，他不想在没有敲定企业单位是否能调入事业单位之前，是不愿挪窝的。他让我一起去《市场艺术》杂志社看看，就这样，我与小丁在一个星期三的下午去了九江路358号。

这是一幢老大楼，被叫作“东海大楼”（现在被改为353广场）。大楼的正门对着南京东路，后门就是九江路。当时在这幢大楼里有市商业一局、市商业二局和市供销合作社三家局级单位。

《市场艺术》编辑部坐落在东海大楼的后门，我与小丁按图索骥找到编辑部。说是编辑部，其实就是一间不到10平方米的小房间，里面摆着两张写字台。一位四十开外、戴眼镜的男子正在桌前写东西，我觉得脸熟，好像在哪里见过，却一时想不起来。小丁告诉对方，我们是朱敏慎约好来的。此人说："过会儿老朱会来的。"并招呼我们坐下。

我自言自语道："我们好像在啥地方碰到过，面孔蛮熟的。"

"我叫钱国梁，杂志社的社长助理。"

我猛然想起来了，我在虹口文化馆业余诗歌组时，曾到南市区文化馆参加元宵赛诗会，钱国梁是南市区文化馆业余诗歌组的，那时，他的大名同他创作的诗歌常常出现在报刊上，对我一个在文学创作上初出茅庐的人来说，如雷贯耳。为套近乎，我提起那次赛诗会。钱国梁说有这么回事，但对我印象不深。

这很正常，我等无名小卒与他不能同日而语，有一面之雅，也是我个人的记忆。不过，我与小丁是来看看的，能成为《市场艺术》一员最好，成不了也没啥大不了。我当时就是抱着这种念头。

当朱敏慎风风火火来到编辑部，一见到小丁就说："我向你介绍一下，这是社长助理钱国梁。"当见到我，并得知我是同小丁一起来的时候，问，"小丁，怎么还带了一个来？"

我立即自报家门，朱敏慎一听，便问："吉建纲跟你是啥关系？"

"堂阿哥。"我回答道。

朱敏慎快人快语："好，都是自家人，我们这里还在筹备阶段，如果你们想来，跟国梁讲好了。"

朱敏慎说话很有艺术性，他在一句话中已经带出了两个信息：一是杂志社正处于筹备阶段；二是，假如我和小丁想进编辑部，那要同钱国梁说。他心里十分清楚，自己是被孔局长召唤来的，杂志社的运作名义上是孔局长，实际上全是孔局长媳妇的哥哥钱国梁在操盘，所谓的人事问题都得在钱国梁与孔局长"单线联系"中定调子。

朱敏慎"抛砖引玉"，想要看钱国梁如何接过去，假如钱国梁不接口，那就表示不同意；假如说"可以考虑"，至少还有一半希望。

钱国梁浑厚的嗓音清晰地吐出四个字："欢迎两位。"

这就是表示同意。我当即表示愿意成为《市场艺术》杂志社的一员。小丁说他厂里的工作放不下，暂时来不了，假如一旦有空，一个星期可以来一次。

我不知道小丁究竟是怎么想的，反正我决心已定，到厂里去混病假，一星期至少来三次。

朱敏慎席不暇暖，说到局里有事，又一阵风似的走了。小丁称自己也有事，也站起身告辞。留下我与钱国梁面对面地聊开了。这在刚认识的人之间，相互还不了解对方情况，要让彼此一下子就信任对方是不可能的，闲聊就是判断双方是否可以相互信任的起点。

那天，我与钱国梁谈得十分投机，大有相见恨晚的感觉。也就是通过短促的交谈，我知道了这是一家穷得叮当响的杂志社，2000元启动资金还是孔局长家乡的一位企业家赞助的。假如我患得患失，前怕虎，后怕狼，我肯定是拍屁股走人。但我信任自己，相信自己的判断，只要有孔局长，杂志社一定能够扬帆起航，虽说前面有激流险滩，只要顽强地冲过去，就是一片艳阳天。如果这是一家实力雄厚、人才济济的大型杂志社，还轮得到我进去？现在《市场艺术》是草创时期，是打江山的关键时刻，我能成为其中的一员，发挥自己的特长，天地太广阔了，将来有一天杂志社兴旺发达了，先进山门者为大，我也能算是元老之一了。

我正胡思乱想之时，钱国梁说杂志社有件为难的事，要办理一个账号，按规定，最低是存5000元，而杂志社一塌刮子只有3000元。在1984年，上千元等于现在的几万元，不是个小数目。

我心忖：这不是给我一个立功的机会吗？当即抓起桌上的电话，给我在红星书场梁竹崎那里认识的周芝石打电话，我认识周芝石的时候，他还是工商银行下面一个营业所的负责人，而今已荣升为中国人民银行上海市分行副行长了。

电话通了，却没人接，说明周芝石不在办公室。我放下电话，说了句“人不在，过几天我再打电话。”

我们明显感到钱国梁挂在脸上的笑容渐渐收了起来，他只问了两个字：“行吗？”

这两个字有两层含意：你办这件事行吗？假如找到周芝石，此事能成功否？

这就好比一家新开张的店，老板遇到新来的伙计，而且是头一回见面，老板自己费了九牛二虎之力都没办成的事，一个小伙计说这件事让他来办，老板将信将疑，这是很正常的事。我就是那个小伙计，只有将事情办成了，才能得到老板的信任。

好在数天后，我与周芝石联系上了，把杂志社要办一个账号，启动资金只有3000元的事一说，周芝石问了《市场艺术》杂志社的主办单位，人员组成的情况，说："这是单位的事，不是你小吉个人的事，我就特事特办。虽然不是你小吉个人的事，由你办好了单位的事，嘿嘿，单位领导就把你当回事。"

有点像绕口令，不过，周芝石先生说的却是大实话。他让我到杂志社附近的一家银行营业所去找某某某。我陪钱国梁去了，《市场艺术》杂志社的账号就顺顺当当地搞好了。钱国梁说，杂志正在组稿，封面广告也拉到了，就等着把广告款打到杂志社的账号上，并夸我立功了。

感悟：信任，可以说是两个人之间的互动，这是一个轴心点，如果有第三方，也是甲与乙之间的信任和不信任；甲与丙之间，信任不信任则是另一条线，都是一对一的关系。譬如我与小丁是在虹口文化馆认识的，文化馆就是一个轴心，但要建立起相互信任，是通过我重写小丁写的新闻稿开始的。此前，小丁已将稿子向数家报社投稿，却全都打了回票，当我修改，或者推倒重来再投给报社，却大都被录用。也就是这个缘故，小丁对我能写好新闻是信任的。发展开来，他邀请我一起创办《个体户报》，并介绍方老师于我，方老师又引荐了老作家罗迦，罗迦通过其哥哥与新闻出版局的熟人接上关系，但方老师中途退出，在"信任"的轴心上只是少了一个点，有罗迦先生的另一个轴心点连接着。对我来说，我与方老师之间的信任与不信任是一对一的，我与罗迦先生的信任不信任，又是另一个"一对一"。

小丁与刚被任命的《市场艺术》总编辑朱敏慎不期而遇，朱敏慎邀请他加入《市场艺术》杂志社的团队，办不成自己想办的报纸，在这个轴心处碰壁，却在《市场艺术》新的轴心上重新起步。我与朱敏慎原先不认识，是小丁带我去《市场艺术》杂志社，我才与朱敏慎建立了一个轴心点；又在那里遇到了社长助理钱国梁，我和小丁与钱国梁之间也建立了一个轴心点。尤其是我初见钱国梁，双方还未建立起信任感，由于我为杂志社解决了银行账号的难题，钱国梁对我的信任度一下子提高了不少。因为我在红星书场经理梁竹崎那里的评弹爱好者协会见到了后来成为中国人民银行上海市分行副行长的周芝石，我与周行长是评弹牵的线，我们成为相互信任的朋友。钱国梁与周芝石不熟悉，是通过我这个"信任的轴心点"，由我出面才解决了账号的问题，这是我与周芝石之间的信任，才办成了难事。

3.要被别人信任没有捷径

《市场艺术》创刊号的稿件正在筹划中。钱国梁听我说起过办《个体户报》的事，兴许是我为杂志社解决了账号难题，给钱国梁留下了良好的印象，他对我的信任是由衷的。经他提议，开设"个体户之窗"栏目，由我担任责任编辑。正是小丁与我异想天开地搞《个体户报》的折腾，竟将坏事变成了好事，我把那段日子与不少个体户打交道积累的人脉，在《市场艺术》杂志上有了用武之地。

再说总编辑朱敏慎，从钱国梁那里得知我办好了杂志社的账号，对我也有了信任感，虽说是间接的，我却没有沾沾自喜，也从未在其他人面前提及，由钱国梁口中说出去，给我被别人的信任添了不少分数。加上我写的上海滩第一位个体出租车司机胡培毅的稿子，朱敏慎未做多少修改，说明我写稿的基本功扎实。

编辑部就那么几个人，朱敏慎要求人家不仅能写、能编，而且还要会划样，去印刷厂发稿、校对。我积极响应，并立即付诸行动。其实，我还在帮红星书场经理梁竹崎搞《评弹之窗》的时候，就去过印刷厂干过这些事，只是刊物与报纸排版稍有差异。朱敏慎手把手地教我在版样纸上划样，譬如，题目用多少字号的字，占文中多少位置，是10行，就在版样上注明"占10行"；有的文章题目放在文中，被称之为"文包题"……

我虚心好学，加上有这方面的实战经验，很快就掌握了杂志从组稿到修改、发稿、划样、拼版的整个流程。一天，我跟着朱敏慎到印刷厂改《市场艺术》创刊号的校样，发现《市场艺术》杂志社祝贺“经济新闻社”成立的贺电，我当即向朱敏慎提出“一定是错了”。

我平时天天阅读各种报刊，听广播和看电视新闻是我的必修课，每当有什么新鲜事，或者认为以后派得了用场的信息，我全都记在本子上，并时常翻阅，我对自己在新闻的判断上绝对是信任自己的。当我说出“一定是错了”时，朱敏慎一下子还没反应过来。当他看了校样，关照我去查查“经济新闻社”是不是新成立的。

因为我信任自己的判断，便毫不犹豫地告诉朱敏慎，没听说过有经济新闻社。朱敏慎见我如此肯定，拿来原稿来查对，自言自语道：“原稿上就是这样写的呀。”须臾，他想了想，说“是王淑兰写的，我打只电话去问一下。”于是从拎包里找出一本通讯录，拨通了上海商业研究所王淑兰的电话，得到的回答是“经济新闻报社”。

原来，王淑兰女士是老报人钦本立先生的侄女。钦本立先生在1944年就当了记者，上海解放时，以地下党的身份参与接管《申报》，担任过《解放日报》经济组组长和《新闻日报》采访部主任。1953年元月调到《人民日报》任财经组组长、国际部美洲组组长。1956年参与《文汇报》从北京回上海的复刊，担任党组书记兼副总编。1980年6月，被任命为新创刊的《世界经济导报》主编。钦本立要把1893年创刊的《新闻报》、解放后改为《新闻日报》、1964年并给《解放日报》而结束使命的《新闻报》恢复，有关部门可能考虑到“知识产权”的问题，只批准以《经济新闻报》的报名出版，但“新闻报”报头沿用了当年的字体。

朱敏慎放下电话，把我夸奖了一番，说我能一下子发现问题。也正由于我一下子发现了问题，被王淑兰点名由我同她一起去参加《经济新闻报》的创刊大会。一周后，我陪同王淑兰代表《市场艺术》杂志社，到淮海中路上的上海社科院出席《经济新闻报》成立大会，也就是在这次会上，我认识了该报的副总编张习之、徐成光，以及记者谢其祥、居思基、孙财元等人，没想到，数年后我竟与他们成为同事。

《市场艺术》创刊号正式出版了，望着“本刊记者吉建富”，我心里喜滋滋的，盖因我多年来梦寐以求的理想实现了，怎么不令我激动万分？从此，我把《市场艺术》作为一个与社会连接的大舞台，不仅自己可以在舞台上尽情表演，也可以把别人请上台来演出，这个“别人”就是我要去寻找的采访对象；被采访者看得到这个舞台，我去邀请他们上台来，哪有不乐意的？假如没有这个舞台，别人怎能信任我？当然，除了《市场艺术》这个舞台有吸引他们之处外，我所写的“采访记”不仅被采访者接受，更重要的是读者也喜欢，这是给我自己能让别人信任的关键点，谁都帮不了我的忙，唯有自己。

第一期杂志出版后，市场反响不错，这是预料之中的事，筹备了这么多时间，反复打磨稿件，精心安排版面……接下去呢？这只是万里长征刚起步，今后的路还长着呢。

当我们都沉浸在首战告捷的喜悦之时，钱国梁发现没人搞摄影，一本杂志必须图文并茂，缺了照片怎么行？创刊号上刊用的照片都是被采访者，或是被采访的单位所提供，这不是长久之计。他一提出这个问题，我立即想到了在局工会参加会议时认识的陈月麟。我已与他多次合作，我写文章，他拍照片，署我们两人名字的稿件被报刊录用率颇高，何不把他请来为《市场艺术》搞摄影？

当我把陈月麟的情况介绍给钱国梁后，他没有立即作答。我心里自然明白，我对陈月麟的摄影技术是信任的，这也是有我与陈月麟之间“一对一”的关系，钱国梁不认识陈月麟，他对我是信任的，这是他与我之间“一对一”的关系，而且这个信任是经过实践证明了的。我要让钱国梁也信任陈月麟，还要由钱国梁通过对陈月麟的考验之后才能做出他自己的结论，这个过程我是无法替代的。

当《市场艺术》第二期稿子在策划之中时，照片的问题又显现出来，这时，钱国梁似乎想起我向他推荐的陈月麟，让我把陈月麟找来。这就有一个“要我来，还是我要来”的问题，我不知道陈月麟愿不愿意来杂志社，有可能他不愿意来，也有可能他一听请他来《市场艺术》杂志社帮忙搞摄影，会乐得蹦起来。陈月麟究竟会来不来，我心中没底，所以对钱国梁说：“让我去试试。”这种留有余地是必需的，倘若我在钱国梁的面前把胸脯拍得乓乓响，陈月麟对此没兴趣而不想来，我不仅尴尬不已，而且还会把自己在钱国梁那里建立的“被别人信任”揩掉。

陈月麟还是被我请到了杂志社。他是个有心人，来之前准备了厚厚一叠自己拍的照片，有人物肖像、街景、新闻摄影。他慢声细语说了一句："让杂志社的决策者过过目，看看阿拉摄影水平怎么样？"

这里面的潜台词是不言而喻的。在我看来，陈月麟十分自信，而那一叠照片就是为了被别人信任。果不其然，当钱国梁看到陈月麟的那些照片后赞不绝口，但没有像我与小丁第一次去《市场艺术》编辑部时他当即表态"欢迎两位"那样，只是对陈月麟说："今后多保持联系。"

"保持联系"与"欢迎两位"是不同的概念，"保持联系"是让陈月麟经常到杂志社来，如果有需要他拍的照片，可以请他帮忙。我猜想是这个意思，陈月麟也感到了这一点，他点头称是。

我在一旁不便多说。我是信任陈月麟的，钱国梁看了陈月麟带来的照片，也赞美了他一番。我暗自思忖：难道钱国梁夸奖陈月麟是出于礼貌，或是发自内心的赞许？假如是真心的赞许，那为何不把陈月麟像我一样从单位里借调过来？

等陈月麟离开后，我忍不住问钱国梁，他说我与小丁当时去编辑部社时，编辑部里只有他一个人坐镇，朱敏慎一周只来一二次，且每回都是来去匆匆，他实际上是个"光杆司令"。那时，他正在调动人马，他的小舅子王仲良，他的另一个妹夫的同学严金宝，还有他在南市区文化馆诗歌组的俞聪、刘超等正在办手续，也不知道最终有几个可以敲定，我和小丁的加入正逢其时。如今，我上面所说的那些人都来了编辑部，被钱国梁称作"人头济济"。"人头"是指"人数"，并不一定就是指"人才"，这是钱国梁比较烦心的事。杂志社草创时期需要一批人员，年龄高低不同，水平参差不齐，那是没有办法的办法，而今相对较稳定了，孔局长已经考虑必须改变人员结构，想招几名大学生来充实采编队伍，商业一局职工大学刚毕业的周跃跃已通过了面试，将作为人才引进杂志社，从而朝"人才济济"上发展，陈月麟只能与《市场艺术》"保持联系"了。

之后又有从百货公司退休的会计江雯和喜欢动笔头的王婉云加入进来，《市场艺术》真是人才济济了。每月5日杂志都准时与读者见面，影响力日益增大，商业一局将杂志社旁边的一间大房间给了我们使用，用孔局长的话说，“这是对我们最大的信任”。

感悟：要被别人信任没有捷径，唯有靠自己的表现而不是表白。所谓表现，是要你拿出真才实干，而表白仅仅是“言”，当然在自己有能力足够表现自己之前，表白也是必不可少的，这是推销自己。但听其言还要观其行，你把自己说得天花乱坠，即使别人暂时信任了你，到头来你并不是这么回事，“信任”立即就转化为“不信任”了。我初进杂志社，解决了账号难题，这是我的表现，用事实说话，得到了钱国梁的信任。我随总编辑朱敏慎第一次去印刷厂校对创刊号的清样，发现“经济新闻社”有问题，即使原稿上就是这么写的，我仍坚持认为有误，因为我胸有成竹，当朱敏慎特地找到作者一问，原来是“经济新闻报社”，让朱敏慎刮目相看，我自然是被他信任了。

至于商业一局起先未出一分钱，给杂志社的一间房间还不到10平方米，这不能说是完全信任孔局长，但当杂志在全国商业行业产生巨大影响后，商业一局党委拨款一万元给了杂志社，同时又增加了办公房间，这说明《市场艺术》同仁的表现被上级信任了。

4. 向社长推荐老编辑

《市场艺术》创办了一年，似乎家大业大了。孔局长满脸红光，到编辑部来的频率加大了。他每月都要召集我们开会研究工作，亲力亲为，忙得不亦乐乎。一天，他向大家宣布，《萌芽》杂志社的钱建群和徐平芬到我们《市场艺术》杂志社来报到，我们又增加了有生力量。

事后我才得知，四十开外的钱建群在《萌芽》编辑部为小说编辑。徐平芬的母亲是宋庆龄的秘书，听说孔局长办的《市场艺术》声名鹊起，便找到孔局长，要将女儿调到孔局长麾下，孔局长答应了。

我当时心里有个大问号：《市场艺术》与《萌芽》比起来要低一个档次，俗话说“人往高处走，水往低处流”，那两位为何屈尊而来？这个念头只是一闪而过，我不必寻找答案，相信孔局长将他们请进来自有他的道理。

不久，我发现钱国梁心情不像往常那么舒畅了，他时常会与钱建群在工作上发生摩擦，虽说是“上层”的事，却“底下”暗流涌动，编辑部里无形中形成了两大阵营。

小丁活动能力颇强，他倾向于钱建群，担任了“企业家星座”栏目的责任编辑，一个个企业家被他推上了杂志，同时也带来了可观的广告效益。但他念念不忘故事创作，仍坚守在这块阵地上。他的一个中篇故事在《上海故事》杂志上发表，又获得了故事创作三等奖，拿到98元稿费，他添加了几十元，圆了家中拥有一台双缸洗衣机的梦。为此，他常提及发他稿子的编辑贾升先生。

生于1922年的贾升有个自己一直引以为豪的经历——1941年出席过苏中区第一届文代会。全国解放后，他担任了上海吴淞工农学校校长，被评为模范教师；1953年调任上海市文联文学组长，发挥他教师的特长，组织开展文学普及工作；1956年《萌芽》创刊，他担任了小说、散文编辑，要不是反右中被打成右派，他当《萌芽》主编绰绰有余，但被打成了右派，直到上世纪80年代才被平反；退休后，他继续从事民间文学、通俗文学的搜集整理工作；最后被《上海故事》杂志聘为编外编辑，小丁创作的故事就是他修改后刊发的。

贾升在《上海故事》编辑部组稿、阅稿，退休后似乎找到了人生第二春。以他的资历，这些工作可谓轻车熟路。但他脾气倔犟，上海人说是“耿”，他心直口快，瞧见其他编辑已经签发的稿子有问题，他必然会提意见，哪怕是主编安排的稿件，他都会胆大包天扣住不发，弄得主编哭笑不得。

贾升完全信任自己，却不被别人信任。他忘了一点，他是在人家的地盘上吃人家锅里的饭，照理应该太平点，得过且过，弄弄玩玩的事，何必如此顶真？这就是他的秉性使然，对稿不对人，为此得罪了一些人。自从收到小丁创作的故事，贾升倾注一番心血修改，直到稿纸上的钢笔字变成了刊物上的铅字。当他得知小丁供职于《市场艺术》杂志时，便萌发了要转移阵地的念头。

这些都是我之后才知道的。当时，我在编辑部与小丁面对面地坐，时常看见贾升来找小丁，此时小丁不是在写稿，就是在电话里组稿，忙得也顾及不了坐着的贾升。贾升似乎耐得住寂寞，等着小丁忙完，可小丁总是忙不完。这样，贾升会坐上差不多半个多钟头后离去。当他一离开，小丁就忙好了。

有一次小丁不在编辑部，贾升又来了，我告诉他小丁今天不来，他好像知道的。编辑部有个潜规则，谁的作者谁接待，旁人是不过问的。我只管自己埋头改稿，他忽然开腔道："我叫贾升，你们杂志办得不错。"

我恍然大悟，这位经常来找小丁就是贾升先生。但我遵循"潜规则"，客气地"嗯"了一声，未接过话题。贾升又抛出第二句话："你叫吉建富？"

我一愣，点头称是，忍不住问他是怎么知道的。他说自己来过多次，听小丁叫我小吉，再翻看《市场艺术》杂志，看到有姓吉的名字，猜测我就是吉建富。看来，贾升是做过"功课"的，我隐约感到他醉翁之意不在酒，好像有备而来，但究竟要做啥我却不得而知。令我意想不到的是，他又问我"吉凤英是你什么人"，我告诉他"是堂姐"。他笑了起来，说我堂姐是他与妻子的结婚介绍人，让我给吉凤英带个口信。

世界也实在是太小了，谈谈谈谈，竟弄出个结婚介绍人来了。当然，我是相信贾升说的，他没必要骗我。贾升犹如黑夜里望见了北斗星，一下子有了前行的方向，他不再吞吞吐吐，而是直奔主题。他试探性地问我，他来杂志社做编辑行否？

这可是个大事情，我无法作答。见我没接茬，他又自我介绍了一番，在他叙述之时，我产生了一个想法：编辑部的两股力量势均力敌，假如老伯伯来可以打破这种平衡，关键要看钱国梁的决定。于是我让贾升等着，自己径直走进钱国梁的办公室，我言简意赅地向他介绍了贾升的情况，又简明扼要地说了自己的想法，没想到钱国梁当即决定要会会贾升。

我折回去请贾升去钱国梁的办公室，在走廊上，我小声提醒他，就说是来找我的。尽管贾升有些不解，但他已经开始信任我了，所以没有问为什么，只是频频点头。当钱国梁与贾升见面后，也就聊了不到抽一支烟的工夫，便让他留个电话号码，以便一有消息就随时告诉他。当时一般人家都没有电话，贾升写了公用电话号码和住址，一手苍劲有力的钢笔字弹眼落睛。他喜形于色地回家恭候佳音了。

钱国梁立马与孔局长通电话，说了贾升的事，孔局长让钱国梁和我下午去他家汇报。这就有了我第一次去一位局级干部的家。

当孔局长听到贾升是我推荐的时候，对钱国梁说："我信任小吉，他引荐的人不会让我失望的。"

我当时心潮澎湃，顿感被别人信任的感觉真好。尤其让我感动的是，孔局长看了看日历，说今天是5号，我们15号发工资，明天就让贾升来上班，可以让他多拿半个月的钱。

我与钱国梁返回杂志社，他让我马上打电话给贾升。10分钟后贾升回电，得知自己明天就来杂志社工作，只说了个"好"字。

贾升进杂志社后，也许接受了在《上海故事》编辑部喜欢顶牛的教训，他遇到想说的可能会引起别人误会或者麻烦的话时，一定会看场合；他有不少金点子就是在钱国梁与我小范围提出的。

都说"人多好办事"，其实不然，三个和尚没水吃的故事在许多单位重复演绎，贾升向钱国梁提出，每期杂志由两人一档承包，从拉广告开始，到组稿、采写、编发、送印刷厂，直至刊物出版。钱国梁认为这是个可行的办法，把人分成三组，第一组人马完成一期杂志后，至少有两个月的休整期，在这段时间，他们可以有充分的时间策划和做准备工作。

当然，这种"牵一发而动全身"的事情必须要报给孔局长，他信任钱国梁是毋庸置疑的，由于钱国梁力挺贾升，在孔局长面前不断讲述他的业绩，孔局长自然也就对贾升这位老同志刮目相看，因此，孔局长很快就批准了"承包"方案，并亲自召开编辑部全体人员会议，当众宣布将要实施的计划。

编辑部里炸开了锅。有人支持，有人反对，也有人不吱声，不知是同意还是反对。孔局长要的就是这样的效果，三个和尚去掉一个，逼得你两个人抬水喝。

钱国梁和我作为第一组搭档，去了江苏南通。为了"一揽子"计划，编辑部拿出10个版面做"南通专辑"。临行前，钱国梁找到一位刚从《南通日报》调回上海的朱连庆，由他陪同我们一起去。在南通，朱连庆原先在《南通日报》的同事卢根祥刚担任了上海《经济新闻报》南通记者站站长，他是想通过迂回战术调回上海。此时，他不仅是《南通日报》的记者，还是南通市公共关系协会秘书长。

我们在南通采访了市长张佑才，在我们《市场艺术》杂志“南通专辑”上，他还是市长，不久即调任财政部任副部长。

贾升在我们临行前也交给钱国梁写有一张当地联系人的信纸，让我们去找如皋肉联厂工会主席胡先锐和另一位都曾是给贾升写故事的作者徐珣。我们在南通一帆风顺，市长的稿子由《南通日报》的卢根祥落实，他还为我们解决了杂志的封面广告。我与钱国梁根据贾升提供的地址，很快找到了胡先锐，由他出马，我们又解决了从封二到封底的广告，可谓大获全胜，满载而归。其中，贾升功不可没，这是我最欣慰之处，因为他是我推荐给杂志社的。

感悟：南通，从政府到地方企业都与我们不熟悉，他们之所以能够信任我们，说穿了是信任他们熟悉的人；由调回上海的朱诈庆牵头，他原先《南通日报》的同事卢根祥与南通市政府办公室主任熟悉，卢根祥以往采写过不少市委、市政府的稿件，当地政府“认”他。我们是通过他由南通市政府办公室主任联系上市长的。市长对卢根祥也许很熟，也许不熟，但他信任政府办公室主任，而政府办公室主任与卢根祥绝对是熟悉的，他与卢根祥相互信任，由卢根祥把我们引荐给他，我们与这位办公室主任之间才能够迅速建立起信任的关系。

同理，如皋肉联厂的工会主席胡先锐等人痴迷于故事创作，他们都是贾升在《上海故事》当编辑时发表作品的作者，他们信任贾升，从而也信任了我们。假如贾升是个不被别人信任的人，我们找到他介绍的人，对方还会信任我们吗？信任，一定是在本身就有很好信誉者的推荐中产生。

5. 为啥我被别人留下坏印象

自从“南通专辑”获得成功之后，证明贾升提出的两人一档的承包是行得通的，他被社长孔局长大为夸奖也是意料之中的事。接着，杂志社发生了人事变动。

我一直不明白，钱建群为何跟着徐平芬会从《萌芽》杂志屈就《市场艺术》杂志，但我明白，这是他们过渡性的。两人一档的承包不是他们的强项，但这个举措导致钱建群加快了另谋高就的进程，他最终去了上海文化发展基金会，担任秘书长，找到了自己的归宿。而徐平芬离开《市场艺术》后，听说去了《电视·电影·文学》杂志社。

小丁全身心地投入到《市场艺术》编辑部来了，他不可能再回原单位，但他的调动迟迟得不到解决。

一次，小丁与我闲聊，说钱国梁调到商业一局来也是费了九牛二虎之力刚刚才解决，他和我要解决编制，不知要等到猴年马月，为此，他正在积极想其他办法，让我不要在一棵树上吊死。其实，小丁已经与在一个食堂用餐的《上海供销信息报》的老总接上了关系，不久便正式调往该报。

数年前，根据新闻出版总署的规定，委办不得办报了，《上海供销信息报》停刊，小丁找到我，想去别的报纸杂志社，继续他的记者生涯，我介绍他去了《沪港经济》杂志社，那里的总编辑蒋小馨是我的朋友，小丁如愿以偿，后来担任了《沪港经济》驻香港记者，也算我还了他当年带我去《市场艺术》的一个人情。

现在来说说《沪港经济》总编辑蒋小馨父亲蒋期馨的故事，那是由一张名片而引发的。

一天，我去钱国梁的办公室，他刚送走儿童文学作家查洪燮，查先生是他的朋友，受人之托带了一张名片来拜访。其走后，钱国梁将吉申特产公司副总经理蒋期馨的名片放在桌上。我拿起名片看了一眼，就听钱国梁说："写儿童文学的查洪燮带来了，哎，小吉，你姓吉，吉申公司也是吉，吉碰吉，你倒可以去采访采访。"

其实，钱国梁可能是一句戏言，我就当真，仔细查看名片，发现吉申公司就在溪口路上，离我丈母娘家只隔着一条马路，于是就有了想去一探究竟的冲动。我当即操起桌上的电话，拨通了蒋期馨的电话。

"请讲，找哪位？"听筒里传来并不标准的普通话，从声音来判断，对方的年纪不轻。我随即报了自己的姓名，是《市场艺术》的记者。

对方本来就洪亮的嗓音猛然又提高了八度："噢——吉先生，久闻大名，如雷贯耳。有空请过来坐坐，我请你吃饭！”

蒋先生的这两句话让我在心里犯嘀咕：我们从未谋面，加上我是个无名小卒，怎么会让他“久闻大名，如雷贯耳”？我想，要么是很虚伪，要么是生意人的客套话？不管怎样，反正那天我与妻子约好了到她母亲家吃晚饭，从杂志社去时要路过吉申公司的，于是告诉蒋期馨，傍晚我去拜访他。

吉申特产公司坐落在延安东路与金陵东路之间的溪口路，那是一条不足百米的小马路，我曾无数次路过那里，却从未注意到27号门牌有这么一家公司的存在。当我很容易找到这个门牌时，看到底楼黄浦区工商所的牌子旁挂着“吉申特产公司”的招牌，走进上海解放前建造的大楼，底楼的高度至少5米以上，蒋期馨的办公室设在底楼与二楼之间的阁楼里；我准备上楼，瞧见扶梯旁有一排柜台，墙上写着“吉申特产公司专柜”，销售吉林的人参和其他土特产。

我到了蒋期馨的办公室，这间长方形的房间宛如公交车的车厢，在“车头”部位有半扇窗，西沉的太阳余晖无力地投射进来，并未给屋里增色。在“车头”位置摆放着一张写字桌，一位银发丛生的长者坐在桌前，正与一个操外地口音的中年男子谈着什么。靠墙处有一张长椅，坐着两个人。我进屋的第一感觉是：这里像个诊所，蒋先生是医生，坐在长椅上的是等候看医生的病人。

我正打量着房间，蒋期馨问找谁？我报了大名后，他倏地一下子站起身，朝刚才还与他们谈笑风生的挥挥手，说：“今天就谈到这里，明日请早。”

写字桌前与坐在长椅上的人很不情愿地站起身，朝我瞅了许久，我猜测，他们在心里揣摩：此人是何方神仙，连蒋总都要站起身？

待这几位离开后，蒋期馨说：“跟这些人是白天白谈，夜里黑谈，谈不出什么名堂的。”他朝我看了一眼，那些恭维话又接二连三地冒出来：“小吉年轻有为，前途无量……”

我赶紧让蒋先生打住。要信任别人，或者被别人信任，尤其是初次见面的人，就应该从相互了解开始，而不是这种恭维的话。于是，我拿出无冕之王的派头，对蒋期馨说：“今天是来认认门，我丈母娘就住在对面的永胜路，她还等着我去吃晚饭，你看这样行吗，我们抓紧时间，我问你答。”

蒋期馨递给我一支烟，我点燃后只问了一句：“自80年代改革开放以来，全国掀起全民经商的热潮，形形色色的公司如雨后春笋般地冒出来，如今国家正在开展整顿工作，也不再审批新建的公司，贵公司为啥能够领到经营执照？”

蒋先生竟滔滔不绝地说了半个小时，却没半句废话。为节省看客的时间，我把他的话归纳如下：蒋期馨在新中国成立之初，出席了上海第一届文代会，聆听过时任上海市长陈毅所作的报告。反右时，他被打成了右派，还有其他莫须有的罪名被投入监狱，蒙冤十余载。因组织关系曾落到过新闻日报社，而该报在1964年并给了解放日报社，所以他的平反是由《解放日报》驻京记者李文祺给落实的。（李文祺是纸媒跟随我国考察队到过南极和北极的第一人）当时，也只是工作关系与蒋期馨见过面，之后也就时过境迁。但他介绍了解放日报社跑文艺的老记者，这位老资格的记者已经退休，他与曾是《新闻日报》副总编辑的冯英子是老熟人。冯英子在1982年《新民晚报》复刊时担任该报的副总编辑。当时，《新民晚报》因“文革”停刊，自己报社的大楼被挪作他用，一时又收不回来，上海市政府让《新民晚报》暂时屈居于九江路41号办公。1984年，我就是在那里拜访冯英子先生的。蒋期馨是通过解放日报社退休的老记者认识了冯英子先生，冯先生又将黄浦区民盟的蒋期馨引荐给了黄浦区区长。蒋期馨提到的那几位，除黄浦区区长我不熟悉外，其他几位都认识。

那年的年头上，蒋期馨跟随民盟的盟友一起去南通，在返沪的客轮上遇到一位三十出头美女。当时老蒋正在船上凭栏远眺，那位美女也在船舷旁看日落，她长发披肩，倩影在绚丽的晚霞映照下楚楚动人。老蒋不由得被吸引，主动上前与美女攀谈，也就知道了美女叫李紫霞，是有一个3岁男孩的母亲，她的丈夫去澳门打工，临行前托朋友谢大康多多照顾她。

谢大康早年曾在吉林插队落户多年，等到知青大返城之时回到了申城，在一家工厂搞供销。这么多年没有联系的第二故乡有人寻到上海，找到了他。原来，吉林市政府想在上海设立办事处或者联络处，但在那个年代，只有省一级的可以在上海设办事处之外，地级市、县级市是不能设办事处的。吉林市政府将当地一家企业的厂长陈荣国先调到政府经济协作办公室，再以当地政府经济协作办公室副主任的名义到上海找谢大康，希望通过他找找关系，看能否在上海设立吉林市政府驻沪联络处。

陈荣国从吉林千里迢迢来到上海，当他见到谢大康，把要设立联络处的事一说，谢大康明确表示自己无能为力，陈荣国乘兴而来败兴而归。之后，谢大康碰到李紫霞，说起此事，李紫霞也是听过算数。这回她在船上邂逅老蒋，见老蒋西装革履，风度翩翩，很有腔调，是个老克勒，就想起谢大康曾说过的事，于是鹦鹉学舌地讲了一遍，老蒋说这件事应该有希望，让他回上海去托托范区长。

李紫霞在船上当即认老蒋做干爸，她自然就是老蒋的干女儿；上海人称为"过房爷和过房女儿"。船到上海十六铺码头，过房爷跟过房女儿交换了联系地址，约定一有消息，马上通报。

李紫霞一到上海，就去找谢大康，把过房爷蒋期馨隆重推出。谢大康说了一句，如果蒋期馨能办成这件事，他也认老将做过房爷。结果这件事被蒋期馨搞成功了，就是我看到的吉申特产公司。"吉"代表吉林，"申"代表上海，是吉林在上海办的特产公司，因为当时的政策不允许办县市级、地市级的政府驻沪办事处或联络处，吉申公司就是不挂"吉林市政府驻沪办事处"的办事处。所以，蒋期馨是有功之臣，被委任为吉申公司的副总经理；谢大康是引路人，也被任命为吉申公司的副总经理，排名在老蒋之后。

蒋期馨在介绍完公司的发展史后，告诉我，他们公司正在与徐州市政府洽谈，准备3个月后到徐州举办一次上海名优产品展销会，到时候让我请一些上海的记者去捧捧场。我觉得这事并不难，于是爽快地答应了。不知咋的，老蒋又说起了冯英子与那个解放日报社退了休的老记者。那位老记者我接触过多次，不仅自己所见所闻，也听别人说起过此人，千言万语并成一句话，"此人吃相难看，还比较贪小"。需说明的是，所谓"吃相"，并不是指吃吃喝喝，而是上海人所说的腔调。

我心直口快，提醒蒋期馨要注意那个退休的老记者。没想到老蒋当即沉下脸来，一本正经地说："小吉啊，你年纪轻轻，怎么可以在背后讲人家坏话？"

我解释道："我说的都是实话，只是想给你个提醒。"

老蒋打断了我的话："你不要多讲了，讲，我也不要听。"

别说老蒋不要我讲了，即使叫我讲，我也不会再讲了，我需要的是自我反思。于是我立即站起身，走人。

感悟：吉申公司是在那个整顿公司的特殊年代居然领到了营业执照，难怪吉林市方面会对蒋期馨刮目相看，对他的信任由此而生。细细想来，这条线都是从熟人作为起点，吉林市政府与蒋期馨浑身不搭界，他们想在上海设立联络处，最初信任的一定是自己人。他们把当地一家企业的厂长提上来，千方百计找到上海能办事的人，这个人又必须与吉林市有着特殊的关系，于是曾在吉林插队落户的上海知青谢大康成了唯一的人选。然而，当年的谢大康办不了这样的事，岂料，他朋友的妻子在客轮上遇到了蒋期馨，彼此将对方认作过房爷和过房女儿，使陌生人一下子拉近了距离，而且是零距离。由于老蒋通过层层关系，认识了区长，"信任"像是接力棒，一棒一棒地把吉林市政府与上海黄浦区连接了起来。假如不是吉林市政府出面，而是当地一家企业，或者个人，我想，上海黄浦区的区长也不会对此有任何信任感。正因为是"政府"出面，本身就含有能够被别人信任的元素，彼此信任就有了基础。

我与蒋期馨第一次见面，通过交谈，彼此刚刚在建立信任的途中不断加深了解，就因为我说了那位老记者的不是，而遭老蒋的"翻脸"。我不被他所信任了。

至于我不信任那位退休的老记者，那是我的亲历和感受，蒋期馨与这位记者是通过冯英子先生认识的，他对德高望重的冯老先生格外信任，由此对这位老记者也同样产生信任。我还能说什么呢？只有让老蒋以后亲身体验到我说的话没错，他才会对老记者的信任完全消除，而对我原本不信任变为信任，那只有等时间来说话。当然，最好不要出现我所说的状况发生，若要发生，我也是阻止不了的。那就等着吧。

6. 与《经济新闻报》的几次合作

前面我提到陪同王淑兰，代表《市场艺术》杂志社去上海社科院祝贺《经济新闻报》创刊，在那里认识该报的老总和几位记者，其中一位中年记者居思基是报社搞个体经济报道的，巧了，我在《市场艺术》负责“个体户之窗”，两人是一条战线上的同仁，鉴于这层关系，我与老居联系频繁。

一天，老居到《市场艺术》编辑部来找我聊天，他看到与我们编辑部门对门的工商联咨询服务公司人来人往，热闹非凡，问我是干啥的。我告诉他，里面办公的都是退休的工商联发挥余热的老法师。出于记者的职业习惯，他要进去采访，我将他介绍给那里的顾经理后便先回编辑部了。

顾经理，近1米80的个子，腰板笔挺，夹着几缕银丝的头发梳得斯文不乱，一看就是老克勒的模样。老居同他交谈甚欢，约莫半个小时后出来，顾经理送他至办公室门口，我听老居对顾经理说：“不虚此行，你们诚信为本，生意做得红红火火，我回报社就去给你们写报道。”

因为《经济新闻报》一周出三次，老居写的稿子正排队等着上版面。顾经理见到我，似乎不经意地问：“居记者蛮忙的，不知有空写我们的稿子？”

我答应打个电话问问。老居说，小样已经出来了，可能下周就能见报。他说，马上给顾经理打电话。

顾经理接受老居采访，这是需求，老居满口答应替他们写报道，这就是承诺，而顾经理则是期待。这就是信任的流程。没几日，老居与工商联咨询服务公司的稿子在《经济新闻报》二版头条的位置刊发，老居兑现了承诺。

由于老居经常来我们编辑部，这天他像吃了兴奋剂，万分激动地告诉我一个好消息，有人找到他，希望《经济新闻报》出面，搞个上海首届中老年用品展销会。老居觉得我点子多，特意来找我商量这件事。俗话说“屁股决定脑袋”，我是《市场艺术》的记者，我们杂志又是商业一局主办的，与《经济新闻报》联合搞上海首届中老年用品展销会未尝不可，于是向老居提出“一报一刊”合办这次展销会。

我请他去见社长助理钱国梁，把设想一说，钱国梁当即OK。老居走后，钱国梁拍怕我肩膀，说我办了件好事。当时，《市场艺术》创刊与读者见面不久，扩大影响是当务之急，同《经济新闻报》合办“上海首届中老年用品展览会”，就是给杂志社打广告。他当即决定由我代表杂志社去操办此事。末了，他说了一句：“小吉，放心大胆去做，我信任你。”

信任可以产生巨大的动力，我与老居（他代表报社）一起找到我们杂志社对马路上的黄浦区体育馆，租用他们的场地举办这次上海首届中老年用品展览会，事后证明，展会办得非常成功。我作为主办方之一的《市场艺术》记者，在为期5天的展会期间，天天“泡”在展会上，看到多位时任上海市副市长，如刘振元、倪天增等人。

记得当时上海正在建造南浦大桥，我问分管城市建设的倪天增副市长，假如黄浦江上再造几座大桥，摆渡船会消失吗？倪天增回答说，不会，因为各有所需。倪天增副市长的光辉形象几乎天天出现在电视屏幕上，最多的是他在地铁的建设工地、抗台风的现场、多处积水的马路……哪里有险情，哪里就能见到他。我和电视观众一样，看着倪天增的一头乌黑头发渐渐变成灰白的过程。这位干实事的副市长已是建设部副部长的人选，正在中央党校学习时，因心肌梗死而英年早逝，令人扼腕。我为何要在此多费笔墨记述倪天增，并非题外话，倘若问及现在40岁以上的人，倪天增是怎样一个人，我相信绝大多数会说：他是一个值得我们爱戴和信任的人！这说明，信任是伴随每一个人直到永远，哪怕这个人生命已经终止，信任却被人们永远记住；反之，一个不被别人信任的人，即使这个人已经死了，一旦被人们提起，也会被众人不屑一顾：噢，这个人不讲信用的。

首届上海中老年用品展览会大获成功，孔局长在大会小会上多次表扬我；老居也受到他们报社老总们的赞赏。这就引起他们报社编“市场大观”的编辑谢其祥的注意，由此他找到我，说要搞一个首届威娜杯美发美容大奖赛。

这又是一个大动作，会否成功？我不得而知。

在报社，人们都习惯叫谢其祥为谢大，因为他喜欢搞大的，我也

“入乡随俗”，跟着叫谢大，他很乐意我这样称呼他，说，是朋友、是熟人才这样叫他。谢大是跑商业的记者和编“市场大观”的编辑，采编合一，他如鱼得水。说起“美发美容大奖赛”时劲头十足，为让我能信任他，谢大拿出天津威娜化妆品公司写给他的信，信中谈到了举办美发美容大奖赛的设想。我与比我大十多岁的谢大接触下来，认为他是个讲信誉的人，别说有这封信，就是没有，我也相信他。

为能搞成这次活动，谢大还带我去了南京路上的新新美发美容店和坐落在虹口区的香港美发美容店，我与香港美发美容店的王永康经理就这样认识了。

《市场艺术》再度与《经济新闻报》联手，举办上海首届威娜杯美发美容大奖赛，我不能因为钱国梁信任我，就忘乎所以，因此我起草了一份详尽的计划书交给他审批。钱国梁阅后，大笔一挥：同意。

于是，在紧锣密鼓的筹划下，首届威娜杯美发美容大奖赛在中城南京西路原上海杂技场举办。我向钱国梁提出，把陈月麟请来拍照片，因为钱国梁曾让陈月麟“多保持联系”的，我掂量过，心里有底，钱国梁是不会不同意的。事实也证明我的判断是正确的，钱国梁不仅当即表示同意，还对我说：“小吉，这件事就全权交给你处理了。”

“全权处理”是什么概念？就是百分之百地放手让我干，这说明我得到了社长助理的绝对信任。

谢大在他们报上发消息，我在我们杂志上发预告，“一报一刊”，再加上上海美发美容协会共同组办，上海首届威娜杯美发美容大奖赛得以成功举办。

由于两次与《经济新闻报》成功的合作，该报的副总编张习之与我熟悉了起来。听说我要去义乌采访初具规模的小商品市场时，他委托我替他们报纸写条消息。当时不像现在通讯如此发达，现在用笔记本电脑写稿，写完稿子可以直接发回报社，包括照片，可以直接上版面。当时我们约好，我在义乌写了消息稿，用长途电话读给他听，报纸上来个“本报义乌专电”。我一口答应。

那次是贾升受义乌方面的邀请，由我与他代表《市场艺术》杂志，一起去采写义乌小商品市场的见闻。我们到了义乌，走进刚建成不久的小商品市场，立即被一眼望不到边的摊位和琳琅满目的小商品所震撼，我当即在采访本上写下标题《十里摊位，八方来客——义乌小商品市场见闻》。

采访结束回到宾馆，我记着张习之的嘱托，赶紧为《经济新闻报》写消息。400多字的稿子不到半个钟头就写好了，要命的是，拨长途电话还需当地电话局转接，等了一个多小时才接通张习之办公桌上的电话。更急煞人的是，我已经是放开喉咙，近乎吼叫了，上海的张习之还要让我“说得再响一点，听不清楚啊”。

我听张习之的说话声大概比蚊子叫得稍微响一点，也是无法听清，断断续续的通话质量实在太差。张习之也许是拼老命大喊大叫，我才隐隐约约听他报了报社4位数的电报挂号，让我到邮局发电报给他。

我在义乌找到电报局，一打听，普通电报3分钱一个字，新闻稿电报减一半，即1分半一个字。于是赶紧找出纸来，逐字逐句删改写好的新闻稿，那个自己十分喜欢的“十里摊位，八方来客——义乌小商品市场见闻”标题只能割爱，用《义乌小商品市场落成迎客》取而代之。整条消息浓缩到200字。

我将电报稿交给营业员，问当天上海能否收到，营业员说：“那要收百分之十的加急费，你要加急吗？”

那时我每月的收入只有56元，打份电报就要去掉3元3角，想想也肉痛，为了给张习之留下好印象，我一咬牙，说：“加急。”

等我一星期后回到上海，去了刚从淮海中路社科院搬到江宁路靠近玉佛寺的经济新闻报社，张习之一见到我，就把那份刊有“义乌小商品市场落成迎客”的报纸递过来，我粗粗看了一下，加了框的消息署名是“特约记者吉建富”末尾是活体“本报义乌专电”。

我衣兜里放着打电报的收据，想了半天，最终也没拿出来，生怕被张习之回绝，彼此会尴尬。但我又舍不得那几元钱，我灵机一动，对张习之说：“稿费寄到我家里，我把地址给你。”

张习之说“好的”。他的一句“好的”，至少让我收回成本吧，那我就是“名利双收”啦。嘿嘿，让看官见笑了。

之后，我还为《经济新闻报》写过扮演电影《三毛流浪记》中三毛的王龙基《从三毛到厂长》等一系列的大文章，张习之要把我调到他们报社去，报社的办公室主任刘宝坤已经与我很熟悉了，听到老总发声音，马上积极响应，并实打实地操作，又碰到我是大集体单位，无法调往隶属于上海社科院世界经济研究所的事业单位。

我仍然要谢谢他们。

感悟：《纽约时报》的专栏作家托马斯·肺里德曼在他的《世界是平的》一书中写道："没有信任，就没有开放的社会，因为没有足够的警力可以在开放社会的所有开放空间巡逻。没有信任，也不会有平的世界，因为只有信任才能让我们推倒围墙，清除障碍，消灭摩擦。信任是一个平的世界的基础。"我与老居和谢大建立了相互信任的关系，在此基础上，引出了双方各自供职的报社与杂志社，我认为，单位是上一层的关系，这个关系是建立在下面记者、编辑的基础上，说到底，还是个体的"人"，有"人"才能完成信任的建立。

信任是靠自己建立的，你时时刻刻想到不能失信于别人，做任何事情都要遵循"言必信，行必果"的原则，你的信任度就会不断提升；反之，你的信任度就会下降。这好比储蓄，信任度不断提升，等于得到了利息；信任度下降，不但得不到利息，甚至连本钱都拿不回来了。想想自己还算可以，我与老居和谢大搞了两次上海的"首届"活动均获成功，在信任的"储蓄"上应该说是增值的。

7. 在信任与不信任之间游走

就在我和老居与谢大搞的两个大型活动结束不久，接到了吉申公司蒋期馨的电话，他埋怨我这么久没同他联络，是否还为上次责怪我的事不高兴？他请我到他家去，说"有事商量"。

老蒋的家在云南中路汕头路口的146号，他称之为"一世乐"。我从福州路的天蟾舞台（现改为逸夫天蟾舞台）拐进云南中路，第一条横马路就是汕头路。找到"一世乐"号，我愣住了。何故？我走上不到一米宽的木楼梯，如同走在"弹簧地板"上，楼梯似乎弹性十足，发出"嘎吱嘎吱"的声响，总觉得会突然断掉。

我小心翼翼地摸黑走到二楼，老蒋住在三楼，上去还需经过一条过道，在过道上放着两只煤炉，是两户人家“灶间”。一个正在烧开水的阿姨看见我上来，问找谁？我报了老蒋的大名。阿姨侧过身子，说：“当心炉子。”

我也只能侧过身，“贴”着阿姨的后背，朝右一个九十度的转弯，往三楼慢慢走，头顶上总算有了亮光，那是从晒台投射下来的一点阳光。老蒋的家就在晒台旁，其实是个三层阁，墙上有一扇窗，房间里亮堂堂。

坐在靠窗的小方桌前写东西的老蒋见我进屋，立即起身，自我解嘲道：“房子虽蹩脚，地段交关灵。”

我朝窗外望去，偌大的人民广场尽收眼帘。老蒋开门见山地告诉我，吉申公司已定下日子，下月到徐州举办“上海名特优产品订货会”，让我请上海八九位报社、电台的记者去徐州采访。他特意关照，《新民晚报》的记者不用叫了，他们的副总编辑冯英子将陪同黄浦区范区长一起去，同时还请了《解放日报》那位退休的老记者。

当老蒋提到那位老记者时，朝我瞄了一眼，说他上次对我说得重了点，叫我不要放在心上云云。我笑了笑，也没作回答。我看了老蒋写的展会安排，告诉他，我将与《市场艺术》杂志社的贾升先去盐城，再去连云港，我们算准日期，从连云港提前一天到徐州。邀请上海记者的名单现在就交给他，行程安排交给杂志社搞摄影的陈月麟负责，届时由陈月麟同他老蒋联系。老蒋点头称好，随后掏出一张他的名片，在背面写了徐州宾馆的地址和电话号码，又拿出一个印泥盒子，把他的印章在大红印泥上摁了几下后，敲在了他写的字上。

我心里很不踏实，就凭这张盖着“蒋期馨”印章的名片，能住进徐州当时最好的宾馆？我表示怀疑，但吸取了上回心直口快说《解放日报》老记者“坏话”的教训，我没直截了当地问，而是笑嘻嘻地说：“蒋总的这张名片要派大用场，一定要放放好。”

老蒋喜笑颜开，十分得意地说：“我老蒋就有这点苗头，不相信，到时候你看。”

老蒋说得出这样的话，那是他自信的表现。对我来说，仍将信将疑，唯有经过实践的证实，才能令我信服。

翌日，我根据拟定的计划，陪陈月麟到吉申公司去见蒋期馨，并告诉老蒋，由陈月麟负责带上海的记者去徐州，包括买卧铺火车票等也由他与吉申公司联络。我对陈月麟办事比我自己办事还放心，因这种信任是我们之间经过考验的。老蒋让公司的副总谢人康来办理此事。交代完这些，我与贾升为杂志社承包专版先行出发了。

那是个寒冷的冬天，我与贾升在盐城办完事就直奔连云港，在连云港忙了几天，再坐火车赶往徐州。我包里藏着蒋期馨的名片，时常翻出来看看，生怕弄丢了我们无法免费住徐州宾馆。那时，我们所乘的火车是慢车，抵达徐州已是华灯初放。顶着料峭的寒风，我和贾升又马不停蹄地乘上一辆途经徐州宾馆的公交车。

在车上，贾升也担心蒋期馨的名片会不会是一张“空头支票”，我说，马上就能见分晓。当我们一路风尘仆仆到达徐州宾馆大堂，在服务台递上蒋期馨的名片，服务台的小姐接过去看了一眼，突然叫了起来：“呶，那不是蒋总吗？”

随着服务台小姐手指的方向，我果然看到穿着呢大衣的老蒋，手上夹着香烟，从电梯里出来。他也看到了我，人还未走近，喉咙已经响起：“小吉，你们到啦，旁边的一定是贾升先生？幸会幸会。晚饭还没吃过？摆好行李，到餐厅去吃，只要讲一声是吉申公司的就可以了。”

老蒋一个人像唱独角戏似的，一连串的“自问自答”，让他仿佛是徐州宾馆的经理。他没有忘记在上海与我说的话，又补充了一句“怎么样，我老蒋有没有苗头？”

我得知，《新民晚报》的副总编冯英子与《解放日报》那位退休的老记者正在宾馆房间休息，黄浦区区长要参加市里的重要会议，无法成行。陈月麟带着上海8位记者正在火车上，估计要半夜才能到达。订货会开幕式放在明天上午10点举行，届时，徐州市市长王武龙等会莅临。

凌晨1点多，我被走廊上传来的嘈杂声所惊醒。我听到了陈月麟的说话声，还有《经济新闻报》记者居思基的埋怨声，我迷迷糊糊听到他说入住的房间没有暖气……

我赶紧起身穿衣，揉着惺忪的双眼走出房间，老居见到我，如同遇到了救星。我让他小声点，夜深人静的，别影响他人。此时，吉申公司的徐志伟——一个满头白发的退休厂长笑盈盈地走来，他说，每人房间里准备了一袋面包和两个茶叶蛋，请大家多多包涵，将就吃点东西。随后，他去找服务员了。我对他立即产生好感，上海的一批记者长途奔波，疲惫不堪，在火车上也吃不好，到了宾馆，餐厅早就停止营业，要不是徐志伟想得周到，晚上特意为记者买来点心，在这个冬夜，至少也可以让远道而来的记者心里得到一点安慰，因为主办方是把他们放在心上的。

陈月麟对我说："我把大部队带来了。"

他与老居住一间房间，我进房间看看，没有暖气的确挺冷，要不是与我同住的贾升上了年纪，万一老居他们当晚没有暖气的房间调换，我一定会将我住的有暖气的房间让他们住，毕竟，这些上海记者的名单都是我开的，他们并不认识吉申公司，更不熟悉蒋期馨，他们完全是信任我，才不辞辛劳踏上旅途的。

第二天，其实已经是次日凌晨了，应该说是当天上午10点，上海名特优产品订货会就要在徐州体育场开幕，之前还将举行一个新闻发布会，上海来的记者与当地媒体记者将出席，得让老居和陈月麟早点休息。此时徐志伟兴冲冲回来，说问题解决了。由于二楼无空房间了，三楼刚好有间有暖气的房间。我怕老居不高兴，马上说："好嘛，更上一层楼，我们虽然不住一层，但我们的心是连在一起的。"

老居没说啥，与陈月麟赶紧转移阵地。徐志伟提醒道："房间里的点心不要忘记带上去。"见事情解决了，我也抓紧回房间睡觉。

早上起来，在餐厅我与上海来的记者大会师。我又遇到了麻烦，我们10个记者正好坐一桌，左等右等，就是不见有服务员上菜，而其他桌上的人喝着热气腾腾的豆浆，拿着菜包肉包吃得津津有味。桌上还有煮鸡蛋、酱菜、花生等。老居等得不耐烦了，大声招呼服务员询问，一问才知吉申公司没有关照过。这下，大批记者骂起山门来，脏话、粗话服务员都听不懂上海话，直愣愣地看着。

我立即起身，正好撞见徐志伟，这回轮到我仿佛遇见了救星，把吃饭的事一说，他立即叫住一名从身旁走过的服务员，那位服务员恭恭敬敬地叫了一声"徐经理"，问有何事。

显然，服务员认可他。我们总算吃到了早餐。

好在新闻发布会就放在宾馆的会议室举行，我们记者也不用来回跑，到点可以笃悠悠到三楼大会议室开会。老居说他这回赚了。

老蒋陪着冯英子与《解放日报》那位退休的老记者已经坐在了超大的椭圆形的会议桌正中的位置，我们一干人围成一圈坐下。徐州市的市长与副市长徐步走入会议室，新闻发布会就开始了。

冯英子被首推发言，他说："徐州是苏鲁皖豫的交汇点，过去是兵家必争之地，如今是商贾必争之地，吉申公司很有眼光，在此举办上海名特优产品展销会，把上海与徐州紧密连在了一起，可喜可贺，我代表新民晚报社预祝展销会获得圆满成功！"

冯先生就这么几句话，言简意赅，把中心意思说得清清楚楚，不愧是写评论的高手。接着，老蒋又隆重推出《解放日报》那位退休的老记者，说《解放日报》是中共上海市委机关党，党报的老记者不得了，下面就请他讲话。

我看到老蒋满面笑容，抬起右手，不停地说"请请请"。那位老记者干咳了几声，工作人员已经将话筒放在他面前了。老记者声音洪亮，不用话筒全场也听得很清楚，用上话筒，如虎添翼。他说他本来是不来的，是冯老先生邀请了几次，他情面难却，就潇洒走一回。他说，刚才与两位市长交谈甚欢，两位市长名字最后都是"龙"，这叫二龙戏珠。

这位老记者的确有水平，他滔滔不绝地讲着徐州的历史人物，就是没有提到吉申公司一个字。他好像是来开文化研讨会的，竟忘了此行真正目的。我看到老蒋一把抓过话筒，很不客气地提醒道："下面还有王市长要讲话，你不要无轨电车乱开了！"

老记者有些尴尬，他又讲了几句，说："我等会还要专门采访王市长，就先讲这点吧。"

我抬腕看表，"这点吧"竟用了15分钟。

所谓的"上海名特优产品展销会"并不名副其实，实际上绝大部分都是吉林的产品。我想，徐州市长也管不了那么多，至少可以在年终作为"政绩"写进报告里吧。

上海的记者是抱着来玩玩的想法来徐州的，展销会办得好不好与他们无关。新闻发布会还未结束，陈月麟就带着他们的建议找到我，说："是不是可以安排一辆车，带我们去兜兜，好让大家开阔眼界，对徐州有个直观的印象。"

我觉得这个要求并不过分，于是等新闻发布会一结束，就去找老蒋。旁边的记者都竖起耳朵听着。不料，老蒋两手一摊，说他无能无力。记者们面面相觑，怪话连篇。我知道大事不妙，他们可能会有进一步的行动。

我也是他们中的一员，知道他们都自以为是无冕之王，吉申公司如此怠慢他们，这批"老爷"先对我发了一通牢骚，又把火发在陈月麟身上，都说是"上当受骗了。"

事后，《上海工业经济报》的荣保勋悄悄告诉我，上海来的记者决定回去都不发稿。他怕难为了我，想回沪后发条简讯，被老居提醒"不要当叛徒啊"。我料定会发生这种局面，有啥办法呢？顶多自己的信誉扫地，我不再被他们信任罢了，哎，听天由命了。但我必须向老蒋说清楚，要不然到时候他反问我："你为啥当时不讲呀？"

我特意关照陈月麟把《经济新闻报》的老居拉过来，为的是让老居可以作证，我不是没有为上海记者说话。陈月麟接翎子，他巧妙地把大部分记者安排在老蒋附近，我见时机到了，随即向老蒋发出最后通牒，要适当满足记者的部分要求，否则的话，他们是不会写稿的。

老蒋似乎无所谓，他说，冯先生已将稿子传真给了《新民晚报》，刚才《解放日报》的老记者采访了徐州市的市长，正在写稿，上海有两张主要报纸登吉申公司的消息就可以了。

我还有什么可说的？众人不约而同地嚷了起来，纷纷要求立即回上海。老蒋说他就去安排。然而火车票是事先预订的，不可能临时再去搞票，"要立即回上海"成了奢望。还是老居想出了办法，他找到当地一家什么公司，请他们派一辆面包车，带上海的记者去徐州的几个景点看看，他答应对方，回上海给他们公司写篇报道。上海的记者自己解决了游览的车辆问题，也算不虚此行吧。

感悟：信任与不信任只多了一个字，可别小觑这个"不"字，性质完全变了。上海的一帮记者在得知去徐州参加新闻发布会时，出于对我的信任，个个愉快地接受了邀请。然而，抵达徐州，亲历了这么多的不愉快，对我的信任大打折扣。但是，他们心里很清楚，之所以造成如此尴尬的局面，并非我的不是，我已经尽力了。吉申公司的老蒋是“不信任”的制造者。按理说，当我从中协调，是可以弥补“不信任”的裂痕时，却未被“制造者”所重视，这种“不信任”最终定格。假如“不信任”的制造者听从劝说，立即予以纠正，信任不会失分，反而会被别人更信任。

8. 夺回了被失去的信任

我的信任度下降已成定局。我不得不赞成上海的记者回去全都不用写稿了。

还在徐州，老蒋被顶在了杠头上。

事情出在《解放日报》的那位退休的老记者身上。当时，老记者要我与他一起去连云港，他说叫吉申公司请客，从徐州乘飞机去，还说连云港有花果山，值得去玩玩。我告诉他，我与贾升就是从连云港过来的。他一听，没再说话。

不久，我听到老蒋在同徐志伟说：“大钞票都出了，就不要心疼小钞票了，看在这个瘪三采访王市长的面上，还要写稿子登报，就帮他买张到连云港的机票，让他去吧。”

老蒋看见我在旁边，也不避我，自顾自地说着。徐志伟得令去买飞机票了。

我在心里暗自好笑，老蒋用了“瘪三”两字，说明他开始对那位老记者产生了反感，也可以说是“不信任”的表现。但他却抱着希望，在报上能看到老记者写的通讯。我实在是忍不住了，对老蒋说，采访徐州市长稿子能见报，但里面不会提到吉申公司一个字。

老蒋说不可能，要与我打赌。我说你肯定输。

我们回到了上海。老蒋迫不及待地翻看请公司留守人员收集的两份报纸。《新民晚报》在头版于订货会开幕的第二天刊发了冯老先生写的消息，虽说是“豆腐干”，却把吉申公司在徐州举办上海名特优产品订货会的要素全浓缩在了其中。

老蒋又翻阅《解放日报》，老记者写的市长专访跃然纸上。他从头至尾细细读来，竟只字未提这次订货会，更没写“吉申公司”，气得老蒋咬牙切齿地骂了一句“娘希匹！”

清楚了，老蒋对那位老记者彻底死心了。这也意味着，他对老记者绝对不再信任。对老记者的不信任，如同一架天平秤，把老记者压了下去，而翘起的则是对我的信任。他打电话把我请到吉申公司，一见面就竖起大拇指，说他一直不相信我对老记者的评价，还曾怪罪过我，现在他心服口服。

这也应了那句“希望越大，失望也越大”，在失望之余，老蒋好像如梦初醒，小心翼翼地问我，上海去的记者怎么一个也没发稿子。我把他在徐州讲的“上海有两张主要报纸登吉申公司的消息就可以了”的话复述了一遍。老蒋不好意思地赔不是。

我告诉他，《市场艺术》肯定刊登采访记，其他记者我无法保证他们肯不肯写，吉申公司让他们受到了伤害，这帮记者的怨气未消，报纸上是见不到“吉申公司”一个字的。

老蒋让我想想办法。我学着他在徐州对我的模样，两手一摊，说我无能为力。姜，毕竟是老的辣。老蒋试探性地问，假如他在杏花楼饭店摆一桌，由我出面去请，这些记者肯赏脸吗？我心里没底，说，摆酒容易请客难，可以去试试；并提议，为他们每人准备点吉林人参。老蒋说，可以。

我与陈月麟逐一向去徐州的记者打电话，或者亲自登门拜访，做了不少解释工作，他们对我没有意见，主要是针对吉申公司的老蒋。我告诉他们，老蒋已经认识到自己的过错，准备在杏花楼请客，向大家赔不是，还特意准备了吉林的人参，让大家消消火。

送人参的事是我提出的，但我推到老蒋的身上，那是“善良的谎言”；这叫“会做人，两头瞒，不会做人两头传”，而“善良的谎言”得到的往往是美丽的结局。

后面的事情也不需赘言，酒过三巡，推杯换盏，记者的怨气早就在亲承謦欬间化解。一周后，各大报纸接二连三地刊发了吉申公司在徐州举办订货会的消息。

这是我夺回了第一个被失去的信任。第二个被失去的信任夺回时，老蒋为此付出了沉重的代价，那是后话，暂且不表。

回到《市场艺术》杂志社来。贾升曾在《上海故事》编辑部呆过，他有一批写故事的作者，其中有一位上海铁路中心医院伤科的女医师汪佩琴。这天，时年47岁的汪医生来《市场艺术》杂志社，人还未进门，粗犷的声音已传进编辑部："哦哟，地方小来，像七十二家房客。"当她走进编辑部，没见着贾升，问："我特地来送稿子，贾升不在，啥人可以帮忙收一收？"

我请她坐下，表示自己可以代劳。汪医生摆摆手，说她是从医院上班时间溜出来的，要马上赶回去。她对我说："请赐一张名片，以后可以多多请教。"

我给了汪医生一张名片，趁她过目之际，我粗略浏览了她的稿子，说的是在雨中黄山买雨衣的见闻，文笔相当优美，抓住一点，以小见大，写得真不错。汪医生见我在看她的稿子，说："吉记者，就算我向你投稿，上面有我联系的地址，用不用，都没关系，弄只信封一装，退我就是了。"

我现在先简单介绍汪佩琴：她14岁拜著名武术家、人称"神力千斤王"的王子平先生为师，后又从师杨式太极拳嫡传傅钟文先生习武，在1959年全国青年武术比赛中夺得太极拳、长拳和青龙剑三枚奖牌，1960年曾代表国家武术队出访捷克斯洛伐克等国。由于她有医学与武术两项功底，出版了《红楼医话》、《减肥术大全》等医学专著，同时还出版了《神力王》、《黑衣女杰》、《清宫风云》等武林小说。在我认识她后，引发了许多"信任与不信任"的故事，放在后面再讲述。

现在再讲一个人，此人叫姚金根，比我大一岁。也就是汪佩琴来编辑部的那天下午，我接到劳动报社的一位朋友电话，说他有个华昌印刷厂的朋友想来《市场艺术》编辑部拜访我。他的朋友就是姚金根。

劳动报社当时在外滩总工会，从那里到我们《市场艺术》编辑部就几条横马路，不到10分钟姚金根就与我见了面。他黝黑的脸庞，戴着一副深度的近视眼镜。虽说是陌生人，因为是劳动报社的朋友介绍的，用不着相互提防。假如没有这层关系，双方接触时免不了会从不信任开始。由此可见，信任是可以接力和传递的。然而，姚金根为何要来找我，我事先做出的判断是“为了印刷业务”。当我们深入交谈后，这一点已得到证实。作为一名印刷厂的业务员，“找米下锅”是天经地义的事。姚金根最终的目的是想把《市场艺术》杂志让他们厂来印，但他十分清楚，不可能一步登天。在《市场艺术》编辑部接一点“小生活”是完全有可能的。我就是通过彼此交谈，渐渐了解他的想法的。

好玩的事情来了。当我与姚金根天南地北聊了一个多小时后，他拿出一盒厂里印刷的客户名片，台头是：上海市内电话局生活服务公司，名片主人为解德天。上面的地址是四川北路。姚金根说他要把这盒名片送去，看看对方是否在公司，若不在，他就直接回家，若在的话，送去后再回家。

我当即表示我回家正好要路过那里，由我替他顺路捎带去。姚金根求之不得，他家在浦东，不送名片的话，乘上摆渡船过江可以很快到家。他依据名片上的号码，拨通了解德天的电话，对方一听是《市场艺术》记者送名片去，立刻表示“恭候记者大驾光临”。

其实，我是想办自己的事。那时，住宅电话是个“紧俏商品”，我之前在滑稽大师姚慕双和周柏春家采访时见到过，姚慕双先生用的是一块毛巾盖在电话机上，如同至宝似的爱护；而在戚雅仙与毕春芳家采访时，她们家的电话机也用布盖着，可见当时谁家拥有一部电话，那是“不得了”的事情。

当时我到电话局申请安装电话已经大半年，得到的答复都是“没有线路”。现在看到“上海市内电话局生活服务公司”的名片，犹如捞到一根救命稻草，想去碰碰运气。姚金根以为我是“顺路”，顺路倒是真的顺路，但他不晓得其中的“奥妙”。有一点是可以肯定的，他同我接触下来，认为我这个人是可以信任的，要不然，他不敢把送名片的“任务”托付给我的。当时印名片的价钱高是一个方面，关键是他已答应客户，今天一定将名片送去，他要兑现这个承诺，万一被我弄丢了，或者隔天再送，他的信誉会受影响。

我在四川北路新华书店的楼上找到了解德天，由他引荐，我认识了他们的经理王中明和包有庆等人。以后发生的一系列意想不到的事，都是从这一天开始的。权当我把它作为引子吧，在之后的章节中再说它的故事。

现在回过头来说蒋期馨，他遇到了不幸的事。

一次，我在吉申公司无意间听到总经理陈荣国对副总经理谢大康说的一番话，陈荣国是吉林市府协作办派驻上海的首席代表，他说的话可以代表当地政府，即使当地政府不知道他要说的话。谢大康曾在吉林插队落户，吉林是他第二故乡，当地有关部门记得他，派陈荣国来上海找他，为的是想在上海成立当地政府的驻沪办事处。通过老蒋的过房女儿李紫霞的牵线，她认识的谢大康也成了老蒋的过房儿子，在老蒋推动下，在全国正清理办得过滥的各类公司的大背景下，成功地开出了以吉林与上海城市名简称的“吉申特产公司”。老蒋自然是有功之臣，谢大康则退而求次。

鉴于老蒋的功劳比谢大康高，虽然他被任命为吉申公司的副总经理，谢大康也是副总经理，排名从未明确过谁先谁后，但老蒋一直认为自己应该在前。陈荣国也没提出异议，规矩似乎在约定俗成中固定了下来。

我听到陈荣国对谢大康说，吉林方面找的是谢大康，至于老蒋把事办成了，功劳也应记在他谢大康身上。如今，老蒋常常自以为是，俨然成了吉申公司的老大，不管怎样，谢大康排名也应该在老蒋之前。

我故意把距离拉得能听见他们说话的位置，为的是不引起他们的注意。我要看看谢大康是如何回答的。只见谢大康笑了，笑得有些尴尬，他说无所谓。

我觉得谢大康嘴上说无所谓，心里一定是有所谓的。他不清楚陈荣国同他说此话究竟是啥目的，是真心实意？还是与老将联合起来给他设个圈套?谢大康一下子是很难判断和回答的，说一句“无所谓”也许是一个试探性的气球。陈荣国葫芦里买的是啥药，还要听他接下去说什么。他说了一句：“这是吉林方面的意思。”

真的是“吉林方面的意思”吗？很难说，“吉林方面”距离上海那么遥远，即使他们有这个“意思”，也是他们派驻上海的陈荣国的“意思”，陈荣国不向他们汇报老蒋的不是，吉林方面哪会有这个“意思”？不管怎么说，他们一定有要动老蒋的意思。陈荣国找谢大康是想“探探路”，要把老蒋排挤掉，他必须先要找到同盟者。

我是旁观者，旁观者清。平心而论，老蒋的确是功臣，他为吉申公司立下汗马功劳，不仅办出了营业执照，之后更为吉申公司操心操肺，只是自我感觉太好了，有些忘乎所以。尽管如此，作为公司的总经理可以向老蒋当面指出。也许是指出过，但收效甚微？抑或没有明确指出，自己又“吃”不住老蒋，所以要借助他人的力量。

我觉得有必要向老蒋透点风，免得他到时候措手不及。当我明确告诉老蒋我的所见所闻时，他突然哈哈地大笑起来，搞得我莫名其妙。老蒋在大笑之后说，吉林协作办的头头脑脑几批人马到过他家看望他，瞧见他住的那间三层阁，说要给他买房子、请厨子、配车子、给票子、加位子。

我一数，这不是“五子登科”吗？据我所知，此时老蒋还是住原来的房子，没见有厨师，也没有配车子，只是每月拿该拿的票子（薪金）。老蒋正说得兴头上，我问他现在有几个“子”了？他说：“人家代表政府答应我的，难道会赖掉？”

老蒋还教训我，说他吃的盐要比我吃的饭多，走的桥要比我走的路多；说我又在背后讲别人的不是。这次我没有一句解释，我学会了“相视一笑泯恩仇”。

不到三个月，老蒋被免去副总经理的职务，调整为吉申公司的顾问，月薪不变。当老蒋听到宣布这个决定时，愣了半天未说出话来。他暴跳如雷，吹胡子瞪眼，然而一切都无济于事，因为这是吉林协作办的“红头文件”，代表官方的意愿。作为个人的老蒋服从也得服从，不服从也得服从，没有“二选一”的机会。你就当个顾问吧，到月底给你发工资，还要怎样？至于那个“五子登科”，也就随风而去，只当对方从未有过这样的承诺。

感悟：老蒋是太信任自己了。虽然他“吃的盐要比我吃的饭多”，人生阅历丰富，经历曲折，但并不代表着当下。信任也讲与时俱进，老眼光看问题，信任别人又“内外有别”，对他认为应该信任的人就信任，对他认为不该信任的人就不信任，一切“以我为中心”，这样的信任自己就会被自己的偏见所迷惑。包括我曾提及的那位老记者，我是亲身感受到的，我把自己所了解的这位记者的所作所为告诉你老蒋，却被一通数落，老将为什么不能“听在耳里，记在心里”，用实践来检验别人说的对不对，到真相大白时，还是你老蒋掌握主动权。这位老记者若不是我所讲的那样，你届时无论用怎样的方式教训我，我都得老老实实地“吃进”，倘若如我所说的样子，你老蒋也没啥吃亏，非要事先指责，唯一可以解释的就是，老蒋只信任自己。对我而言，则是没被别人信任，那也是暂时的，不是吗，老蒋吃苦头，就是我找回了被别人信任的时候。

9. 我促成了一场红楼宴

在本书第五章第7节中，我提到了红星书场经理梁竹崎被我所写的一篇征文评上了“上海十大青年优秀经理厂长”的往事。那次活动是青年报社与团市委联合举办的，我经常去青年报社，在那里认识了“多灵公司”的王建敏，他现在为上海人民广播电台的编辑，负责一档颇受听众喜欢的节目。当年，他也像我一样，是个集体企业的工人。“多灵公司”是当时卢湾区一家很有名的企业，当家人为祝均一，他和梁竹崎同时被评为上海十大青年优秀经理厂长。

王建敏在公司编一张公司的内部小报，他邀请我去过几回，一来二去，彼此相当投缘。当时，彩色照片刚兴起，彩扩机都是从日本进口的，价钱高，所扩印的彩色照片价钱也水涨船高。“多灵公司”自行研发的彩扩机获得成功，他们在为投放市场而奔波。负责项目推销的屠文辉有个哥哥屠文超原本是卢湾区饮食服务公司的经理，他拉出一支队伍，把在延安东路河南中路口的上海自然博物馆放科教电影的场所承包下来，改建成伯乐科苑酒家。弟弟要推广彩扩机，需要较大的场地，在推广会结束后又能就地用餐，伯乐科苑就是最理想的场地，关键还是哥哥是那里的经理，场地费免了，用餐也予以打折。

王建敏邀请我参加了彩扩机的推广会，就是在伯乐科苑，我认识了经理屠文超。我是由他弟弟引见的，从此以后再也没与他弟弟往来，却与屠文超结下不解之缘。这很值得玩味。

在与屠文超认识不久，我又认识了上海自然博物馆的严馆长，这是《经济新闻报》的谢大介绍的。谢大的妻子吴仕芳在自然博物馆办公室工作，严馆长是她的顶头上司，作为报社记者的谢大常常去自然博物馆，总想为该馆写写报道，好让妻子在馆里"日子好过点"。其实，谢大的妻子根本不需要谢大此番良苦用心，她出色的工作早就赢得了严馆长的信任。

上海铁路中心医院伤科医师汪佩琴那篇雨中黄山买雨衣的稿子让我刊发了，她打来电话道谢，之后就没了音讯。谁知，半年后她突然来到《市场艺术》杂志社，说她在家根据名著《红楼梦》研究出了一套"红楼菜谱"，她想搞一个"红楼宴"，问我能否找一家饭店，请厨师烧出来。汪医生想由饭店免费提供2桌，届时，她把"红楼菜谱"奉送。

还未等我发问，汪医生倒自己介绍起"红楼菜谱"来。一只大冷盆，里面是鸡鸭鱼肉等12个品种的熟食摆放成像太阳光芒四射的12排，中间放一块用果冻做成的玉佩，取名为"十二金钗护宝玉"；王熙凤昵称为"凤辣子"，其中一道菜是辣椒煮茄子，比喻为"凤辣子"，诸如此类取谐音等拼成"红楼菜谱"。不得不承认，汪医生的这个创意不错，十几个菜都与"红楼梦"攀上关系，也亏她想得出来。

当汪医生提出想找一家饭店来试试，我不由得想到了伯乐科苑的屠文超。我当即给他打电话，说了"红楼宴"的事，按理讲，屠文超至少要考虑一下再给我回音吧，没想到，他当场回答我："2桌？没问题！"

我对屠文超回答的"没问题"坚信不疑。他是经理，搞两桌菜会有啥问题？肯定没有问题。汪医生听着我与屠文超的通话，脸上洋溢着灿烂的笑容，向我竖起大拇指。电话听筒里又传来屠文超的声音，他说，如果把扮演贾宝玉和林黛玉的越剧演员徐玉兰和王文娟请到场，他再加一桌，统统由他请客。

能不能请徐玉兰和王文娟出场我不知道，便把屠文超的话向汪医生复述了一遍。汪医生说"一言为定"。我怕自己没说清楚，要把越剧大师徐玉兰、王文娟请来品尝"红楼宴"，你汪医生请得动吗？当我明确告诉她时，汪医生说她"保证请来"。

我不能再表示怀疑了。不怀疑，就意味着信任汪医生，而怀疑，则是将信将疑。与屠文超敲定，徐玉兰和王文娟都来，请他兑现承诺，免费提供3桌菜。屠文超有些不快，说我怎么不信任他。我赶紧赔不是。

汪医生想马上就去拜会屠文超，问现在能否去，无奈，屠文超已经约了人，现在就要出去，相约明天见面。汪医生起身，说回去做好准备工作，楼梯上响起了她的“噔噔噔”的脚步声。

当我陪着汪医生去见屠文超时，他对“红楼菜谱”中的两道菜，提出了改进建议。他还希望我再去请些记者来品尝“红楼宴”，让他们评头论足，发不发消息都没关系。

不用发消息，我去请几位记者来“轧轧闹猛”，他们还真笑不动呢。当然，屠文超是信任我，请谁由我来定，我也不能胡来。记得当时我请了《解放日报》编“上海市场”的杨荣根、《文汇报》的姚慧玲、《新民晚报》的苗进。此外，我专程到上海电视台找了当年家喻户晓的女播音员王君燕。当时晚间新闻都为先录制好了再播出，不像现在是直播，因此，王君燕晚上反而有空。

此时，我想到了被“吉申公司”从副总经理贬为顾问的蒋期馨，他自己把“顾问”辞了，就呆在家里筑方城（搓麻将）。人，一下子苍老了许多，我想请他出来散散心时，用外交辞令讲，“他愉快地接受了邀请”。也就是“接受了邀请”，日后，老蒋与屠文超竟会在“一口锅里吃饭”，那是后话。

麻烦事来了。汪医生打电话告诉我，徐玉兰和王文娟只能来一位，她们中有一个在定下的“红楼宴”开席的这天正巧有其他安排。让我火速与屠文超联系，问屠文超，原本讲好“把徐玉兰、王文娟两位请来，伯乐科苑免费摆3桌红楼宴”，现在徐玉兰和王文娟只来一位，是否仍为3桌，还是2桌？

这的确是一道计算题，但并非做“加减法”那么容易。徐玉兰和王文娟索性全都缺席，这道题倒好计算了，减掉一桌即可。问题是，来一位，比事先商定的仅少一位，总不能让伯乐科苑酒家摆两桌半吧；假使“半桌”无法摆，搞成两张圆台面，一张小方桌？

当我紧急拜会屠文超，将“二缺一”的难题抛给他时，他猛然大笑起来，说：“还是3桌，哪怕两人都缺席，也是3桌！这么小的事情，你有啥可纠结的？”

我向他敬礼！大将风范，说一不二。

我随即打电话给汪医生，告诉她屠文超的这个决定时，听得出汪医生有些激动：“屠经理是模子。我本来把红楼宴菜谱给他，还想收点钞票呢，既然他如此够朋友，现在我决定无偿让他们使用。”汪医生激动过之后告诉我，一开始，徐玉兰和王文娟对红楼宴的兴趣十足，掰着手指算日期，不料两个人那天都有早与他人约定的要事，急得汪医生差点要掐人中。她一天3只“加急”电话询问情况，总算王文娟定下至少自己来，这才让汪医生稍微定下心。但她仍在努力，争取将两位越剧大师成双请到场。

没想到，等到红楼宴开席那天，汪医生陪着徐玉兰、王文娟一起来了，她兑现了自己的承诺；屠文超兑现了承诺，提供了3桌“红楼宴”；我也兑现了承诺，把上海几家主要媒体的记者请来了。让屠文超最为满意的是，我请来了大名鼎鼎的电视台播音员王君燕，这位每晚都在电视荧屏上露脸的播音员，从荧屏走到了名不经传的伯乐科苑，让他们瞧见了活生生的人。

王君燕见到我，说她还请来了母校一位比她高年级的同学、《四川日报》特约记者吴道富先生。我将吴道富与蒋期馨安排为邻座，两人这“一坐”，日后竟然会真的“坐在了一起”。毕业于华东师范大学中文系的吴道富工作单位是四川省人民政府驻沪办事处，《四川日报》委任他为该报特约记者，给他发了记者证。

觥筹交错，红楼宴大获成功。解放日报社的杨荣根被汪医生的创意所折服，关照我替他所编的“上海市场”栏目写篇特写。我也陶醉在其中，当晚乘余兴未消，一篇《夜品红楼宴》的特写稿从从容容地写就，翌日，亲自送往报社。稿子见报不久，汪医生说她收集到全国各地22张转载此文的报纸。

还有一个更开心的人是蒋期馨，这是我始料不及的。他说自己有重大收获，一个新的计划正在酝酿之中，一旦成熟，他要重整旗鼓，东山再起。这叫塞翁失马焉知非福。

感悟：信任，不图虚名靠实力。实力不仅仅指金钱，还有软实力，人格魅力、创新精神、良好信誉、勇于担责。伯乐科苑的屠文超不仅有硬实力，他是经理，办2桌、办3桌都是他"一句话"的事，但他更有软实力；尽管有言在先，能请来徐玉兰、王文娟两位越剧大师，在原先约定的2桌红楼宴上再增加一桌，这是事先拟定的，却因其中一位大师无法成行，屠文超不改初衷："还是3桌，哪怕两人都缺席，也是3桌！"这就是他的人格魅力。信任度还会不提升吗?

汪医生发挥的是软实力，以创新意识设计出"红楼宴"，但在请徐玉兰、王文娟赴宴时，她无法左右这两位越剧大师，只是她与屠文超不同之处，屠文超是可以"自己说了算"，而汪医生是"别人说了算"，区别就在此。之后屠文超送给我四句话：**虑之贵详、行之贵力、谋之贵众、断之贵独**。这是他用来时时鞭策自己做人、做事的准则。

10.协助老蒋重出江湖

老蒋就是在我请他赴红楼宴时，萌生了要创办一家信息市场想法。当时，四川省人民政府驻沪办事处的吴道富就坐在老蒋旁边，两人一见如故，老蒋知道了吴道富还是各省市自治区和中央各部驻沪办信息协会的常务理事，兴许就是"信息"二字的缘故吧。

我意识到，老蒋不是闲得发慌，创办"信息市场"就是要证明自己有领导的才能，他还要以此与"吉申公司"抗衡，我不得不佩服他敢想敢干的魄力。

纵观老蒋，首先是他敢想，没有"想"，何来"干"？可见，"敢想"是敢干的起始点。但当时老蒋的"想"只是停留在初始阶段，还没有形成具体的"想"。他把我找到家里商量，如何把这个"想"变成现实。

我在老蒋写得密密麻麻的纸上看到，他列出了10余个问题，有诸如启动资金问题、场地问题、找谁来合作、人员问题以及公司的前景，如何才能盈利……其中"场地问题"后面打了一个五角星，好像落实了。

老蒋告诉我，他在伯乐科苑酒家品尝红楼宴时打听过，摆酒席的地方是个放科教电影的场地，每周有一个下午放映科教影片，这是上海自然博物馆出租这个场地时与屠文超敲定的。作为伯乐科苑酒店，中午营业完，并不影响下午的科教影片放映，傍晚，这里的场地再腾出来摆酒席，这叫“打时间差”。假如老蒋要办公司，可以利用上午与下午的空隙。

此外，老蒋的妻子葛佩芳（我们称她为蒋家姆妈），原是上海评弹团的演员，“文革”中受老蒋被打成右派的影响，被赶到浙江省曲艺总团去了。当老蒋平反后，蒋家姆妈也回到上海。老蒋对妻子之前的不公正待遇只能从经济上要求给予补偿，但浙江方面只做出小部分补偿。老蒋写了一封“人民来信”，用挂号寄给了陈云同志。据老蒋说，陈云同志酷爱评弹，去杭州时常指名道姓让“小葛”来唱。老蒋称自己“斗胆”给老首长写申诉信，有一次，陈云同志到杭州视察，特意向浙江省文化厅问起“小葛”的事，浙江省文化厅厅长马上让手下去查，很快就给葛佩芳补上了一笔不菲的补偿款。由此，老蒋在浙江省成了“有来头的人”。

杭州是浙江省的省会所在地，当年浙江省作家协会的高光先生很有眼光，把作家与企业家拉在了一起，成立了“浙江省作家与企业家联谊会”，高光任会长。老蒋就是去找了这个联谊会，通过他的游说，把浙江的朋友说得热血沸腾，到上海来“闯一闯”的念头油然而生。

按照老蒋的说法，场地已落实，资金至少解决了一半，关键是人员问题，假如以浙江省作家与企业家联谊会的名义创办公司，浙江方面不可能派员工来沪的，说穿了，“联谊会”是个松散型的团体，也没有人可以充当员工。那只能从上海想办法了。

讲了老半天，我还不清楚老蒋到底要办一家什么样的公司，于是向他发问。老蒋笑眯眯地看着我，一副胸有成竹的样子，指着纸上的一行字叫我仔细看。我才瞧见“经济技术商品信息市场”。

老蒋见我没啥反应，估计我不明白其中的奥秘，遂拿起钢笔，在纸上写了起来，边写边对我说：“小吉，将来市面可以做得老大，不相信你看好呶！”

我接过纸头一看是：为经济发展寻找市场、为技术交流架设桥梁，为商品信息当好红娘。

我似乎有点开窍了。这三句话代表着未来的方向，我建议把每句话都去掉一个字，头一句中的去掉“找”字，第二句去掉“设”字，最后一句去掉“好”字，这种并未伤筋动骨的改动，令老蒋十分满意。他向我展示未来的前景：有发明专利的人想把专利推销出去，苦于没有精力和资金来做这件事，“信息市场”就是一个平台，发明专利的人只要出少量的钱，我们把他的信息挂牌，有需要者苦于找不到适合自己所需的专利信息，一旦他们来“信息市场”就有可能找到对路的发明专利，成功率相对高了。商品买卖信息也是同样的道理，上家发布信息，下家接盘，只要生意做成功了，“信息市场”收取双方一定比例的中介费，也是天经地义的。

老蒋又谈到了吴道富。说他在红楼宴上“搭过脉”了，吴道富是各省市自治区和中央各部驻沪办信息协会的常务理事（后任该协会副理事长兼秘书长），通过吴道富，可以把各省市的经济技术商品信息统统弄过来，还愁没做生意的信息。

这的确是个大胆的计划，老蒋虽然是纸上谈兵，却也可算作是描绘未来的宏伟蓝图。他眼下最需要的是找一家上海的企业，以此作为资本才能与浙江方面谈合作事宜。他说，在上海找投资方的任务非我莫属。

对老蒋来说，他是信任自己，而这次的“信任自己”是有底气的。对我而言，则是被别人信任，是被老蒋“挑”起的。我脑子转得飞快，一想，就想到了梁竹崎。两年前，他还是一家只有9个人的红星书场经理，因我的一篇征文，他获得了“上海十大优秀经理厂长”的称号，从此改变了命运，被虹口区文化局先任命为解放剧场的经理，之后调任虹口文化娱乐厅当经理，事业红红火火。

我把梁竹崎的情况向老蒋一介绍，他兴奋不已，当即要我陪他去拜会梁竹崎。我们从老蒋家门口乘上一辆大众出租车，直奔虹口文化娱乐厅。

当梁竹崎在办公室听了老蒋一番鼓动人心的“演讲”后，心平气和地说，虹口文化娱乐是文化范畴，信息市场是经济领域，这是“两股道上跑的车”，一句话，就是先前老蒋的慷慨陈词全都白说了。

不过，老蒋也有收获。梁竹崎将他同学的妻子何慧燕调到了虹口文化娱乐厅。何慧燕之前在芷江中路的一个点心店担任负责人，一家点心店对何慧燕来说，天地实在是太小了，尽管她有大胆改革的魄力，还是掀不起什么大浪来。她的丈夫是梁竹崎的同学，梁竹崎时常被同学请到家里吃饭，掌勺的自然是何慧燕。在吃吃喝喝、说说笑笑中彼此渐渐熟悉了。

当梁竹崎当上了虹口文化娱乐厅的掌门人后，何慧燕实现了跳槽的愿望。梁竹崎把娱乐厅的地下室开发利用起来，办了个雷玛斯酒吧，何慧燕成了酒吧的经理，也算有了用武之地。不料，梁竹崎的同学见妻子与梁竹崎“走得太近”，心里滋生出一些酸溜溜的醋意，曾有意无意地对梁竹崎表示过这种意思。现在听到老蒋要办信息市场，虽然自己领导的虹口文化娱乐厅不合适，但他相信老蒋总有一天会办成功的，因此，他向老蒋推荐了何慧燕。

老蒋看到了何慧燕，对她说：“你作为后备人才记在我脑子里了，信息市场开张之日，就是你报到之时。”

信息市场何时能开张，八字还没一撇，老蒋竟敢这样做出允诺，说明他已下定了决心，用他的话来说，“不办成信息市场，我老蒋死不瞑目”。

老蒋把“生死”全系在我身上了。如果我不协助他办成信息市场，老蒋“瞑目”，也是我们国家一个不小的损失。这样，我就想到了上海市内电话局生活服务公司。当时是华昌印刷厂的姚金根到《市场艺术》杂志社找我，临走前，他说为市内电话局生活服务公司的解德天名片印好了，准备送去。我当时申请安装住宅电话已大半年，一直被告知没有线路，无法安装。猛然瞧见“市内电话局”的名片，便抢过来由我当了一回“快递员”，也就是那次“送名片”，与这家公司的经理王中明等人混熟了。

王中明是位开拓型的经理，无奈，庙小和尚多。当我独自去拜访他，并将我从老蒋那里“批发”来的信息市场发展规划向王经理简单介绍后，他表示出浓厚的兴趣。王中明说：“老蒋我不认识，我只认你。不妨请他来谈谈。”

当我去了老蒋家，把好消息告诉他时，他倒不显得那么着急。他说自己正在起草信息市场的章程，他要“打有准备之仗”。一周后，我陪同老蒋去见王中明，他们一拍即合，当场决定由上海市内电话局生活服务公司跟浙江省作家与企业家联谊会合作，创办“浙沪经济技术商品信息市场”。

王中明还提供一间位于江西中路上的办公室，他分流了一批手下的员工作为筹备人员。老蒋跑了一次杭州，浙江省作家与企业家联谊会划拨25000元。依照上海当时申请成了公司，注册资金5万元起板。浙江方面拿出一半，委托老蒋负责，市内电话局生活服务公司也拿出25000元。老蒋是浙沪经济技术商品信息市场的总经理，我为总经理助理。也算“弄了个师长旅长的干干”。

老蒋去视察过江西中路的那间办公室，当场就否决了“不出钞票办公司”的想法。最终，浙沪经济技术商品信息市场还是在屠文超承包的伯乐科苑隆重开张。别的我不讲，就说一个数字，搞了一个开幕式，招待来宾等费用就用掉了4万多元。5万元的注册资金所剩无几。碰到我是当家人，岂敢如此“倾囊而出”？老蒋却说“这就叫旧的不去，新的不来”。

《市场艺术》杂志社的贾升和我在徐州“吉申公司”搞的订货会上认识了老蒋，如今得知老蒋又搞起了“信息市场”，贾升在私下里对我说，《市场艺术》日薄西山，他想跟老蒋和我一起干，于是我带他去见老蒋。

老蒋说：“这么小的一件事，就由小吉来决定。”

这是老蒋信任我吗？我觉得即是，又不是。此话怎讲？是，是他信任我能理解他的真实意图；不是，是他要试试我的应变能力。我当时就是这么想的。假如老蒋很爽气地同意贾升来“信息市场”，他一定会这样说：“老贾不是外头人，我们在徐州碰过头，我老蒋举双手欢迎！”假如是勉强同意，老蒋会这么说：“小吉推荐的，你就来吧。”

现在老蒋让我来定，就是不同意，或者是暂时不考虑。妈的，恶人让我做。于是，我告诉老贾，“信息市场”要进人还要征询电话局生活服务公司的意见，我抽空去走一趟，让他耐心等待。事后，老蒋夸我“头子活络”。

虽说如此，贾升仍常来“信息市场”，还带着曾是《上海故事》杂志社搞发行的女同事姚碧珍来。这位姚女士也曾想进《市场艺术》，被社长助理钱国梁以不是“采编人员”而拒之门外。

“信息市场”开张的第三天，门外走进一位与我年纪差不多的中年男子，我接过他递来的名片，知道了他叫周立俊，是化轻公司河南中路营业部的业务员。从名片上的地址来看，周立俊的单位就在我们信息市场附近。他看了我们一排排挂在大黑板上的信息卡片，说：“搞什么搞，这里的信息还没我们公司多。”

我一听，马上对周立俊说，你把信息在我们这里挂出去试试。他说，自己手上的塑料粒子信息在公司信息发布栏发布了一个多月，没一点音讯。我让他免费在我们这里发布信息。他抱着“试试玩玩”的心情，在我们业务员的协助下，填写了“可供”信息的资料，业务员很快便将资料写在卡片上，又迅即放到了大黑板上方。不到10分钟，业务员兴冲冲找到我，说有两位客户要周先生的塑料粒子。

周立俊一听，说他去接待一下。大约半小时后，他与其中一位客户做成了一笔交易。他欢天喜地的找到我，说“信息市场是有噱头，一会儿工夫，我就做好了一笔业务，看来，我要经常来来了。”

我那时对化工产品一窍不通。当时ABS塑料粒子很紧俏，冒牌货不少，周立俊教我“门槛”，用打火机烧一下透明的如绿豆大小的塑料，假如冒出的是黑烟，说明不是正宗的，若冒出的是白烟，就是正宗的；与此同时还要闻味道，最关键的是要趁塑料粒子被烧融化之际，用左右手迅即将它们拉成丝状，类似用熬成糊状的糖汁浇在苹果上，食客食用时苹果会将还未冷却的糖汁拉成丝状一样；这种被称作“拔丝苹果”的拔丝越长，说明厨师用的糖质量高。同样的道理，塑料粒子的“拔丝”越细，说明产品质量就越好。

我还向钢材市场的供销人员学习，知道了螺纹钢、工字钢、槽钢、不锈钢板……一系列的基本常识。虽然学了一点“皮毛”，但我在客户面前不失时机地“露一手”，客户以为我很精通，他们至少不会把我当傻子。

感悟：对老蒋来说，他这回要办“信息市场”是信任自己能够成功。鉴于他在搞成“吉申公司”时，是被别人信任。而这次，他称，在上海找合作者的任务非我莫属。对老蒋来说，他是“信任别人”，对我而言，则是被别人信任，我的这种“被别人信任”完全属于被动；既然老蒋选择了我，我是无法逃避的，唯一可以选择的是，想一想自己为何会被老蒋信任？自己能否胜任？假如胜任不了，硬撑去做，有可能完不成任务，我就会在老蒋那里留下“不信任”的印象。假如有百分之九十以上的把握，我却推脱，同样也会给老蒋留下“不信任”的印象。所以说，被别人信任是把双刃剑，要么自己披荆斩棘冲出重围，要么就被困在“不再被别人所信任”的泥潭。

11. 借船出海渡过难关

浙沪经济技术商品信息市场开张了两个多月，收支勉强平衡。每月到了支付伯乐科苑租金时，老蒋总要请屠文超宽容几天。老蒋和我都已经改口叫屠文超为阿屠，可见我们的关系搞得还算融洽。阿屠总是伸出三根手指，老蒋明白阿屠可以宽限我们三天，老蒋总会伸出五根手指，阿屠笑着走了，这就意味着默认。但老蒋总会在三天后就把租金打到伯乐科苑的账户上。

其实，老蒋本来就准备三天后付租金的，但他故意表示“宽限五天”，一旦三天付款，还给阿屠留下了老蒋是很讲信誉的好印象。原来，“信任”还可以玩出花样。但资金老是这样捉襟见肘，说明信息市场在亏损的边缘苦苦挣扎。

为了改变这种窘境，贾升提出信息市场应该走出去，到上海的周边地区搞信息专场，老蒋认为“值得一试”。被老蒋请来的他的远房亲戚、儿科医院的陈重刚教授表示，他祖籍是常熟，他与家乡的上层关系很熟，他愿意牵头搞一次“常熟信息专场”，这就有了我这个总经理助理与儿科医院教授的一次愉快合作。我同陈重刚去了常熟，通过乡镇企业局，敲定了“常熟信息专场”的具体事项。

开幕的那天，“常熟信息专场”还真像一回事，当地一些企业不仅找到了对路的信息，他们还将自己需要找下家的信息交给我们，如此一来，我们手上原有的信息从百余条，一下子增加到上千条，再通过其他渠道，像滚雪球似的，各类信息发展到了上万条。然而，热闹了一阵，信息更新的速度几乎停滞不前，来“信息市场”的客户抱怨“信息都是老面孔”。这些还比较好应付，最令老蒋担心的事发生了。

市内电话局生活服务公司的王经理，原本是想多一条创收的渠道，他5个月观察下来，知道“创收”遥不可及，能够保住本钱就心满意足了，问题是，会不会连本金都难以收回。于是，他决定撤资。

老蒋一听“合办单位”要走人，晓得事情不妙，他希望此时有人来接盘。说来也真不可思议，有位常来信息市场的姓顾客户，听到我向王经理打电话时说到能否再继续合作的话，知道市内电话局生活服务公司准备撤退，便告诉我，他的老同事在上海市信息中心下面的一家公司当经理，假如我们同意的话，他愿意当红娘，让我们同上海市信息中心合作，将信息市场继续办下去。

当年上海市信息中心主任是黄奇帆，这是个既有经济理论头脑，又有实践基础的实干人物，在他掌控的“信息中心”里面还有经济实体，也就是顾先生所说的老同事当经理的公司。当我把这个信息告诉给老蒋时，他高兴得差点跳起来，当即决定亲自出马去拜访黄奇帆。

黄奇帆是个大忙人，我们约了几次才定下去见他的时间。那天下午，我陪老蒋一起去坐落在华山路上的上海市信息中心。在黄奇帆的办公室，我见他拿着一支红色的中华牌铅笔，当老蒋说话的时候，他专心致志地倾听，不时地在纸上写上几个字；有时他会问我一些问题，我倒也能对答如流。

听老蒋说了半个多小时，黄奇帆问：“您讲完了吗？”当得到老蒋肯定的回答后，他才开腔。他说话简练，把老蒋说了老半天的东西，只用几句话就高度概括，并直奔主题。我当时的感觉是，他思想前卫，思路开阔，决策果断，对合作办信息市场，他当即拍板“就这么定了”。

浙沪经济技术商品信息市场如同凤凰涅槃，起死回生！

市内电话局生活服务公司的人马撤走了，临行前的1986年，他们给了我一个礼物——帮我家安装了电话，我成了在所居住的数百户住户中第一个拥有固定电话的人。我是满面春风，老蒋却愁容满面，那是王中明经理撤走前要与老蒋“算账”，把投入的25000元同时撤走。这有啥难的事，上海市信息中心作为新的合作者，他们不是早将25000元打到信息市场的账上了吗，将这笔资金划给王中明不就得了？

财务悄悄告诉我，十个缸，九个盖，总有一个轮不到盖。“信息中心”的钱一进账户，就已经被老蒋付租金，发工资，用得差不多了。

我们一时三刻没有资金归还王经理，对方口口声声称自己是“国家企业”，对待国有资产丝毫不可以马虎，最终放宽15天，也就是说，半个月之后，我们务必要将这笔资金划到市内电话局生活服务公司的账上。

老蒋东拼西凑，仍有2万元的缺口，真是急煞人。伯乐科苑的屠文超经理瞧见老蒋终日眉头紧锁，知道老蒋遇上了烦心事。他以“老朋友”的身份询问老蒋：“蒋总，用得着我屠文超的地方尽管吩咐。”

当老蒋闻听屠文超讲“尽管吩咐”，便像竹筒倒豆子般地一吐为快。只听屠文超说：“2万块我借给你。”

我看到老蒋愣在那里，似乎不相信自己的耳朵。听到屠文超请他一起去伯乐科苑的财务室，他眼眶里噙着泪水，说：“阿屠啊，我老蒋是滴水之恩当涌泉相报！”

信息市场渡过了又一个难关。直到现在，我对屠文超敬佩之情丝毫未减。

浙沪经济技术商品信息市场还是原来的信息市场，但早已物是人非。本来是我们信息市场客户的顾先生，而今摇身一变，成了他老同事派驻信息市场的全权代表，与我们平起平坐了。此兄对钢材生意特别熟悉，因为他在钢材市场干过。

老蒋不是生意人，却是个有生意人头脑的人。他认为，信息市场要生存下去，就必须借鸡生蛋，借船出海。不知他在什么场合遇到了当时的上海电视二台的台长时敏，他要动电视台的脑筋。上海电视二台有个经济频道，老蒋告诉我，他要与经济频道合作，由我们提供“经济技术商品信息”给电视台播，原则是：不出钱。我连连摇头，称“这是不可能的”。

老蒋让我把信息市场所有的信息分门别类做成小册子，再送印刷厂印成大册子，大有“一册在手，信息全有”的气势。他拿着装帧精美的

“信息册子”去与时敏台长谈。当时，上海电视二台在南京东路七重天的楼上，播放电视广告是论秒算的，30秒钟至少几千元，老蒋要时台长每周提供三次、每次2分钟播“浙沪经济技术商品信息市场”的买卖信息，我觉得这是老蒋异想天开。我陪他去拜访过两次时台长后，就不想再去了。可他却坚持不懈，最终真的被他谈成了。

签协议的那天，我将信将疑地跟着老蒋去了。在路上，他抖出了其中的奥秘，他说，信息市场现在的合作单位是上海市信息中心，这是块有含金量的招牌，“电视台不相信我老蒋，难道还不相信上海市信息中心？”我茅塞顿开。

我记得，当时代表上海电视二台签合作协议的是副台长潘永明，在座的还有汤渭达。打那以后，上海电视二台每周一、三、五晚上10点多，由陈帆播报我们信息市场提供的“经济技术商品供求信息”，在播出前的片头上，老蒋想出来的“为技术交流架桥梁，为商品信息当红娘”成了广告语。

这里要提到3位女士。由冯英子先生介绍来的严立，同《市场艺术》杂志社贾升来的姚碧珍；此刻，在虹口文化娱乐厅梁竹崎经理那儿的何慧燕也来了。都说三个女人一台戏，好家伙，这三个女人在台面上握手，台下踢脚，明争暗斗，以致信息市场暗流涌动。关于这3位女士就可以写一部长篇小说，但不是我本书的主题。

最令我感到不可思议的是吉申公司的总经理陈荣国，他曾策反副总经理谢大康，逼走了老蒋。而今，谢大康已经离开吉申公司另起炉灶，陈荣国成了光杆司令。他在上海人生地不熟，虽然在沪经过几年的奋斗，但很难融入于这座城市。吉林方面派他到上海来的领导已退休，接任的领导要办自己的事，用自己的人，他就这样仿佛被老家人遗忘了。

陈荣国独木难支，苦苦挣扎了一阵，考虑再三，抱着准备被老蒋“骂死”的心态，找到老蒋。他恭恭敬敬地叫了一声“蒋老”，还未进入正题，便泣不成声。他是来投靠老蒋的。老蒋当时没表态，让陈荣国先回去，容他想一想再定。

陈荣国刚走，老蒋便把我叫去，问我是否让陈荣国来我们信息市场。我回答他说：“陈荣国曾‘逼宫’让你退位，你离开了吉申公司，他也没把公司搞好，现在不是身处绝境，哪肯厚着老脸来找你？一个人连起码的尊严都不顾，说明他是实在没办法了。假使你老蒋收留他，说明你肚量大，他也许会珍惜这次机会。我的意思，可以考虑让他来，但最终还要你蒋总来定。”

老蒋嘿嘿地笑了，说我讲的正是他心里想的。我毕竟跟着老蒋一年多，从他身上学到了不少东西，他的心思我基本上能估摸八九不离十，这就是人们常说的“心心相印”吧。

陈荣国从倒闭的吉申公司来到了我们信息市场，老蒋给了他一个副总经理的头衔。我心里明白，其实老蒋是不会再信任陈荣国的，他真正的意图是：过去你陈荣国把我老蒋搞下去，我老蒋又东山再起，你陈荣国自己却倒下了，我老蒋搭救你，让你无地自容。

此时，伯乐科苑租借的房子要大修，屠文超让老蒋赶快找地方挪窝。老蒋说他正在考虑此事，并初步有了方向。其实，在屠文超告诉老蒋之前，上海自然博物馆的严馆长就已经向他通过气，所以老蒋是事先知道的。从老蒋家的云南中路朝前100米就是天蟾舞台，他路过那里，特意上楼看过，有几间办公室空着，他找了剧场经理聊过，剧场正在搞“创收”，有人要来租房，还不一拍即合？

浙沪经济技术商品信息市场很快就迁至天蟾舞台二楼靠街面的一排办公室办公，那里地处人民广场，是市中心，交通便捷，客户也容易找到那里。我对老蒋能谈下这方宝地赞叹不已，问他是怎样跟这里的剧场经理谈成的。老蒋说他让剧场经理晚上看电视，我们信息市场的供求信息在电视台播出，剧场经理可以不相信老蒋，难道还不相信电视台？

感悟：信任，除了有一个人自身积累的信誉外，还可以借助别人的信誉，为你迅速提升动力。打个比方，假如我们使用的是1000瓦电水壶，烧开一壶水用时所需10分钟，我们把它看作是一个人的“信任度”，当我们把它换成2000瓦的电水壶，烧开一壶水的时间必然缩短；那么，你是有1000瓦的“能量”，为加快将水烧开的速度，就必须借助外力。老蒋提升自己的“信任度”用的就是这种“借力”的方法。他借助一个个“个体”的供求信息，把他们集中在一起，成为信息市场的庞大的信息库，再借助电视台的“外力”，一周播三次“供求信息”，信息市场的信任度就会迅即提高。第一家合作单位撤退，新进来的上海市信息中心又是一块高含金量的“招牌”，借助这些“外力”，无论是信息市场本身，还是当家人老蒋，信任度不都大为提高了吗？

12.老蒋再次被人搞下台

我们浙沪经济技术商品信息市场搬到天蟾舞台重新开张不久，不知老蒋又从何处借的“外力”，请老市长汪道涵先生为我们信息市场题写了招牌。老蒋让我带上复印件，赶紧将招牌做出来。

尽管这样隆重的事，对我来说却是“小菜一碟”；因我平时走路喜欢东张西望，看到哪里有什么店开张，便会记在小本子上。见到一些自认为感兴趣的东西，就会用心记在脑子里。我曾格外留心做招牌的商店，还根据店里做的招牌上单位名称，来发现新创办的企业。我在这家店里就看到过“上海市人民政府”的招牌。所以，不到一个星期，由汪道涵先生题写的“浙沪经济技术商品信息市场”的招牌就挂在了天蟾舞台福州路一侧的墙上了。

1988年6月的一天，信息市场来了一位五十开外、身材魁梧的男子，他自我介绍一番后，我知道了他叫赵雨，是刚问世的《上海经济时报》的副总编。我同他交谈时得知，这张报纸部分人马原是《中国合作经济报》的记者、编辑，社长是原上海市总工会主席、之后被任命为上海市人民政府集体事业办公室主任的袁张度先生。

由于《中国合作经济报》的主办单位是在北京的中国合作总社，却由上海的一帮人创办的。总编辑要把报社迁往北京，上海的一帮人坚持要在上海出报，这就形成了两大派，最终中国合作经济报社迁至北京出报，原先上海的一干人马无奈“老窝”被端，一时没了方向。倒是袁张度先生挺身而出，力挽狂澜，终于搞到了《上海经济时报》的公开发行出版刊号，并担任该报的社长。

赵雨原名赵有余，曾是《新民晚报》三大著名的体育记者之一，“文革”时，《新民晚报》被迫停刊，赵雨作为上海知青慰问团成员，去了江西。我堂哥吉建纲是从《劳动报》调到《青年报》，又从《青年报》调至《支部生活》的记者，“文革”时期也成了上海知青慰问团的成员，先是在吉林，后去了江西，和赵雨在一起，粉碎“四人帮”后回沪，任复旦大学新闻系党支部书记，1978年参与了《青年报》的复刊。

赵雨还告诉我，《上海经济时报》的总编是黄奇帆，他在报纸筹备时期，对办报方针，栏目设置等都事必躬亲。然而，就在报纸即将问世前夕，他突然向社长袁张度递交了辞呈。据说，是时任上海市市长的朱镕基向黄奇帆问了一句：“你的能力仅仅是办报吗？”黄奇帆从这一句问话中悟出了道道，当即决定辞去总编的职务，一门心思干他的上海市信息中心主任的工作。袁张度便社长、总编一肩挑。

在赵雨和我无拘无束的交谈时，我想到一个问题：他为何可以向我谈得那么“深”？按理说，一个初次接触的人，他不该告诉我这么多的秘密，我们相互还不了解，他怎么就如此信任我呢？唯一可以解释的是，皆因赵雨同我堂哥吉建纲是熟人，他信任吉建纲，因而也信任他的堂弟我？

赵雨是在信息市场兜了一圈后才找我聊的。他直言不讳地说：“小吉，你们这里的供求信息蛮大兴的。”赵雨是看到电视台播放我们的供求信息后找上门来的，本打算是否可以为报社拉个广告回去，现在看来是不现实的。他得知我是从《市场艺术》杂志社出来的，非常诚恳的建议我去《上海经济时报》，他认为我“是当新闻记者的料”。

赵雨临走前写了报社的地址和电话号码给我。报社在虹口区武进路409号，距离我家只有两条横马路。赵雨特意关照：“叫你哥哥打电话给袁张度，他和袁张度熟悉得很。”

我想进报社当记者的念头就是由此开始的。

我如果要进报社，前面还有无数的路要走，第一条路便是向老蒋辞行。虽然要去《上海经济时报》八字还没一撇，但我相信，一定能实现这个愿望。

我瞅准一个机会，向老蒋谈及此事，老蒋一愣，问：“啥地方不开心，你想到了要跑？”

老蒋是这样看待我的。我向他开诚布公地言明：想当记者，是我梦寐以求的夙愿，现在有这么好的机遇，岂能错过。

老蒋见我去意已决，难以挽留，让我帮他完成正在进行中的“苏州信息专场”后再走。我表示“一定鼎力相助，站好最后一班岗”。

在办公室，冯英子介绍来的严立女士一看就是名门之秀，谈吐文雅，举止文明。她对老蒋交办的事不折不扣地执行。但是，近一段时期，我发现她的执行力不如从前，对老蒋吩咐的事情，不是顶着不办，就是拖拖拉拉的处理，这个反常举动引起了我的注意。

一天，我听到严女士接电话，她把声音压得很低，因她的办公桌在我身后，我还是能听到她的说话内容。最关键的一句是“我的档案也转进来啦？”

我对档案、编制等字眼特别敏感，因为我是大集体企业，无法调入市场艺术杂志社。当严立提及档案，她到底转到了何处，因为档案是随人走的，档案到哪里，严立也就要到哪里。但我只能把“进来”作为代词，并不知道它代表的是什么。

合办方的全权代表顾先生从外面回办公室，见到严立，笑盈盈地对她说：“解决了，开心噢。”

我立即得出这样的结论，严立通过关系，调进了上海市信息中心。为了证实自己的判断是否正确，我先告诉严立，我要离开这里，去《上海经济时报》做记者。我的目的是想让她放松警惕，随即突然发问：“听说，你的编制落实到信息中心啦？”

严立很紧张，问我是怎么知道的。

我能说实话吗？我才没那么傻。我虚晃一枪，说：“黄奇帆是《上海经济时报》的总编辑。”

就这一句，打发了严立。但她要我别告诉老蒋。

说话间，到了午饭时间，我们请来的阿姨早把饭菜烧好了，正在分菜。她把老蒋的一份送到老蒋的办公桌上，那天每人有一个白煮蛋，阿姨在把蛋递给老蒋时未放稳，白煮蛋滚到了地上。严立和我都看见了，我只顾吃饭，也没多想，严立却向我眨眨眼，说“蒋总要滚蛋”，我心头一惊。

不就是一句戏言吗，何必大惊小怪呀？我觉得，说说笑笑中有“阶级斗争新动向”，这是严立情不自禁抖露出内心的隐秘。尤其是她知道自己调入了市信息中心，可以不必再听老蒋的了，所以会不由自主地说出这样的话。

晚上，我特意去老蒋家，将自己的顾虑告诉他，老蒋听后仰天大笑，说：“小吉，首先要谢谢你。不过，你多心了，冯英子介绍来的人会背叛我老蒋？”

信任自己的老蒋，也信任别人，但这个“别人”不包括我。

我无言以对，还是办自己的事吧。

我到解放日报社找到当秘书长的堂哥吉建纲，请他给袁张度联络，让我早日进上海经济时报社。堂哥说，待他打听一下再定，要去也不在乎这几天。

自打我向老蒋说过“阶级斗争新动向”之后，我本以为他没当一回事，但我得知他借故将由严立保管的公章、私章全都放进了自己的抽屉里，同时将自己小儿子“阿五头”蒋向前安排在自己身旁。种种迹象表明，老蒋没有把我说的话当成耳旁风，说明他是信任我的。

去苏州办“信息市场”发布会，吸引了当地周边地区的不少渴望获得供求信息的人们，尤其是当时风头正旺的乡镇企业。我记得，我们的“苏州信息专场”是放在当地一个体育场举办的，上千人集中在主席台旁的主会场，老蒋拿起话筒，朝人群扫视过去，在这种场面上，他的情绪变得格外激动；他朝话筒吹了几下试试音，体育场高音喇叭里立刻传出“呼呼”声，而且还有回音。

老蒋十分满意，他带有浙江口音的普通话响了起来：“各位有眼光、有魄力的企业家们，大家好。我们今天相聚在这里，不是看球赛，而是寻找各自所需要的信息。信息是什么？信息就是金钱，信息——”突然，扩音器出了故障，高音喇叭顿时失声。我正在体育场休息室抽烟，听到高音喇叭没了声音，以为老蒋鼓动性的发言结束了，便赶紧朝主席台走去。只见老蒋坐在主席台上，脸色铁青。当地的乡镇企业局局长端起茶杯，请老蒋喝水，老蒋摆摆手，示意“别客气，用不着”。他一见到我，就在我耳边轻声说：“从来没有碰到过，话筒会没声音了，不是好兆头。”

在我看来，老蒋好像玄玄乎乎，一直到从苏州返回上海的大巴上还在喃喃自语“不是好兆头”。我没有劝他，也不知道怎么劝。老蒋告诉我，从伯乐科苑屠文超那里“调头寸”的2万元已经归还，万一浙江方面要撤资，就让上海市信息中心接过去。他的过房儿子谢大康正在独立门户搞公司，多次让老蒋到他那里去帮忙，老蒋都没答应。

老蒋对我说了这些，其实也是他说给自己听的。他是在整理思路……

次日，我作为在信息市场最后一个工作日，上午10点多才到办公室。烧饭的阿姨对我说，老蒋的抽屉被人家撬开，图章没了，打电话报警，刚才警察来过了。

我发现老蒋和严立等人都不在，问阿姨，他俩是不是一起出去的。阿姨说，今天没有看到过严主任。我心忖：苏州体育场的话筒突然失声，老蒋说“不是好兆头”，这下似乎被他说中了？

午饭时分，老蒋像被斗败的公鸡，垂头丧气回来，告诉我，严立和陈荣国趁我们在苏州搞“信息专场”之际，撬开他的抽屉，拿走他的私章，到银行把企业法人章改为顾某人。这是事先策划好的，要不然，是不可能在一天的时间内能办成这件事。还有个关键问题，严立已是调入信息中心的职工，去办“变更”时，拿的是上海市信心中心的介绍信。

以往，老蒋“大笔一挥”，银行认账，现在无论他怎么签字，全是“空头支票”。这也意味着老蒋再次被“政变”掉了。

老蒋欲哭无泪。我欲言又止。

感悟：1976年，我80岁的外婆安然去世。这一年，中国的3位伟人与世长辞，我外婆偏偏选在与他们同一年离世，但她只是一位普普通通的女性。可是，普普通通的人，却叫我记住她说的两句充满哲理的话，一句是：给人家吃了传四方，自己吃了上茅房；另一句是：斗大的蜡烛照不到自己的身后。

头一句好理解，第二句我没听明白。外婆拿起一根蜡烛，将其点燃放在胸前，让我看她的后背，问：“有没有蜡烛光？”未等我回答，她先说：“肯定没有的。”我懂了，一个人是不知道自己的未来会发生什么。

对老蒋来说，我想到了两句中国的老话，一句是：欺人之心不可有，防人之心不可无！另一句是：命里有时终归有，命里无时莫强求！

中途遐想

行文至此，我挤出时间看了中央电视台主持人柴静写的《看见》一书。央视有个频道栏目就叫“看见”，这也是一个“新闻调查”类的栏目，但与新闻调查所不同之处在于，它不带评论。一个突发事件发生后，主持人用摄像镜头“说话”，观众看到的是一个个当事人的叙述。这种看上去似乎非常客观的“记录”，究竟客观吗？要知道，我们观众是跟着摄像机镜头“走”的。那么，掌控摄像的人是否带有自己的情绪？我想，一定是会的。如果是这样的话，我们观众“看见”的尽管是真实的，但有时不免会失真。

我是平面媒体的记者，1984年，我去拜访新闻界的前辈冯英子先生，他传授我当记者的决窍：三流记者只是带着耳朵听，别人讲什么，他就记什么；二流记者除了带耳朵听以外，还要用自己的眼睛观察；一流记者除了耳朵、眼睛之外，最要紧的是要用脑子思考。

我曾无数次到被投诉的单位去采访，对被批评者所说的话，我全都带着不信任的态度。试想一下，“出事”的单位怎么会老老实实地告诉我真相？不说他们会狡辩，至少会对问题避重就轻，我无法信任他们。但是，不排除被批评者所说的话中大部分是真实的，而真实的部分是应该让我信任的。但我不知道他说的哪些是“真实的部分”，哪些是“不真实的部分”，若运用冯英子教我的“耳、眼、脑”三者并用的方法，估计可以达到比较接近新闻事实的中心。

由此看来，要信任别人是一件不容易的事；反之，你要被别人信任亦同样如此。在这一章中，我相信老蒋这个人会给你留下比较深刻的印象。犹如央视的“看见”栏目，这是我带着你“看见”的老蒋，也带有我的选择，因为在闯荡大社会的最初阶段，我就是这么一路走来的，其中，老蒋给我留下了深刻的印象，在我的记忆中无法抹去。

有一次，我忽然蹦出这样一个念头：老蒋为吉林市政府协作办在上海创办吉申公司起了关键的作用，由此被任命为公司的副总。他得知一位儿童文学作家要去拜访《市场艺术》杂志的社长助理钱国梁，便请他带去一张名片。老蒋的名片在钱国梁的写字台上静静地躺了好多日子，因为钱国梁在对待今后需要派用场的名片，都小心翼翼放进名片簿里，只有觉得日后派不了用场的名片才会随意丢在桌上，让它自生自灭。谁知，这张名片跟我发生了关系。“吉申公司”打头的是吉，我姓吉，钱国梁一句戏言“你们吉碰吉”，让我不妨去看看。假如当时我不感兴趣的话，我也就与老蒋“擦肩而过”，那么，老蒋发出的这张名片也就完成了自己的使命。

由于我欣然接受了这张名片，才会引出之后我与老蒋10余年的忘年交。我们经历了从信任到不信任，又从不信任到信任的反反复复过程，这个过程宛如天平秤，信任与不信任左右摇摆，我期盼它能朝“信任”的一侧倾斜，然而，这不是由自己能够决定的；因为我信任别人，未必被别人信任，或者说我被别人信任，但我未必信任别人，这是随着事态的发展而发展，也是随着接触不同的人变化而变化的。

上世纪80年代初，我在一篇大特写的题记中是这样写的：“音符虽说只有七个，但经过不同作曲家的手，却能谱写出千变万化的曲子”。这是客观存在的现实，无论你注意过，还是没注意过，它都存在。我把这种“现象”称之为“重新组合”现象。

我们用两千个中国字写一篇赞美文，可以把一个人捧到天上；同样还是这两千个中国字，用另一种方式来写一篇东西，可以把一个人说得一文不值，这就是文字的重新组合。用我们生活中最常见现象来举例，你家附近的学校已经存在了数十年，学校还是学校，里面的教师有跳槽的，有新进的，跳槽的教师与去的单位是重新组合；新来的教师便是与此处的学校重新组合。

每天，上海地铁行驶的是固定线路，车厢里的乘客却是不固定的，地铁迎来送往，这是它与乘客的重新组合……这样的事例不胜枚举，因为银河系每天都在重新组合，世界每天都在重新组合，某个早晨人们醒来，发现一个苏联忽然变成了15个国家。

那是“国家大事”。看看我们凡人小事，夫妻离婚，男女双方可能找到新的伴侣，组成新的家庭，这就是重新组合。信任与不信任，在人们生活中无时无刻不在演绎着这种重新组合。人们的友谊，是信任的最直接的表现；人们的敌视，是不信任的最直观的体现。

第七章 在记者队伍中磨炼

图 1

作者在作家石楠家（中）做客【图 1】

作者与《人见人爱》摄制组导演、演员合影【图 2】

作者与作家陈村（前左）、沈嘉禄（后右三）、李大伟（后右二）、马尚龙（后左二）和上海国宾医疗中心副总经理严德仁在一起【图 3】

作者与老作家们夜游浦江【图 4】

图 2

图 3

图 4

第七章

在记者队伍中磨炼

1. 小试牛刀大获成功

堂哥给我落实了进上海经济时报社的事，让我去找编辑部主任黄兴。此前，他还向我透露了准备赴任的总编忻才良的一些信息。

忻才良原是杨浦区十五中学的教师，1979年，35岁的他调入青年报社负责理论版，若干年后被任命为《劳动报》的总编。《劳动报》是上海市总工会办的报纸，根据规定，总编必须为市总工会的常委，忻才良依照这个程序当上了《劳动报》的总编。

原上海市总工会主席为袁张度，他被任命为上海市人民政府集体事业办公室主任后，创办了《上海经济时报》，自己担任社长，上海市信息中心主任黄奇帆被他请来担任总编。袁张度还将总工会生产部副部长陈子法请来担任法人代表兼副总编。黄奇帆因为朱镕基的一句问话，辞去了总编职务。

忻才良担任了多年的《劳动报》总编，那次在参加一个新闻代表团出访日本期间，市总工会常委改选，忻才良相差一票落选。当他从日本返沪得知这一结果时，也无可奈何。他清楚，自己的总编生涯结束了，他要干，只能当副总编。一个驰骋报界的总编，要在“总”字前加个

“副”字，身价完全不同了。此时，袁张度晓得了忻才良的处境，请他到麾下的上海经济时报社担任总编。

1988年8月28日上午9点半，我去上海经济时报社报到，在武进路409号报社门口遇见了忻才良，我们几乎同时向对方发问：“你到啥地方去？”回答的都是“上海经济时报”。

忻才良忽然笑了，说他来当总编，今后大家在一只锅里吃饭了。

那天，在信息市场建议我到报社的副总编赵雨不在。法人代表兼副总编陈子法找我谈话，让我到新闻二部担任记者，同时要在年内完成2万元的广告。

后来我才知道，所谓的“新闻二部”听上去还不错，其实比广告部稍微好了一点，广告部是纯粹拉广告，新闻二部除了写报道外，还肩负拉广告的重任。我问陈子法，完成2万元广告是硬指标？他说：“这是必需的。”

这与我想来当记者的初衷完全格格不入。然而，这是必需的，我还有什么话可言。此时，我发现进门第一间房间内有人向我张望，我索性走进他们的房间，先自我介绍。对方两位中年男子看上去年龄与我差不多，我一问，1米80高个的叫朱建华，与我国著名跳高运动员同名同姓；另一位叫周葵，他们都是1954年出生，比我大两岁。

初次见面，彼此都不会询问对方是通过什么关系进报社的，这是人际交往中的大忌。不过，我在一个星期后，还是清楚了他们两人的“来历”。朱建华从部队复员回沪后在航天局所属的一家工厂保卫科当干事，他的妻子是解放日报社刚建立的电脑房负责排版工作，《上海经济时报》是在《解放日报》排版印刷的，报社的编辑部主任黄兴常与《解放日报》的电脑房打交道，自然要拍拍朱建华妻子的马屁。当朱妻提出能否让她老公到《上海经济时报》当记者时，黄兴说“先进来再说”，朱建华就这样进了《上海经济时报》。

周葵原本是公交公司的，他自幼喜欢写写东西，先去行业内的《上海公交报》，得知《上海经济时报》创刊，他写了一封情真意切的自荐信寄给报社，被从《青年报》调来任副总编的陈子据看到，这位老山东当了一回伯乐，立即请周葵来报社，两人一番交谈后，陈子据决定让他进了报社。

黄兴陪同袁张度去北京开会回到上海，我在报社见到了他。初看，他扮演中年的毛泽东几乎不用化妆。他嗓门特高，不管在哪种场合见到他，总是开口笑，一个乐天派。我向他叹苦经，要完成2万元的广告有点难，其实，我是想试探一下，看黄兴能否有权力免掉我的“债务”。他说他不管人事，只管采编，同时劝我尽可能完成，一旦做了贡献，就有机会去编辑部。

为了完成报社下的2万元广告指标，整整一个星期我都在翻看报纸上的广告，发现一家销售吸尘器的商店特别红火，便想在这上面予以突破。无奈，广告上只有地址，并无电话号码，于是拨打114查询。就在我查询“上海开乐家电公司”电话号码时被周葵听到了，他跑过来问我是否想去拉广告。我点头称是，他劝我不用去了，他已经去过几次，都被对方回绝了。

朱建华告诉过我，周葵拉广告已经到了炉火纯青的地步，他要是没法搞到的广告，其他人就别想成功。我现在已经知道，周葵去过“吸尘器大王”的公司拉广告，这家公司当时销售中外50余种吸尘器，虽说周葵没有任何收获，但我想知道他为啥没成功。有两种情况：一是企业没资金，但从“开乐”铺天盖地的广告投放来看，没资金的情况不成立；二是企业对要投放广告的媒体是有选择的，换句话说，这家企业对我们新创办的《上海经济时报》不感兴趣。

我想，是后一种情况。为啥不感兴趣？那是因为不熟悉、不了解，因此也就不信任。那么，我是否可以让“开乐”了解和熟悉我们呢？于是，我让周葵说说他是怎样被对方“弹回来的”。周葵他可能觉得这个广告希望渺茫，讲给我听听也无妨，所以毫无隐讳地说了自己去拉广告的经过，他得出的结论是“伊拉经理老精怪的”。

我已从周葵的介绍中了解到，他是站在广告人的角度与对方单刀直入谈广告的，未被别人信任实属正常。我决定用自己的方式再同对方聊一次，看看是否能成功，于是把自己的想法告诉周葵，并言明“算我们两人的合作”。这话周葵是应该懂的，假如搞来广告，额度算我们两人的。周葵劝我还是放弃。在我一再坚持下，他同意“陪我走一趟”。

这天，我与周葵来到淮海中路的上海开乐家电公司，我发现那里店堂不大，顾客不少，人声鼎沸，好不热闹。

周葵问营业员，严德仁经理在哪里？我随着营业员手指的方向，看到一位身材高大的中年男子正在搬货，脑子里立即跳出问号："这就是周葵所说的老精怪的经理，自己还要亲自搬运货物？"

此人正是公司经理严德仁，他看到了周葵，立即停下手中的活，说："噢，周老师来啦，请楼上坐。"

当周葵将我介绍给严德仁时，他说："哦，吉老师，请请请，楼上坐。"

我们坐下后，我打量了这个所谓的"楼上"，其实是搭出来的阁楼，1米80几的严德仁，身子几乎无法站直。他在写字台前刚坐下，桌上的电话铃声就响个不停，严德仁拿起听筒，向我们敬了个礼后接电话。我和周葵坐在沙发上，周葵说："严总很忙，等一会儿抓紧跟他谈。"

我听严德仁打电话，满耳都是"陈老师请放心……带信向丁老师问好……"后来我与严德仁熟悉了才知道，我属猴，他也属猴，不过，他要比我大一轮，但遇上报社记者，无论年龄大小，一律称作"老师"，直至今日仍不改初衷。

严德仁接完电话，对我们说："现在我们集体企业真苦"。周葵朝我眨眨眼，我明白他的意思"你看，严经理开始叹苦经了"，但我还是倾听严德仁讲下去。他说，银行不给贷款，流动资金紧张，税收没有优惠政策……

瞅准一个间隙，我发话了，这是集体企业面临的共同困惑，《上海经济时报》是上海市人民政府集体事业办公室办的报纸，理所当然要为集体企业呼吁。我建议，可以在报纸上展开讨论。

严德仁一听，报纸上可以开展讨论，不由兴奋起来，他主动提出，他们上海开乐家电公司可以打头阵，抛砖引玉，这个专栏由他们"特约刊出"，让我核算一下，要出多少费用。

周葵闻听此言，拿出了"看家本领"，用计算机一算，说，除了刊登一篇严经理署名的文章外，再刊登5篇有关专家，包括市政府集体事业办公室的相关领导参与讨论的文章，总共4000元。

严德仁说“3000元”。

我笑了，说：“怎么弄得来像小菜场里买菜一样，讨价还价的。”我提出，我们在报纸的头版发一篇消息稿，讲明此次讨论是严经理发起的，同时做一个预告，希望为集体企业的困惑寻找良方。在此之前，请报社的摄影记者来为严经理拍照，将严经理的“光辉形象”放在他撰写的文章中。

“就按吉老师讲的办，我出4000块。”严德仁下了决心。

事后，我与报社的摄影记者专程去拍了严德仁的照片，与此同时，我将写好的消息稿请严德仁修改。他看后，说“蛮好的，不用改了。吉老师这个朋友我交定了。”

1992年，严德仁跳槽任春兰集团上海星威空调器公司（春兰空调专卖店）经理，在上海的空调器市场又独占鳌头。

时至今日，已是上海国宾医疗中心副总经理的严德仁仍与我保持着朋友关系。追根溯源，我们的友谊是从1988年就建立了。

对我来说，第一次搞定的广告指标距我终极目标还相距甚远。然而，我之后的两个“大仗”那才叫顶呱呱。

感悟：要被别人信任，首先自己要信任别人，你必须站在对方位置，为对方着想，这样才能得到对方的信任。假如一味以自己为中心，不顾他人的感受，别人当然不会与你交朋友；尤其是谈判，信任是基础，这个信任应该建立在双赢的基础上。严德仁从一开始不愿在新创刊的《上海经济时报》做广告，到他主动提出掏钱“特约刊登”，又从“3000元”到“4000元”的转变过程，不就是一个有力的佐证吗？

2. 我的两次经典策划

要说严德仁的“特约刊登”成为我给报社拉进了一笔广告，额度还是我与周葵对半开的，那只是我的“万里长征”刚走出第一步。报社搞广告“一只鼎”的张继辉受副总编陈子法委托，向我询问“有啥困难”。我知道，这种关心是对我的旁敲侧击，意图非常清楚：老兄，你的2万元指标到底能否完成？

我实话实说：“不知道。”

我的确不知道自己究竟能不能不辱使命。但我知道的，是不能放弃。有可能我努力了，不一定就有收获，但不努力，那肯定不会有收获，事实就是如此残酷，没人可以帮助你，只有靠自己来解决问题。关键是要找到正确的方法。

我相信自己能够成功，但要理一下思路，找广告要有人脉，还有脸皮厚，要像做保险的业务员那样，会“纠缠”，我只有“脸皮厚”，其他的都不行。就在我苦苦冥思之时，接到了贾升的电话，闲谈中，我得知他从老蒋的信息市场出来，也不想回《市场艺术》杂志社，他的儿子在工商局工作，常将局里办的《上海工商》杂志带回家，他偶尔翻阅了几期杂志，便自告奋勇地去该杂志社“坐坐”，那里的总编看到“送”上门来的老编辑，立即聘请他担任了杂志的编辑。

也巧了，《上海工商》杂志社就在我家附近，出于对老同志的尊重，我立即去杂志社看望贾升。也就是那次在《上海工商》杂志社，我竟然发现了“广告”的线索。在《上海工商》杂志编辑部里有一排大橱柜，我看到一叠《工商企业名录》，随手翻阅，发现里面是全上海登记在册的工厂、商店的开业日期、企业法人的姓名、企业的地址与电话号码，我看得津津有味，乐不思蜀。贾升见状，说，“这种名录你也喜欢？工商局里多得是，送你两本回家慢慢看吧。”

回到家，我再次打开《工商企业名录》，发现沪上有不少百年老店，我想在“百年老店”上动动广告的脑筋。由于自己没有彻底想好，只是一个朦朦胧胧的意向，便急于上阵，选了几家百年老店去谈广告，结果没有一家愿意投放广告。我信任自己，大方向是对了，但思路有问题，可一时半会儿又找不出原因，只得暂时放弃。

这天，我在报社看到一封读者的投诉信，说他买的“永和牌”热水袋使用时破裂了，大腿被开水烫伤，要求厂家赔偿没有回音。我一看此信，立即动了坏脑筋：我要以此线索去厂家，若他们愿意做广告，我就不发批评报道，如果不肯做广告，我就刊登批评报道，那家企业咋会愿意在媒体上曝光？于是，我先写了稿子，留下一块空白，这是让企业“做解释”的位置。一切准备工作就绪，我打了电话，与“永和”热水袋生产厂家联系好了上门采访的时间。

当我去了这家企业，才知道报社已经有记者去过。一位接待我的副厂长告诉我："那名记者以要刊登批评报道来换取企业做广告，我们宁可让你们登批评报道，也不会做广告。"他还说，报道也应该实事求是，假如登的有问题，企业会向报社交涉的。

当时，我就在心里想：这位厂长是在说明情况，还是故意说给我听的？在这种情形下，容不得我有半点犹豫，假如我一退缩，厂长就会知道我与先前来的记者是"一路货"。我毫不犹豫拿出写好的稿子，明确告诉他："即使你给我们报社广告，我也要刊登这篇稿子，现在请你过目，看看有什么地方写得不对，空白处就是让你们厂家说话的地方。"

我已经不考虑广告了。没想到，这位厂长听我这么说，立即满脸堆笑，拼命解释问题所在，是客户使用不当，造成热水袋损坏。又说他们是有着70年历史的老厂，"永和"又是老牌子，每年要生产十几万个热水袋，其中有一个出问题只是极个别的现象。据他们了解，客户使用热水袋时，开水灌得太满，又没将气放掉。再说，那只热水袋已经使用了好几年，存放时碰到了油之类的东西，造成橡皮老化……

听听厂长讲得也有道理。尤其是他说到他们是70年的老厂时，我立即将企业与百年老店挂上了钩，思路一下子开阔了。我在采访本上写下"开业60年，厂店话今昔"10个字，这是我在脑子里临时跳出的策划，我要找数10家有60年历史的工厂和商店，让每家出一定的费用，在报纸上开辟一个专栏，请他们写写昨天、今天和明天，每期刊登一家企业，按通栏广告费收钱；假如每家出资2000元，有50家单位刊登，那就是10万元！

我被自己的这个大胆设想吓了一跳，何不立即就试试。于是，我不动声色地告诉厂长，客户遇到了问题，贵厂应该予以重视和解决，我建议在报纸上刊登"如何使用热水袋"的文章，提醒消费者正确使用热水袋。

厂长问："要收多少费用？"

我告诉他，"为民服务栏目，分文不收。"厂长似乎不相信，反问："不收任何钱？"当他确定不收钱时，紧紧握住我的手，说："今后用得着我们的时候，尽管吩咐。"

我不失时机地告诉厂长，我们报社正在搞“开业60年，厂店话今昔”的活动，每家企业可以讲述自己从过去到现在的发展史，但不是什么企业都可以上的，参加的企业必须是有60年的历史，报社还要进行筛选……

我还未说完，厂长就说他们厂有70年的历史，完全符合参加的条件，他们要参加。其实，我还没彻底想好如何操作，报社是否同意我的策划都是未知数，我岂能答应他。但我觉得这个活动成功的希望很大，于是便装模作样地告诉厂长，等我回报社后寄一份报名表给他，让他别急于想着参加，等看了报名表上的说明后再定。厂长一个劲地说：“拜托拜托。”

可以这么认为：首战告捷。

我赶紧回家，翻阅《工商企业名录》时，发现上百年老店不少，但百年老厂寥若晨星，70年以上的工厂也是凤毛麟角，不到60年的到有四五十家；我在正式起草策划书时当即改为“开业50年，厂店话今昔”。

我信心满满，这是信任自己的表现，但能否让别人接受，或者说是被别人信任，惟有通过实践来验证。好在我有《工商企业名录》，于是先找了一家生产永久牌自行车的厂家，约定时间，我去了厂里。一聊，还真有故事。这家厂的前身是解放前日本人开设的五金作坊，新中国成了后，被改造成生产自行车的企业。当时新中国刚诞生不久，一切都是学前苏联老大哥的；自行车的商标为“熊球”，图案是一只北极熊站在地球上。后来，前苏联与中国闹翻，撤走了援华专家，“熊球”显然不能用了，厂里的技术人员动了不少脑筋，最终找到一个比较接近的谐音，就叫“永久”。

我相信，这样的故事写出来，读者会喜欢，他们在喜欢的过程中也可以了解“永久”自行车的发展史。对企业而言，用“讲故事”的形式来讲述自己走过的道路，读者记得住，而报社也乐意提供版面刊登这样雅俗共赏的文章。当然，提供了版面是应该收取一定的费用，被写到的企业也愿意出这笔钱。我粗算了一下，我们对开的报纸一通栏广告收费2000元，假如能有50家企业参加，报社就有10万元的收入。50家企业打个七折，35家，那也有7万元。如果被我搞成了，想想睡梦中都会笑醒。

我家距报社只隔三条横马路，骑自行车不消5分钟。我赶紧跨上自行车去了报社，向副总编陈子法递交了策划书。陈子法看后称赞是“金点子”。他补充说，让上海老饭店参加，请他们提供几桌饭，2000元就不用出了。再请解放前就有的王开照相馆拍一张集体照，到时候，请老市长汪道涵出席。

什么叫领导？这就是!领导是裁判，对属下提出的设想给予裁决。领导也是一张纸，任命书给你了，你就是领导，免除你了，也是一张调令。陈子法原是报社的法人代表，忻才良被任命为报社的总编后，法人代表自然是他了，因此，陈子法的“法人代表”被免了。

我根据陈子法的建议，立即重新写了《开业50年，厂店话今昔》的策划书，由陈子法签字后交总编办打印。

我知道自己一个人干不了这件事，这是一个团队协同作战的“大战役”。我回家把《工商企业名录》恭恭敬敬地“请”出来，将开业已经50年以上的企业摘抄下来，近水楼台先得月，自己先选了20家企业。另有20余企业名录交给报社，由报社安排人员去解决。其实，报社搞广告的大有人在，他们苦于没方向，如今由我搭了一个平台，又有这么诱人的现成活动计划，他们再加以发挥，八仙过海各显神通，可谓皆大欢喜。

《上海经济时报》每期刊登《开业50年，厂店话今昔》，效果不错。总共有31家单位参加，我一人就搞了18家。我们的会场设在也是参加的单位华联商厦的七重天酒家。20寸的彩色集体照片由王开照相馆提供。

开座谈会的那天，老市长汪道涵莅临会场，与大家合影，场面非常隆重。陈子法兑现了“请老市长汪道涵出席”的承诺，报社也兑现了向参加单位作出的承诺。我也兑现了自己的承诺，我的2万元广告超额完成。

这里还有一段趣闻，是首次披露。在请老市长汪道涵出席会议前的一段日子，汪老心情不好，那时他为一些商店、企业题写招牌，有人说他在“赚钱”，其实，并不是那回事；就拿汪道涵为当时我参与的“浙沪经济技术商品信息市场”题写招牌，完全出于他对企业的关心和爱护，根本就没收一分钱。汪道涵是位学者型的市长，哪会为蝇头小利而折腰？绝不会！

然而，此次他答应参加《开业50年，厂店话今昔》的活动，报社社长袁张度交给我任务，为感谢汪道涵在百忙中莅临会议，让我准备两件价值仅几十元的小礼品表表我们一点心意。我把准备礼品的事踢给总编办去办，因为我深知自己办不好。后来，总编办准备了一只巴掌大的微型弹簧秤；一个简易手动削皮机，这些东西实在是普通得不能再普通了。

当我找到汪道涵的秘书，说起报社想送汪老两个不值钱的小东西时，秘书说，汪老为避嫌，哪怕一分钱的东西也不会要的，会议照常出席。

我赶到袁张度家里向他汇报，袁张度正用英文在一本大本子上写东西，他说“等我记好日记再讲”。当他得知我汇报的情况后说：“这要看你的苗头了，自己去动动脑筋。”

我说：“你堂堂一个上海市人民政府集体事业办公室主任也没辙，我有啥办法可想？”

袁张度摆摆手，说：“每个人都是有潜力的，我相信你，肯定会有办法。”

这是袁张度对我的信任。我在回家的路上就想出了办法。我在《市场艺术》杂志社的时候，上海滩算是有名气的灯谜专家陶宽汝经常创作灯谜在我们杂志上刊登，我想请他出两条灯谜，届时请汪道涵先生猜灯谜，猜中了有奖品，这两个小礼品就可以让他名正言顺地取走。

陶宽汝动足脑筋，创作了两条灯谜，他把答案交给了我。汪道涵出席《开业50年，厂店话今昔》活动时，在他讲话之后，主持会议的陈子法请他猜灯谜，猜对了还有奖品。陶宽汝立即宣读谜面：“第一个是熙凤驾车，打一家商店的名称。”

此时，我将写有谜底的纸条递给汪道涵。他问是什么，我说是答案。他一皱眉头，说：“岂能弄虚作假，我不要。”

汪道涵对着出谜的陶宽汝说："熙凤就是红楼梦里的王熙凤，由姓王的开车，就是王开照相馆，对吗？"

陈子法让工作人员发奖。汪道涵看了看微型弹簧秤，说："这是我脑力劳动所得。"

陶宽汝又不失时机地出了第二条灯谜："祖国要统一，打一家商店。"

只见汪道涵略加思索后说："好灯谜，中华要联合起来，答案是华联商厦。"

掌声响起。工作人员又给汪道涵发奖，他示意秘书拿着。问："还有吗？再来。"

此时，袁张度赶紧接过话筒，说汪市长还有会议，我们现在抓紧时间合影吧……

还是《工商企业名录》引出的故事。我在上面发现一个有趣的现象，上海有不少"双"字的企业，诸如双钱轮胎、双鹿冰箱、双箭指甲钳……大概有20几家。我在《市场艺术》杂志社时曾采访过滑稽泰斗姚慕双和周柏春，他们的徒儿们就是"双字辈"演员，我突然来了灵感，企业是"双字辈"，滑稽演员也是"双字辈"，我就给他们来一个"文企双飞"，搞一次专场演出。

当我把这份策划书交给总编忻才良时，他大加赞赏，当即拍板"就这么干"。

嘿嘿，每家参加单位出资2000元，仅20家"双字"企业参加。那时，给演员的报酬也不高，周柏春带领弟子算是"友情参演"，实实支持了我们一把。

感悟：怎么来看待信任，其中有一个角度的问题。角度，即视角。《上海工商》杂志的主编看到贾升，已经这把年纪，曾经编过刊物，主编眼中的贾升便是一位德高望重的老编辑，信任感陡然而生。当然，贾升在得到别人信任的同时，使出浑身解数，把《上海工商》办得十分到位。但他在编辑部对天天见面的《工商企业名录》不屑一顾，而我得到后却如获至宝，那是我看到了里面隐藏的商机，这就是"视角"的不同。我信任工商局，他们编印的《工商企业名录》具有权威性，而我从中找到了潜在的广告客户。我更信任自己，当可行的方案变成现实之时，我也获得了别人的信任。

3. 当了一回总指挥助理

我又与蒋期馨“搭”上了。

事情是这样的，老蒋的过房儿子谢大康已经离开了名存实亡的吉申公司，他想自己搞一家公司，有意请老蒋重新出山。此时，伯乐科苑酒家的经理屠文超也不想再搞酒家了，他愿意与老蒋协助谢大康一起干。

事情就这样凑到了一块。老蒋提议，浙江省作家与企业家联谊会是他引入上海的，如今，信息市场已经易主，他让谢大康和屠文超与我陪他去一趟杭州，他要“把事情说说清楚”，浙江方面愿意同上海市信息中心继续合作，以后的事别再来找他老蒋。他的意思是“把丑话说在前面”，若不想与上海方面合作，他愿意协助杭州方面做一个了断。

我们四个人去了杭州，在那里住了一个晚上。浙江省作家与企业家联谊会称他们愿意继续跟上海市信息中心合作，我们也已经“把丑话说在前面”了，彼此结束。在返沪的火车上，老蒋看到车窗外的墙上刷着“奔小康”的标语，对我说，要走社会主义康庄大道，是大康。他对谢大康说：“我们办一家康大公司，第一仗就是跟上海经济时报社联手搞一次全国性的活动。”

老蒋回到上海，帮谢大康办起了康大公司，谢大康任命老蒋和屠文超为副总经理。公司办在波特曼大酒店后面的南阳路上。老蒋把四川省人民政府驻上海办事处的吴道富请来当顾问。此时吴道富已是各省市自治区和中央各部驻沪办信息协会副理事长兼秘书长，他又是一个热心人，不仅有人脉，最主要的是有经济头脑，这种兼职的活不累人，他自然乐意干。

经老蒋他们策划，康大公司与上海经济时报社和上海电视二台联合在珠海搞一个“全国名优五金产品订货会”。我拿到了策划书，看到老蒋所花的心思，可以用呕心沥血来形容。

我向社长袁张度专门汇报此项合办的活动，他在我的报告上批示：“同意。由吉建富同志代表《上海经济时报》参与筹备工作。”他还告诉我，上海市人民政府集体事业办公室在珠海有个办事处，他会向珠海办事处的负责人交办任务，让他们协助这项活动。

老蒋是这次珠海订货会的总指挥，我被任命为总指挥助理。吴道富积极奔走，请各省驻沪办事处向各自本省市和驻沪企业发放订货会参展表格，最终全国有300余家企业参展。

去珠海剪彩的领导原先是请汪道涵先生的，但由于汪老公务繁忙，横排日期，竖排日子，就是没有空当。虽然袁张度也要去珠海的，但老蒋认为“压”不住。他让我想想办法。

可以说，这是老蒋对我的信任，但我最怕他说让我想想办法。谁叫我被“绑上了战车”，在《解放日报》刊登了通栏广告，我这个总指挥助理的大名赫然在上，我能无动于衷吗？显然不能。我姓吉，也许吉人天相，冥冥之中有一个人为我解决了大难题。

此人就是报社的编辑部主任黄兴。他看到《解放日报》上的广告，跑来找我，说他也想去珠海，能否提供来回的机票。我让他找袁张度，他说找过，被袁张度“弹皮弓弹回来了”。

我告诉黄兴，能否请得到一位重量级人去珠海剪彩，若能，机票由我来解决。

黄兴问：“是真的，还是说着玩的？”

黄兴不信任我，那是他的事，我言辞凿凿并且明白无误地告诉他：“不是说着玩的！”

黄兴报了几个名字，其中有庄晓天。我指名道姓“庄晓天”，两天以后听回音。我为何听到庄晓天就同意呢，这不仅因为庄晓天是上海市副市长，又是分管商业的；还有另外一个情结：当年，我丈人田少彬曾与庄晓天在一个单位共事，彼此很投缘，后来，庄晓天调往商业二局任局长，吃饭与商业一局是同一个食堂，我在《市场艺术》杂志社时，经常在食堂里遇见他，每见一次，他都会让我带口信给我丈人。

当黄兴一提到庄晓天，我就立即心里有了谱，可以说我的胆子还真大。可我哪有多余的机票，而且是来回的，我只能去同老蒋商量。当我把事情经过向老蒋一说，他认为我做得对，并说：“要是真的把庄晓天请去，黄兴立大功了。”

从老蒋的口气中听得出，他是将信将疑的。他并不是不信任我，而是对黄兴能否请到庄晓天打了一个问号。

翌日，黄兴告诉我，庄晓天的事情太多，跑不开。我心里顿时凉了半截。黄兴问："请张承宗先生行不行？"

我一听是张承宗，知道他解放前曾担任中共上海地下市委书记。新中国成立后，他担任过上海市副市长兼市政府秘书长，粉碎"四人帮"后出任上海市委统战部部长。这样重量级的人物能够请去珠海剪彩，那是我们订货会的荣幸。我当即表示"行"，反问黄兴："你行不行？"

黄兴也听得出我有些怀疑。但他这次是拍着胸脯说的："一言为定，请到张承宗，我的机票就要给我。"

黄兴果然请到了张承宗。当时，老先生还是《沪港经济》杂志的总编辑，是退而不休。老蒋请黄兴一起去珠海已成定局，但我生出顾虑，想想黄兴是报社领导，我这个属下担任总指挥助理，那他还要受我的领导不成？虽然黄兴明里不说，心里一定会有想法的。当我把这种顾虑向老蒋一说，老蒋当即决定，请黄兴担任此次订货会的秘书长，这样便为我解了围。

当黄兴得知自己担任了秘书长，可以名正言顺地去珠海时，他拍拍我的肩膀说："小吉，我们可以一道干了。"

当时珠海没有机场，我们要乘飞机先到广州白云机场，而后乘3小时的车到珠海。在去广州的飞机上，我拜访了张承宗先生，他的秘书马韫芳陪同他一起前往珠海。飞机抵达时，广州方面知道张承宗要来，准备了"二级保卫"。前面警车鸣着警笛开道，张承宗的专车还未动，他让我去前面请武警把警笛关掉，说"搞得像捉强盗一样"。

由康大公司与上海经济时报社和上海电视二台联合举办的"全国名优五金产品珠海订货会"在珠海展览中心如期举行，开幕式过后，袁张度让忻才良和上海电视二台的副台长汤渭达，在宾馆写这次订货会的总结；我去联系香港与澳门的媒体记者，准备搞一个新闻发布会。

我对袁张度拍胸脯说，这件事我立即就能搞定。他看了我一眼，好像将信将疑，但没有说什么。我为啥这样自信？因为我有绝对把握。还在《市场艺术》杂志社时，丁建平搞过一个"虹口专辑"，他依靠的是虹口生活服务公司的刘国棋。

刘国棋是个“怪路子”的人，当年他在正章洗衣店工作时，曾搞过上海滩一个创举——军帽翻新。如今的人根本就不会知道当时流行戴军帽，算起来，一顶军帽除了五六元钱外，还需要布票。军帽戴久了，帽檐处有一层油渍，自己洗，很难洗干净；有油渍的军帽戴在头上不雅观，丢弃了又十分可惜，刘国棋便在静安区的店里搞了一项军帽翻新业务。他把顾客送来的军帽帽檐拆下，与军帽一起清洗干净后，用熨斗烫平后再“复位”，收费2元，生意好得“飞”起来。

就是这位创造奇迹的刘国棋被虹口生活服务公司“挖”过来。他不辱使命，攻下了当年“皇帝女儿不愁嫁”的苏州香雪海冰箱厂，使公司成为香雪海冰箱在上海的销售点。不仅如此，在刘国棋的撮合下，苏州香雪海冰箱厂与虹口生活服务公司在珠海特区建立了办事处和分售点，刘国棋作为公司派出的人员常住珠海。这位老兄在那里除了和《珠海特区报》、《深圳特区报》的记者“好得像兄弟一样”之外，他还与香港和澳门的记者“打成一片”。

我要找当地和港澳记者，当然要请刘国棋出马。他很快便为我请来了香港的《文汇报》、《大公报》；澳门的《澳门日报》和当地的《珠海特区报》，以及《深圳特区报》等七八位记者，加上从上海去的《解放日报》记者李树林，上海电视台记者顾幸福；各省市自治区和中央各部驻沪办信息协会副会长兼秘书长吴道富还是有《四川日报》记者证的特约记者。我既是此次订货会的总指挥助理，又是《上海经济时报》的记者，故，我有两种身份。

这样一个记者阵容也可以了。然而，新闻发布会举行时出了件令我意想不到的事。

在珠海拱北宾馆的一间豪华的会议室，椭圆形的会议桌正前方的位子是主持会议的人坐的，按我事先的设想，总指挥蒋期馨与袁张度和张承宗并排坐在这个位置上，我和忻才良、汤渭达、黄兴坐在侧面靠前的位置。但是，张承宗除出席开幕式剪彩外，其他活动一律谢绝。

此时的“重要位子”上坐着袁张度和忻才良、汤渭达，袁张度让老蒋坐侧面的位子。我和黄兴发现老蒋的脸色陡变，但毕竟是块“老姜”，他脸上仍挂着笑容，就顺着袁张度手指的方向坐下。

袁张度的开场白非常精彩，当时有些参展企业不满意他们没做成一笔生意，袁张度在讲话中专门提及这个问题，他说：“我们企业要学会看问题，你们今天到中国改革开放的前沿，不要被一时没做成生意而困扰。你们在这里广交了朋友，彼此面对面地接触，建立相互信任的关系，来日方长，还怕今后拿不到订单吗？”

袁张度毕竟是上海市人民政府集体事业办公室主任，一席话说得港澳记者频频点头。

该是总指挥老蒋“说几句”的时候了，岂料，他的话语权被袁张度剥夺了。袁张度让忻才良、汤渭达和我发言。我顿时愣住了。只听老蒋说“我到外面去抽根香烟”，借故退场了。

记者们不明就里，几位记者提问题，袁张度一一从容作答。依我在上海出席类似新闻发布会的经验，会议结束，饭局就要开始，在吃吃喝喝中发车马费（即红包）。我在袁张度宣布新闻发布会结束时，立即见缝插针宣布，马上到宴会厅就餐。谁知，香港的记者用小跑步的速度奔跑出去，他们说：“要赶最后一班快艇回深圳发稿。”澳门的记者也匆匆跑向自己的坐车，他们也要赶回澳门发稿。

刘国棋见我傻乎乎地站在那里，告诉我，他们明天上午会带着刊登消息的报纸过来，让我在珠海市里安排吃早茶。当晚，我们上海的记者和深圳、珠海的记者欢聚一堂。

老蒋回宾馆与老爱人共进晚餐。晚上我去他房间，也不知说什么好，干脆就没说，只是请他明天跟记者们去吃早茶。我想让他在这种轻松的场合与记者见面，以弥补新闻发布会上缺憾，老蒋爽快地答应。他说：“小吉，只有你知我心。那个跷脚，我要是有把手枪，起码要开他18枪！”

老蒋言及的“跷脚”即袁张度，他在中学时代酷爱踢足球，在一次奔跑过程中摔断了腿，成了瘸腿。老蒋要开他18枪，可见老蒋已经气愤之极。我打电话找来黄兴，说了事情的经过，黄兴对老蒋说，袁张度是政府官员，你老蒋虽然是总指挥，但你要搞清楚，是党指挥枪。

黄兴说话一向直来直去的，他一语道破天机。我想，他是我的顶头上司，我让老蒋给他一个“官职”，等于给我自己加了一件“防身衣”，而老蒋没有给自己准备一顶“保护伞”，结果被袁张度弄得这般难堪。

为了安抚老蒋，黄兴让他和我去拜访张承宗。黄兴已约了《珠海特区报》的记者，当晚，他们要写一篇《夜访张承宗》的专访。老蒋也就是在那里认识了张承宗，他们交谈甚欢，成了好朋友。

老蒋回上海后又专程去拜访张承宗。张承宗把自己创办的《沪港经济》杂志转交给老蒋来办。老蒋请了写出《大上海沉没》系列长篇小说的俞天白担任总编，我也就由此认识了俞天白先生。两年后，老蒋把在华东政法学院工作的大儿子蒋小馨“逼”出来接俞天白的班，成了《沪港经济》杂志的第三任总编至今。

老蒋曾对我说，人总会有所失，有所得，他在珠海最大的收获就是认识了张承宗，也“认识”了袁张度，不过，认识袁张度的认识是要打引号的。

次日上午，港澳记者诚如刘国棋所说的那样，带着各自刊发我们消息的报纸与我们共进早茶。我把准备好的红包分发给他们，竟没有一个伸手接的。他们的敬业精神给我留下了极其深刻的印象，这么多年过去，始终在我脑海里挥之不去！

感悟：信任的建立是互动的关系，你信任别人，对方未必信任你，但你还是要坚持做出可以被别人信任的举措。你不要考虑别人是否信任你，只有你真心实意地去做，可能赢得了别人的信任，也可能得不到别人的信任，那不是你的错，事实胜于雄辩，总有一天会得到别人的信任。问题是，信任还有一个层次的关系，就信任而言，可分为绝对信任和一般信任。这种微妙的关系取决于利益的大小，浙江省作家与企业家联谊会一开始是信任老蒋的，当老蒋下台后，他们与上海市信息中心接上了关系，在信任的天平上，他们倾向了上海市信息中心，这就是利益的关系发生了变化，老蒋对他们来说，已经无利用价值。

黄兴是报社的领导，他是我的顶头上司，我们彼此建立了相互信任的关系，这一点毋庸置疑；然而，我兑现了他能请到张承宗去珠海剪彩，就给他去珠海的机票，这是他做出的贡献换取的。可我这个属下担任总指挥助理，他却老百姓一个，行吗？那是不行的，虽然他不会说什么，但心里总不免“不舒服”，算我拎得清，让他当了秘书长，他自然也拎得清，我毫发未损，是信任自己判断的结果。

老蒋发起这次规模庞大的活动，可谓废寝忘食，他当然信任自己，却没有理顺“利益”关系，抢了袁张度的风头。袁张度曾让忻才良暗示过老蒋，老蒋却依旧我行我素，这是他的性格使然，却被袁张度从“信任”的名单上划掉了。

4. 创办安庆记者站

袁张度在参加珠海订货期间，在那里建了一个上海经济时报社珠海记者站，人员是上海市人民政府集体事业办公室驻珠海办事处的同志兼的。那时，《经济新闻报》已经改为了《新闻报》，就是这张《新闻报》，之后又与《上海经济时报》合并，是时任上海市委书记的朱镕基一锤定音：仍使用《新闻报》的报名。由此，上海经济时报社珠海记者站也同时改为新闻报社珠海记者站，这件事是我一手操办的，完成更名后，我被报社任命为新闻报社珠海记者站站长，那是后话了。

现在来说说我创办上海经济时报社安庆记者站的事。

安庆，地处长江边，属安徽省；长江从湖北武汉过来至安徽境内的第一个城市就是安庆，它是黄梅戏的发源地，也是陈独秀的故乡。

交代一下创办记者站的背景。中国合作经济报社在武汉有个记者站，由武汉乡镇企业局高峰创建，他苦心经营了好多年，因为从上海迁往北京的中国合作经济报社撤销了武汉记者站，高峰十分无奈，但他手上有一份各地记者站的名单，袁张度在北京得到此消息，回上海要求我与张继辉去武汉，请高峰先生将这份名单给我们，以便我们上海经济时报社去“接管”这些记者站。

我和张继辉乘飞机到了武汉，从空中俯瞰武汉长江大桥和黄鹤楼，雄伟壮观。张继辉对这次“接管”信心十足。但是，第二天，我们就碰了钉子。最棘手的是，当地有关部门称他们也在寻找高峰，就是不见他的踪影。

我心里在想，高峰打下的江山，怎么肯轻易拱手相让？也许他的确心情不佳，这几天不知跑到哪里去散散心，或者是闻听我们在找他而故意躲着我们？年长我十多岁的张继辉当过兵，他说：“打仗冲锋，有时正面久攻不下，往往会采取攻侧面，这叫迂回作战。”他建议，我们也可以迂回作战。

我们决定去武汉市政府采访。武汉市政府办公室的同志一听是上海来的记者，看了我们《上海经济时报》的记者证，立即找来了市政府秘书长。我对于新闻采访可谓轻车熟路，张继辉一再提醒我，我们现在的思路要转到采访上来，别再想高峰的事了。

武汉市政府秘书长不用看材料，一口气讲了20分钟，我当即把他归纳为：市政府原先对企业管头管脚，什么事都为企业包办；在从计划经济转向市场经济的过程中，市政府不再包办，该企业做的事由企业自己做，他们用了一个形象的词，叫做“给企业断奶”。

我问秘书长，市政府采取了哪些措施。秘书长列举了几条他们正在实施的做法。我当场在采访本上拟好了标题《武汉市政府为企业“断奶”》。

趁着有人找秘书长签字之际，我小声问张继辉，是否可以向秘书长询问高峰家的住址。张继辉摇摇头，说我们刚建立信任感，但不是很稳固，等到写好稿子请他审阅时再说。

张继辉说得没错，秘书长还没看到我们写的稿子，不知我们的稿子是否符合他的要求，一旦看了我们写的稿子，尤其是令他满意时，我们之间的信任度必然会提升。届时，我们再向他提出找高峰，估计不会被拒绝。

采访结束回到宾馆，我自告奋勇地承担了写稿的任务。其实，在与寻找高峰和写稿之间，我觉得还是写稿相对容易。也就是大约两个小时不到，一篇千字左右的稿子写成了，我让张继辉修改，他接过稿子，只改动了几处，竟又重抄了一遍。他说，希望给他人留下好印象。

我们趁热打铁，当天下午又去找秘书长，请他审稿。秘书长正好开完一个什么会，见到我们专门送稿子请他审阅，心里感觉特好。他说：“到底是上海来的记者，就是不一样。”

秘书长非常仔细地看着我们写的稿子，他只改动了一处，说：“很好。”我写了一个报社传真号给他，请他帮我们传回报社。

秘书长就用他办公室传真机传稿。我趁他高兴的时候，告诉他，我们想找高峰。他操起桌上的电话，通知高峰办公室的主任到他办公室来，先前我们拜访过那位主任，他一来，见秘书长与我们“打得火热”，听秘书长问高峰的家庭住址，他拔出钢笔写在了纸上。

我们通过迂回战术获得了高峰家的住址，从武汉市政府出来，便马不停蹄地赶往高峰家。

武汉市由武昌、汉口、汉阳三镇组成，可谓“三足”鼎立。高峰的家在汉口，当我们按图索骥找到他家时，却吃了个闭门羹。邻居说上午好像看到过他，但我们敲门却没有反应。等了一个多个小时，只得离开。

第二天一早，我们再次来到高峰家，还是铁将军把门。张继辉判断，高峰对我们是避而不见。他不知道我们要找他的用意，如何才能把我们的信息传递给他呢？我们总不能在这里耗着。要让高峰知道我们清楚他此刻的心情，也要让他知道我们是理解他的，但千万不能说“同情”。

我想了想，从包里找出报社的信笺和信封，在信笺上，我写了两句话：高峰盼高峰，高峰攀高峰。中国文字真奇妙，假如算一算不重复的字，总共也就四个字。

张继辉看了，夸我有水平。他从自己包里拿出一份《上海经济时报》说，把它一起放进信封。他还提醒我，写上我们住的宾馆电话号码，并在信封里放入我俩的名片。随后，我们将信塞进了高峰家的信箱。

奇迹发生了。当晚，我们居住的宾馆房间电话铃声骤然响起，我拿起听筒，就听见一个男人粗犷的声音，说：“我是高峰，请问你是《上海经济时报》的记者？”

我一听是高峰，心情不知为何紧张起来，我赶紧自报家门。高峰又问：“纸条是谁写的？”我不知道高峰为何要这样问，也不知道自己究竟写得好，还是不好。我回答是我写的。

高峰说：“就凭这两句话，欢迎你们明天上午到我办公室来。”

我们去过高峰的办公室，所以次日上午能准时在他办公室见面。高峰办公桌上放着《上海经济时报》，以及我写给他的纸条。他接过我递给他的名片，说：“哦，这就是你的大作。”他似乎还沉浸在欣赏中，说：“中国文字真奇妙，高峰盼高峰，高峰攀高峰。”

我直奔主题："希望您成为我们上海经济时报社武汉记者站的站长。"

高峰自我解嘲道："高峰虽然盼高峰，可是攀不了高峰喽。"他拿出中国合作经济报社各地记者站的名单，很诚恳地说："武汉属华中地区，你们上海的报纸要搞记者站，应该选在华东地区，我给你们介绍安庆劳动局的丁昌先生，他的活动能力很强，一定行。你们从武汉坐船就可以到达安庆。"

高峰把丁昌的单位地址和联系电话写在一张信纸上，他看了一遍认为准确无误后交给我。快到中午时分，张继辉提出请高峰吃午饭，他没有推辞。他说晚上有一班去上海的船，建议我们路过码头时先把到安庆的船票买好。由于我和张继辉来武汉已经四五天了，我俩决定，他直接回上海，我则在安庆下船去拜访丁昌。

买好了船票，高峰领着我们到江边的一家小饭店就餐。他没有谈自己，却把丁昌介绍了一番，我还未见到丁昌，丁昌的情况我已了然于心。吃完午饭，高峰陪我们在江边转转，我们3人拍了一张合影留作纪念，之后，我们再也没有见过面，他的身影却永远和我与张继辉连在了一起，而我与丁昌长达7年的交往却是由此开始。

后来，我在安庆宾馆和丁昌见面了。五十开外的丁昌瘦高个，说话不绕圈子，先介绍了原先中国合作经济报社在安庆的记者站人员组成，由劳动局的丁昌牵头，加上农业银行、乡镇企业局的五六位参加，安徽日报社驻安庆记者站的胡先祥也被他拉进来了。未来的上海经济时报社安庆记者站就用原来的人马。

我一听，这事成功了一大半。之后，我们商定了成立的日期，我提出，要去安庆市委宣传部备案，丁昌说，这事由他来办理。他希望记者站成立之时，报社起码要来一位副总编。我答应了他。正是由于彼此开诚布公的协商，前后不到一小时，就将所有的事情敲定了。中午，丁昌请我到他家吃饭，饭后又带我游览了安庆迎江寺，再去参观了陈独秀墓。

第二天，丁昌派车陪我上了九华山。他说，下次来，我们再去天柱山。一个刚见面才两天的人，丁昌就已经把我当成了兄弟，我们的友谊就是从那时开始的。

我返沪后，立即向报社汇报筹备安庆记者站的经过，要求报社在正式成立之时，派一位副总编去安庆祝贺。一个月后，就是建议我去上海经济时报社的副总编赵雨和我一起到安庆的。我兑现了“报社来一位副总编”的承诺，丁昌也兑现了“去安庆市委宣传部备案”的承诺。当丁昌从赵雨的手中接过“上海经济时报社安庆记者站站长”的任命书时，脸上露出了灿烂的笑容。

不久，《上海经济时报》与《新闻报》合并为《新闻报》，上海经济时报社安庆记者站理所当然地更名为新闻报社安庆记者站，为此，丁昌又到安庆市委宣传部办理了变更手续。我在此只讲一个数字，《新闻报》每年在安庆的发行数接近400份，还有七八万元的广告。

我铁定每年年末都要去安庆参加由丁昌组织召开的发行会，每次，他都要把记者站收入与支出的账本让我过目，我像是个钦差大臣，每年都代表报社去审计。但我每次看账本的时间都不会超过5分钟，便签上自己的名字。因为我信任丁昌，他不会胡来，更何况报社又没有给他一分钱。为此，丁昌对于我的信任一直心存感激。

有一次，他打电话告诉我，记者站搞了两次活动，账上的钱几乎用光了。我知道，报社是不会掏钱养记者站的，安庆记者站是我一手建立的，好像是自己的孩子，与其说我对该记者站有特殊的感情，还不如说是对丁昌有特殊的感情。

我决定为记者站做点贡献。与丁昌商量后，以记者站的名义举办一次收费的股市讲座，演讲者就是我本人。我是1989年进入股市的，在证券市场摸打滚爬也有些年头了，对股市不是门外汉。讲座日期已定，《安庆日报》上刊登了广告，《安徽日报》还刊出对我的采访记，一下子将我逼上了“绝路”。

不过，我并不担心，为了不让安庆的股民失望，我在上海专门请教了股评人士贺宛男、应健中、李志林等专家，把“功课”做足了。在安庆举办的股市讲座上，有近300位股民前来听讲座，我卖力地讲了两个多小时，听众都说受益匪浅。丁昌更是乐不可支，每张入场券30元，记者站的账面一下子有了钱，而我未拿一分钱的讲课费，算是为记者站做贡献了。

感悟：在与陌生人建立信任感的时候，和甲方乙方都有关系的“第三者”就是加速器，最好能找到这样的“第三者”，那就可以省去不必要的盘问。我们与武汉的高峰先生之间没有“第三者”，所以彼此间只能经过“漫长”的摸底过程。我们在寻找“第三者”，通过迂回战术，为武汉市政府写报道，才让秘书长成为了“第三者”，我们方能找到高峰的家。由此看来，寻找这样的“第三者”可谓磨刀不误砍柴工。当我们与高峰建立了信任感之后，他将安庆劳动局的丁昌介绍给我们。由于丁昌同高峰是熟人，又因他很尊重高峰，当我与从未谋面的丁昌要建立信任之时，正是“第三者”高峰的影响力，我与丁昌迅速建立了相互信任感。问题是，在现实生活中我们如何才能找到这样的“第三者”呢？

5.不走寻常路的汪医生

汪医生即汪佩琴，就是搞出“红楼宴”的那位。读者一定记得，汪佩琴是著名武术家王子平的关门徒弟，她还是上海铁路中心医院伤科的主治医生。如果说“红楼宴”让汪医生声名鹊起的话，那么之后她搞的“股市沙龙”和“减肥培训”就更令她名声大振。且让我向你简略道来。

1990年6月，《新闻报》与《上海经济时报》合并，市里的决策者决定沿用《新闻报》的报名，在报社层面的领导安排煞费苦心；《上海经济时报》的总编是忻才良，《新闻报》总编是熊永石；若由《上海经济时报》的人当总编，《新闻报》的人不同意；若由《新闻报》的人当总编，《上海经济时报》的人不乐意，只能由第三方的人来担当，这样，刚从《文汇报》退下来的副总编张煦棠被时任上海市委宣传部部长陈至立请去谈话，最终张煦棠被任命为《新闻报》的总编辑。

生于1927年的张煦棠1949年7月参加革命。在杭州新闻学校毕业后，任解放军第24军《火线报》记者。1954年转业到文汇报社，历任编辑、记者、新闻部主任和副总编辑，1987年经全国新闻高级专业职务资格评委会评定为高级记者，1993年获国务院表彰为有突出贡献的专家学者，享受政府特殊津贴。

年过花甲的张煦棠到新闻报社上任不久，便在报上开出了《证券市场》、《期货市场》、《房地产市场》和《文化经济市场》专栏，这四个“市场”都为全国第一。这种魄力来自他对经济的精通，加之勇于创新，把《新闻报》推向了一个新的高峰。

要知道，那时上海证券交易所尚未成立，《新闻报》的《证券市场》就已经开张，吸引了无数股民的眼球，每期报纸一出，便被抢购一空，报纸一时洛阳纸贵。负责该专栏的贺宛男女士又不失时机地办了一期“股市讲座”，在邻近四川北路的海南中学借了一间教室，听课者每人只需付40元。我负责收“学费”，可是报名者太多，原本估计一间教室坐满30多人就不错了，谁知，从《新闻报》上看到“讲座启事”的读者报名踊跃，一下子来了七八十个，我赶紧告诉贺宛男，她向校方沟通，最终借了一间大教室，顶多也只能坐60人。

汪医生就是在这个时候找到我的。她要我无论如何都得给她报上名，我自然利用“职权”给她挤上了“末班车”。记得当时她一本正经地告诉我，说她已经研究过了，认为股票是个新事物，政府每次在新事物上总会给我们尝甜头，这是规律，如果我们不抓住千载难逢的机遇，那是要吃苦头的。

由于当时我正在复旦大学新闻学院读书，与股市讲座的时间有冲突，我与汪医生达成一项协议，她在听“证券讲座”时做好笔记，我则安心在复旦新闻学院上课，每周碰头时，汪医生将她的笔记给我，我就是通过如此间接的学习，加上汪医生讲她的学习体会，也很快掌握了证券知识。

由于我要写毕业论文，有一段时间没同汪医生联系。

就在忙完自己的事之后，突然接到汪医生的电话，让我去她所在的医院，说“有要事相告”。当我赶到那里时，她正在为病人看病，就听护士高喊“汪医生电话”。汪医生从房间里出来，到医生值班室接电话时看到了我。她让我稍等片刻，待她接了电话再说。

我不知道汪医生为何把我叫去，她到底有何要事相告？我只能耐心等着。当汪医生接完电话，对我说：“你应该相信我，现在就应该去买卖股票，我已经操作过几次，赚了一点小钱。”

汪医生是个热心人，她让我先去办好股东账户，再陪我去买股票。

她说的“你应该相信我”，言下之意是我还不信任她。从1986年，我们在《市场艺术》杂志社相识，也有五六个年头，我绝对信任汪医生，这种信任是建立在无数经历的事情考验基础上的。

我对汪医生当即表示“立即去操办”。也可以说是在汪医生的“推动”下，我才去办理了证券股东账户。然而，我与她商量哪天去万国证券公司买股票时，却老是无法定下具体时间。弄得我心里老大不快。因此，对她的信任度有所下降。

汪医生应该向我解释其中的原因，可她就是支支吾吾，这就更引起我的不满。有一天，我实在忍不住了，径直到汪医生供职的医院找到她，劈头盖脑就问她“这是啥意思”。弄得汪医生一头雾水，反问我“吉老板，你是啥意思”。（如今已75岁的汪医生仍这样称呼我）

由于自己心切，我的问话没问到点子上，知道彼此发生了误会。当汪医生知道我来的目的后，将我拉到一旁，小声向我解释了一番，我才弄清真相。原来是她的顶头上司、伤科主任发现她经常溜出医院，于是暗中调查，方知汪医生去了证券公司。伤科主任曾多次找她谈话，汪医生能赖则赖，赖不了的，就请事假。由于她不能随意溜出医院，所以对我做出的承诺只得暂时无法兑现。

蜡烛不点不亮，事情不说不明。汪医生是个爱面子的人，她被伤科主任“铆牢”的事怎肯轻易告诉我？要不是我“兴师问罪”，她觉得自己的信誉要受损，哪会如此坦率地向我解释。

汪医生瞅准伤科主任那天下午出去开会之际，打电话约我下午2点在广东路西藏中路口的万国证券公司门口碰头（现已与申银证券公司合并为申银万国证券公司），并再三关照，务必带好身份证和私章。

我提前10分钟到达那里，在柜台前溜达。那时全上海的证券公司也就几家，没有现在看到的大屏幕，股票交易的价格就写在黑板上。而所有的股票品种也就8个，它们是：延中实业、申华电工、真空电子、飞乐股份（大飞乐）、飞乐音响（小飞乐）、豫园商城、爱使股份、凤凰化工，被称为“老八股”。而当时这些股票均为纸质的实物股票。

汪医生准时赶到，她朝黑板上一看，建议我买真空电子（股民们称其为“电真空”）。我看到黑板上写着的“卖出价每股501元”，便从包里拿出5000元，又从衣袋里摸出10元，买了10股电真空。柜台里的中年男子给了我10张四开大小的股票，在股票背面盖上我的图章，这就算转让给我了。

第二天，汗医生打电话告诉我，电真空股价是519元，我一算，24小时候我赚了180元。我对汪医生说，股票不抛，只是账面上赚了，只有抛了才算真正赚钱，我想抛了，赚的钱是我一个月的奖金。汪医生说："吉老板，你心也太平了，赚这几个葱姜钱就满足啦？放着，不翻一个跟头不要抛。"

"翻一只跟头"就是翻一倍，股票真的就那么好赚钱？我心里打了几个打问号，可听汪医生说，她买了电真空和延中实业捂着，等着赚大钱。我便打消了抛股的念头。可是，我当时每股501元买的电真空看到过519元，那竟是最高价了，之后便一路下跌。若是现在，我肯定会在我的买入价之上抛掉股票，哪怕"割肉"也要抛掉，因为不知股价会跌到哪里。当时我眼睁睁看着电真空股价跌倒了450元。就在此时，我被报社派往珠海去将上海经济时报社珠海记者站变更为新闻报社珠海记者站，并要在珠海常住一段日子。

当我在珠海时，电真空股票已经跌到400元之下了。我在心里埋怨汪医生，她说应该相信她，在事实面前，让我还能相信她吗？但转念一想，也不能全怪汪医生，权当付学费吧。不久，电真空股价止跌回升，又回到了500元以上。一个月后，股价超过了600元，我赚钱了。

在珠海住了一个多月后，电真空股价飙升至每股700多元，我坐不住了，连续给报社打电话，说我女儿上幼儿园要接送，还找了N理由要回上海，报社被我搞得烦透了，终于批准我返沪。当我回到上海的时候，电真空的股价已超过900元，接着便开始下调。为了保卫"胜利果实"，我立即将股票在950的价位抛了，这个价钱几乎到了汪医生所说的"翻一只跟头"价位，我心满意足。

谁知，电真空的股价稍作调整后又大幅度反弹，它的最终价格是每股2700多元！难怪妻子整天埋怨我"胆小如鼠"。汪医生得知后，上我家做我妻子"思想工作"，她说："股市里有得是机会，你们总的来说是已经赚了。股价不会永远只涨不跌的，等股价调整下来再冲进去！"

赚了"第一桶金"，我一直等待着机会。1992年公开发行股票认购证时被我抓住了千载难逢的机会。当时的证券市场股民多而股票少，被称为"僧多粥少"，上市公司的股票排队等着审批上市。为公平起见，政府发行每份30元的认购证，采取摇号中签的形式购买原始股，言明，若未中签，30元的认购证等于废纸，所收的钱款上交给残疾人基金会。

我可算得上是最早的一批股民，但对于认购证这样的新生事物还是吃不准。于是向汪医生请教，她说："有钱直接买股票，买认购证有风险，像是赌博，输多赢少。"

我在报社问过跑银行的记者陈建中，他反馈的信息是：在银行工作的人都不买认购证。回家与妻子商量，她让我和她分头去做一件同样事情。我妻子是雷允上药房的营业员，她准备在柜台上"访问"100名顾客，询问他们是否购买1992年证券认购证，同时做好记录。她让我在报社也做同样的"访问"。

第二天，我在报社遍访百人，结果是99.5人不购买，其中一位说"要考虑考虑"，我算他半个人。妻子回家，拿出划着20个"正"字的信笺，说："问了100个人，没有一个想买认购证。"

妻子进而分析道："大家都不买，假如我们去买，中签率肯定会高，我们就买它100张。"

我得令，花了3000元买了100张认购证，简而言之，最终我们赚了整整100万元。为此，我在上海新闻界里是第一个购买房子的记者，而那时，不少记者、编辑都等着单位分房，哪怕是别人分到了大房子，退出原先住的小房子他们也要。有些老记者大编辑不得不放下身价，对报社领导低头哈腰，为的就是能分到一间房。而我用不着低三下四的，自己出资购房，不用看领导的脸色。这全归妻子的功劳，要是没有她支持我去买认购证，我怎会如此扬眉吐气？

汪医生没有眼热我发大财，她有她的生财之道。

汪医生所在的医院旁有家楚天大酒店，二楼被湖北证券公司包下，里面有几间大户室。汪医生时常从医院溜出来，去大户室买卖股票，她让我也去那里"轧一脚"，我便与如今大名鼎鼎的应健中同在一间大户室。应健中当时担任《一周投资》的主编，我们相识后，我还为《一周投资》写过稿。

汪医生觉得在二级市场直接买卖股票赚钱快，所以她十分看重那里的大户室，无奈，医院的伤科主任“钳牢”她，但她一知道行情，常会来去匆匆买进或抛掉股票，速度之快，令人目不暇接，被大户室的人称为“闪电侠”。

为了及时掌握股市动态，汪医生竟然想出了怪招，在操作之前，她曾向我透露“天机”，说：“吉老板，你相信吗，我要办一个股市沙龙，等办起来之后，我不用天天去股市，照样晓得股市行情，只要我认为股票要抛了，从医院跑过来，几分钟就可以解决问题，省得主任一天到晚盯牢我。”

原来，汪医生有一次中午在北京东路的小南国酒家就餐，饭后她了解到，从下午至晚饭前，酒家不营业，于是她找到酒家经理，说下午反正酒店不做生意，她要包一间房间，搞一个股市沙龙，酒家收费供应茶水，到股市沙龙来的股民有得是钱，他们在这里聊到吃晚饭的时候，就在你们酒家聚餐，酒家不是有客源了吗？

小南国酒家的经理被说动了心，尽管每周六的一次股市沙龙，潜在的客户不会少，于是就这样与汪医生敲定了。我曾去过那里的股市沙龙，30位股民每每谈兴颇浓，各种股市的信息在那里汇集，汪医生“借船出海”，她根据股民们的提供的信息，判断下一周的股市走势。她买卖股票能够做到“稳准狠”，正是她在上海滩第一个搞起的股市沙龙获益的。

汪医生还搞过减肥培训班。我曾去帮她为来减肥的人称体重，她对学员们说：“我保证你们每位今天就可以减掉至少一斤重量。”

我有点不相信，觉得汪医生夸海口过了头，但是，我最有发言权，因为我事先为每位减肥者称了体重，并将重量记录在案，等到汪医生讲完课，让学员们跟着她做完减肥操后再称体重，果然每人至少减了一斤。

我不得不信，因为是我亲眼所见。《大众卫生报》记者刘红月来采访汪医生的文章一见报，香港一家卫生机构便专程来沪请汪医生赴港，为香港肥胖者开设减肥讲座。她去了香港，把大篇幅刊有自己报道的香港《文汇报》带回上海让我看，这叫“眼见为实”。

汪医生再接再厉，又通过在仁济医院的师妹梁龙医师，找到一家药厂生产她研制的减肥药。我当时曾问她，是否担心药厂拿着药方，多生产一点减肥药自己销售。汪医生说不怕，她拿出一个小瓶，我瞧见里面是白色粉末，打开闻闻，有一股中药味道。她告诉我，药厂根据她提供的配方做好准备工作，一定要等她去加入瓶子里最后两味药才能有效，不加这两种药，生产出来的减肥药等于白做，而这两味药由她亲自制作。

我懂了，这叫欺人之心不可有，防人之心不可无。在信任与不信任的天平上，利益是决定一切的。当过了好些年，汪医生不再搞减肥培训班与减肥药时，她告诉我一个秘密，让我笑得喘不过气来。她说我帮忙称体重，亲眼目睹学员个个当场减肥至少一斤，其实，她是让这些人做减肥操，经剧烈运动后人人都大汗淋漓，人体内的水分被排出至少有500克，那就是减肥的功效。至于小瓶子，里面放着的是生粉，再加上磨成粉末茴香，就有了中药的味道。药厂还以为不放这“两味药”就不行，所以也堵了药厂可能截留成品的后路。

感悟：张煦棠担任《新闻报》总编不久，便在报上开出四个“市场”，那是在全国首开先河，这个超前意识来自他对自己的信任，也来自他对别人的信任；他放手让贺宛男女士全权负责“证券、期货市场”专栏，对贺宛男来说，那是被别人信任。贺宛男也信任我，叫我为她替报社创办的“证券讲座”收学费。贺宛男不仅是信任我不会把钱贪污，她的这种信任中还包括我的为人。

对汪医生而言，她是绝对信任自己的。她的这种信任感完全是建立在对未来走向的判断上，她有针对性的寻找对她能够提供帮助的人，她认识我就是通过贯升，我们熟悉了，她却与贯升几乎没有了往来。我对她信任我由衷感激，她的“红楼宴”要找一家饭店做实验，我出于对她的信任而不遗余力奔走落实。信任是相互的，信任是让人有感觉的。

信任又是从不信任开始的。不信任有两种，一种是对不讲诚信而死不悔改的人永远的不信任；另一种是对自己将要做的事一时无法正确判断，所以不信任自己，不过，这种不信任是暂时的。当自己通过倾听别人建议，或者找到能检验自己判断是否正确的方法，可以从不信任回归到信任上来。我要买认购证就是一个佐证，由于道听途说，觉得中签机会渺茫，我信任别人，却对自己的判断将信将疑；妻子虽然没受我影响，但也犹豫不决，这当然是对自已不信任的表现。可以说，我与妻子在购买认购证之前，至少是对自己的判断持怀疑的态度。妻子提出，我们各自找100个人询问是否购买认购证，根据反馈的信息再来做决定。当遍访200人的当中，只有一位说要考虑外，其余的人都不买认购证，这就给我们做出正确判断提供了定位的坐标，妻子得出了“大家都不买，我们去买，中签率肯定会高”的结论，我们也从对自己的不信任转向了信任。

6.与大报记者的一次竞争

不想当将军的士兵不是好士兵，这是拿破仑的名言。我是记者，以这句话做蓝本，可以改为：不想当总编的记者不是好记者。

这辈子没想过做总编，也不敢想；当个好记者，这是我起码应该做到的最低要求。我从《市场艺术》杂志当记者开始，就不断想在新闻界一鸣惊人。我曾分别去滑稽界泰斗姚慕双与周柏春家采访，写出的专访令读者阅后忍俊不禁。在与钱国梁一起去著名越剧艺术表演家戚雅仙家采访，因为那篇特写中要提及著名越剧艺术表演家毕春芳，我无意中说了一句，戚雅仙说：“让我打个电话，看看春芳在不在家。”

戚雅仙拨通了毕春芳家的电话，从她们的对话中，我明显感到毕春芳婉拒我们的采访。倒是戚雅仙为我们说好话：“阿芳，《市场艺术》的两位记者就在我家，我刚接受了他们的采访，我们两人要在文章里一道出场，我看还是让他们过来吧。”

我们能顺利地到毕春芳家采访，多亏了戚雅仙的帮忙。在我采访的不少名人中，没有一位是摆架子的，个个都是和蔼可亲。但我能采访名人的机会毕竟不多，所以自己的名气也不那么响。

然而，有许多事情不是单凭想就能做好的，倘若不练好基本功，即使有一腔豪情，浑身热血沸腾，也不一定达到目标，弄不好，有可能适得其反。

1993年，上海发行股票仍采取摇号的办法，股民每次都需申领认购券，这与1992年发行的每份30元的证券认购证不同之处就是不需这么多的钱，而且就是一张纸。但是，我发现，每次中签号公布之时，就是大量无效的认购券被抛弃，我认为这样很浪费，于是写了一篇采访记，建议发行股票认购和股票能否采取无纸化操作。在这篇文章中，我还斗胆地责问有关部门，收到的9亿多元的发行费究竟去了哪里。

文章经贺宛男修改后刊出，次日，一份市政府办公厅的公函到了新闻报社，在肯定我提出“无纸化”发行股票的建议很好，已交有关部门研究，但对我责问9亿多元的发行费去了何方的问题提出了严厉批评，认为这不是我该问的事。由于我问了，就可能引起股民的情绪波动，假如众多股民的不满情绪聚集在一起时，问我：“你想过没有，可能会造成什么后果吗？”

我当时心里很慌，知道闯祸了，赶紧去找贺宛男，她看了那份公函，说：“吉建富，你写得没错，稿子是我签发的，你不用害怕，检查我来写。你还年轻，有什么事我来扛！”

我连声道谢。我知道，贺宛男说“有什么事我来扛”，不是说着玩玩的，那是要承担责任的，万一之后“上面”再来追究，她都必须自己“扛”，而我则可以全身隐退。

第二天，她就将所写的“检查”交给了报社总编办，仿佛啥事都没发生似的，一副笃笃定定的样子。我还有些抖豁，贺宛男再给我吃定心丸，说“上面”已经不再深究此事，她则办妥了调往《上海证券报》的手续，让我好自为之。

顺便说一下，从新闻报社创办证券专栏开始就跟《新闻报》结下不解之缘的读者楼志文，也是最早的一批股民，他至今都珍藏着《新闻报》证券专栏从第一期至结束的全部报纸。2013年1月26日中午，楼志文在黄河路粤味馆请20多年前就与他交往并帮助过他的人吃饭，我也忝列其中。在餐桌上，我又见到了当年活跃股市中的风云人物李志林博士、顾铭德、应健中、叶国英与贺宛男。尤其是贺宛男，自从她退休后，我们已有10余年未谋面了，当我提起当年的往事，她说已经不记得了。我对曾勇于为别人顶住压力，挺身而出说“有什么事我来扛”的人，却是铭记心间的。

回到正题上来。我在《新闻报》国内新闻部当记者，部主任是严独鹤的公子严祖佑，他竭力推荐我当副主任，报社领导在社务会上已表决通过，总编俞远明和党总支书记陶象卿分别找我谈话，让我来当《新闻报》国内新闻部的副主任，这是报社领导对我的信任，但均被我婉言拒绝。最后折中下来，我担任了省市长热线的记者。

做记者是我义不容辞的职责，我没理由可以推脱。按语法修辞解释，"记者"是名词，前面加了"省市长热线"，属于偏正结构。"记者"是个宽泛的提法，你可以是体育记者，也可以是政法记者；而省市长热线记者，就是专门采访省长、市长的记者，担任这种记者实在是个苦差事。

采访市委书记和市长还相对比较容易，但要采访省委书记和省长就不是那么便当的事，因为对于他们的专访似乎是《解放日报》的专利，《解放日报》的记者特牛，认为这是他们的天下，其他报纸的记者无法与他们抗衡，更不把一周出四次报纸的《新闻报》放在眼里，而我恰恰又是一个"省市长热线"的记者，因此必须想方设法"钻"进去。

一开始，我常常看到《解放日报》上刊出省委书记或者省长的专访，才知某省的省委书记或省长来过上海了，而之前自己一点信息都没有。为改变这一尴尬的局面，我找到了四川省驻沪办的吴道富。读者一定还记得，我在前文中提到过吴道富，他还是各省市自治区和中央各部驻沪办信息协会的副会长兼秘书长，看看他这个头衔，我岂能不利用这座"富矿"？

通过吴道富，我首先逐个去拜访华东地区的驻沪办事处主任、副主任，真心实意地与他们交朋友。我心里十分清楚，不能"有事才登三宝殿"，而要在"没事"的时候经常到这些驻沪办去坐坐。遇到他们个人有需要我出力的，我都鼎力相助，比如他们询问股市行情，我自己就可以回答；遇到他们家人需要求医的，我找汪医生帮忙；假如要买药，我找第一医药商店的经理邵松崎，或者我妻子……

我把握一条原则，凡是自己没有把握的事，绝对不会随便答应对方，因为我答应了他们，就是对他们做出了承诺，他们会翘首以盼，我无法兑现承诺，就是搬起石头砸自己的脚，唯有自己确有十二分的把握时，才答应对方。无法办到的事，我都干脆说清楚，对方也是可以理解的。

正是我从“外围”下功夫，我与这些驻沪办事的处负责人建立了良好关系，使我有机会采访来沪的浙江省委书记、江苏省委书记、安徽省委书记、四川省省长、福建省委副书记，至于各省市的市委书记、市长的采访更是难以计数。

1990年7月底，我接到山东省人民政府驻沪办事处的通知，告知山东省委副书记、省长赵志浩将率领山东省赴上海学习考察团来沪，成员由山东省16个地、市负责人所组成，下榻在上海大厦。如此庞大规模的考察团在该省历史上也属罕见。

不久，我便收到山东省人民政府驻沪办事处的传真，内容为赵志浩的简历。对于省委书记和省长的采访我一直都是小心谨慎地对待，因为这些部级官员大都是中共中央委员，我常当即写好稿子，或当场审稿，或数小时后交我，不可以随随便便就发稿。在采访中，我还要掌握政策，哪些可以写，哪些不可以写，有些即使是自己听到的也不一定能写。当时我看了传真，只有赵志浩一人的简历，心里就明白了，只要我采访赵志浩。

这一年的8月16日上午10点，我就赶到上海大厦，真是“莫道君行早，更有早行人”，我看见时任解放日报社国内新闻部主任毛用雄和记者第五同已经坐在大堂里“候场”了。由于经常在采访省市长的场合见到毛用雄和第五同，对毛用雄，我们算是认识，而第五同，我们更是老熟人。

当时我向毛用雄和第五同打了招呼。毛用雄正翻阅着材料，这是他在作采访前的准备，他朝我点点头，问：“老吉，你知道还有其他报社的记者来吗？”

我摇头称不知道。我明显感到毛用雄对一周只出四期的新闻报记者会出现在这个场合有些惊奇。假如来的是《文汇报》和《新民晚报》的记者，他一点都不会产生这样的感觉，但这两家报社的记者都没出现。

我们正说话之际，一个熟悉的身影进入我的眼帘，毛用雄和我同时看见时任上海市委副书记、副市长黄菊同志独自步入上海大厦的大厅。毛用雄从沙发上起身，我和他一起走到黄菊身边。黄菊看到我，说："你是《新闻报》的记者，对吗？"

黄菊同志的记性真好。就在两个月前，浙江省委书记沈祖伦率浙江省党政代表团来上海学习考察，代表团也住在上海大厦，这天早晨不到7点，我就与报社的摄影记者陈焕联赶到了那里，并在那里采访了沈祖伦，采访刚结束，就见黄菊和副市长顾传训来了，他们两位都是浙江籍，我就是在那里认识了黄菊同志的。

现在，黄菊代表朱镕基市长前来会见山东省赴上海学习考察团全体成员。他看了一下表，对我和毛用雄说，山东代表团的车队在路上堵着，可能要晚些时候到。毛用雄自报家门后，黄菊知道了他是解放日报的记者，但仍对市委机关报与《新闻报》一视同仁。

上海市政府接待处的同志走来，在黄菊身旁耳语了几句，笑容可掬的黄菊向我们招招手，随来人进了电梯。毛用雄对第五同和我说："山东代表团肯定从边门上去了。"

仿佛印证了毛用雄的"说法"，市府接待处的同志请我们到1417房间隔壁等候。我们上了楼，黄菊正与山东省学习考察团的同志谈得正欢，我在门外故意放慢脚步，就听黄菊说："希望山东的同志多来上海走走，看看……"

就在我与毛用雄和第五同坐在隔壁房间等候时，从1417房间不时传来众人的欢声笑语。黄菊结束会见时，见我们坐在隔壁房间，特意停下脚步对我们说："你们辛苦了，下面轮到你们记者上场了。"

我当时在"候场"，心里一直盘算着如何写稿。面对老大哥毛用雄，他是"文革"后恢复高考第一批考入复旦大学新闻系的本科生，又担任过上海青年记者协会会长，既勤于思考，又善于写作，我自叹不如；加上《解放日报》当晚稿子就能上版面，翌日见报，而我们《新闻报》要到后天才能见报，我无论是个人还是后援，都无法同大报竞争，尽管如此，我仍然要完成采访和写稿。

山东省委副书记、省长赵志浩送走黄菊一行之后，便坐下来接受我们的采访。毛用雄和我不断提问题，赵志浩从容不迫地一一解答，一谈就是半个多小时，有人来通知吃午饭了，赵志浩对我们说：“请记者同志共进午餐，尝尝我们山东的水饺。”

毛用雄让第五同留下，他说自己赶回报社写稿。我和第五同被安排在3号桌。第五同掏出名片分发，我也跟着发，此时就听有人说：“你们记者就喜欢盯着省委书记、省长，不会把我们放在眼里。”我接过说此话者的名片，方知是烟台市市长杜世成。一个大胆的计划突然形成，于是接过话题说：“我就是冲着你们16个地市的头头脑脑来的。”

杜世成一声“好”后，说：“《新闻报》的吉记者，你要兑现自己的诺言噢。”

那天是星期五，我说：“明天就到上海大厦来拜访各位。”

第二天，《解放日报》头版刊出毛用雄与第五同对赵志浩的专访，这是我意料中的事。我想的是当晚请我们《新闻报》国内新闻部的记者卢静协助完成对山东省16个地市党政领导的采访，同时请报社负责版面的副总编陈子琚，在星期天和我一起去看望山东省考察团。陈子琚是山东人，家乡来人了，他十分乐意此行。

话说当天晚上，我和卢静来到上海大厦，负责接待的同志告诉我们，晚上朱镕基、黄菊请山东省考察团成员看京剧，可能要很晚才能返回。卢静对我说，当晚肯定完不成采访16个地市负责人的任务了。虽然我信心十足，但要面对现实。考察团的活动日程都是事先安排好的，我想“钻空子”，没门。现在坐着硬等也不是个办法，因为考察团成员一回上海大厦，便各自进入自己的房间，我们即使敲开几扇门，那也只能采访个别的几位负责人，要想一个不落的采访到他们，这是不可能的。

我坐着抽烟，忽然来了灵感，并赶紧付诸行动。我从包里拿出一叠文稿纸，写了“您此行的目的、简要介绍当地概况、与上海是否有合作意向”三个提问，让卢静和我一起再写15张，我打算请他们各自在稿纸上直接回答，这样就可以将山东省16个地市负责人回答的问题“捏”在一起，组织成一篇通讯。

我和卢静写完16份“问答卷”，请山东省人民政府驻沪办的同志帮忙一一分发，并告知，新闻报社领导明天来拜访考察团成员，同时收回“答卷”。用现在的话来说，山东省政府驻沪办的同志非常给力，拍着胸脯请我放心，说：“明天下午来取。”

第二天下午，我和报社副总编陈子琚、国内新闻部主任黄兴一起，冒着酷暑来到上海大厦，逐一拜访了山东各地市的领导，我也逐一收回了“答卷”。从彼此的交谈中，我得知考察团于两天后，即下周星期二上午在外滩市政府会议厅与上海市领导签署两省市经济协作纪要，同时，我也了解了“纪要”的主要内容。

星期二，一篇以《优势互补、互惠互利、加强联合、真诚合作》为题的反映山东省16个地市负责人谈鲁沪两地经济合作的独家新闻，终于在《新闻报》上刊出。后来，山东省政府驻沪办的同志告诉我，这些市委书记、市长、专员非常感谢《新闻报》为他们提供了“讲坛”。当天上午，考察团去上海市政府签署鲁沪经济协作纪要之前，人手一份《新闻报》。那天，朱镕基市长看着《新闻报》，对山东的客人们说：你们的心思我都知道了。

感悟：采访希望记者采访的人，记者容易被别人信任；采访不希望记者采访的人，记者被别人信任就比较难，特别是负面新闻的当事人，即使无奈接受了记者采访，要让记者信任他们也不易。

我与《市场艺术》社长助理钱国梁去采访著名越剧艺术表演家戚雅仙，是钱国梁通过《上海戏剧》杂志的朋友联系戚雅仙并得到同意的。当我在戚雅仙家采访时临时起意，想把她的舞台搭档毕春芳一起写进专访，我只露了那么一点点想法，戚雅仙竟然主动提出为我们“引荐”，要不是她的一通电话，毕春芳是不会接受我们采访的。

我与《解放日报》的毛用雄是在多次采访省市长时逐渐认识的。认识有两种，一种是我认识对方，对方并不认识我，好比我认识邓小平，他老人家并不认识我一样；另一种是彼此认识，但有可能是“点头朋友”，还不一定叫得上你的全名；而叫得出你的全名，却未必对你完全了解。对你完全了解，那叫熟悉，“认识”与“熟悉”有着本质的区别。认识的谈不上信任，信任的必然是熟悉。

就拿1990年8月采访山东省赴上海学习考察团来说，正是由于烟台市市长杜世成的“一句话”，使我有了让山东省16个地市负责人全都“谈感想”的举措。我认识了杜世成，但他并不认识我。当我再次“认识”

他的时候，他竟锒铛入狱。据新华社消息：2006年12月24日，中共中央纪委根据举报和巡视工作中发现的线索，对山东省委副书记、青岛市委书记杜世成违犯党纪问题进行了核查。经查，杜世成的行为已构成严重违犯党的纪律，经中共中央纪委研究并报中共中央批准，决定对杜世成的问题立案检查，免去其山东省委副书记、常委、委员和山东省青岛市委书记职务。2008年1月10日，厦门市中级人民法院公开审理此案，查明杜世成收受他人财物共计折合人民币626万余元，2月4日作出判决，杜世成被判处无期徒刑。

我仔细阅读公开的报道，杜世成是2000年至2006年先后利用担任山东省人民政府副省长、青岛市人民政府市长、中共山东省委副书记、中共青岛市委书记的职务便利非法收受的不义之财。由此看来，杜世成在1990年我见到他的时候还是一个“好人”，变成“坏人”则是在十年之后。想想，要认识一个人有多难，要信任一个人更难，何故？因为人在信任与不信任之间是摇摆不定的。

7. 担任长篇连载责任编辑

《上海经济时报》与《新闻报》合并后，办公用房显然太小了。作为合二为一的《新闻报》，两路人马即将成为一支队伍，新上任的总编张煦棠急于寻找办公室，国内新闻部主任黄兴还是编委，也属报社层面的领导，他积极主动想办法，无奈时间紧、任务重，他要一下子找到合适的办公用房谈何容易。

我作为国内新闻部的记者，对报社层面的事情哪里知晓。就见黄兴忙进忙出，电话一只只打出去，反馈的消息都是“无法解决”。一天，他讲明了实情，问我有没有被采访的单位有房出租。按他后来告诉我的说法，是“随口”问一下，并没抱多大希望。由于我平时喜欢做有心人，遇到眼前看起来似乎没有用的信息，但自认为说不定哪天可以派得了用场的，不是记在本子上，就是记在脑海里。当黄兴问及租借办公室之时，我的记忆库里立即“跳”出了一个人，他是金陵外运公司的人事处长，在一次采访中认识后，彼此通过接触，都认为对方是可以信赖的朋友，他叫周明达。

之前我曾听老周讲起过他们公司在乍浦路海宁路口有几间房子空关着。新闻报社现在想租借办公室，我告诉了黄兴，他要我马上去联络，恨不得当天就把事情办成。他的心情可以理解，但我没有如此急吼吼，而是打电话给周明达，直言不讳地告诉他，新闻报社想租借他们公司在乍浦路上的房子，问他，那里的房子有几间，总共多少面积。

周明达说，那里还有公司的一个小组在办公，新闻报社若要租借，他可以请总经理协调，把房子腾出来。

对周明达的话，我不会有任何怀疑，这是鉴于他的以往言行给我的结论。有一次，我在“人事问题”上遇到疑惑，想到周明达是管人事的，向他请教应该能得到答案。不料，当我把问题一说，老周讲他“老革命碰到了新问题”，无法解答。正当我表示“没关系”时，他说自己在人事局的朋友可以解答，并自告奋勇地与对方约好了时间，亲自陪我去人事局，问题果然迎刃而解。

这样的朋友是值得信赖的。

我请周明达陪我先去乍浦路看看他们公司的房子，我们10分钟后就在那里碰头了。这是在6层楼之上加的一层，大小总共7间房，美中不足的是没有电梯，上下得走7层楼。我告诉老周，本人觉得很好，但没有拍板权，要让报社领导来看后才能定，包括房租、水电费等一系列事宜。

周明达拍拍我的肩膀，说：“我晓得，吉记者是打前站的。”

我瞧见正准备撤出的那间办公室有电话机，便给报社的黄兴打电话汇报“看房”经过。黄兴一听，说他10分钟之内赶到，请金陵外运公司的人务必等着他来。也就是抽一支烟的工夫，身体比较发福的黄兴竟一口气登上7楼，气喘吁吁地问：“我没有来迟吧？”

黄兴像一个买房的客户，我与周明达宛如房产中介，寸步不离地跟在他后面。黄兴看了房子，似乎非常满意，他让我“到此为止”，以后的事由他来操办。

之后的事不再赘言，简而言之，这7间房成了新闻报社的办公用房。2007年，我们10余名新闻报的同仁为张煦棠的80生日祝寿，席间，张煦棠说他身体康健还要感谢当年每天上下乍浦路报社的7层楼。我戏谑道：“那还要感谢我，是我为报社借的房子。”

张煦棠说：“到今天我才知道，乍浦路的房子原来是你借的，我还一直以为是黄兴弄来的呢。”

话说1994年春节过后，《新闻报》由《解放日报》主管，《解放日报》的副总编俞远明被任命为《新闻报》总编。生于1950年的俞远明曾在黄山茶林场插队，回沪后调至《解放日报》从记者干到工交财贸部主任，又从正处级提拔到《解放日报》副总编（副局级）。

俞远明一上任，就到乍浦路的新闻报社视察。那天，1米80几个头的俞远明一口气登上7楼，把新闻报社各个办公室走马观花地看了一遍。我瞧见办公室的薛耀先陪着大个子在东张西望，听到他叫着“俞总”，猜想“俞总”可能就是《新闻报》的新总编俞远明了。

当时，我们不相识，但他的几句话在过了19年之后我依然清晰记得，俞远明小声对他的驾驶员说：“地方太小，当务之急要另外找办公的地方。”

5个月后，新闻报社搬到了胶州路江宁电影院旁的裙房中，那里的办公场地比原先的地方大了起码三倍，所有的写字台、座椅是当年最为时尚的，一张桌子就值2000元！在当时，可以说是顶级的，可见俞远明的魄力。

我与俞远明渐渐熟悉起来，知道他曾是《解放日报》驻浦东记者站站长，他将邻近黄浦江的一家船厂二层楼全部包下，那真叫气派。他还协助《解放日报》总编丁锡满，建起了汉口路300号27层的解放大厦……

俞远明的魄力、胆识都来自他的自信，而他的自信则来源于他精通经济规律。

与我同龄的史清禄（笔名布衣老史），打小就迷上了“捻军”，他上高中开始，就一直在写一部上中下三卷本的300万字鸿篇巨著。我当时在为《经济晚报》写长篇连载《股海沉浮》，边写边发，刚在报上连载了10余天，故事还刚开头，《经济晚报》的总编就被调走，报社通知我，《股海沉浮》刊至第20节就结束。我只能干瞪眼。

此时，史清禄向我说起《新闻报》是否能搞连载。我告诉他，解放前，《新闻报》就是靠连载《啼笑因缘》让报纸发行量达到历史最高峰的，搞出这个创举之人就是现在《新闻报》国内新闻部主任严祖佑的父亲严独鹤先生。这说明，《新闻报》的连载在“老祖宗”那里就有了，我们现在的《新闻报》要搞连载，那叫“恢复”传统。

史清禄一听，说他只是有这个朦胧的想法，经我如此一说，茅塞顿开，立即让我去向俞远明说说。我知道，俞远明做事向来喜欢考虑周全后再出手，我告诉史清禄，务必先拟一份策划书，顶多一页纸，单刀直入，由我去向俞远明说。假如俞远明同意了，史清禄来当责编，我可以提供原创的连载作品。

当我把史清禄起草的“恢复长篇连载之设想”交给俞远明时，他一目十行地看了一下，说：“很好，连载是《新闻报》的传统，就由你和史清禄来负责。”

我说自己是国内新闻部的，长篇连载属文艺范畴，两者浑身不搭界。俞远明说：“你喜欢写作，小史也喜欢，你们两个能想到恢复长篇连载，报社还有谁想到过？既然你们能够想得到，就一定能干好。你别说啦，就这么定了，除非你自己不愿意。”

俞远明思路绝对清爽，几句话就把事情挑明了。除非我自己不愿意，愿意的话，我就要和史清禄挑起这副担子。我对俞远明说：“既然俞总这样信任我们，我和小史把方案搞得再细一点，以便操作。”

俞远明又对我说：“按规定，稿件须三审，你们是责编，为一审，二审暂时由副刊的刘世俊看，终审就请忻才良来把关，他是副总编，级别够了。”

我立即提出自己的不满：“这不是不相信我们吗？为什么在我们头上还要戴几顶帽子？”

俞远明向我解释，这是出版总署的硬规定，这个“三审”规矩不能破，但他可以对二审、终审言明，以我和史清禄为主。

既然俞远明把话说到这个份上了，我没必要再争什么，除非我不干，退出，否则免开尊口。我跑去告诉史清禄，他问：“是我们两个提议搞长篇连载的，为啥要弄几个婆婆来管？”

英雄所见略同。

我把俞远明的话克隆了一遍，史清禄说：“俞总思路清爽，三审规矩照办，还是以我们俩为主，我们要抓住机遇，除组稿之外，自己也可以写写。”

我建议，需要拟一个发稿守则，对低俗、不健康的、有不良政治倾向的、有损民族矛盾的作品不能刊发，每次刊登的字数以及章节的数量都要事先定下。此外，发稿与审稿的程序等都定好，以后雷打不动地按守则实行。小史极其赞同我的想法，说，我们不是不相信报社，大家先定下规矩，白纸黑字，将来万一有什么事情发生，就能根据守则来追究责任。

当我把拟好的《长篇连载发稿守则》交给俞远明时，他连声说了三个“好”，并告诉我，报社社务会上，他已经宣布了由我和史清禄担任长篇连载责任编辑的决定，同时还宣布了由忻才良为长篇连载终审的决定。俞远明对我说，这个项目全权交由忻才良分管，让我把“发稿守则”送忻才良审阅。他说：“我历来主张用人不疑，疑人不用，你和小史就放手干吧。”

《新闻报》是对开的大报，每日通栏的长篇连载放在第7版的最下方，每次刊发两个连载，每个连载的字数固定为1400字，我和小史一人负责一个。那时电脑尚未普及，小史自己用一个12寸的显像管装了一台386的电脑，我发5篇稿子，自己除了国内新闻部的事情外，就是动脑筋到外面去组稿。

由于临近正式推出长篇连载的日了，小史手上已有一部长篇连载，我所约的作者正在赶稿，只能将自己在《经济晚报》上戛然而止的连载《股海沉浮》重新改写后救急，可以说，是《新闻报》提供的平台，让我最终完成了15万字的整部作品，才有日后单行本的长篇小说《股海沉浮》的问世。

长篇小说与长篇连载是有区别的，长篇连载每天的容量有限，不可能有大段大段的描写，必须以情节取胜。我所创作的长篇连载《股海沉浮》就是遵循这个原则，在每天的1400多字中，每次留给结尾的百余字是制造一个悬念，目的是吊住读者的“胃口”，在次日的连载开头，首先来解开悬念，随后再写下去，快到结尾处又是一个悬念，如此周而复始，让读者始终保持阅读的愿望。

当年创作传记文学《画魂》的女作家石楠女士住在安庆，我在筹建新闻报社安庆记者站时，多次到她家拜访，我们成为了好朋友。我向她约稿，言明一定要按我所说的“长篇连载原则”来写。石楠为写一部传记去了香港多次，材料收集得差不多了，听我如此的写作要求，她承认我的说法是有道理的，她准备照我的想法来创作她的这部作品。

一个月后，石楠女士给我来信，说她习惯了心理描写、场景描写和人物描写，少了描写似乎无法让作品立起来，她向我抱歉地打招呼，只能放弃我提供给她的这次机会。石楠女士后来担任了安徽省作家协会副主席，中国作家协会全委会委员，2005年被评选为当代优秀传记文学作家。

顺便说一句，如今已75岁的石楠女士，自从有了手机后，我们每年除夕都会相互发短信拜年，往往是她先发来，每次我都落在她后面。我们之间的相互信任正是从那个时期开始的。

连载刚在《新闻报》上露脸就有来稿，但大部分都无法刊用。小史自己喜欢写，他如鱼得水地一连创作了多部连载作品。我除了一边写一边发《股海沉浮》之外，便是外出组稿。这是个烦心事，因为我必须对被约稿的作者有所了解，不仅要了解他们个人的喜好，还要了解他们的写作风格，最主要的是，必须按我的“长篇连载原则”进行创作，即使再要好的朋友也不例外。

《市场艺术》杂志社的社长助理钱国梁是我先前的领导，他的写作风格我熟悉，我就请他写《沪上老字号》，连载了一个多月。自从认识了有“金融小说家”之称的俞天白，我密切关注他的创作。一天，俞天白向我说起他刚给了出版社一部长篇小说，取名为《金环套》，我立即紧追不放，在他拿到样书不久，我便捷足先登，让《金环套》在《新闻报》上连载了68天。为感谢俞天白，我在他另一部新作《大赢家》出版时，专门写了书评，发表于《中国证券报》上，又被《工人日报》全文转载，算是还了俞天白一个人情。

擅长写情节小说的老作家郎慕中是俞天白的朋友，经俞天白介绍找到我，说他刚完成一部中篇小说《智擒毒枭》，我粗略看了一下，情节跌宕起伏，整个故事小悬念套着大悬念，非常适合连载，只不过每一节都超过2000字，假如要刊登，每一节必须删掉600字，当我向他讲明道理后，他丝毫没有犹豫，说：“小吉，我信任你，全权委托你来删改。”

《智擒毒枭》在新闻报上连载了37天，数年后，郎慕中出单行本时就是用的这个版本。我们成了忘年交，我加入上海市作家协会的两位介绍人，就是郎慕中同俞天白先生。

由于《新闻报》每天刊登连载时，我作为责任编辑，名字也天天与读者见面。四川省人民政府驻沪办事处的吴道富找上门来，这位老熟人酷爱摄影，时常身背相机走四方，在旅游途中所见所闻不少社会怪相，比如在旅行团里，一对看上去像小夫妻，他察言观色，发现竟是一对“野鸳鸯”，还有大腹便便的老板，与小秘打得火热……吴道富想写个《导游手记》的连载，并说了一通故事。对吴道富的写作我不必担心，他是华东师范大学中文系的高材生，我只是要求他遵循“长篇连载原则”行文，他一声“好的”，我便十分放心地OK了。我信任吴道富，他也信任我，彼此的相互信任，让吴道富创作的热情高涨，待完成全文，《导游手记》已在新闻报上连载了10余天，他突然打电话给我说，要将第25节中的“恶人自有恶人磨”改为“硬柴自有软柴捆”。别看同样都是7个字，后面的句子有画面感，我当即替他改了过来。

之前我曾提到过的蒋期馨，当年在珠海认识了解放前曾担任中共上海地下市委书记、新中国成立后担任过上海市副市长兼市政府秘书长、粉碎“四人帮”后出任上海市委统战部长的张承宗先生。从珠海回沪不久，张承宗把自己担任总编辑的《沪港经济》杂志交给了蒋期馨来办。老蒋一直动员儿子蒋小馨来做总编，无奈，儿子在华东政法学院不肯挪窝，由俞天白做了两年的总编，蒋小馨才被父亲请了出来，担任了《沪港经济》的总编。喝水不忘掘井人的蒋小馨对张承宗十分敬佩，他为张承宗先生发表和没有发表的往事回忆出集子，这部名为《晓珠天上》便是在这个背景下问世的。

蒋小馨将书稿给我，问可否连载。我出于对张承宗先生的钦佩，当即决定予以连载。然而，这活不太好干，原因是，近30万字的“往事回忆”比较分散，我通读了两遍，发现可以按时间顺序排列，精选部分章节，把它从头至尾连贯起来。最终呈现在《新闻报》上的《晨钟岁月》连载得到了张承宗的首肯，他特意将一本写着“建富同志，张承宗”的签名本，托蒋小馨送给我。而蒋小馨对我说，连载能达到这样好的效果是他始料未及的。

我是记者，又是长篇连载的责任编辑，我在这两个角色中跳来跳去，特别是担任长篇连载的编辑，从一开始并不那么自信，到渐渐得心应手，对自己就十分自信了。由于我的本职工作是新闻报社国内新闻部的记者，担任长篇连载编辑属于本职工作之外的工作，因为自己喜欢，所以非常乐意“两头跑”。

1996年初，新闻报社国内新闻部主任严祖佑交我厚厚一叠文稿，是上海市作家协会会员翁义骏撰写的《儒商任百尊》，我按文稿纸的页码算下来，有10余万字。未等我启口，严祖佑又介绍起任百尊来了。1951年4月2日，上海锦江饭店正式开张，任百尊被时任上海市市长陈毅任命为总经理，一干就是40年；1959年毛泽东下榻锦江饭店，任百尊接到上级指示，必须全部敲掉锦江俱乐部舞厅内建于1919年的法国裸女浮雕，任百尊不忍心这些艺术珍品毁在自己手里，毅然派人秘密施工，用木板将这些浮雕全部遮盖得与舞厅的墙面和立柱浑然一体，毛泽东多次在舞厅里跳舞，并未发现藏在木板后面的“法国裸女”，甚至在“文革”中也没被人发现这个秘密，终于在1987年上海花园饭店兴建时，才重见天日。1984年，任百尊出任锦江联营集团公司总经理后，又先后领导建成了新锦江大酒店、锦沧文华大酒店、静安希尔顿饭店、花园饭店等五星级宾馆。

我只听严祖佑简单讲了任百尊的故事，立即被吸引，表示“定当认真拜读。”

严祖佑拍拍文稿，说：“我相信你能编好它，我也相信连载见报后会引起读者的兴趣。”

严祖佑说的第一个“相信”，是信任别人；第二个“相信”，则是信任自己。对我来说，是被别人信任。

当我细细阅读《儒商任百尊》这部纪实作品后，觉得应该写个序章，让读者一上来就了解任百尊。当我把这个想法告诉作者翁义骏时，他只说了一句：“我懂了，是序章，而非序言。”

这部作品在新闻报上连载了整整70天，读者的反响之好果然如严祖佑所言。1997年8月，由汪道涵作序的《儒商任百尊》单行本出版。9月3日，任百尊先生自己掏钱款待我们，那天，新闻报社总编俞远明、党总支书记陶象卿和严祖佑与我，以及作者翁义骏围坐在任百尊身边，他在散发着油墨芳香的《儒商任百尊》新书上为我签名，并让翁义骏也签名，如今"签名"的两位先后作古，可这本留下两位大名的著作一直为我所珍藏。

感悟："信任"是有级别的，在职场上尤为突出。一家公司，能见到总经理的大多为中层干部，这些干部分管各大部门，他们属下为公司做了非常了不起的事，属下不可能直接告诉总经理，那么，这个部门的经理就会把功劳算在自己头上，去向总经理邀功，总经理自然对他或她无比信任。当然，也不排除有的部门经理，把他属下所做的贡献直接记在属下"账上"，在向总经理汇报时和盘托出，总经理便对部门经理的属下留下好印象，然而，在现实生活中，这样的部门经理并不多。那么，作为属下只能得到部门经理的信任，而得不到总经理的赏识，这就是"信任的级别"。我迄今都无法找到如何让总经理了解属下的属下，或者换一种说法，级别"低"的员工怎样才能获得最高级别的老板信任的方法，我惟一能给出的建议是，心态要好，我们凭自己的良心做任何事情，并不是做给老板看的，老板信不信任你，并不是听你说得花好稻好，要相信老板，他们心中自有一杆秤，某某人有多少分量，他们都是一清二楚的，你若总是为争取老板的信任而不择手段，有可能适得其反。可以常怀一颗平常心去创造信任，而不可以投机取巧去制造信任。

8. 因报纸结缘仍在往来的朋友

生于1927年的阮波女士原名张薇青，她愿自己成为一名布尔什维克战士而改名。阮波的祖父张继斋在清末民初担任过《申报》与《新闻报》的总编辑，1997年，阮波通过当今新闻报社国内新闻部主任严祖佑，将写她祖父的纪实文学《百年正气——张继斋先生传》交给我。那年阮波刚至古稀之年，离休前曾担任中国展望出版社社长兼总编辑。她找到严祖佑，是因为严祖佑的父亲严独鹤是她祖父的学生。当打印稿到我手上后，阮波便开始与我频繁来往。

我将《百年正气》的打印稿带回家，挑灯夜战，常常通宵达旦，被老报人张继斋的浩然正气所震撼，因此很快就编好了稿子。我把准备刊发的稿件交阮波审定，她说，完全信任我，她就等着看报纸上的连载。我最终以《百年正气——张继斋报业生涯》为题，在《新闻报》上连载了一个半月。阮波很满意，连连夸我编得好。

正当我自鸣得意之时，阮波又找到我，说她已与文汇出版社签了出版合同，要将《百年正气——张继斋先生传》出单行本，并同出版社约定，由我来担任特约编辑。这是对我的莫大信任，但我当时年过不惑，自以为对什么都“不惑”了，其实，我在刊发阮波的连载时已经犯了一个错误。《啼笑因缘》是张恨水先生在当年《新闻报》上的一部连载的作品，是严独鹤去约的稿。阮波在她的连载作品中提到了这部书，可我当时一见“因缘”二字，以为是阮波的笔误，毫不犹豫地把它改为“姻缘”。

实际上，“因缘”与“姻缘”是两个概念：因缘是产生结果的直接原因和辅助促成其结果的条件，简而言之就是原因；而姻缘即婚姻的缘分。虽然在古汉语中，“因”通“姻”，但张恨水的作品就是《啼笑因缘》，我无法狡辩。要命的是，阮波她原本写的是正确的，是被我误改过来的，可她由于信任我，认为我改得对，所以在交给文汇出版社的书稿中也把“因缘”改成了“姻缘”，结果书出版了，错误也跟着出来了，造成我终身遗憾。直到2010年，由李伦新先生主编的海派文化丛书，在我撰写的一部《海派报业》中才弥补了这个过失。

阮波的祖父张继斋于1902年在家乡青浦创办了一所“愿学学堂”，2012年10月中旬，由青浦区教育局举办的“愿学学堂110周年纪念会”，阮波邀请我与严祖佑一起出席。她对我说：“小吉啊，我一年里一半时间住北京，一半日子住上海，我在上海只有你是熟人了。”

那天，搭乘原中宣部副部长龚心瀚的车回市区，他对我说：“阮波女士不简单，年逾八旬的老人，仍有一股使不完的劲。”

我祝愿阮波女士永葆青春！

与我交往时间最久的当属严德仁。1989年，我还在上海经济时报社当记者时，就采访了当时上海开乐家电公司总经理的严德仁，自从稿子见报后，我便与他失去了联系。但我经常看到《新民晚报》刊发他写的随笔，他还出版过解析50种“阿诈里”的专著。

2000年9月，专做体检的上海国宾医疗中心一诞生，立刻声名鹊起，不到半年便风靡上海。我此时已是新闻晨报社的记者，非常关注新生事物。不过，我犯了个主观认识错误，光看到这家“医疗中心”大名常常出现在报纸上，便顾名思义以为这是一家医院。其实，它是一家专业做体检的机构。当今社会，人们越来越重视自己的身体健康，但如此重要的新生事物竟被我忽视了。

俗话说，命里有时总归有，命里无时莫强求。虽然我错过了最初认识“国宾医疗中心”的机会，但有人找上门来了，此人就是严德仁。原来，出生于1944年的严德仁在他56岁时，被问世不久的国宾医疗中心总经理周雅芳“挖”去，当上了副总经理。我说嘛，难怪国宾医疗中心怎么会在如此短的时间里就有了不小的名气呢，除了周雅芳的魄力之外，就是企业的自我宣传，严德仁是这方面的行家里手，有他的大手笔，国宾医疗中心不红才怪呢。

这些都是我事后知道的。在此之前，《新闻晨报》也是创办不久，刚有了点小名气，严德仁的目光便扫到了它。因他与我好多年未联系，也没有我的联系电话，他想起了我，并想方设法找我，曾多次通过解放日报社的总机转接我办公桌上的电话，由于当时我作为社会新闻部的记者，经常外出采访，严德仁打电话来时常阴差阳错。有一天，他终于与我联系上了，我急切地问他近况，方知他已去了国宾医疗中心。

严德仁说起我们报社广告公司的人曾到他那里拉广告，说现在报纸发行量超过了30万份。我说没那么多，大概10几万份。严德仁笑了，说：“吉老师到底是老朋友，讲的是实话，你们报纸发行数我还不清楚吗？”

一个在商战中身经百战的人，特别是与媒体打交道的严德仁，不要说是全上海的报纸，即便是全国的报纸，每家的情况他都一清二楚，用不着与他打哈哈。我在回答严德仁询问《新闻晨报》的发行数时就想好了：对老严务必实话实说。

正是由于我的诚实，得到了严德仁的信任。他主动提出，要在《新闻晨报》上做点广告。我请他不要做通栏广告，做一次上万元，读者万一这天忽略了，广告等于白做。我建议他做题花广告，每次数百元，天天做，一天两天没感觉，十天半月，就会在读者脑海里留下印象，我称之为“印象广告”。严德仁一听，认为我说得有道理，又是站在他们的立场上考虑问题，他当即同意做题花广告。这一做就是10年。

这就是信任的力量。

《解放日报》副总编兼《新闻报》总编毛用雄，是2012年2月14日情人节那天正式退休的。他不仅自己格外重视体检，更希望报社员工在参加一年一次由解放日报报业集团组织的体检外，再做一次体检。他让我出面去与国宾医疗中心的严德仁谈，用广告置换的办法，每年组织250名员工去体检。严德仁还在春雷集团上海星威空调器公司担任经理时，毛用雄是解放日报社国内新闻部主任，与江苏泰州春雷集团的上层十分熟悉，因此也认识和熟悉严德仁。

当我同严德仁谈及用广告置换《新闻晨报》全体在编的员工想到国宾医疗中心做体检时，他让我等48小时，说要向总经理汇报后才能给我答复。还不到24小时，严德仁便让我去签合同。不言而喻，好事并未多磨。从2009年起至2011年年底，晨报员工连续3年增加一次的体检就是在国宾医疗中心进行的。

我和严德仁的交往还在继续，虽然不是经常见面，因为相互信任，且这种信任又是经过时间考验的，彼此一旦遇到需要帮忙的事，一个电话，保证召之即到。

再来说说我与大众出租车司机曹东海的结缘，虽然时间过去快20年，一幕幕往事仿佛就发生在昨天。认识大众出租司机曹东海很富有戏剧性，那是1994年的盛夏，俞远明在视察乍浦路上的新闻报社时说的“地方太小，当务之急要另找办公的地方”话音犹在耳边，他找的胶州路江宁影院旁的裙房成了《新闻报》的新家，我平时去上班就骑自行车来回。

这天天气太热，在家吃了午饭，便去我住的鞍山路上打的，瞧见一辆出租车过来，我拼命喊叫，驾驶员没听见，车子从我眼前一闪而过。

又一辆出租车过来，我正要扬招，旁边窜出两位女士捷足先登，我眼睁睁看着出租车向前驶去。无奈，站在树荫下抽了一支烟，便见一辆“夏利”出租车（如同现在的polo小车）懒洋洋地驶来。我上了车，开车的就是后来与我交往了近20年的曹东海。

当时，曹东海对我说：“师傅，空调力道不足，开着，车子跑不动，空调关了，可以跑得快些，你是要开空调，还是不开空调？”

我在车上明显感到，虽然开着空调，比不开好不了多少，让他关了空调。说：“开窗还能抽烟呢。”

司机自我介绍，他叫曹东海。我们一聊，方知他就住在我家对面的辽源新村。不一会儿工夫，车就到了胶州路上的新闻报社门口。我付了车费正准备下车，曹东海说想进报社上厕所，我让门卫阿姨放他进去了。门卫阿姨叫我去拿免费午饭，我刚想告诉她吃过了，就见曹东海上完厕所出来。我知道，出租车司机吃饭大都没有规律，估计曹东海还没吃午饭，便领来午饭递给他。曹东海要拿钱给我，我说是报社请客。趁他吃饭之时，我们又天南地北地聊，最后，双方留下拷机号码。

三天后，我接到曹东海的电话，说他的“夏利”出租车在南汇的公路上差点被一辆满载空啤酒瓶的大卡车撞了，因他刹车及时，才避免了一场灾难，但大卡车上的空啤酒瓶洒落一地，对方司机硬说是他的出租车挡道，喊来交警处理。据曹东海说，大卡车的运输单位就是南汇的，当地的交警“胳膊朝里弯”，曹东海负全责，让他三天内去接受处理。

我与曹东海刚认识三天，他的话我能相信几分？我觉得，这起事故“由曹东海负全责，交警让他三天内去接受处理”是实话，至于交警“胳膊朝里弯”之类的话就要打问号。既然新交的朋友信任我，把这件事告诉我，就是想让我出面帮他的忙。我心里非常清楚，我供职的媒体是个平台，我是不能利用这个平台为朋友办私事的，但我可以了解一下事情的经过，于是向南汇交警询问情况。对方一听我是《新闻报》的记者，说这件事情还在处理之中，一旦有结果，会在第一时间告诉我。

曹东海说警察言明他负全责，这可以理解为已定性了，为何对我说“说这件事情还在处理之中”呢？我感到其中一定有变数，果不其然，当天曹东海接到警察电话，告诉他，他们已查明，由卡车驾驶员负全责。这就意味着曹东海不用“跑一趟”，也不用“掏腰包”了。

我至今都不明白，处理此事的警察是如何想的，对方又没见到我面，凭什么相信我是记者，假如是个“冒牌货”呢？这起事故究竟该由谁负全责？原先说由曹东海负全责，为何我去电话问问事发经过，结局却会发生变化？

与曹东海渐渐熟悉了，得知他从小学开始就练长跑，坚持了数十年，获得过上海市“5.1杯”长跑比赛冠军、全国老将运动会800米冠军等10个冠军，还荣获了全国业余田径锻炼之星奖章。我答应在适当的时候为他写篇报道，起先，他常说自己参加了哪个城市的马拉松赛，每说一次，就是对我未兑现承诺的一次提醒。我一直告诉他，要等机会，却一次次让他空欢喜。之后，他不再提写报道的事，认为我是“放白鸽”。

我的信誉严重受损，如何弥补，总不能随随便便写篇报道来兑现自己的承诺。我只能对曹东海解释，告诉他，我是一个守信用的人，一旦找到“切入点”，就会兑现自己的承诺。终于在2009年11月底有了“由头”，在曹东海参加那年的上海国际马拉松赛的第二天，我写的《的哥筹建长跑协会 热情带动全民健身》的通讯见报了，网站纷纷转载，电台、电视台把他请去当嘉宾。曹东海见了我，说：“吉老师讲话是算数的。”

感悟：我时常在思索，什么是朋友？天天见面的人就是朋友？不一定；常常在一起吃吃喝喝的人是朋友？也不一定；我觉得可以信任的朋友，哪怕多年未见面，一旦需要对方帮助时，一个电话，对方会立即出现在你的面前，不图回报，不计得失，这样的朋友才称得上是知己，而知己必然是相互信任的。“信任”是一条纽带，可以将陌生人变成朋友，而“不信任”则把朋友变成了陌生人。

9.见证报社老总更替

作为《解放日报》副总编的俞远明，在兼《新闻报》总编后没用多少时间，便兑现了他要把我们从乍浦路的“小地方”搬迁至“像样的地方”去的承诺；他更想让报社拥有自己的产权房，当贺宛男将报社原先简易的办公用房，采取置换的办法，迁至江宁路1376号三维大厦时，俞远明鼎力支持，从此，新闻报社有了自己的产权房。不仅如此，俞远明还组建了“全日送”公司，把发行费减了一半，而此前每份一元的《新闻报》，通过邮局发行，要给邮局30%以上的发行费。

有一天，我在俞远明办公室同他聊天，我告诉他，俞远明的“明”应该改为人民的“民”。他问，这是为什么？我向他讲了一段往事。

那是1989年，当时我还在《上海经济时报》，报社有位叫姚建平的记者，经常向我说某某艺人原本爸妈取的姓名光在字面上“光鲜”，其实，这里面每个字的笔画，必须是以《康熙字典》上字的笔画为准，姓名每个字的笔画均不同，单名的两个字是一种答案，三个字的为天格、人格和地格，为何有人总是顺顺利利，有人则长叹命运不济，而命运不济者常怪罪于自己的命不好。按照姚建平的说法，那是姓名的笔画在左右着每一个人，父母起的姓名会影响孩子们的一生。

生于1948年的姚建平是中国内地第一家命名公司的创始人，“易德礼命名公司”于1992年经区科委、工商等主管部门批准正式在上海挂牌。

我当即提问：世界上同名同姓的人多得很，难道他（她）们的命运都一样的吗？

姚建平明显感到我的怀疑，他对我说了一番话，大意是：当你要评论一件事，至少要搞清楚这件事的来龙去脉，假如对一件事根本就不了解，便急于下结论，这样的结论还会准确吗？不懂没关系，等把事情搞明白了再做判断，再下结论也不迟。

于是我不耻下问，才逐渐搞懂了命名的最基本概念，并拜姚建平为师，之后自己可以初步判断一个人的姓名是福还是祸。我对俞远明的姓名就是在此背景下看出“问题”的。

俞远明听我如此云云，一笑了之，显然是不相信。这很正常，但我又从字面上同他讲道理。我说：远明，即远离光明，那就是黑暗；若将“明”改为“民”，笔画少了三笔，玄机就在于此。远离“民”，即为“官”。

俞远明听之任之，我也只能闭嘴。

此后不久，俞远明找我谈话，说报社准备让我担任新闻报社国内新闻部副主任，协助严祖佑主任工作，他征求我的意见，说给我两天时间考虑。这是报社领导对我的信任，可我这个人既不想被“套”住，又管不了人，便问俞远明，这是组织上的决定，还是有商量的余地?

俞远明回答道：“我是从来不强迫别人的，你有自己选择的权利。”

我当即谢绝了报社给我的这次机会。俞远明说：“我尊重你的选择。”

我马上找到严祖佑，告诉他，我不想担任他的助手并非对他有什么意见。严祖佑说：“我晓得你喜欢自由，也怕烦。不过，你要替我想一想，叫谁来做副主任。”

这是严祖佑对我的信任，我理所当然要“替他想一想”。其实，我想都不用想，立即推荐朱建华。严祖佑要我说说理由，我告诉他，朱建华是党员，又是党支部委员，国内新闻部由一名中共党员担任副主任，这就是理由。严祖佑一声“OK”，我的提议算是通过了。

然而，党外人士严祖佑同意了，也只是他“个人意见”，最终还得由报社领导定夺。机会很快就来了，一周后，报社决定对新闻报社福建记者站站长陈铭勋给予表彰与奖励，派党总支书记陶象卿前往，并由严祖佑和我同行。在飞机上，陶象卿又做我的思想工作，让我担任国内新闻部副主任。我笑而不语，倒是严祖佑对陶象卿说：“老陶，等到了福州，我和吉建富向你汇报副主任的人选。”

陶象卿一个劲地问我们所说的人选是谁。严祖佑说：“现在我们是在天上，悬空八只脚，等到了地上再说也不迟呀。”

在福州的宾馆里，严祖佑同我一起向陶象卿说了让朱建华担任副主任。陶象卿眯着眼睛打量着我们，要我们“说说理由”。于是严祖佑把我对他所说的“理由”向陶象卿复述了一遍，陶象卿点着头说，这的确是个理由，等他回上海同俞远明商量后再定。

一晃过去了半个多月，我们一直没有听到报社对朱建华的任命，却得到通知，俞远明要去福建，仍由严祖佑和我陪同一起前往。那一次，我们是在飞机上跟俞远明说了朱建华的，俞远明听后说“好的”。等到我们从福建回沪不久，朱建华便被任命为新闻报社国内新闻部的副主任。俞远明对我说了一句：“你，金蝉脱壳了。”

我有了充分的时间搞自己的长篇连载，写得不亦乐乎！

俞远明似乎忘了我对他改名的忠告。尽管把报纸搞得红红火火，却老马失蹄，因一篇刊出的稿件被市委宣传部认为“出了严重政治问题”，被免去《解放日报》副总编的职务，从副局级降为正处级。须知，从正处级到副局级，要经历多少道坎？这如同把一壶自来水烧开，自来水被加热至99度，仍是自来水，顶多称得上是热水；惟有加热到100度，由量变到质变，才能算是开水。正处级就是99度的热水，荣升至副局级才是100度的沸水，这个从量变到质变的过程极其艰难，俞远明从高处滑入低处，这可不是“上上下下的享受”。他对我说：“吉建富，霉头被你触到了。开玩笑，开玩笑，是我自己不好，大意失荆州。”

这时的《新闻报》由解放日报社主管，协办单位是：市财政局、市国税局、人行市分行、农行市分行、工行市分行、建行市分行、中行市分行、交行市分行、中保人寿保险公司、中保财产险分公司、市外贸公司、复旦新闻学院。在对开的《新闻报》的头版，这些“财神爷”的大名全都跟着与读者见面，但真正的掌舵者还是解放日报社。

国不可一日无君，报亦不可一日无总编。上级迅即任命《解放日报》副总编辑余建华为新闻报社总编，俞远明暂时留在《新闻报》，协助余建华工作。

余建华是复旦大学新闻系1966年的毕业生，在大学时代就加入了中国共产党，毕业后在人民日报社任记者、编辑，直到1980年才调入解放日报社，1986年任副总编。

1990年，祖籍浙江诸暨的张煦棠担任了《新闻报》的总编，他让我陪他回西施故里采风，诸暨市委宣传部副部长兼诸暨日报社社长、总编辑和党委书记的周光荣接待了我们，以后我单独去诸暨，他每次都出面接待我，还让我认识了“李字蚊香”创始人李经春。

那年，周光荣来沪想拜访余建华，张煦棠热心引荐，在当时虎丘路文汇报社的小餐厅设宴，并让我作陪，我就是在那次“小范围”的聚餐时认识余建华的。记得当时他对我说：“我们名字里都有个‘建’字。”

当余建华出任《新闻报》总编辑后，他点名让我搞一组“温州人闯荡上海滩”系列报道，他说相信我能够完成任务。我奔波了半个多月，写了5篇稿件，余建华对其中的两篇提出了详细的修改意见。我觉得，余建华对经济理论有独到的见解，因此，我根据他的意见，对稿子进行修改，一篇没费多大力道就通过了，另一篇则改了3次才过关。可见余建华的“韧劲”非同一般。

我所在的国内新闻部有位五十开外的老记者叫王天锡，身体一直不好，有一年的冬天，我与他一起骑自行车回家，也许我比他小十来岁的缘故，一口气就骑上了乍浦路桥，当我在桥上回头看王天锡，却瞧见了惊人的一幕：王天锡吃力地拼命往桥上骑车，突然刮来一阵寒风，吹起了他的呢大衣，他竟从自行车上跌倒在地，正应了“弱不禁风”那句话。我赶紧下车去扶他，王天锡非要让我先走，他要稍事休息。不久，王天锡被查出患了肺癌，住在上海肺科医院，我和部主任严祖佑一起去探望，我发现他本生就不大的脑袋，变得比我们成年人的两个拳头大不了多少。王天锡与病魔作顽强的抗争，最终还是撒手人寰。

此事与余建华本没有任何联系，只因有人对他不满，竟拿王天锡“说事”。那时，我们大家都在使用拷机，一天深夜，余建华的拷机收到这样一条中文信息：“余总，今晚王天锡请你吃饭。”

余建华被惊出了一身冷汗。次日，他除了向警方报案之外，还向解放日报社纪委书记汇报，纪委书记立即着手调查，这桩“无头案”连警方也没查出啥眉目，党报的纪委书记更无能为力了，这件事最终不了了之。

不过，余建华还是余建华，受了气，也只能自认倒霉，他仍要履行自己一报总编的职责。而此时的原总编俞远明是“不在其位不谋其职”，他只是协助余建华工作。1998年年中有消息传来，《新闻报》要与《消费报》合并，创办新的《新闻报》，并且是“一日三刊，滚动出版。”

所谓的“一日三刊”，是指新闻报晨刊、午刊和晚刊。当时，新闻报社上上下下议论纷纷，毕竟要有“变动”，有人适应，有人胆怯，有人担心自己不知能否跟上“时代潮流”，而大多数人认为这是“不以人的意志为转移的变化”，大浪淘沙，何去何从，一切都是未知数。

一天，俞远明来到我们中间聊天，听到有人问报社合并后会出现怎样的局面，他说了一句：“船到桥头自会直”。

俞远明问我是如何看的，我说了6个字：“舞照跳，马照跑。”那是我从香港回归时港人所说的“批发”过来的。我认为，这是好事情，就看每个人自己如何把握了，可以是抓住机遇，也可以是随波逐流，更可以是得过且过；咱们骑毛驴看唱本——走着瞧。

1998年，由解放日报社国内部主任毛用雄负责创办《新闻报》一日三刊的筹备工作，在1999年元旦正式创刊的日子是敲定的，一切都处于倒计时。我是1998年12月中旬到汉口路300号解放日报社，参与报纸的试刊工作。

也就在《新闻报》“一日三刊”创刊前夕，原《新闻报》与《消费报》两家报社的人员大会师，在解放日报社的大礼堂召开全体员工大会。市委副书记龚学平赶来作动员，由负责筹备工作的毛用雄介绍筹备情况，他第一个上台，站在讲台前，掏出稿子，清了清嗓子，侧身向龚学平点了一下头，开腔道：“尊敬的龚学平副书记、尊敬的秦绍德总编辑……”

余建华和解放日报社副总编吴谷平被同时任命为《新闻报》的总编。1999年1月1日，新的《新闻报》“一日三刊”正式创刊，沪上就有了“一座城市两张晚报，一家报社两个总编”的说法。人家说得没错，事实就是如此。

余建华没干多长时间，又回到了解放日报社副总编的位置上，直到2004年退休。我自认为同余建华熟悉，也相互信任，2012年12月22日，我在余姚路一户居民家采访，猛然想起余建华是余姚人，他的家也在余姚路上，于是登门拜访。我们久别重逢，似乎有说不完的话。他送我两本自己的写的书，其中《无聊和有聊之间》是一本漫画集，我才知余建华还喜欢画漫画。

感悟：我们不可能对自认为熟悉的人全面了解，当彼此建立了信任关系，才能相互真正了解。对于朋友而言，还是那句老话：衣服是新的好，朋友是旧的佳。当然，老朋友也是从新朋友做起的，能够称得上老朋友，至少是经过了信任的考验；假如在新朋友时就发生了信任危机，不可能再发展为老朋友。换种说法，新朋友不一定能成为老朋友，而老朋友必然是从新朋友开始的。

俞远明被降职后，让上海经济报社请去担任了总编辑，退休后又被克莉斯汀聘为副总裁。2013年春节，他给我发来一条很有趣的短信段子，末了言明“是原创哦”。因改名不改名，不幸被我言中的俞总，我们是老朋友哦。感谢当年他对我的信任，要我担任《新闻报》国内新闻部副主任，我却辜负了他的期待。但他让我负责长篇连载，也是对我的信任，在担任《新闻报》长篇连载责任编辑的岗位上，我没有辜负他的期待，这一点令我深感欣慰。

10.走进《人见人爱》摄制组

1999年国庆前夕，我在电视连续剧《儿女情长》的编剧李云良家里聊天，他告诉我，他的一部故事片《人见人爱》即将开机，邀请我随剧组跟踪采访。我得知这部影片的导演是电视连续剧《渴望》的导演鲁晓威，演员有“情报处长”陈述、“胡汉三”刘江、演《早春二月》的刘钊以及牛犇、陈奇、王玉梅、魏宗万等，还有刚崭露头角的薛佳凝；只是对侯斌的名字比较陌生。

李云良介绍说，24岁的侯斌是佳木斯人，9岁那年被火车轧断了左腿，上世纪90年代起，他成为一名跳高的残疾运动员，代表中国残疾人参加世界残疾人奥运会，在1996年亚特兰大残奥会上荣获冠军，他用单腿跳过1.92米的世界纪录至今没被他人打破。

我肃然起敬。你看，一个我还没有谋面的小伙，通过李云良的描述，我立即对他产生了信任感。因为我信任李云良，从而也就信任侯斌。所以，在拍摄现场，我头一个找上他，聊了多次，觉得他有股顽强的意志，失去一条腿算不了什么，照样是顶天立地的男子汉。不是吗，2008年9月6日晚，侯斌作为北京残奥会主火炬手，拉动绳索将自己与轮椅车一同拉升至39米，用手中的火炬点燃了鸟巢上方的主火炬，那一刻，通过电视直播，全世界都定格在这幅令人叹为观止的画面上。

请读者跟我再回到《人见人爱》拍摄的现场。

导演鲁晓威告诉我，侯斌虽然从未演过戏，但他悟性高，加上本身就是北方人，普通话讲得非常标准，影片拍摄还比较顺手。当然，拍片中难免会闹出些笑话。有一次要拍侯斌从地铁站自动扶梯上不小心被人推下来的镜头，当时是现场录音，侯斌把无线话筒发射器藏在身后，没想到，他从自动扶梯上摔下去的时候，那个发射器也被摔了出来，他没听到导演喊停，只是一边将发射器重新藏好，一边继续表演着。我大声呼叫他停下，他也未听见。这场戏肯定要重拍，当时，侯斌却浑然不知，还是一个劲地卖力演戏，结果这段"表演"让中央电视台"电影频道"的记者抓拍下来，成了影片的花絮。

我见到最惊险的一幕不是发生在拍摄现场，而是在宾馆里。台湾老演员王孙主演过《星星知我心》、《杨贵妃》、《包青天》以及电影《我是一片云》、《上海滩》等影视剧，是大陆观众所熟悉的资深影人。在拍摄的第一天，中午他在宾馆休息，一不小心，眼角撞在床头柜上，顿时鲜血直流，被摄制组里的保健医生送往第九人民医院治疗，结果缝了9针。按理说，当时已75岁的年纪，躺着休息几天也不为过，可他从医院出来，又回到拍摄现场，坚持将那天的戏全部拍完。

我问及王孙伤势，他笑呵呵地说："没事，主要是我撞得有水平，恰巧在眉毛下方，针脚被眉毛盖得严严实实，没有破相。"

我问他为何还坚持拍摄。他说："一个人要守信用，要多为别人考虑，摄制组停工一天，要损失多少钱，我自己克服一下，别影响剧组的拍摄。"

像这样守信用的大有人在。那年9月，67岁的牛犇随上海电影代表团去台湾访问时，《人见人爱》已在申城开拍，在影片中扮演老农民的牛犇刚从台湾返沪，便直奔影片拍摄地。我在头一天还同他在一起吃午饭，第二天就不见他人影，一问方知，他是向剧组请了48小时的假，去沈阳参加电影百花奖，他又获最佳男配角奖。我是晚上回去睡了一觉，第二天晚上，又在摄制组看到了他。

牛犇告诉我，由于航班的原因，他差点要耽搁一天回来。他说："讲好了的事情，就要兑现，千万别让人留下不信任印象。"

在影片《地道战》中扮演汤司令的刘江那年75岁，因他在影片《闪闪的红星》中扮演了还乡团的胡汉三，所以，每回围观的群众一见到他，总会学着影片中刘江的腔调高喊："我，胡汉三又回来了！"

那天在和平公园拍戏，惯于塑造反派人物而著称的刘江有一个特写镜头，只拍他膝盖以下的双脚在小跑，刘江跑了两遍，自认为跑得太慢了，于是向导演提出重来。一位上了年纪的中国电影表演家，对艺术的精益求精到了如此苛刻的地步，结果正式开拍后，他反而是跑不快了。当他坐在小凳上歇息片刻时，我提议，由我穿着他的鞋和长裤，作为“替脚”，代他去完成这个镜头。不料，我话音未落，旁边的场记抢先一步，脱下自己的鞋子与刘江的鞋子对换。又帮刘江脱下长裤，去做“替脚”了。

刘江与我闲聊起来，他在北京的家里，每天早晨6点必起床，在自家有花花草草的院子里锻炼身体。他的妻子退休前在京城一家设计院做会计，老两口夫唱妇随，其乐融融。他向我介绍自己的养身之道：人上了年纪，每天应该喝一小盅黄酒，最好是烫一下，把黄酒烧到接近沸点，再加几粒话梅，那酒既养人，又开胃。末了，他说：“真的，你相信我，我不骗你的。”

在我眼里，刘江简直就像是个老小孩。他生怕我不信他的话，还要再三强调“我不骗你的。”我告诉刘江，我父亲比他年长5岁，还在骑自行车锻炼，我父亲说“管住自己的嘴，迈开自己的腿”。

刘江一听，说“很有道理。”

我补充道：“管住自己的嘴，不仅是在吃的方面，还有，别去搬弄是非。”

刘江接腔：“病从口入，祸从口出嘛。”

我喜欢与上了年纪的人攀谈，从他们身上一定能学到不少东西，尤其是做人的学问。

与刘江一起从北京来的刘钊是位高个子，他比刘江小一岁。我每每瞧见有人要同他合影，他除了来者不拒之外，总会弯下腰。有一次，我忍不住问他为啥要弯腰，刘钊说，这样拍出的照片就不会让合影者显得矮了。

在影片中担任主角的薛佳凝在拍摄《人见人爱》之前曾参加过黄蜀芹执导的影片《我也有爸爸》的拍摄，她还在电视连续剧《我儿我女》、《中国阿甘》和《董竹君》担任角色，刚有点名气。

在拍摄现场，我见薛佳凝在候场时捧着一本书，津津有味地阅读着，我看了一下书的封面，是余华的《许三观卖血记》；她知道我是记者，便说起自己的“身世”。薛佳凝母亲是在黑龙江插队的上海知青，她就是出生在哈尔滨的，她从小就喜欢模仿影视剧中的人物表演，曾在当地少年宫的演出中获过奖。后来，她考入了上海戏剧学院表演系，演技日趋成熟。

我对她说：“我正在写一篇大特写，你介绍的细节我都会写进去的。”她说，等到报纸登出来了，一定要给她一份。

《人见人爱》最后一组镜头是侯斌与薛佳凝在海边相拥接吻的戏。我记得开拍前，薛佳凝有顾虑，侯斌也显得手足无措，他不停地搓着手，一脸尴尬的笑，当然是笑得很不自然。薛佳凝缠着鲁晓威要改剧情，编剧李云良似乎不愿改，鲁晓威哄着薛佳凝，最终还是顺利地拍完这场戏。我听到薛佳凝嘟囔道：这是一个少女的初吻啊。

现在来写一写中国电影表演艺术家陈述向我发脾气的事。

在陈述进剧组之前，江苏的一家媒体刊出他说程前是三流演员的报道。一石激起千层浪，其他媒体纷纷跟风，娱记们忙得不亦乐乎，他们采访在北京的程前，报纸上又是一阵热炒，程前在接受记者采访时表示：他不与老前辈计较。在上海的陈述则告诉记者，他没说过程前是三流演员之类的话。然而，一波未平一波又起，程前称自己原先签下的两部影片合同由于“三流演员”的风波而被取消，他要追究放话者的责任。陈述对媒体记者再次信誓旦旦地表示，自己根本就没说过这种话。

我是从报上读到这些“娱乐新闻”的。就在自己关注事态发展时，我竟在《人见人爱》摄制组遇到了陈述，出于记者的习惯，我当然不会放过这个千载难逢的好机会。此时，报纸上又有“老少二人”的新闻，程前要与江苏的那家报社对簿公堂。我将刚看到的新闻告诉陈述，他义愤填膺地说：“程前是第一原告，我就是第二原告，我要和他一起向乱写的记者讨还公道！”

好啊，在现场逮到一条“活鱼”，我赶紧回报社，把在第一时间获得的信息写了一则新闻，次日刊发在版面醒目的位置。我的用意是想帮陈述一把，哪里会想到，当我再次到了影片拍摄现场，李云良就找到我，说：“陈述正在发火，他要找你算账。你尽量避开他。”

我当即愣住了。既然李云良说了，我就“尽量避开”吧。孰料，我与陈述迎面碰上，我想转身避开已经来不及了，他叫住了我，劈头盖脑地一通责问："我是信任你，告诉你实话，这是我们私下里说的，你怎么没经过我的同意，就自说自话登到报纸上去了？谁允许你登的，你唯恐世界不乱是吗？"

陈述正在气头上，出生于1920年的他比我父亲还小一岁，我权当父亲在责怪我，让他先消消气，我再作解释。由于我的沉默，陈述果然说话频率放缓了。这时我才向他讲了自己写稿的本意，不料，陈述又喉咙响了起来："我看你就是一个三流记者。"

我被弄得哭笑不得。我心平气和地对他说："你讲没讲程前是不是三流演员我没听见，但说我是三流记者却是听得清清楚楚，由此推断，你也有可能说过程前是三流演员之类的话。"

陈述反驳道："我哪里讲过你是三流记者的话，你说话要负责任的噢。"

我傻眼了，陈述明明刚才说我是三流记者，仅仅过了一分钟，怎么就不承认了？我感到不可思议。正在此时，牛犇过来将我拉到一旁，劝我别跟陈述计较了。我想告诉他事情的经过，牛犇摆摆手，说他知道："你是好心办坏事。"

我借着牛犇给我的"台阶"，赶紧溜之大吉。

中午，无论导演还是演员，一律都是吃盒饭，大家三三两两或站或坐，分散在四周解决"温饱问题"，我见屋里有桌子椅子，便坐在李云良旁边共进午餐。就见陈述与小他20多岁的第二任妻子走进来，陈述一看到我，扭头就往外走，他的妻子不明就里地问他干嘛，他也不回答。李云良见我吃得差不多了，说："建富，你委屈一下，能否换到别处去用餐。"

我端起盒饭朝边门出去了，就听李云良大声呼唤陈述夫妇进屋用餐。

两天后，我遇到陈述，他不再回避我，吃午饭时，甚至让我帮他拿一碗汤。

感悟：我与李云良的认识是在他签名售书时，通过几次电话后，他把我请到家里，那是我们之间已建立了相互信任的关系，要不，怎么可以把认识不久的人请进家门？我在寻找答案，自己为何会被别人信任？思前想后，我的记者身份是个亮点；当时我是《新闻晚报》的记者，“报社记者”的这件“外衣”成了我的一个招牌，在外人眼中，记者就是无冕之王，是值得交往的人。然而，当李云良与我多次接触后，接下去的发展已无关这件“外衣”的事了，因为对方已经知道了我的身份，彼此之后的接触是在建立信任的关系。信任，可以是“一次性”的交易，譬如，托付朋友操办某件事情，他把这件事又托付给了你不认识的他的朋友，你与他的朋友见了一次面，事情完满办成，对方兑现了承诺，你给朋友的“信任”加分，同时也对你朋友的朋友产生了信任；但是，仅仅就是这件事而已，之后再也没有接触，这种所谓的信任，便是“一次性”的，在采访中我接触过的大多数人也都属于此类。

由此看来，信任是有周期性的；“一次性”的是一种，可认为是短期的，当我们在日常生活中与人交往，“信任”与“不信任”总会相伴左右，朝“信任”上发展，信任的周期自然会延长，发展成为中期的和长期的，甚至是永远的。俗话说，一个人一生当中能有几位知己便足矣，这样的“知己”可以是朋友，可以是夫妻，也可以是红颜。

我与李云良的信任是长期的，2012年，作为电视连续剧《儿女情长》的续集，由他与女儿洋子编剧的《儿女情更长》登上央视的电视剧频道，他打电话告诉我播放的时间，待整套正版碟片出版后，一定奉上。李云良的妻子朱医生也是古道热肠，退休之后在社区发挥余热和自己的特长，继续为社区居民望闻问切。她所在的社区与我供职的解放日报集团是共建单位，被邀请来参观在莘庄的解放日报社新大厦，朱医生特意带着丈夫与女儿的心血结晶——中国影视精品珍藏版的《儿女情更长》的DVD给我。我与李云良一家人的信任是长期的。

11.别克新世纪万里行

应该说，《新闻报》一日三刊创刊不久，主要是总编吴谷平当家，因为他是《解放日报》的副总编，中国人都是按级别掌管权力，毛用雄、裘新、寿光武分别负责晨刊、晚刊和午刊。

生于1945年3月的吴谷平1967年毕业于复旦大学新闻系，被分配至湖南，从农场到工厂，干的似乎都与“新闻系”不相干的工作，直到1981年4月才调入湖南日报社，算是专业对口了。1991年9月底回到阔别23年的上海，在《解放日报》任夜班编辑，1993年11月被任命为《解放日报》副总编。当年，我曾多次给《解放日报》写社会新闻，稿子发给夜班编辑张全麟先生，我有时随他一起将稿子送夜班编辑部，在那里总能见到吴谷平和金福安。

我哪会想到，当七八年之后再次见到吴谷平时，他成了我的顶头上司。当时我在《新闻晚报》社会新闻部做记者，稿子见报频率很高，吴谷平碰到我，总会说：“古建富，今朝这篇稿子写得蛮好。”或者说，“今朝这篇东西导语写得勿灵，太拖……”

我记得最清楚的是，吴谷平曾提醒我两次，关照我每天要看看报社食堂的公告栏。他说，报社有这么多的员工，领导不可能一个个都顾及，你要学会自己照顾好自己，报社的不少信息都会摆在公告栏上的。

吴谷平担任《新闻报》总编和党委书记只有一年多，因他在1997年主持了《解放日报》编辑部的电脑工程，实现了记者、编辑从笔和纸到电脑与网络的转换，并创办了《解放日报》网络版的缘故吧，2000年初，他被任命为东方网股份有限公司董事长、党委书记，筹建了东方网。2001年4月，调入文汇新民联合报业集团，担任文汇报社党委书记、副总编。

1999年4月初，《新闻晚报》问世还未满百日，确切地说，是第98天，即4月8日，吴谷平通过社会新闻部主任沈沪飞交给我去江苏泰州采访中国人民解放军海军诞生地，那年的4月23日是人民海军诞生50周年。对我来说，这是报社领导对我的信任，虽然我比较低调，但在关键时刻也要“露一手”，这叫偶尔露峥嵘。我是接到任务当天出发，48小时后即返沪，一篇3000字的《探访人民海军诞生地》通讯在4月12日就见报了。

这只是我初露锋芒，亦可谓小试牛刀。这一年的10月，我参加的“别克新世纪万里行”，才是一次真正的锻炼与考验。在世纪交替之际，《新闻报》与东方广播电台联合举办的“新世纪万里行”活动，上海通用汽车有限公司的“新世纪”别克轿车刚下线，公司提供了两辆崭新的车作为采访专用车，因此，就以“别克”冠名。

总体活动方案是由东方广播电台记者贺亚君策划的。东广派了贺亚君与何晓女士搭档（何晓现在是上海电视台的记者了），《新闻报》由我与周东旎女士搭档，再加上有线电视台的一名记者，组成了“别克新世纪万里行”上海新闻采访团，分别乘坐两辆别克轿车从上海出发，经杭州、宁波、温州、福州、厦门、汕头、广州……还要采访浙江、福建和广东三省的主要领导；沿途采访的稿子除了在新闻报晨刊、晚刊上刊发之外，东方广播电台的早新闻每天还要刊播。

我接到任务时有些激动，心忖：这样重大的采访怎么会落到自己头上？之后听说是时任新闻报社副总编辑、《新闻晨刊》主编毛用雄提议的。我明白了，过去自己是老新闻报国内部的记者，又担任过“省市长热线”的记者，对于采访可谓轻车熟路。

我得到了报社领导的信任，这是毋庸置疑的；我信任自己能出色完成任务，这是绝对有把握的。然而，一开始我就遇到了不爽的事，原因就出在东广记者贺亚君的身上，只是他还浑然不觉。我“认识”这位老兄，是数月前电视台播放的一部由周冰倩担任主角的电视连续剧《梦圆何方》，贺亚君在剧中扮演一位大老板，如今看到了生活中的他，甚感此兄的确是个人才。大概是他策划的这次采访，口袋里揣着我们日后的吃用开销，俨然成了老板，对我发号施令。

出发前，我们在东方广播电台的会议室碰了一次头，贺亚君给了每人一份印着各自姓名和手机号的名单，他说，两辆车万一前后失去联系，彼此可以用手机联络，他想得很周全。他从一个大牛皮纸袋中抽出厚厚一叠采访提纲递给我说：“你们先熟悉起来，等到出发后，我们每天至少要开两次会，讨论稿子怎么写，写什么……”

贺亚君还未说完，便被我不客气地打断：“兄弟啊，我老吉最怕开会了，在报社里，能逃掉的会都是逃之夭夭，现在就我们这几个人，到外面去是放松心情，快乐工作，还要每天开两次会，你也有空噢。”

我告诉贺亚君，自己在报社国内新闻部干了近10年，我们将要去的地方我至少跑了两遍，虽然时过境迁，但凭自己积累的经验，只要到了要采访的城市，我马上就能“抓到”新闻，何况我又做过“省市长热线”的记者和编辑，采访省市长是我的拿手好戏。

贺亚君朝我瞄了几眼：“我们出去就是一个团队，大家要有商有量，开开短会，集思广益，不是蛮好嘛。”

出发的日子定在1999年10月29日。在28日晚，东广的领导为此次活动饯行，毛用雄作为合办单位的领导出席了酒会，贺亚君、何晓仿佛出征的英雄，受到东广领导频频敬酒的礼遇；毛用雄心中犯嘀咕：照理说，是东广与新闻报社合办这次活动，《新闻报》的记者也应该出席，不就是添两双筷子的事情，为何没被邀请。事后我才得知，酒会还没进行到一半，毛用雄便借故退场。

10月29日，我与周东畹在早晨7点半之前准时赶到虹桥路上的东方广播电台，两辆黑色的别克轿车引擎盖上都醒目地贴着“别克新世纪万里行”，弹眼落睛地整装待发。满面红光的贺亚君从大厅走出来，一记大招手，像是中央首长前来接见众人，感觉好极了。

正在我们等待有线电视台记者时，一辆出租车疾驰而来，在大门口停下，我看到新闻报社副总编毛用雄与《新闻晚报》的副主编胡廷楣，还有社会新闻部副主任韩自力从车上下来。毛用雄同他们快步走到我们面前，我惊奇地问：“毛老师，你们怎么来啦？”

贺亚君也愣住了，惊呼：“毛总，你怎么来啦？”

毛用雄却不温不火地说：“你们领导没来送你们，是不是昨天晚上酒喝多了？”

此前，我不知道东广昨晚摆过欢送宴，毛用雄如此一说，我立即明白了他“话中有话”。在调侃完后，毛用雄对我和周东畹说：“你们代表新闻报社参加‘别克新世纪万里行’采访团就要出征了，我们代表报社来送送你们，祝大家一路顺风，我们等着你们凯旋。”

这是一个不是欢送仪式的仪式。毛用雄问几点开车，驾驶员说：“就现在。”

如同马拉松长跑比赛，毛用雄就像一名没举发令枪的裁判，他一挥手，说：“好，出发！”

两辆别克车先后驶出东广的大门，我回头望去，毛用雄仍站在原地向我们不停地挥手。我当即对同车的周东畹说：“报社这次派我们去是对我们的信任，我们只能干好，决不能辜负领导对我们的信任。”

周东晦表示有同感。

长话短说。我们抵达杭州已是中午，一行人一进酒店就被热闹的场面所震撼。二楼硕大的餐厅里一眼望不到边的餐桌一个紧挨一个，大约四五十桌；假如我们再迟一步上来，恐怕要等位了。餐厅里人声鼎沸，个个吃得嘴上冒油。我对贺亚君说去“兜一圈”，其实我是发现了新闻线索。

就在进餐厅时，我听见服务台的服务员在接电话，年轻的女服务员朝着电话机话筒嚷着，说要订包房起码得提前一个星期；她问对方：“你不知道吗，现在杭州时兴假日经济呀。”

我就是被“假日经济”四个字所吸引，待我看好了自己的座位后，便直奔服务台。我直奔主题，服务员解释了一番，我搞懂了，当时杭州市民在郊区买房，带动了杭城的房产、装修、添置新家具、家用电器等一系列的相关产业。他们实行“5+2模式”，即5天工作在城里，双休日的两天去郊区度假，一家人又一起上饭店聚餐，从而带动了饮食生意。

我当时向服务员要了纸和笔，记下了“假日经济”，并拟好了新闻稿的标题《杭州“假日经济”火爆》。折回到餐桌前，贺亚君说他菜已点好，问我去了哪里。我扬扬手中的纸张，告诉他们采访的经过，采访团的其他成员一致认为“这就是一篇好稿”。

我问贺亚君，还用每天开两次会吗？他笑而不语，在一旁的东广记者何晓抢白道：“这就是默认了，以后我们每天在餐桌上边吃边聊，这叫工作午餐嘛。”

在上海的东方广播电台，我与贺亚君等人第一次见面，彼此不了解，也没信任不信任可言，他当时提出“每天要开两次会”，也是拍脑袋想出来的。至少，他生怕把事情办砸了不好向他们的领导交代，最主要的还是怕失面子。这其实是好事，在他看来，“面子”就是自己的信誉，他当时心中没底，便对自己产生了不信任。他又没同我打过交道，对我所说的也是将信将疑，因此，他未必信任我，这也是再正常不过的了。如今在饭桌上，佳肴还未来，我的稿子却已经成型，令他刮目相看。

贺亚君说了一句：“老吉，你能保证自己每次都有这么好的运道？”

我马上明白，贺亚君认为我是偶然“碰运道”碰上的，这说明他还是不信任我，或者说是还没完全信任我。我必须立即给予他一颗“定心丸”，于是拍胸脯说：“以后一路上的采访全由我一人包了。”

众人眼睛都瞪得老大，因为我只是向贺亚君“吹”过自己是报社国内新闻部记者，还是“省市长热线”的编辑和记者，对我们今后要去采访的城市都比较熟悉，其他人闻所未闻，一旦听我说所有的稿子全包，哪有不惊讶的？这种“惊讶”包括两个方面：一是，你还有这份能耐，到底行不行？其二，他们在心里想“未来的日子不用写稿，可以饱览祖国大好河山了。”

我是写小说的人，擅长人物的心理描写。我把上述想法告诉了他们，众人七嘴八舌地说：“唉，你怎么知道呀？”

我向贺亚君提了两个要求，我们一行是7个人，住宾馆时我要一个人住，这样便于写稿。此外，让贺亚君把带来的剪报之类的东西收起来。我告诉他，说好听点，这些报纸作为参考，也可以被人误认为是“剽窃”，白纸黑字的东西就是“证据”。我建议他，利用广播电台的人脉，每到一地，找找电台的记者朋友，请他们一起吃饭，我在饭局上就能找到新闻题材。

贺亚君连连点头，说：“就这么定了。”

对我来说，这是当着众人做出的一个承诺，对他们而言，只有在“万里行”结束时才能看出我是否兑现。在之后10余天的采访中，我总共刊发了15篇稿子，其中有采访时任福建省代省长的习近平，厦门市委书记、市长洪永世、汕头市委书记庄礼祥。

我只写了三天的稿子，贺亚君再也没了对我的不信任。换言之，我用实际行动，赢得了众人对我的信任。10余篇稿子如何采访的不必多说了，单提一篇是我凌晨被“晃”出来的特稿。

我们一行从申城出发前的一段日子，台湾地区连续发生地震，从电视新闻上看到，有强力震感的福建沿海地区居民纷纷跑出屋子站在广场上的画面令我印象深刻。11月1晚，贺亚君让我们大家去福州市的一家歌厅K歌，说是去“放松一下”，大家都觉得几天下来的确需要轻松轻松，结果这帮老记在卡拉OK唱到翌日凌晨才余兴未尽地返回宾馆。

我是个“夜猫子”，回到房间抽烟喝茶看电视，直到快凌晨2点才睡觉。刚睡下不久，突然感到床在剧烈地摇晃，胸口好难受，我猛然意识到，可能发生了地震，于是赶紧开灯，瞧见吊灯在头顶上像钟摆似的左右摆动，这就证实了我的猜想。我迅即穿上衣裳，打开房门冲到走廊里，按照“防震知识”，不能乘电梯，我住在二楼，便从楼梯上往下跑。

跑到底楼大厅，并未见有什么动静，值班的服务员问我有何事，我说，发生地震了。服务员笑了，他说，刚才的确晃得厉害，估计是台湾地区又发生地震，没关系的，不像前几次，前面的广场上全都是人。

我朝宾馆外张望，广场上空空荡荡，自己不由窃笑不已。不过，笑归笑，笑过之后再思考：为何先前台湾发生地震，这里的广场上没了立锥之地，而今同样是地震，广场上却空无一人？这就是新闻。

我谢了服务员，连忙回到房间，翻开桌上的电话簿，查到福建省地震局的号码，操起电话打了过去，得到的信息是：2点左右，台湾省花莲地区以南近海发生里氏6.5级地震，对福建不会有很大影响。我当即草拟了《台湾今晨地震 福州震感强烈》新闻稿，一直忙到3点多钟才上床。

清晨，我被一阵电话铃声惊醒，揉着惺忪的双眼接电话，是贺亚君通知我吃早餐。我匆匆洗漱后，带着地震的稿子赶往餐厅，问众人，凌晨发生了地震可知否，大家一脸茫然。我得意地把采访经过一讲，众人说：“老吉辛苦了。”

这时，餐厅的电视中正好播放台湾地区发生地震的新闻。我掏出手机给报社打电话，要闻部主任顾伟说，正好赶上晚刊截稿时间。当时，周东曦带了一台手提电脑，我请她将稿子打一遍，迅即发回报社。新闻晚刊当天在头版刊出，成了当日上海媒体的独家新闻。

感悟：要得到别人的信任并不容易，别人凭什么要信任你？惟有行动才是证明自己的最好说明。我信任自己，是因为自己掂过分量，凭着多年在国内新闻部的打拼，积累了丰富的实战经验，再根据当时的实际情况做出切合实际的正确判断；有了足够的“资本”才能胸有成竹地拍胸脯，当兑现了承诺，别人才会信任你。在与不熟悉的人打交道时，尽管自己本着“要让别人信任你，就必须首先你要信任别人”的想法行事，但在生活中并非能形成“对等”的关系；信任的基础就是真诚，不管别人如何对待你，自己先要做到信任别人。就我同贺亚君来说，虽然是从陌生人开始打交道的，但这种“陌生”是因为彼此供职的单位做“担保”，与马路上遇到的陌生人是有区别的，跟马路上遇到的陌生人打交道没有“信誉担保”，就得用较长时间相互了解，而有单位“担保”的陌生人，就能省去许多时间。由此看来，信任的参照物越强大，相互了解的基础就越牢靠。然而，真正使信任的建立还是取决于一个大写的人。

中途遐想

假如把信任的建立比作烹饪一道美食的话，那么，它的主料便是真诚；既然有主料，就有辅料，也就是人们通常所说的配菜；除了这些配菜，还要有油盐酱醋葱姜调味品。这些东西可视为“硬件”，关键是厨师的烹饪技术，包括火候的掌控、节奏的把握，只有“软件”与“硬件”完美地结合，才能做出一道色香味俱全的佳肴。信任的建立也有辅料，其中人际关系、良好的信誉、人格魅力是最主要的辅料。

我能顺利进入《上海经济时报》，是堂哥向报社当家人的推荐，堂哥与报社当家人认识于上世纪50年代，他们之间建立的信任是经过时间考验的，报社当家人与我不认识，但他熟悉我的堂哥，这就是人际关系。有了这层关系，我成了这家报社的记者，可以说，我的堂哥是用他的信任为我担保。假如把这个比作乘地铁，堂哥只是将我送到了列车上，他的使命即完成了，而我则坐在《上海经济时报》这辆列车上继续前行，我与这辆列车发生了关系，我必须以自己的表现来赢得别人的信任，这就是我的事情了。如果我跳槽的话，则为中途下车，我可以上另一辆车，那就是去了另一家单位，而去了新的单位，自己必须重新为信任买单。

信任就是接力赛，一程程地向前迈。

倘若把上述比喻放到所有的家庭也同样适用。不是吗，一对结婚的新人，在组建小家庭前可能是同事或同学，他们是认识的，也可能是通过介绍人的介绍相识的，那么，介绍者便是将他们送到了车站，他们领了结婚证，只是得到了车票，意味着可以共同驾驶这辆“人生的列车”，在未来的人生旅途上，彼此的相互信任，就是前进的坐标；一旦失去了信任导致离婚，就是中途下车，劳燕分飞的双方有可能与新的对象组成新的家庭，就是乘上了新的列车。婚姻需要经营，信任需要培育，和睦的家庭是培育出的信任结晶，而不和睦的家庭则正好相反。这就是人们所说的：“信任的建立，需要真诚的日积月累；信任的崩溃，一句谎言就足矣。”

我来转摘一则《婚姻存折》的故事。

安娜结婚的那天，母亲当着女婿的面给了她一本存折。安娜以为是一大笔钱，打开存折一看，只有1000元。

瞧着女儿失望的眼神，母亲笑着说：“这是我特意为你们办的婚姻存折，以后每逢值得纪念的日子，都可以存一笔钱，等到老的时候，里面除了钱，还有无限的幸福。”

当时，安娜对母亲的这份心思不以为然，倒是她的丈夫记在了心上，婚后不久，他就先后存了两个500元，一个是因为他升职了，另一个是因为安娜手术治愈出院，他把妻子的健康当作自己感到幸福的事。

不久，安娜怀孕了，她在存折上一下子存了2000元。但是，很快他们就开始了争吵和冷漠。孩子出生带来的快乐是短暂的，然而洗不完的尿布，喂不完的奶，进一步加剧了他们感情的恶化，那本婚姻存折寂静地躺在抽屉的角落，似乎被遗忘了。

当他们要离婚时，母亲说：“你们先把存折上的钱花光了再离吧，虽然钱不多，那也是你们共同的财产。”

于是，安娜第一次取了1000元，去商场购买自己心仪已久的衣服，但当她准备付款时，突然决定不买了。此刻，她想起这1000元婚姻积蓄的来源：丈夫是个十分害羞的男人，但曾在大街上大声对她说“我爱你！”她为此存下200元；丈夫记得她的生日、鞋号、密码……她在自己生日那天存了300元。丈夫英俊潇洒，但从不给暗恋他的女下属有任何机会，她为此存下500元。这1000元里就有这么多的幸福积累。

安娜再看看婚姻存折上的2万多元，她的眼睛忽然湿润起来。回到家里，她把存折交给丈夫，说：“你赶紧花吧，花光了好离婚。”

第二天晚上，丈夫把存折递给她。安娜打开一看，发现反而多了

1000元。

丈夫说："那上面的每一元钱，都记录着我们走过的历程，我第一次发现自己原来是多么需要你，索性又存进了1000元。"

安娜与丈夫又和好如初。她觉得，以爱情的名义为婚姻开个账户，把夫妻间所有快乐的、幸福的、浪漫的事，全都存进银行，这本日积月累的婚姻存折，即使是再贫穷的婚姻也绝不害怕透支。

能够启迪人们积极向上的小故事可以产生大能量。什么叫"正能量"？这便是。

然而，生活是美好的，现实是残酷的。

按照写作的时间顺序，下面该是进入21世纪了，2000年至今已过去了10多年，我不能无休止地叙述那么多的记忆，只能选择重点，围绕"信任"与"不信任"展开。

2013年1月，社会科学文献出版社出版了由王俊秀、杨宜音主编的《中国社会心态研究报告2012–2013》。在这部中国社会科学院社会学研究所编撰的社会心态蓝皮书中，有下列一段文字引起了社会各界的强烈反响："目前，中国社会的总体信任进一步下降，已经跌破60分的信任底线。人际不信任进一步扩大，只有不到一半的调查者认为社会上大多数人可信，只有两到三成信任陌生人。"

在此次调查中，社科院蓝皮书课题组对北京、上海、郑州、武汉、广州等7个城市的1900多名居民进行了详细访问。结果显示，除了人与人之间的信任度下降，超过七成的人不敢相信陌生人，从行业和部门来看，人们对商业、企业信任度最低。同时，不同阶层、群体间的不信任也在加深和固化，包括官民、警民、医患、民商等社会关系的不信任程度在进一步加深。

快递来了不敢开门，查水表的不让进屋，入户人口普查不得不改成去居委会报到，买菜时习惯性地要把小贩的秤搬到眼前，买肉时总要用手按按有没有注水，去超市买牛奶面包看不清保质期绝不会轻易埋单……

2009年，"三鹿毒奶粉"事件已经把食品企业的诚信缺失推向极致，接下来不断曝光的染色馒头、皮革奶、地沟油等食品安全事件，更是让消费者和企业之间毫无信任可言。2011年，“郭美美事件”引起轩然大波，“慈善”两个字的神圣光环也日渐消散。近年来，让公众频频质疑的还有政府或相关机构组织行为透明度不高，比如财务收支、公车数量等。

当所有的不信任集中在一起时，社会氛围就会改变，最直接的表现就是冷漠。蓝皮书指出，“小悦悦事件”、“南京彭宇案”引发的老人跌倒要不要扶的热议，甚至对刘翔在奥运会摔倒后的质疑，对击毙周克华是否真实的疑问，都成为社会信任恶化的注脚。

是什么原因导致社会总体信任降到了“不信任”水平？蓝皮书主编、中国社会科学院社会学研究所副研究员王俊秀认为，首先是由于社会转型，改革开放以来，人们逐渐脱离原来的熟人社会形态，改变了原来的信任格局，人际信任下降是自然的结果。由于社会转型中市场经济秩序不完善，法律法规不完善或得不到很好执行，欺诈行为时有发生。在资讯发达的今天，人们获得了更多间接上当受骗的经验，这一切使得人际信任不断降低。至于民众对基层政府、政法机关的信任度不高，很大原因是由于一些政府官员的不作为、乱作为或贪污腐败所致。

在王俊秀看来，处于转型时期的中国社会，社会价值观更加多元。社会价值观的多元在一定意义上缘于不同社会阶层、不同文化背景、不同生活环境下人们的不同利益、不同需求、不同的知识体系、不同信息接触和周围社会环境的影响。但价值观念多元的背后也存在着另一个突出的问题，就是共享价值观念的缺乏。如果社会无法形成共享的价值观念，没有每个社会成员都遵守的核心价值，社会的道德体系就会失守，社会就会没有底线，社会的互信无法实现，社会进步也无从谈起。

“诚信讲的是道德问题，而信任是中性的事实判断，我们不应该简单把社会信任问题归结为社会道德滑坡或民众素质低，要看到社会信任下降主要是由于人们的信任风险提高了。”王俊秀认为，必须从制度层面来解决社会信任问题，从制度上、法律上和管理机制上降低信任风险，特别是从公权力这个社会信任的核心环节入手，重建社会的信任。

“在人们道德和诚信严重缺失的关键时刻，我们应该拿起法律武器。”在一些专家看来，要想挽回社会诚信，必须依靠建立健全法律法规，严格执法，提高违法成本。在西方社会，维系诚信的力量首先是法律，而在中国，诚信的维系主要靠道德约束，法律的威慑力还远远不够。比如，与人们生活和健康息息相关的食品、药品行业，要加强监管，可以设立企业诚信评级机构，一旦企业出现不诚信行为，应该将其录入黑名单并通报，通过罚款、整改等方法提高企业的品质；政府和相关机构更应该杜绝背信、失信的行为和权力滥用，社会监督完善了，公信力自然就加强了。

这也是我在最后一章中要探求的主题。

第八章 重构我们的信任

图 1

图 2

作者和摄影记者丁志平与赵启正（中）在一起【图 1】

作者为父亲（中）90 岁生日祝寿【图 2】

作者在张煦棠（前中）80 大寿庆祝仪式上【图 3】

图 3

第八章

重构我们的信任

1. 能与不能的信任重构

在写下第八章的标题时，我突然想看看2012年出的《现代汉语词典》第6版中对“重构”的注解，前后翻遍了竟然没有找到。以我自己的理解，“重构”就是重新构建的意思。之后又在百度上输入“重构”两字，呈现在我眼帘的竟是一本2012年4月由机械工业出版社出版的书名，作者菲尔德斯是编程序的专家，这是他专门为职业程序员编写的重构指导。

我看不懂这本专著，却了解了“重构”的含义：即在不改变软件现有功能的基础上，通过调整程序代码改善软件的质量、性能，使其程序的设计模式和架构更趋合理，从而提高软件的扩展性和维护性。

于是，我就在想，我们每个人的名字不就是代码吗？企业的名称、街道的路名、房屋的门牌号，以致报纸的名称不都是代码吗？1999年元旦创刊的《新闻报》“一日三刊”在2000年的6月发生了变化。原本新闻报晨刊、午刊、晚刊，在报头上颇费心机，因为是“刊”，就不能叫晨报、午报和晚报，美编运用障眼法，把“新闻报”三个字放大，在“新闻”与“报”之间空开一格，放进晨刊两字，那个“晨”字与“新闻报”三个字一样大小，而“刊”字则小得不能再小，无论是谁，第一印象就是“新闻晨报”；以此类推，中午出版的是《新闻午报》，下午出版的就是《新闻晚报》。（《新闻午报》以后出售给了文广集团，改名《天天新报》继续出版）。

2000年6月，新闻报晨刊和晚刊不用再“扭扭捏捏”，由于去掉了“刊”字，可以理直气壮地直呼其名了。与此同时，《新闻晚报》社会新闻部划给了《新闻晨报》，那是因为《新闻晨报》原先没有设立社会新闻部，所以也就没有社会新闻版。我就是在那年的6月成了《新闻晨报》社会新闻部的记者，这便是重构的结果。

2000年10月，我购置了第二套产权房，2002年入户装潢，隔壁的邻居侯先生是东方医院的麻醉师，他的妻子在一家书店担任会计师。由于我们两家同时装修，我与侯先生夫妇能经常见面切磋新屋装修的问题，为便于联络，还相互留了手机号。

一天上午，侯先生的妻子很着急地找到我，说了一个名字，问我此人是不是《新闻晨报》的记者。我告诉她，此人确实是我们社会新闻部的记者。她仿佛捞到了一根救命稻草，向我讲述了不久前发生的事。

原来，侯先生妻子所在的书店经理遇上了麻烦事。我们社会新闻部记者妻子的姐姐小胡在这家书店为儿子购买高中辅导教材，结果买重复了，拿着书到店里要求退掉。营业员根据书店的规矩，让她把重复买的书带来再谈退款的事。这是再正常不过了，你说你的书买重复了，何以证明？让你将两本同样的书拿到书店里，才能说明问题。不料，小胡认为是营业员在刁难她，喉咙一响，与营业员争吵起来。

店方事后才得知小胡身体欠佳，她如此发火，立即感到胸闷气短，赶紧到马路上叫了一辆出租车回家了，付的车费已经可以买这本书了。愤愤不平的小胡想到了姐夫是报社记者，便在家打电话向姐夫告状。姐夫气势汹汹地找到书店，扬言不解决问题就登报。

书店经理为保书店的名声，放弃了原则，亲自将小胡的购书款送到了小胡家。当这位书店经理从记者口中得知小胡身体不怎么好，还特意买了水果登门道歉，并将小胡乘出租车回家的车费也付了。侯先生妻子再三强调，店经理并不是要保住自己的奖金，主要是怕坏了店名声，虽然他们并没有错，但报纸上一登，读者又搞不清是怎么回事，还以为是书店的不是，所以“破财消灾”。

我当时思路很清楚，先给报社的记者打电话，让他不要写这篇批评报道，理由是：事情起因是他的小姨子，假如根据书店的规定，老老实实地回家把两本书一起带到书店，事情不就可以很快解决，如果书店对读者重复购买的书款不退的话，再写报道也不迟；其二，这件事已经圆满解决，记者的小姨子得到了比这本书售价多得多的实惠，还有什么不称心的？其三，根据市委宣传部的规定，记者不能利用职务之便，为自己谋私利，这名记者为小姨子“打抱不平”，本身就有失偏颇，更何况还要假公济私。

我是版面责任编辑，完全可以不发记者写的这篇稿子，但我没有这么做，在一个部门工作，大家低头不见抬头见，说得太多会伤害对方自尊。此外，记者每月的奖金都是按发稿量计算的，如果这篇稿子不发，奖金就少了几十元。虽然，这名记者的小姨子得到的补偿远远超过了书款的本身，也大大超过了这名记者不发稿子的损失，但这些话我只能对他点到为止。

我再把新邻居托付我的事说了一遍，末了，用商量的口吻对他说：“我不好意思叫你别写稿子，假如你实在要写的话，你能不能不点这家书店的名？”

对方答应我：“有数了，你放心。”

往日，在部门里我们彼此还算谈得来，他完全听得懂我的言下之意。虽然我说得十分含蓄，意思却非常明确，最好是不要写了，实在要写的话，在稿子中隐去书店的店名。这不失为是一个折中的办法，就算记者的批评报道刊登了，对我邻居侯先生妻子所在的书店丝毫不受影响。

该记者给我的“有数了，你放心”，可以有两种理解，一是不写稿子了；二是稿子要写的，店名就免了。无论出现哪个结果，书店的店名肯定是没有的。

我在得到这名记者让我放心的承诺后，随即打电话告诉我的新邻居。侯先生的妻子似乎还不放心地追问：“稿子让他登，没有书店名，对吗？”

我十分肯定地说：“对！”并让她放心，保证没问题。她又去告诉书店经理，让经理放心。

事情坏就坏在我的“保证”上。次日上午，我突然接到新邻居的电话：“你不是说讲好了吗，报纸上没有我们书店的店名，现在登出来的不仅仅有我们书店的名字，连路名都写得清清楚楚，我们经理问我是怎么回事，好像我在骗他似的。我给你一个我们经理办公室的电话，你帮帮忙，打个电话给他解释一下，好吗？”

我顿时七窍生烟，差一点厥倒。也顾不上正在进行中的装修，火速找来当天的报纸，看到了那个曾让我“放心”的记者见报的稿子，眼睛要出血，却又无可奈何。我猜得出新邻居在心里是怎样数落我：这个老兄是个王伯伯，胸脯拍得震天响，恨不得肋骨拍断两根，有啥用场，牛皮哄哄，弄得像真的一样，结果是个不讲信用的人。下回跟这种人是不可以打交道，要“吃药”的……

也许我是以小人之心度君子之腹，但新邻居类似的想法一定会有的。对我来说，自己成了不被别人信任的人。在这种状况下，我必须做出解释，但又不能过多地解释，讲得再多也于事无补，反而被人认为是在推卸责任，还是索性不解释了。可是不解释又不行，搞得我进退两难。我给书店经理打电话，除了抱歉之外，提出以后找机会为书店写一篇正面报道。

经理说：“算了，算了，以后的事情以后再说了。”

尽管我是真心实意的想弥补过失，听听人家经理说的话，对方已经不再信任我了。

重构信任？在这件事上是无法重构的；而我去处置的另一件麻烦事，倒是可以佐证重构信任是必需的。

2002年的盛夏，普陀区一个街道居委会主任打电话到报社，称有居民向他们反映，居民所住的二楼窗外“飞来”10几包用纸或马甲袋装的粪便，令人作呕。居委会主任说，向他来反映情况的居民怀疑是后排三层楼上的人家所为。我们社会新闻部接到电话的记者去了一趟居委会，与反映情况的居民见了面，又根据补充采访，写了一篇报道。

新闻刊出的第三天，报社来了一对中年夫妻，指名道姓要找写这篇报道的记者。原来，报纸在刊发报道的同时，还配发了一张照片，从照片上可以清晰地看到一幢三层楼的房子，在它的前面就是被抛粪便的居民家，从二楼的角度上来看，秽物似乎是从三楼的高处往下抛的。来报社的这对中年夫妇正是三层楼房的主人，一楼至三楼都是他们家的。这对夫妇起先不知道自己家上了报纸，更不清楚抛粪便的事，只是发现这两天老是有人在他们背后指指点点。有一位好心的邻居悄悄告诉他们，《新闻晨报》上登了他们家的照片，还有人私下在议论，说的话都很难听。他们这才恍然大悟，自己被怀疑是抛粪便的人。为此，他们赶到报社交涉，一定要把事情说说清楚，还要求在报纸上作更正。

那位写稿的记者申辩："后面的三层楼又不是你们一家，你们为啥要对号入座？"

夫妇俩说："后面只有我们家一幢三层楼，其他的都是二层楼，你写了'怀疑是后面的三层楼上抛下来的'，不是指我们家，那是指哪一家？"

这对夫妇连续到报社来了三天，我是在他们第二次来的时候才注意到他们的。他们不像我先前曾接待的认为我们报纸登错了的一些人，那些人来势汹汹，拍桌子，骂脏话，甚至拿着小刀在我眼前晃悠，对待这些人，反而容易处理，拍桌子骂人的，请保安把他们赶出去，拿刀恐吓的，打110报警。可这对夫妇没有大吵大闹，他们从上午就开始坐在解放日报社大堂里，或者坐在《新闻晨报》的办公室；中午时分，他们到报社附近的小饮食店吃一碗面，或者就带着面包和馒头，简单对付一餐。对待他们，犹如豆腐掉进了灰里——吹不得，也打不得。

写稿的记者被弄得烦透了，请我出面来解决棘手的事。我就是在这样的艰难时刻出场的。在我看来，这对夫妇是在为自己的名声而战，从他们可以暂且放下工作，不达目的誓不罢休的决心来看，他们很有可能是受冤枉的，他们要挽回自己受损的信誉何罪之有？

由于他们不再信任写稿的记者，所以不想跟记者再打疲劳战，坚持要找能解决问题的"第三方"，我是"临危受命"接待了他们。一开始我们谈得还比较融洽，当我明确告诉他们，"在报纸上是不会作更正"

时，我明显感到他们马上失去了对我的信任，认为我是在同他们捣糨糊。

我凭良心做事，在最终结果没有出来之前，我不是要拼命作解释，而是要给对方解决问题的方案，这个方案的前提又必须是站在对方的立场考虑，并且是行之有效的。鉴于这个思维，我问这对夫妇，是哪些人在背底里议论。他们说，主要是前面一排的六七户人家。

我心里有了主意，请他们稍等片刻，我去了另一处给居委会主任打电话。

居委会主任恳请我不要说出是他向报社“报料”的，其他一切悉听尊便。这就好办了，你居委会主任“惹”出的事，我来收拾残局，他当然再高兴不过了，只要我将这件麻烦事解决得越快、越彻底越好。我趁热打铁，请他在这个星期天，由居委会出面去通知三层楼前后的所有住户，每家务必派一名代表到居委会开会，届时，我代表报社到会场说明情况。居委会主任连声答应“好的，可以，没问题。”

我返回接待室，告诉那对夫妇，我已通知了他们的居委会，在这个星期天开会，他们居住的屋子周围所有的住户都要派代表参加，目的就是为他们肃清不良影响。

这对夫妇一听我的话，立刻兴奋起来，丈夫说：“吉记者，其实前面的六七家人家来就可以了，没想到你搞大了，把他们通通叫过来了。好呀，只要你们报社出面为我们说清楚，我们要好好谢谢报社，谢谢你。”

多可爱的老百姓，明明是报社不负责任的记者造成了他们的“冤情”，为他们正名是理所当然的，他们却反而还要“谢谢报社”。

开会的那天，居委会主任早已将15户居民召集到了会议室，包括对口小区的社区民警也在会议室正襟危坐。在居委会主任介绍了我的身份后，我即兴发言，在讲完事情的背景后，我说道：“过去，大家不知情，在背后议论也很正常，这叫不知者不为过，现在大家都清楚了，我们报纸上的报道表述得不正确，引起了大家对三层楼这对夫妇的误会，我在此真诚地向他们表示歉意。同时，我希望在座的各位，在今天知道了事情的真相以后，千万不要再在背后议论他们了，那是要负法律责任的。我相信，在座的各位绝对是懂法守法的好人……”

我话音未落，在座的群众议论纷纷：“他们夫妇绝不会做这种事情的”、“他们一家人老实得很，打死我也不相信他们是那样的人”、“是谁吃饱了饭在背后头讲他们坏话，讲的人肯定别有用心……”

小区民警也不失时机地说了几句，居委会主任见好就收，他再来一个总结性发言，那对夫妇不被人们信任的危机顷刻化解。

感悟：不被别人信任了，是在两种情况下发生的，一种是自己未兑现承诺，另一种却是被动的，是由别人的过失造成的。自己引起的不被别人信任，根子在于自己，你自己必须时时提醒自己：“我说话算数了吗？我的哪些所作所为会引起别人对自己的不信任。”你务必一生都要给自己敲警钟，因为稍有疏忽，就会给自己原先的良好信誉减分。要知道，一个人的信任度受损，想要重构是非常困难的。

因别人酿成自己信任受损，自己必须在第一时间予以重构，而且要想方设法消除不良印象。像那对中年夫妇，由于报纸上刊登的消息影响到了他们的声誉，被别人在背后戳脊梁，一旦他们知道了原委，立即采取措施，想尽一切办法为自己“恢复名誉”，这就是重构他们的信任，结果大获成功。而我，因为是同仁的不讲信任，造成了托付我办事的邻居所在的书店经理对她的不信任，从而又造成她对我的不信任，当然，也造成我对这名同仁的不信任。这一系列的“不信任”产生了连锁反应，最受伤害的是我与我的邻居，要重构受损的信任需要相当长的时间，甚至是不可能了。怎么办？接受沉痛的教训，以后千万不要乱拍胸脯，没有十分把握的事情别轻易下结论，即使有十分把握的事，也要看场合、视何人而定。

2. 一米线给我们的启示

依照时间的顺序，行文至此刚抵达21世纪，限于篇幅，更为了节省读者的时间，我不能按部就班写下去了，只得以跳跃的速度进行，有选择地记录带有思索性的记忆。

说到重构信任，有一点是十分明确的，即在当今社会，信任度的下降已是不争的事实，正因为人与人之间信任大打折扣，才需要我们一起究其原因，才会在我的记忆中出现了“重构”的字眼。

2002年的初春，我去银行办事，瞧见5个营业窗口的地面上划了一条二寸宽的红线，很醒目；再细看，地上还有一行蓝色大字：请在一米线外等候。两名佩戴红袖章的工作人员，在一旁不停地提醒排队的人别踩线。

这使我想起之前来这里取款，排在我身后的人“贴”得很近，我后脑勺的头发时常会被后面储户鼻孔里呼出的气流吹起；更令我心跳加快的原因是，自己老觉得身后有一双眼睛在窥视；我摁密码时，总会有意无意地转过头往后面看看，搞得排在我身后的人有些尴尬。我自己也会遇到同样的情况，排在我前面的人回头看了我一眼，我好像有一种做贼的感觉。现在搞了“一米线”，前后排队的人包括我自己，似乎都有了安全感。

不久，在申城的各大车站、医院、邮局、地铁、商场等公共场所都出现了形式多样的“一米线”，大都在一旁挂牌，提醒顾客在线后排队等候。就在此时，我读到一篇文章，称心理学上有一个有趣的原则：除了家人、恋人和挚友亲朋之外，人与人之间的心理安全距离恰好是一米，超过这个安全距离，人们的心理就会觉得相对紧张，感觉到个人安全和隐私受到了侵犯，这便是国际上所通用的“一米线”规定的由来。

要设“一米线”的道理不言而喻，而我首先想到的是“信任”的问题。未设“一米线”之前，我并不是对排在身后的人不信任，但我回头朝他一瞥，对方就会觉得自己没有被别人信任，如果排在他前面的人不回头，那才叫信任。

其实，无论是我，还是我身后的人，彼此都不认识，为了取款或者存款这个共同的目标走到一起来了，谈不上什么信任不信任的问题，但是，社会是极其复杂的，因为面对的是钱。我想起了一句由“瓜田不纳履，李下不整冠”浓缩而成的成语：瓜田李下。它告诫人们，经过瓜田，不要弯下身来提鞋，免得被人家怀疑摘瓜；走过李树下面，不要举起手来整理帽子，免得被人家怀疑摘李子。这说明信任的极其重要，除了做出的承诺之外，还要有措施或者用制度作保障，“一米线”就是措施，它的设立，让信任变得可以“看得见”了，假如排在我身后的人越线，我可以对他不信任，而没有越线，我则可以对他信任。

再举一个例子：一家公司的某位员工今天没来上班，此人说自己生病了，公司人力资源部是信任他，还是不信任他所说的理由？没关系，你不是生病了吗，到医院去求医，医生会根据你的病情开病假单，你拿着病假单去公司，还需费口舌吗？显然是用不着了，这病假单如同“一米线”，它就是一个制度。由此看来，要重构我们的信任，首先就是要完善各种行之有效的规章制度。

新中国成立已60多年，我们制定了无数的法律法规，就拿我们最常见的《中华人民共和国道路交通安全法》来说，明文规定严禁酒后驾车，为何酒后驾车出交通事故的大有人在？行人过马路要走横道线，红灯停，绿灯行，为何行人乱穿马路的行为屡禁不止？

我所供职的报社还未搬迁到莘庄之前，是在繁华的南京路步行街旁，报社大楼有几层对外出租，我乘电梯时经常遇见一家公司的一名美国小伙子，他操一口流利的中国话。我在上下班途中也多次看到他。我们一帮中国人过马路时，看到没有车辆来往，哪怕是红灯，却熟视无睹，照样心安理得地过马路。我也没有遵守交通规则，跟着“大部队”一起乱穿马路，而那名美国小伙却老老实实地呆在原地，等到绿灯了再走。

说实话，刚开始我也像这名美国小伙，过马路时绝对是看到绿灯才迈步，遇到红灯则自觉驻足。此时，一大批人已经过了马路，我一个人呆若木鸡，乱穿马路的人会朝我看上几眼，他们心里在说：“此人脑子是否正常，大家都过马路了，他为啥站着不动？”

日子久了，我也从来没看见有人来管过，我还傻站着干什么？对不起，法不责众，只要我不是带头的，跟在别人后面一起过马路了。我要告诉你的是，数月后，那名美国小伙子瞧见别人乱穿马路，他也学样，跟在别人后面一起走。有一次，我过马路时跟着众人一起闯红灯，美国小伙竟跑得比我还快，等过了马路，我故意逗他玩：“你没有色盲吧？”

美国小伙反应极快，他不好意思地说：“大家都过了马路，我一个人站着等绿灯，人家以为我是外星人，我也是入乡随俗。”

我又问他：“在你们国家，遇上红灯你敢穿马路吗？”

他告诉我，即使不被警察罚款，路人投来鄙视的眼神像刀子，你也无地自容；最关键的是，一旦有不诚信的记录，自己等于给自己套上了沉重的枷锁，违法成本太大了。

美国小伙的一席话道出了一个关键词：违法成本。看看我们，这种“中国式过马路”的陋习可谓积重难返，关键就是没有违法成本。如今，加强了对酒后驾车的打击力度，酒后驾驶机动车辆的，除了吊销驾驶证外，还要请你坐牢。这一点，著名音乐人高晓松已经为众人做出了警示，他因酒后驾车被判刑，饱尝了半年铁窗生涯。

你失去了别人对你的信任，你就得为之付出惨痛的代价。在中国，如今对机动车驾驶员的违法行为处置相当严厉，驾驶员违章行为立即骤减，他们知道，自己一旦违反道路交通安全法，后果不堪设想，他们逼迫自己遵纪守法。

对原本就安分守己的驾驶员来说，他们要看到的是一个公平的“信任平台”。试想一下，守法的驾驶员在公共道路上开车，遇到不守法的司机开车闯了红灯，却没有受到处罚，他会怎么想？如果他几次三番瞧见这种现象，他一是坚持遵守交通规则；二是学样，反正别人闯了红灯没事，自己为何不能跟在后面一起“走”？由于缺乏监管，信任与不信任一个样，久而久之，便无信任可言，那也是对守信者的不公平。

可否这样认为，信任，除了人人必须遵守承诺外，还要借助外部力量来促使它不偏离正确的航向，一旦检验出有悖信任的行为，就会受到严厉惩罚。譬如别人向你借钱，写了借条，约定归还日期，到时候想赖账，就是违背了约定的承诺，你索讨不成，凭着对方的借条，你可以去法院打官司。对簿公堂，就是一种外部的力量。《婚姻法》《妇女儿童权益保障法》《消费者权益保障法》……我国大陆目前就有1000多部法律、法规，这对讲信任的人来说，是自己的保护神；对不讲信任的人来说，则是一把利剑。

我是跑社会新闻的记者，时常到法庭旁听法官审判，总会听到审判长宣读判决书：“根据刑法第几条判决如下……”我有时在想，法律有几万条，即使是审判长也不可能全都记得住，何况我们一介布衣？对普通百姓来说，不遇上打官司，法律似乎是“无形”的，可就是看似“无形”的东西，却对社会的稳定起着至关重要的作用。

我看到还能检验信任的有形的“外部力量”。我居住的小区有3个出入口，10多名保安昼夜值班，物业公司的老总对自己的员工应该是信任的，但他不可能一天24小时都看到他们，尤其是夜间，小区只开两个出入口，由于深更半夜几乎没有业主进出，有些保安便轮换打瞌睡，偏偏就发生业主家被盗，物业公司根据广大业主的要求，在小区内增加了监控探头。这些探头便是“有形”的第三只眼睛，也是一种“外部力量”。

我粗粗地计算过，我从家里去报社上班，走进电梯就有探头，走出电梯又见探头，来到马路上，监控探头的档次提高了——那是公安机关安装的；到了地铁站，见到的探头是地铁公司的，乘上地铁，车厢里是探头，出了地铁站又是公安机关的探头；到了报社，是报社的探头，就差厕所里未装探头了。上海，高楼林立，有着“钢筋水泥森林”的雅号，在我看来，还可以加一个“探头世界”。

其实，“探头世界”就如同“一米线”，它并非是针对某一个人，而是让信任与不信任可以一目了然。可是对任何人都一视同仁而不讲情面的“探头”，也会让驾驶员“吃药”。我的一位朋友开车经过一个路口，他正常行驶在南北向的车道上，这条车道有些堵车，而东西向的车道上没有车辆通过。此时，在这个路口执勤的民警当机立断，虽说南北向车道正遇红灯，他也是出于好意，想让南北向的道路不再拥堵，便用手势指挥行驶在南北向车道上的车辆快速通过路口。我的朋友还向这位令人尊敬的民警敬礼。可是，时隔不久，他收到一张交通违法处罚单，说他于某月某号开车闯红灯，被电子警察（即探头）拍下了。我的朋友这才猛然想起是那次被他敬礼的民警，是那位民警让他在红灯的情况下驶过路口。于是再去找那位警察，却没找到，只得到交通大队说明情况，竟然无法说清楚，仍被罚款。

这样看来，探头也不是绝对公正的？那么，另一个关键点就是人的因素。

一天，我乘上一辆出租车，开车的是一位50多岁的老驾驶员，他十分健谈，说起自己两次“吃”罚单的经历。在一条不能右转弯的路上，他没看清交通警示牌，结果方向盘朝右拐了，刚拐过弯来，就被民警拦下处罚，他看见有几辆刚接受了处罚的车辆启动。这名出租车驾驶员耿耿于怀，他认为，既然车辆不能右转弯，警察就应该站在靠前位置提醒司机，他们却故意呆在后面守株待兔，等到浑然不觉的司机转弯过来了，他们名正言顺地递上了罚单。那次，他无奈地接受处罚。

这名出租车司机向我讲了另外一次被罚的经过，那次处罚他的民警被他抓到了“小辫子”，他据理抗争，却心甘情愿地接受处罚。

那一天，这名的哥开车时正在收听交通台的广播，听得正起劲时，出租车正驶到一个路口，而此时交通信号灯刚翻成黄灯，那时新的交通法规还没有实施，他的车子半个车身已过横道线，按理说，他可以一踩油门，加速通过路口，但他为安全起见，把车停住，又将车倒回了横道线内。就在他等候绿灯时，一位年轻的警察奔跑过来，掏出罚单。的哥认为自己原本是可以过路口而没过，又主动把车退回至横道线内，应该没有什么问题，于是一个劲地解释，还“娘舅娘舅”穷叫，小警察全然不顾，好像黑脸包公，一定要秉公执法。的哥想想自己已这把年纪，还要叫小警察为“娘舅”，他知道即使自己喊破喉咙，也无济于事，遂递上驾驶证，收起了罚单。

正当他欲发动车子准备离开时，一辆大红色的宝马轿车在他们眼皮底下闯红灯，被年轻的警察逮个正着。的哥看到驾驶宝马车的是一名长发披肩的年轻女子，于是想看看处罚他的警察如何处罚那名女子。不看则罢，一看竟看出了蹊跷事，只见长发女郎不慌不忙掏出手机，讲了几句什么话，便把手机递给警察，小警察接过手机，听了片刻又将手机交给长发女郎，也没做处罚，一扬手，让宝马车开走了。

这下，的哥怒发冲冠，打开车门，直奔警察而去。他问警察，为啥不处理违章的宝马车。警察说，人家是在执行公务。的哥掏出手机，说他已经拍下了宝马车的车牌号，现在就打110给监察。那名小警察闻听此言，立即让的哥把他开出的罚单给他。的哥说“不用了，你执法很公正，我愿意接受处罚。”话音未落，就已经发动车子，扬长而去。

的哥告诉我，他到了一个允许停车的地方停下车，用手机拨打了110。的哥说：“现在的公安局真好，接听电话的警察非常认真地听完我的话，说他们会去调查，一有结果，就会告诉我。”

的哥说，他在第二天就接到了警方监察的电话，说他反映的情况属实，已经做了处理。的哥说他数天后驾车又经过那个路口，发现曾放走宝马车的小警察换成了一名老警察。的哥特意停车，向老警察打听小警察的去向。老警察说小警察被调回局里做内勤了。

于是我便在思索，有一段时期，老百姓对警察颇有微词，虽然是极个别的警察玷污了自己的形象，可是在全国范围一统计，那可不是一个小数字了。人民警察不被人民群众信任了，这是很可怕的大事，如何重构警察在百姓心目中的信任，已经成为警方必须面对的现实问题。

2010年4月21日，经国务院批准，监察部、人力资源社会保障部、公安部联合公布了《公安机关人民警察纪律条令》，并于6月1日起施行。这是我国首部系统规范公安机关及人民警察纪律以及对违反纪律行为给予处分的部门规章。《纪律条令》结合公安机关人民警察队伍建设实际，设定了76种具体违法违纪行为及其适用的处分，涉及政治纪律、组织纪律、执法执勤、内务纪律等。这个《纪律条令》与公安部先后颁布实施的《公安机关人民警察训练条令》、《公安机关人民警察内务条令》、《公安机关人民警察奖励条令》配套衔接。这“四大条令”对促进公安机关及其人民警察严格、公正、文明执法，推进公安队伍正规化建设发挥了重要作用。

感悟：我认为，这就是公安方面重构自己的信任，他们为其他各行各业做出了示范，这是重构我们的信任中一个重要步骤。举一反三，凡是让老百姓失去信任的各行各业，重构信任是自己的重要使命。要被别人信任，首先是要信任别人，在信任别人的前提下思考如何才能赢得别人的信任。坚守诚信，是每个公民起码的做人准则，可是，在现实生活中，许多人并没有把“信任”当回事，就企业而言，三聚氰胺奶粉的出现，给中国乳制品生产企业带来了前所未有的信任度直线下降，

3. 永怀一颗敬畏之心

从事满洲史与清代史研究的学者阎崇年说，对传统文化要怀有敬畏之心。本来中华文明传统文化是讲究“敬”字的，这是我们中国有文字记载3000年以来优良的文化因子。奶奶曾告诉他：“孩子你记住，凡

是带字的纸都不能坐，那是圣人的字儿，你坐屁股底下是对圣人不尊敬。”直到现在，阎崇年都不坐带字的纸。这就是敬畏。

我始终认为，人应当有颗敬畏之心，要重构我们的信任，就从常怀一个敬畏之心开始。

在我的贴报簿上有一张2008年11月4日的《人民日报》剪报，上面那篇《人，应当有颗敬畏之心》是中央党校哲学部的陈中浙副教授所撰写，现摘录如下：

“近来国内出现的一系列食品安全事件，负面影响很大。很多人已从企业责任等方面进行了反思总结。如果从哲学及文化的深度，挖掘其思想病灶，这些事件暴露出现代人敬畏感的缺失。

“敬畏感是指人类在自然规律和社会规律面前所怀有的一种敬重与畏惧心理。这种心理具有警戒与自省的作用，有助于规范与约束人们的言行举止。

“中国传统文化历来重视敬畏感。儒家有‘畏天命、畏圣人、敬其在己者’等敬天爱人的观念；道家曾通过‘道法自然’来强调对自然规律及人与自然相和谐的敬畏。儒道两家都是基于强烈的历史使命感和社会责任感来谈论敬畏的。只有具备鲜明的使命感和责任感，才能时时事事都上对得起先人，下对得起子孙。

“如今，在一部分现代人当中，这种敬畏感所具有的神圣性、警示性和规范性正逐步弱化和缺失。比如说，改革开放30年来，物质生活得到极大改善，但骄奢淫逸、挥霍浪费的现象也逐渐抬头；为了眼前利益，某些人不计后果大肆破坏环境，任意掠取资源，完全丧失了对自然规律的敬畏；更有甚者，抱着‘天不怕，地不怕，历史也不怕，百姓更不怕’的心态，为了一己私利，不惜做出伤天害理的事情，把个人对生命的敬畏、对道德的敬畏、对社会舆论的敬畏丧失殆尽。

“如此种种短视或自私的行为，不仅违背了科学发展的理念，而且还会危及经济的发展、社会的稳定和子孙后代的延续。所以，大力培养和增进现代人的敬畏感，刻不容缓。

“近年来，人们通过不同方式，例如读经、祭祖等活动，来唤醒现代人对历史传统的认同感，对社会的使命感和责任感，进而对各种事物有所敬畏。但是，对于当今构建社会主义和谐社会而言，这些努力还是远远不够的。我们需要继续加大伦理道德教育的力度，对法律、秩序和规则保持敬畏，对社会责任感保持敬畏，同时，尊重自然，善待自然。

“总之，现代人只有常存敬畏之心，才能使自己的言行举止有所规约，才能让自己的心灵得到净化、人格得到完善，才能保证中华文明的薪火传承、生生不息。”

我来讲述朋友讲的一个故事：在一家医院，有位80岁的老伯正等着拆线，当时是上午8点半，他不停地看表。一位护士看出老伯好像有急事，正好自己不太忙，便提出帮他拆线。老伯告诉护士，自己与妻子约好9点钟赶到养老院陪她吃早餐的。

护士赶紧替老伯拆好了线，一看表，快到9点了，便关切地问：“你要迟到了，你太太会不会怪罪你？”

老伯笑着说：“不会，因为她得了老年痴呆症，这些年来她都不认得我了，其实我去不去，她都不知道。”

护士惊愕不已，问：“她已经不认得你了，那你为啥每天早上还要去呢？”

老伯说：“她不认得我，但我认得她就可以了！”说完向护士招招手，笑容满面地转身走了。护士望着老伯的背影，敬畏之心油然而生，她心忖：这就是我需要的爱情！真正的爱情是接受，接受以前的对方、现在的对方和将来的对方，无论对方以前是怎样，现在或将来是怎样。

数年前我去日本旅游，在高松的金刀比罗宫，看到门前有一副对联：神因人的敬畏而增威，人依赖神护佑而添运。

在我们中国，孔子说：“君子有三畏：畏天命，畏大人，畏圣人言。”

我时常在想：假如人一旦没有敬畏之心会怎样呢？无数事实证明，他们往往就会肆无忌惮，甚至胆大包天，为所欲为。

在我的记忆中，当年我对口采访的一家检察院的办公室副主任被开除公职，这是他与法院的一名法警，加上一家大报的两名大牌记者去夜总会嫖娼；办公室副主任指着记者对管事的说，你们知道他们是什么人吗，有名的记者！赶快为我们每人弄一个房间，多找几个妹妹来。对方闻听是记者，回答说：“我们这里不陪唱。”

法院的年轻法警当即拿出手机，拨了一个号码，接通后对着话筒大喊：“要四个妹妹，马上乘差头赶过来，地址我发到你的手机上。”

这四个人借夜总会的房间，自带妹妹，一人一个，搞得正欢时，被抓嫖娼的警察逮个正着。这四个“难兄难弟”同病相怜，命运几乎相似。尤其是检察院和法院的两位老兄，你们是执法机构的人员，法律意识要比普通人强吧，可是偏偏知法犯法，能怪谁呢？这是咎由自取！我认为，他们就是没有敬畏之心的“杰出”代表。

再看看，现在有不少年轻的姑娘，天生丽质，凭借漂亮的脸蛋、窈窕的身材，找靠山、傍大款，解乳罩、松裤带，眼不眨、心不跳，就是少了一颗敬畏的心！人，有了敬畏之心，就不会忘乎所以而无法无天。

可以这么说，常怀敬畏之心的，是一个有品味有思想的人都具备的基本素质。敬畏之心源于人的信仰，人的心里有敬畏或恐惧的事物，才能既敬重又畏惧，才会有坚定的信念，才会知道什么可为，什么不可为。

一位伟人曾说过“与天奋斗其乐无穷，与地奋斗其乐无穷”。所以我们有许多中国人早就不敬畏苍天，也不敬畏大地。须知，因为没有了敬畏之心，有人才会不知天高地厚而胡作非为。没有了敬畏之心，有的人才敢见利忘义，唯利是图。

德国著名哲学家康德的墓碑刻着这样的句子：“有两种东西，我对它们的思考越是深沉和持久，它们在我心灵中唤起的惊奇和敬畏就会日新月异，不断增长，这就是我头上的星空与心中的道德定律。”

中国明代晚期著名思想家、哲学家吕坤所著《呻吟语》，其中有这样的句子：“畏则不敢肆而德以成，无畏则从其所欲而及于祸。”

在2013年全国人大、政协的两会期间，代表委员痛批身边的“习惯性违法”现象。为何会出现，那就是人们对法律法规缺乏敬畏之心。新华社为此还刊发了消息：看看身边的人和事，“限塑令”、“禁烟令”、“手机实名制”名存实亡，闯红灯屡见不鲜，公共场所吸烟、乱吐痰、乱丢垃圾司空见惯，甚至有人为满足个人欲望，用谎言逼停高铁、航班……这些行为表面上看似一些人的陋习，实质上是对法律法规威严的忽视乃至蔑视。它会不断地侵蚀法律法规在人心目中的威严，直至对法律法规失去敬畏之心，走上更加危险的道路。

《法制日报》记者根据各地官方网站和媒体所公布的检察机关报告不完全统计,2008年至2012年，各地检察机关查办职务犯罪案件超过121073件，至少166299人因职务犯罪被查处。5年来，超过9389名县处级以上干部被查处,至少742名厅局级以上高官落马。按照记者的统计，5年间，查处厅局级以上高官最多的当数北京检察机关，为117人；其次是河南、湖北、广东和重庆，分别为93人、71人、69人和60人。被查处者中包括国家开发银行原副行长王益、江西省政协原副主席宋晨光等人。

我之所以不遗余力地引述这么多的“材料”，目的就是想佐证失去了“敬畏之心”是一件多么可怕的事啊。重构我们的信任，就是要重构我们对“敬畏之心”的信念和对科学价值观的认识。

我们的百姓十分通情达理，他们的要求很简单：抬头能见蓝天白云，出门不用担心雾霾笼罩，打开水龙头能喝上干净的水，购买的食品能够放心食用，使用的钞票不会有假币，上医院看病不需托关系，入托上学不用烦心，深更半夜独自敢在路上信步……

这是人们最基本的生存条件，他们却还不能完全得到，让他们怎么来“信任别人”？如今在全国范围，信任度下降到了临界点。我忽然发现，自己所出的“重构我们的信任”的命题实在太大了，至少需要1000名方方面面的人士，需要花上N年才能找到最佳答案。我的自问自答只是个人的思索，是个人记忆中的一部分，把它写下来与大家分享。

感悟：重构我们的信任，是整个社会每一位公民主动或是被动的行为，每个人都有自己的做法，而常怀一颗敬畏之心，就是重构信任的基础。社会如同一张硕大无比的网，纵横交错，上天入地，它将全世界的人通过亿万个交叉点连在了一起，任何人都挣脱不了这张网。信任与不信任宛如经线与纬线，同样也织成了一张无法丈量的网，失去了信任，便是网上出现了漏洞，这就需要及时修补，即重构我们的信任。我们不可能把这张网拆了重新编织，只能依靠政府与全体公民分而治之。要修复这张网，前途是光明的，道路是曲折的，任重而道远。

4.重构信任的三岔路口

2003年的一天，报社摄影记者丁志平找到我，说起克莉丝汀的一名女店员把店里的马甲袋带回家，她母亲让她送回去，女儿认为这是消耗品，店里用完了可以再向总公司申领。母亲在劝说无效之后，跑到克莉丝汀总公司找了董事长，要求公司抓好管理，别让贪小者有可乘之机。

我一听这么好的题材，当即让老丁与我一起去拜访这位如此讲诚信的母亲。老丁说，那位母亲为人低调，拒绝记者的采访，但他可以陪我去拜访了克莉丝汀的董事长。

翌日，因董事长不在上海，出面接待我们的是总经理。这位总经理告诉我，董事长认为，这是一位伟大的母亲，在之后的一些员工会议上，不点名地讲述了这件事，他对这位恪守诚信的母亲赞不绝口，引起了员工们的共鸣。这个“诚信”的故事很快在克莉丝汀百余家门店员工中传开。不可思议的事情发生了，一个月后，原本每个月都要领出去的上万只马甲袋，一下子少领了20%。董事长究其原因，方知是不少门店的员工把悄悄带回家的马甲袋，又不声不响地送回了店里。

采访完回报社，我写了一篇800字的消息稿，标题是：《马甲袋里装着母亲的诚信》。稿子见报后，沪上的街头巷尾都在议论这件事，还有其他媒体刊出关于诚信的讨论。我的这篇报道获得了第十四届上海新闻二等奖。

获奖，当然是高兴的事，但我被这位母亲的举动所感动。这位母亲的女儿把店里的马甲袋带回家，在她看来，这是很正常的小事，因为马甲袋用完后可以再去申领，何况又不值几个钱，对母亲让她还回店里感到母亲是在小题大做，何必大惊小怪的。但她母亲则把它提升到讲不讲诚信的高度，我的稿子见报时被编辑删掉了她说的一段话：“一个爱贪小便宜的人，是没有诚信的人，而没有诚信的人，是不会被别人信任的，千里之堤毁于蚁穴，贪小而失大，总有一天会大祸临头。”

当女儿发生“信任危机”之时，只有母亲原谅她，前提必须是知错就改；倘若换成是别人，恐怕就没那么容易再被别人信任了。当一个人因为干了有悖诚信的事，就应该在第一时间纠错，用实际行动来挽回刚刚失去的信任度，身旁亲人的督促只是“外力”。其实，这位母亲对女儿苦口婆心，却没能“唤醒”女儿，她前往女儿工作的单位，借助最高领导的“外力”，终于让女儿心有不甘地面对现实。

在重构信任的三岔路口，这位母亲无疑选择了正确的做法。

然而，有人出于自身的原因造成了自己信任度的下降，却不当一回事而无动于衷，这就把自己钉在了不被别人信任的耻辱柱上。

数年前，我在一个区的庆祝会上遇到了俞天白和程乃珊，有个在区政府搞摄影的老兄自告奋勇地为我们拍照，当时，我把自己的邮箱写给了他，请他将当日所拍摄的照片发给我。此兄一口答应。我满怀希望地期待，岂知过了一个多月也没收到这位老兄发给我的照片。我打过一个电话给他，问起照片的事，此兄说他最近比较忙，等到有空时，一定将照片奉上。我期待着，又等了一个多月，我们再次邂逅，我问起照片的事，此兄从摄影包中掏出记事本，一本正经地写下“别忘照片。”给自己提个醒。

那次，区政府举行的活动也相当隆重，搞摄影的老兄又替我等人拍照。我有些不放心，再次提醒他，别忘了把照片传给我。这名老兄拍着胸脯让我放心。我说起上次他没把照片给我的事，这次请他务必兑现自己做出的承诺，他似乎有些不耐烦，嫌我啰嗦。我不再说什么，就看他的行动了。结果，我等了三个月，也不见这位老兄的行动，我不再打电话催了，此人已没有信任可言，被我打入“不信任”的名册。

正在此时，区里又有活动，我又遇见这位搞摄影的老兄，不少参加活动的人纷纷拗造型，让他拍照，有人叫我去拍照，我双手抱拳作揖，不想扫了他们的雅兴，也不想说那位拍照的老兄不是，赶紧躲得远远的。后来，不少被拍过照片的人，无一例外地都没有收到照片，

这位区政府搞摄影的老兄，替别人拍了照片，又亲口答应别人会将照片发到他们的邮箱，这是举手之劳的事，结果老是不兑现，我是对他彻底死了心，想必，其他人对他的印象也不会好到哪里。

信任被玷污，就必须立刻用真诚的挽救行动去擦掉，个人如此，企业亦如此。

2009年深秋，我在报社接到一位姓施的女性盲人电话，她说自己是盲人按摩师，夜里10点50分下班，店门口的786路末班车是10点53分，她一般都能赶上。由于这辆末班车重庆南路是终点站的前一站，车厢里几乎没有乘客，司机以为站上也没乘客，所以常常会不停站。她未能乘上

这辆末班车，就得多走半个多钟头的路，去换其他公交车绕道回家。她向786路车队投诉，现在786路总在夜里等着她上车。

我问施女士，她到底是要投诉，还是要表扬786路车队。她说，先前自己是去车队投诉的，没想到，后来发生的事让她万分感动，现在变成了要表扬这个车队。

为了把事情搞清楚，我根据施女士提供的地址，找到她上班的重庆南路。为寻找盲人的感觉，我特意闭上眼睛，从盲人诊所门口“摸”到车站，仅1分多钟。施女士告诉我，虽然786路末班车到这里是夜里10点53分，却时常会提前1分钟到，有时车到了，她没感觉到，当听见车子发动时，786路早已驶离了车站。不过，她说“现在没这种情况发生了。”

两天后，我去了浦东786路车队，了解到车队长在接到施女士的投诉当天，就赶往她家赔礼道歉，并保证今后不会再发生施女士乘不上786路末班车的事了。

786路车队长回到车队，请40多位驾驶员用布蒙住双眼，让他们体验盲人乘车的艰辛。通过“蒙上你的眼睛换位思考”活动，驾驶员们纷纷表示：“要将盲人手上的盲棍当作停站的站牌”。车队还做出了将末班车的时间延长3分钟的决定，并要求每位末班车的驾驶员签下承诺书，百分之百按新时间准点执行。

我回报社后，700多字的消息《786路末班车为一位盲人延后3分钟》很快写好了。稿子见报当天就被东方广播电台的“媒体精选”选摘。次日，《上海商报》刊登了财经评论员周俊生在该报社评版上对我前一天刊发的消息所作的评论：《这辆末班车照亮了盲人也照亮了上海》，评论1500字，比我写的消息多了一倍。当天的《新民晚报》“早间点击”版在头条位置转载了这篇评论，不仅如此，还用黑体字突出一段文字：“在深夜里将末班车延迟3分钟，看起来是一件小事，但这种人与人之间的互相帮助，是劳动者之间恒久存在的一种朴素的美德，它就是高尚的人文情操。”

一个公交车队，在自己的信任受损时，首先想到的是自我反省，倾听别人为啥会有不信任的行为。一旦知道了原委，立即予以自我纠正，并再次得到了别人的信任，这就是重构我们信任的标杆。这不是难以企及的标杆，而是谁都可以跨越的。

我忽然又想到一个问题，假使施女士没有向786路车队投诉，车队对自己的信任度受损浑然不觉，而施女士却在心里记下了对车队的不信任，她也许会向周边的人说起786路车的种种不是，这就会把她对786车队的不信任“传染”给其他人，从而在别人的心中多多少少留下了对786路公交车的不信任。

那该怎么办呢？我给出的答案是：作为企业，应该经常自我反省，自我检查，看看企业从上到下，有没有可能会引起别人不信任的事故苗子，防患于未然，警钟长鸣；不能以为世界太平了而刀枪入库，马放南山。对于每个自然人来说，也同样如此。

与我同龄的朱中民原是《解放日报》党政部的记者，当年采写的于双戈抢银行案的通讯成为独家报道。朱中民是“文革”后恢复高考考入华东政法学院的，自1999年，《新闻报》“一日二刊”创刊时和我成为了同事。他都是用智慧处理问题，且对问题的看法有着独到之处。前不久，他向我说起自己改变了对李谷一原先比较好的印象。

朱中民说了李谷一的两件事。

在《邓丽君诞辰60周年全球巡回演唱会》大幕拉开之前，“邓丽君文化影响力大家谈”的研讨会在北京国际饭店会议中心举行。来自文化界、音乐界及社会各界的60多位嘉宾齐聚一堂，就“邓丽君文化现象”，深入挖掘歌声背后的人文精神和文化底蕴，畅谈邓丽君为我们带来的深刻影响。

陈道明说，邓丽君已经是抹不去的一段历史。刘欢说，邓丽君美轮美奂。韩红称邓丽君歌如其人纯净美好。高晓松说，邓丽君是女神……当李谷一发言时，她说“噢，那个台湾唱通俗歌曲的……”

朱中民告诉我，当他看到电视上播放的画面，听到李谷一对邓丽君不屑一顾的说辞，李谷一原本在他心中美好的印象顿时打了折扣。

这还不算什么，在之后一次某省举办的歌唱比赛的复赛上，李谷一担任评委。有位参赛选手进入了复赛，却因奶奶突发重病，被送往医院抢救；这位选手与奶奶感情甚笃，日夜陪伴在奶奶身旁，她准备放弃参加复赛。正当复赛的日子日益临近，这位参赛歌手的奶奶走完了人生的最后一程，含笑归天。参赛选手掐指一算，还赶得上去参加复赛，在准备料理奶奶后事的空隙，买了机票，紧赶慢赶，终赶到了复赛现场。此时，所有的歌手演唱刚结束，评委们正在对他们打分。强忍悲痛赶来的那位参赛歌手来到复赛现场，含泪说明了自己为何姗姗来迟的原因，一位担任评委的中央音乐学院教授主张让“迟到”的歌手参加比赛，电视台的主持人也表示支持。而李谷一却坚决不同意，她认为，假如让迟来的这名歌手参赛，那就是对其他歌手的不公平，必须坚持原则。

双方一时僵持不下，李谷一很有智慧，她不再争辩，来了一个折中的办法，与其说她是对其他评委，更是说给观众听的，她说，观众是最好的裁判，她要征求观众的意见，如果观众说留下，那就留下，如果观众说不能留，就不留。李谷一在自己临时制定了“游戏规则”后，大声问观众，是留下，还是不留这名参赛者?

“留下，留下，留下——”场下的观众的喊声此起彼伏。照理说，你李谷一自己定下的“规矩”，你完全可以顺从民意，让那位因特殊原因而来迟的歌手登台亮相。正当众人瞪大了眼睛，屏气凝神地看着李谷一时，却看到李谷一起身，倏然拂袖而去。

朱中民对我说，他看到这一幕时，李谷一曾经在他心目中的美好形象瞬间荡然无存。

我认为，朱中民的这个想法也可能是 部分观众的想法，不知李谷一事后是怎么想的，她兴许认为自己做得没错，也许事后想想自己有些过火；但是，人们并未看到她之后对这件事有任何说法。有人将李谷一拂袖而去的视频发到了网上，这就传播了本是稍纵即逝的镜头，也许人们事不关己高高挂起，也许时过境迁，无人再提及。现在，这个“拂袖而去”的画面被定格，李谷一的举动必然受到人们的关注。在我看来，可能有部分人不再对她信任了，换言之，李谷一不再被别人信任了，那么，她应该思考重构自己的信任度了。

现在来说说我自己遇到的事。

2002年的元月，我所在的《新闻晨报》举办嘉年华，其中抽奖的环节特别引人关注，社会新闻部的诸达鹤抽到了去韩国旅游的大奖。正当他满怀期待等着出国旅游时，从旅游公司搞来赞助的黄胖子告诉诸达鹤，那艘游船已卖给了青岛，他的韩国之行泡汤了。

假如是我的话，我会向报社最高领导汇报。我想，最高领导绝不会像黄胖子那样，两手一摊说“我也没办法”的。问题是，诸达鹤说他“不好意思麻烦总编”，只是跟部主任嘀咕，部主任没有向上汇报。我听了诸达鹤的嘟哝，也没有向总编“传达”，这件事就不了了之。

一个在报社举办的嘉年华上获得了去韩国游的大奖，结果是竹篮打水一场空，诸达鹤耿耿于怀是难免的。虽然他对此事嘴上说得少了，但心里总是不快，对报社的信任度也有所下降。10个月后，我抓住了一个机会，让报社兑现了请诸达鹤乘游船旅游的承诺。

2002年8月，世界级豪华邮轮狮子星号来沪探路，准备组织上海人赴港。但当时据有关方面测定，巨轮的高度难以从杨浦大桥下驶过。所以，狮子星号未能进入外滩，只能停泊外高桥货运码头。有关方面考虑，假如游客乘狮子星号，不仅从市区到达码头要花一个多小时，而且游客上下船也不安全，船方因此取消了8月底、9月初再度来沪的计划。后经本市各方协商，专家讨论确定，采用潮位低的时段让巨轮出入港口方案，终于定下这一年的11月14日世界级豪华邮轮狮子星号停泊外虹桥码头，将带部分上海游客首航香港。

为宣传首航秀，邮轮公司邀请了申城的部分媒体记者，由各家报社自定人选。总编毛用雄把《新闻晨报》得到这个名额给了我，这样的好差事谁不眼热，我成了幸运儿。根据规定，必须在两天内去办理出境手续，好在当时《新闻晨报》在汉口路300号，办理出境手续在靠近外滩的和平饭店旁，步行仅10分钟。当我到了上海国旅时，替我办手续的工作人员问：“可以去两个人，你们还有一位呢？”

我以为是自己耳朵听错了，再三询问，确定是两位时，我突然想到了诸达鹤。他的韩国之行去不了，报社还欠他这笔账，不知何年才能兑现，现在能乘上世界级豪华邮轮狮子星号去香港，不亚于他独自去韩国。于是我迅即返回报社向毛用雄汇报，我当时已经有了主意，想让诸达鹤同我一起去，我既有了搭子，又能为报社解决一桩“悬案”；但我脑子非常清楚，作为下属，我只有建议权，决定权则在毛用雄的手上。

当我找到毛总，先把诸达鹤在嘉年华上获得去韩国旅游大奖，因邮船被卖了而无法成行的事说了一遍，再告诉他，乘狮子星号邮轮去香港是两个名额，问他另一个名额可否给诸达鹤去。我总共只用了5句话，就把事情说清楚了，就等着毛总的“下文”。

毛总听了我一席话当即表示同意，并说：“让诸达鹤去是应该的，否则的话，报社不晓得何时才能兑现他的大奖。办手续的事就拜托你了。”

简而言之，最终诸达鹤和我一起乘上了狮子星号邮轮，到达香港观光了数天，从香港乘地铁回深圳，又从深圳乘飞机回到上海。诸达鹤说：“我们这次是海陆空出行，比我一个人去韩国好玩得多了。”

这是一个皆大欢喜的结局。

感悟：重构信任是多方面的，个人是个人的做法，企业有企业的做法；最怕的是自己的信任受到损害，却抱着“任凭风浪起稳坐钓鱼船”的无所谓态度，除非此人不想与他人打交道了，不然的话，就应该积极面对，勇于纠错，想方设法挽回失去的信任，重构信任正是勇于担当的最佳选择。对于个人而言，他自己玷污了信誉，还是一个小众的范围，倘若他不思补过，那只是小圈子的事，假如他是职务行为，那就是代表企业了，不能把他列入个人之列，他必须在第一时间重构受损的信任。

作为企业来说，一旦得知自己的信任度下降，影响面就广泛得多，重构自己的信任更是刻不容缓。786路车队在接到盲人乘客投诉时，车队长没有强调车队的任何理由，而是面对现实，把坏事变成了好事，失去的信任失而复得，这正是重构信任带来的益处。

克莉丝汀员工的母亲反对女儿把店里的马甲袋带回家，并督促女儿送回去；这是家庭成员的“自救”，不失为一种“家教”式的重构信任，却遭到女儿的拒绝，这位坚守诚信的母亲到女儿的单位找董事长，求助外力，让女儿幡然醒悟。这是动用了“非常手段”，我们在重构信任时，就是要“不择手段”。

5.常有一颗感恩的心

2008年“5·12”汶川发生特大地震，无数生命瞬间消亡。在党中央的直接指挥下，全国各地派出精兵强将奔赴灾区抢险救灾。一位当地的阿婆，消瘦的脸庞充满了忧伤，她双手捧着一张并不平整的纸条，上面写着“感恩”两字，几乎撑满了整张纸。这个瞬间被记者定格在各大报纸的版面上，我看到照片时热泪盈眶。

我感谢父母养育之恩，我感谢妻子用智慧与双手撑起了温馨的家；我感恩邮递员每天风雨无阻地送信、送报，我感恩小区的保安，为一方安宁日夜坚守；我感恩我供职的《新闻晨报》的团队，我感恩所有帮助过我的人……

我为何对“感恩”会有如此的感叹？因为这关乎信任的记忆。

2000年，我的第一部长篇小说《股海沉浮》出版，序言是由有着“金融小说家”之称的老作家俞天白先生所作。2002年，我加入了上海市作协，成为小说组的一名会员，介绍人就是俞天白与郎慕中先生，我们成了忘年交。

在此之前，《新闻报》总编俞远明让我和史清禄担任长篇连载责任编辑不久，《沪港经济》杂志总编蒋小馨邀请我出席该杂志创刊10周年庆祝会，我就是在那次庆祝会上邂逅俞天白的；他做了两年《沪港经济》杂志的总编，有几部长篇小说要写，故改做名誉总编。没多久，被《上海证券报》老总请去，为他成立了“上海证券报文学工作室”。

俞天白为这个“文学工作室”策划了一套《股市成败录》丛书，比他年长的郎慕中听说过我闯荡股海的故事，几次三番找我，非要为我在丛书中留下印记，回回被我婉拒。郎慕中的一部反间谍的小说由我编发，在《新闻报》上连载一月有余，他要“报答”我，坚持不懈做我思想工作。我是成人之美，让老先生“了却心愿”，方勉强同意。但我心里有数，老先生是写不好我的。果不其然，郎慕中虽然花了不少精力，写出的“吉建富印象记”只有三分像我，由于丛书发稿在即，无法另起炉灶，只得“原文照登”，我尊重郎慕中的辛勤劳动，但坚持请他务必将文中的主人公吉建富，改为“小傅”。丛书按时出版，我就成了“小傅”。

“小傅”仍要感谢老郎。

今年已87岁的郎慕中在“文革”前曾作为“文学青年”的苗子，参加了上海市作家协会的青年讲习班，怀着文学梦的郎慕中如饥似渴地汲取“文学养料”，他至今仍记得当年巴金、魏金枝、罗洪为他们授课的情景。今年已103岁的罗洪女士，当年对郎慕中的“情节小说”予以肯定，并让他坚持下去。十年“文革”浩劫，虽然断了郎慕中的文学创作，但罗洪的一席话，郎慕中始终铭记于心。

粉碎“四人帮”后，郎慕中的文学细胞又开始活跃，而且是异常的活跃，他为了夺回被耽误的时间，埋头搞创作。他还作为出版社的特邀编辑外出组稿，他曾向在贵州走上文坛的叶辛组稿，两人成了忘年交。郎慕中开始在报纸上发表“反间谍”、“反特破案”的连载小说，有段时期，全国好几张报纸同时刊登郎慕中不同题材的“情节小说”，叶辛看到了，专门撰文介绍他。郎慕中将几篇小说汇成一册出版单行本时，请叶辛作序，叶辛很快就让郎慕中如愿以偿。

2006年后，我多次参加作家协会小说委员会每年一次去全国采风的活动，只要郎慕中参加，住宾馆时，他总会说“我要同小吉住一间”。我从他身上学到许多不仅是文学方面，更有怎样做人的道理，其中就有信任与不信任的体会。

郎慕中曾当过教书先生，他有位学生在上海采风航运旅游公司当掌门人，一次去探望老师郎慕中，无意中聊起自己的工作，郎慕中马上说自己想邀请几位上海作家朋友来一次浦江游览，费用由他出，只需这位学生替他安排好日期。这位学生当即表示，只要人数控制在八九人，其他的事情由他包了。

郎慕中拗不过学生的一番好意，遂让其安排。不久，他就将此计划通知了我。郎慕中做事十分顶真，他考虑再三，拟了一份出席者名单：李伦新、俞天白、叶辛、边震遐、阿章等，我也荣幸在受邀者之列。郎慕中将名单打印在粉红色的纸上，具体日期、上船地点、活动内容都写得清清楚楚，明明白白。

在举行活动之前，我受《上海作家》主编姚克明邀请，写一篇上海老作家的专访。当时，我被姚克明请去，协助他编《上海作家》，他定了被采访者的名单，被采访者的年龄以70岁为起点。我动笔前，对近40位老作家一一进行采访，郎慕中也是我要采访的对象，为此，我特意去他家。那天，我到郎慕中家时，他刚与叶辛通完电话，又拨通了俞天白家的电话，他请俞天白和叶辛带好印章。

我不明白郎慕中为何要让俞天白和叶辛带印章，于是就问他，郎慕中告诉我，他的学生有权处理游轮的买单，但作为老师，他不想“揩”学生的“油”。他思前想后，最终想到请俞天白和叶辛为学生分管的航运旅游公司写几幅字，俞天白的书法苍劲有力，在作家圈里有名气，而作为中国作家协会副主席的叶辛，无论是书法，还是名气都上档次。郎慕中说：“这样我才安心。”

我觉得，这是当年年近八旬的老作家想得周全，他用另一种方式来感谢学生，也可以说是感恩。

我看着将参加浦江夜游者的名单，除我之外，个个都是著作等身的大作家，唯有我是个小弟弟，年纪最轻，作品最少，为何被郎慕中列入名单。我是个心里有话藏不住的人，不问个究竟，晚上睡不着觉。当我愣头愣脑发问时，郎慕中只淡淡地说了一句：“去白相相，蛮好的，大家可以互通信息。”

后来我是从他人口中得知，郎慕中不止一次在他们面前说起我：“小吉是个热心人，乐意帮助别人，答应人家的事总会想方设法办妥。”

我立即明白了，我曾动了一些脑筋，将郎慕中的一个中篇小说改成连载，在《新闻报》上刊发；老先生有什么事找我帮忙，只要我能办到的，绝不含糊，可以说是“有求必应”。如今他邀请我参加“浦江夜游”，可视为“不言而喻”的谢意。我领情了。

世上有许多事，说不上是谁感谢谁，说起来，还应该是我要感谢郎慕中。我为《上海作家》撰写上海70岁以上的老作家，这次在浦江夜游时就完成了对李伦新、郎慕中、俞天白和边震遐的采访。

我在上世纪80年曾听过上影厂编剧边震遐的课，这次在浦江夜游时，我抓紧时间采访他。在我同他接触中，发现他是个很内向的人，少言寡语，总是面带笑容倾听。在以《几度夕阳红》为总标题的文章中，我写边震遐的一段大约300字，完稿后，我特意在电话中将稿子念给边震遐听，我明显感到电话那头的他面带微笑在倾听，听完后，他用商量的口吻让我对几处作改动。结束时，我发现改了7处。本想对他的描写已经完成，不料次日，他又打电话给我，让我再改动一个字。三天后，他再次打电话给我，说他半夜里睡在床上，猛然想到文章中有一个地方用词似乎过头了，问能否改一下。边震遐已拟好了两个用词，由我选用。我深感那两个词都十分妥当，于是告诉他用了哪个，他似乎松了一口气，仿佛完成了一项重大事件似的如释重负。边震遐的较真，算我领教了。

数月后，《几度夕阳红》刊登在《上海作家》上，边震遐特意打电话给我表示感谢。其实，要说感谢的应该是我，因为我从边震遐先生的身上学到了如何认真对待一件事，哪怕是常人看来是微不足道的小事。同时，我也学会了感恩。①

在那次"浦江夜游"前后，我要完成对上海70岁以上的老作家的采访，前面说过边震遐与郎慕中两位。俞天白先生我很熟悉，在未参加活动前，我已经完成了对他的采访，此次主要目标是李伦新先生。

说起李伦新，还是我在上海经济时报社当记者时便"认识"他的。当时，报社总编忻才良在报纸头版开设了"阿辛茶座"，每周写一篇评论。李伦新也时常用"耕夫"的笔名在我们报纸上刊发时评。因他属牛，家中的书房取名"乐耕堂"，乐耕堂的耕夫即李伦新也。因我常常看到李伦新的大作，我也就"认识"了他。当然，这个认识是打双引号的，可以说，是我"认识"李伦新，他并不知道我。

1990年，我担任报社"省市长热线"记者。一天，我在前面曾提到的汪佩琴医生搞出的"红楼宴"，是我找到伯乐科苑酒家经理屠文超，免费办了3桌"红楼宴"。后来，汪医生自己找了当时还是南市区的会景楼大酒店，把"红楼宴"菜谱给了他们。由此，会景楼大酒店也专门搞了一次"红楼宴"，请了部分媒体记者去品尝，目的自然是希望发稿，我也应邀参加了那次"新闻发布会"。也就是在那晚的"红楼宴"结束后，我在大堂里遇见了李伦新。

李伦新当时是南市区区委书记，我时常在电视上看到他的身影。也

① 重要说明：写下以上文字的时间为2013年3月14日，正好是我外孙女出生6个月，我想对本书的写作冲刺一下，争取在3月28日我的57岁生日那天完成全部书稿。然而天有不测风云，就在3月23日凌晨，我突发心肌梗死，倒在从医院回家的路上，幸亏那天我妻子陪我去看病，我们艰难地返回医院，我从死亡线上又回来了。经过数月的调养，我终于在8月15日可以重新把书写下去了，要不然的话，我的这本书只能算"遗作"了。关于我的死去活来，将在下面章节中专门叙述。

就是说，我“认识”他，他并不认识我。当我发现区委书记出现在会景楼大酒店时，心想，他一定有什么接待任务，因我是“省市长热线”记者，说不定能逮到什么新闻吧。于是向李伦新递上名片，再自报家门，又把他用“耕夫”笔名在我们报纸上撰写的评论说了一番，目的是想尽可能缩短彼此间的距离。

李伦新一听我是新闻报社的记者，又能说得出他用“耕夫”笔名所写的评论，立即对我“不设防”，笑盈盈地接过名片，“噢噢”了几声。我觉得，他至少没有反对我的说法，便壮着胆，问他来此有何贵干？李伦新没有吱声，一旁办公室的同志回答说：“广西壮族自治区党政代表团访问南市区，李书记事必躬亲，是来看望他们打前站的同志，他们大部队要明天到，虽然明天是星期天，李书记放弃休息，下午还要来会见他们。”

李伦新始终面带微笑，却没有说话，在我看来，区委办公室的同志说的都是实话，不过，我觉得有点“那种”味道。官场嘛，就是这个样。

我当即表示，明天我也放弃休息，来采访广西壮族自治区党政代表团。李伦新说：“欢迎欢迎。”

时值8月。次日下午，我顶着骄阳，提前赶到会景楼，又遇见了李伦新。本想昨天我们已经见过面了，他对我应该留有印象，没想到当我朝他喊了一声“李书记”，李伦新似乎对我很陌生。他看着我，问：“你是……”

我立刻明白，他对我没有印象，或者说是印象不深。为了让李伦新加深对我的印象，我再递给他一张名片，他看得十分仔细，说：“新闻报记者吉建富，好，小吉同志欢迎你来采访，需要我做啥事情尽管吩咐。”

采访的稿子很快就见报了。

数月后，我在汉口路300号的解放日报大厦又见到李伦新先生，当时，由老作家阿章创办的《上海小说》十分畅销，李伦新创作的长篇小说《梳头娘姨传奇》在《解放日报》上连载外，有的小说就刊发在《上海小说》上。这回，他见到我说：“小吉同志，我们又见面了。”

那次见面后，当我再次听到李伦新的消息时，他已是上海文联的党组书记了，这好像很对他的“胃口”。再后来，我成为上海市作家协会会员，在参加作协的活动时邂逅李伦新先生，但都没有机会细谈。这次参加由郎慕中先生搞的“浦江夜游”，我才有机会与李伦新真正熟悉起来。

1993年，李伦新调任上海市文联党组书记、常务副主席时，他与他人合作的长篇小说《银楼》刚改为20集电视连续剧在电视上播放。

这次有缘与李伦新同游浦江，我提到他刚问世的长篇小说《非常爱情》，他向我谈了许多手头上正在忙的事。李伦新退休后被上海大学请去担任顾问、兼职教授和海派文化研究中心主任。他告诉我，由他担任主编的《海派文化丛书》从2005年开始酝酿，已经出了两辑共10余部，再准备分两辑出10余部书，其中第三辑中的部分选题已落实了作者。

我当时也就是作为采访，记录下了这段内容，根本就未曾想过自己后来竟成了其中一部书的作者。这话要从我送给李伦新我在2000年出版的长篇小说《股海沉浮》说起，此前，李伦新送了一本他签了名的长篇小说《非常爱情》，非常客气地让我“提提意见”。我十分诚恳地对他说，我只有拜读的份。

为感谢李伦新，不久我送了自己撰写的长篇小说《股海沉浮》，不料，竟送出了“事情”，不过那绝对是好事情。

事情是这样的。李伦新在主编《海派文化丛书》第三辑时考虑请人写一本有关海派金融的书，他看了我的《股海沉浮》，认为我是懂金融的，让我来写《海派金融》。说实话，我欣喜万分，当场表示“决不辜负李老师给我的这个机会”。

这也意味着我答应了。然而，我却没有兑现自己的承诺。在李伦新出了选题后的一周内，我去上海图书馆查阅资料，并将自己过去有关金融方面积累的相关剪报、笔记等找出来，进入了酝酿阶段。可是，越是抵达“临战”状态，就愈发感觉自己无法驾驭这部书的写作，真让我急出几身冷汗。权衡良久，最终不得不放弃李伦新所赐予的千载难逢的良机。

此时，李伦新正好要到解放日报社来，他特意关照“我们谈谈”。等到我再次与李伦新在汉口路300号解放日报社26楼咖啡厅见面时，我鼓足勇气告诉他，我写不了这部书。我明显感到他脸上的诧异表情，问我

"有什么克服不了的困难"。这话说得很有水准，他没说"不是说好了的事，怎么突然变卦？"更不会责问"为啥出尔反尔？"

我没有过多解释，只是建议他请熟悉金融，尤其是上海金融的俞天白来写《海派金融》。我发现李伦新点着头，"嗯"了一声。后来，在《海派文化丛书》第三辑中就有一本俞天白先生撰写的《海派金融》。

2009年8月13日，第6届上海书展在上海展览中心举行，文汇出版社在书展的中心位置举办了《海派文化丛书》10余位作者联袂签名售书，他们之中有我不少熟悉的朋友，我特意赶去拜访他们。

那天，《海派文化丛书》的作者俞天白、程乃珊、马尚龙等在一字排开的长桌上签名售书，个个忙得不亦乐乎。我拿着他们的书，一一请他们签名。此时，李伦新正在接受媒体记者的采访，他看到我，向我一记大招手，示意我等他一会儿。

在李伦新的采访刚结束，他便把我叫到主席台上，告诉我，《海派文化丛书》第四辑的10余部书将于2010年上海世博会举办前夕全部出齐，问我"有没有兴趣写一本"。

我非常感谢李伦新，我还在为自己曾经的爽约感到不安，他却"不计前嫌"，仍鼓励我参与《海派文化丛书》的写作，说明他还是信任我，并显示其作为前辈提携"后生"的高尚情操。不过，我没敢贸然表态，我除了感谢，还是感谢。

那天，我是与吴道富一起去书展的，我俩在大厅中央碰到了电视台著名主持人曹可凡，他每年都有一部新著问世，并挤出时间前来签名售书。我们愉快地交谈了片刻，曹可凡说他曾许诺，尽可能将"可凡倾听"中精彩故事写成书与大家分享，他是来兑现自己承诺的。

我坐在回家途中的车上，不由得认真思考起李伦新"让我写一本书"的建议。屈指算来，我做记者业已20余年，对报纸的发展历史有所了解，猛然间，一个念头在我脑海闪过——作为海派文化，上海的报纸从无到有，应该在其中占有一定的地位，能否写一本《海派报业》？

这个朦胧想法渐渐明朗开来时，我被自己的这个"创意"所震撼，这的确是海派文化的一个范畴。当晚，我非常自信地给李伦新打电话，认为他基本上会同意我来写这本《海派报业》的。我准备从1850年上海诞生的第一张报纸写起，至1949年新中国诞生为第一阶段，建国17年为第二阶段；“文革”时期的报刊为第三阶段，最后是1976年10月以后至今的报业发展。

李伦新当即表示：“我初步定下由你小吉来写这本书，待我向《海派文化丛书》编委会通报后再作最后决定。”

第二天，李伦新便打电话告诉我“最后决定”——让我来写《海派报业》。他还通知我一周后出席文汇出版社召开的《海派文化丛书》的作者座谈会，并让我拟一份写作提纲。

这个座谈会一周后在文新大厦的43楼召开的。我到了会场，才知道出席会议的陈刚、淳子要写《上海留声》，王汝刚准备撰写《海派滑稽》、楼耀福准备写《海上寻珍》、吴少华准备撰写《海派收藏》……

王汝刚告诉我，他们这批作者在5月就开过选题会，现在只不过听听大家说说彼此写到啥程度了。我明白了，自己自告奋勇揽下了“吃分量的活”，已经没有退路，唯有勇往直前，不然的话，那就辜负了李伦新对我的信任。

文汇出版社社长桂国强听了我的写作提纲，他当即定下，《海派报业》从1850年上海有第一张报纸写起，至1949年新中国成立后的1950年，时间跨度正好100年。桂国强表示，他“非常期待这本书”。

我没让李伦新和桂国强失望，341页的《海派报业》赶在2010年上海世博会前夕与另外10部《海派文化丛书》一起在那年的上海书展上露脸，我坐在王汝刚与陈钢、淳子旁，参与签名售书。

之后，我就是凭着《海派报业》这部论著，通过了新闻高级职称的评定。

感悟：感恩为“终身大事”，是一个人一辈子都要遵守的“做人准则”。为何这么说，因为只有懂得感恩的人才能得到别人的信任。试想，你为某人办妥了一件事，对你而言，那是兑现了自己的承诺；作为受益者，别人为你兑现了承诺，你就得对别人表示谢意，这便是感恩；假如受益者觉得别人为他办事是理所当然的，心中毫无感恩的意念，作为当事人的你会有怎样的感觉？对我来说，我虽然不会去计较，但做得多了，对方老是认为“无所谓”，我心里肯定会不痛快，久而久之，你再要请我为你办什么事，我还爽快答应吗？

感恩，可以是在言语上，也可以是在行动中，你要得到别人的信任，就必须懂得感恩；有一点要特别强调，我们的感恩是发自内心，是诚心诚意的，杜绝虚伪的、作秀的感恩。当一个人学会了感恩，那么他就会得到别人的信任。

6. 我到鬼门关前走了一遭

本书自打2012年5月18日开始写作，我定了一个计划：每天写2000字，一个月就是6万字，用5个月写30万字左右。预计10月份写完，再花一个月时间润色，可以在当年年底交文汇出版社。

然而，我女儿吉栎9月14日生孩子，我的人生级别立即荣升为外公。作为外公的我，写作计划被打乱。外孙女孙吉的呱呱落地，我女儿怀孕时，挺着的肚子宛如西瓜，外孙女出世时，我们就叫新生儿为“小西瓜”。

“小西瓜”给家里带来了欢乐，也带来了我的精力分散。每天我从莘庄的报社回到家时都在晚上10点左右，外孙女深夜12点睡觉后，我才能打开电脑写作，次日凌晨2点，我为她冲好奶给妻子喂，待她们入睡后，我再继续写下去，每天几乎都要至凌晨三四点才就寝。

我身体一直很健康，每年两次的体检都证明我壮实如牛。正因为太信任自己的身体，认为“拼一拼”不会有问题，到了2013年年头上，老是感觉心口隐隐作痛。妻子闻讯，让我服用丹参滴丸，当即见效，原本每天痛三四次，变为每天痛一两次，之后疼痛症状有所缓解，直至消除。

外孙女由妻子和我带，女儿女婿在我们家吃了晚饭后回对面自己的家。2013年3月14日，外孙女来到人间已6个月，我女儿女婿为减轻我们的负担，每周五和周六晚上带回自己家。

说来也不可思议，我的血压一直是118/78，特健康的指标，而在2013年开始，这个指标变成了150/95，血压高了。妻子买了一个液晶血压测量机，我每天测量血压，都在150/95,下不来，但我都没当一回事。3月18日左右，我开始牙疼，更蹊跷的是，上下五六颗牙齿松动，左右摇晃得厉害，稍稍用力几乎可以用手拔下。我以为牙有问题，去医院看牙医，医生说牙齿没问题。

接下来就是颈部淋巴肿大，手一摸，好几个如葡萄。吃了几回消炎药，似乎有所缓解。我还没当一回事。3月22日，星期五，我在报社上班，原本每天都犯心绞痛，这天胸口却没一点疼痛。晚上9点，从莘庄乘上地铁1号线，上车后给妻子发短信："老婆，今天胸口没痛过，请放心。"

回到家已是10点半，倒了热水泡脚，没到5分钟，胸口痛了起来，好像心脏被手抓住似的，如果用十分力来形容，仿佛二三分的力度。本想"开夜车"把书的最后部分写完，妻子见我不停抚摸胸口，用命令式的口气说："今晚小西瓜不在，趁此机会去新华医院看病！"

我心想，外孙女跟女儿回家了，今晚的确是个机会，要是放在平时，外孙女片刻离不开我们，我是无法去医院的。

说走就走，新华医院离我家也就七八百米，步行顶多10分钟。到了医院，妻子轻车熟路，挂了急诊号。由于我抽烟厉害，妻子担心我肺有问题，坚持要我做肺部CT，还抽血化验。在等待检查报告的一个多小时，我感到人特累，胸口一阵阵地抽缩，心忖，好在已经到了医院，用不着担心了，就等化验报告出来。

一个多小时后，妻子疾步走向取化验报告的窗口，急匆匆拿起里面送出来的我的CT扫描与验血的报告单，一目十行地看起来。我发现妻子脸上露出了笑容，把化验报告递给我。我直接看"结论"：肺部两叶对称、纹理清晰，正常。

当年轻的医生朝化验报告上看了一眼，笑盈盈地对我说："你57岁的年纪，27岁的肺，勿要太好噢。"

妻子笑了。

我却笑不出来，自从我从家到医院后，又经过一个多小时等化验报告，我的胸口一直隐隐作痛。妻子建议医生给我吊丹参，以前，妻子胸口闷，总是由我陪她到新华医院吊丹参，每次半小时后，她就神气活现了。我知道，吊丹参需要一个多小时，我看表，已是次日凌晨2点多了，我让妻子回去休息，妻子说："小西瓜"（外孙女）不在，家里没人，就留下陪陪我。一个多小时很快过去了，护士拔掉我手臂上的吊针，我没感到胸口的疼痛缓解。妻子似乎如释重负地说："回家了。"

就在我们走出医院不到100米时，我突然头晕目眩，腿脚发软，有点站不住。我看到控江路对面的凤凰大酒店变成了尖尖的山峰，路灯似乎变得昏暗起来，妻子在一旁跟我说话，仿佛是从对面山峰中传来似的。我对妻子说，我胸口堵得慌，透不过气来，话音未落，人便仰面倒下，失去了知觉。

事后妻子告诉我，也就是10几秒的时间，她显得格外淡定，因为她知道，夜深人静，路上没有一个行人，偶尔有一辆车子匆匆驶过，她找不到任何人帮忙，唯有靠自己。在药房做过营业员的妻子懂得那么一点医学知识，她知道，发心脏病的人是不能躺着的，于是她双手抓住我的一条胳膊，一只脚顶在我的臀部，使出全身力气，把我拉着坐起。此时，我睁开眼睛，发现自己坐在地上，喃喃自语"怎么坐在地上了？"

妻子要拉我站起来，你知道，一个刚从死亡线回来的人，我浑身无力，两腿一点都不听使唤。无论妻子怎样拉扯，我就是站不起来。看到身边有一根电线杆，我扶住电线杆，妻子用劲拉，我终于站立起来，摇晃着身子，靠妻子的搀扶，才没倒下。

妻子突然叫了起来："你看呀，怎么有条死狗？"

说来也真奇怪，当我看到那条一尺来长、淡咖啡色毛的死狗，我的心脏有股血液缓缓流动，腿脚有了一点力气。我和妻子去医院时走的就是这条路，我们没有看到死狗，当时行人就稀少，在我心肌梗死摔倒时，已是凌晨2点多，马路上没有车辆经过，怎么会有一条死狗？百思不得其解。

数天后，我丈母娘告诉我，她每天早晨烧香拜佛已十余载，她女儿烧香拜佛也十余载。"她女儿"即我妻子，每天在家烧香前，都要敬菩萨一杯开水，这水必须是当天第一壶煮沸的水；因我每天早晨醒来，第一件事就是泡茶，所以，每天我都起得比妻子早，且总由我烧开水。这十几年来，供奉菩萨杯中的水皆为我煮沸倒上的，可以这么说，我也间接地敬了菩萨。丈母娘说："是菩萨来救你了。那条狗，就是菩萨派来的。"

回到我倒地又站起的现场。

我看到那条死狗后，再看马路对面的凤凰大酒店已不再是山峰，恢复了原来的模样。但我的腿还是无力，妻子扶着我，令我回医院，可我就是难以迈步，但仍努力朝医院方向挪步，一步、二步，挪了大约10来米，我见人行道上的长石凳，坚持要坐一会。妻子没出声，我立即坐下，可还没到20秒钟，妻子硬把我拉起，又朝医院艰难地前行。

放在平时，20秒可谓稍纵即逝，可我就坐了片刻，却仿佛坐了半个世纪。妻子拉着我朝医院大门口走，我的双腿宛如灌了千斤砂铁，举步维艰。妻子在我耳旁说："老公，我们必须回到医院，现在朝医院多走一步，就是离生的希望多一步……"

6分钟后我们回到了急症室，医生感到奇怪，问我们为何又折回来，妻子只说了一句："他刚走出医院就摔倒在马路上了！"

医生马上判断出我刚发生心肌梗死，好在有妻子在身旁把我扶起，要不然，等到被人发现，我早就去见阎王了，我的这本正在写的书要变成"遗作"。

当我回到新华医院急诊室，那位急诊医生立即让我再做心电图，随着机器吐出寸把宽的记录纸，医生眉头一皱，让我赶紧回急诊室。这位医生告诉我，一般人的心跳每分钟低于50次时，就感觉十分难过，而我每分钟只有31次，难怪胸口闷得慌。

由于我是再次回急诊室就医，之前电脑上我的医疗记录"消失"了，医生让我妻子下楼重新挂号，妻子拔腿就往楼下去了。

我瘫软地坐在椅子上，眼睛微闭，不想说话。忽然觉得房间的天花板转了起来，我睁眼瞧见自己坐在了轮椅车上，一名身着淡绿色衣裤的高个子，推着轮椅车，无声地走在长长的走廊上。我朝此人张望，发现此人戴着帽子，又戴着口罩，把整个脸遮得严严实实。我看不到此人的脸，只感觉轮椅车在向前缓缓滑动，其实，走廊上的灯是十分明亮的，但从我的眼里看出去，觉得无比昏暗。

我问推轮椅车的人，我们要去何方？那人从喉咙深处挤出一句："到了就知道了。"

声音低沉，令人毛骨悚然，不寒而栗。我也没有力气说话，加上妻子又不在身旁，更加重了我的恐惧感。我眼睛一闭，心里说了一句：

“随他去了，上帝不让我过了今天，我再抗争也是白搭。”

轮椅车进了电梯，我感觉到是在下坠，也就是一层，没容我多想，轮椅车七转八拐地停在了一扇关闭的白色大门前；我拼命睁开眼睛，想看看自己究竟到了哪里，因为我生怕被送到太平间。先前我曾看到一个报道，说的是外国有一家医院的太平间，半夜里，一名被送来的死者突然复活，拼命敲打太平间的门，把看门人吓得半死。

我瞧见雪白的大门上方“复苏室”三个醒目的大字，才稍稍定下心来，而此时，妻子赶了过来。我借着屋内的灯光，才看清刚才推轮椅车送我到复苏室已拉下口罩的护工的脸，这是一位五十开外的中年男子，国字脸，两道浓眉恰到好处的横在左右双眼上方。

我连声向他致谢，不过，声音不大。

当我躺到复苏室6号病床上，立马就有多名医生过来给我输液、抽血、接氧气……

妻子自己的手机没带出来，我的手机妻子不会用。她要给女儿女婿打电话，我脑子始终清醒的，我拨通女儿的手机，她的手机关机；再打女婿的手机，也是关机，他们的女儿刚满6个月，昨晚第一次带回自己家，他们担心手机铃声会吵醒女儿，所以两人都关了手机。要命的是，他们没有安装固定电话。

妻子说：“打六斤的手机试试。”

“六斤”，是我亲家孙六斤，他与我同龄，都是1956年出生；我亲家母肖福梅是1957年1月出生，按照农历算，我们三个都属猴。

我拨通了孙六斤的电话，把手机交给妻子，便听妻子简单地告诉他我的病情，请他立即打的去我女儿家，通知他们到新华医院来，同时把“小西瓜”送到我们同济绿园的家。

我迷迷糊糊睡着了，等我醒来时，已是凌晨5点。我看到一夜未眠的妻子，正在同医生说话。我外孙女“小西瓜”由我亲家母带着在我家睡觉，女儿女婿则陪着我妻子和医生商量着什么。我亲家不停地问我感觉如何，我如实相告，胸口不再觉得闷，也不觉得疼痛，只是后背很痛。

妻子见我醒了，告诉我，今天是礼拜六，周六周日只有值班医生，我要做心血管造影，而主任医生要等到下周一才能来会诊。妻子说：

“急诊室的医生真好，你之前睡着的时候来看你几次了，他说准备打电话给主任医生，争取请他过来。”

听天由命。

这回轮到我自己突发心肌梗死，命悬一线，我把自己的生死“托付”给妻子，而妻子已经完成了将我“拖”回医院的重大举措，这一步至关重要，要不然，我也无法回到人间！

如今，妻子与女儿女婿和我亲家与医生怎么沟通的，我一点都不清楚。事后，妻子坦陈，当时她脑子里根本就没想到“要不要给医生送红包”的事。10多年前，我父亲那次动手术时，妻子竭力主张给主刀医生送红包。

我的命真够大，突发心肌梗死，倒在距医院不到百米的人行道上，是妻子拼老命把我拽回医院，不巧遇到周六，医院只有值班医生。就在我被送入复苏室，医生已经用药控制了我的病情，等到下周一，做心血管造影的主任医生来为我做手术完全没问题。

家人总是希望被告知的“微创”手术越早做越好，但是由不得我们的主观意志。急诊室的医生告诉我妻子，他们打电话尽可能请主任医生放弃休息来医院。

我的运道好极了，早晨6点多，医生通知我们，主任医生已经在来医院的路上，我的心血管造影，加上安装支架的手术有望当日做了！

长话短说。

早晨7点不到，我看见妻子、女儿女婿、亲家跟着一位身着西装的中年男子来到病床边，妻子问：“张医生，是不是马上就做手术？”

张医生翻看我的病历报告，肯定地说：“等我去换了衣裳，马上做手术！”

我被推进了手术室。我已经知道了将为我做手术的主任医生叫张亚臣，他此时已经换好了墨绿色的手术服，带着5名助手，脚步轻盈地一起走进手术室。他伏在我耳边说：“你已从鬼门关回来了，现在就做个微创小手术。”

这确实是个“微创”手术，只是在我手腕上打了一点麻药，切一个两粒芝麻大小的口子，从中打入显影剂，电脑显示屏上立刻清晰地显示出我的心血管形状：大多数血管如豆芽，粗细相当，只有两根血管比“豆芽”粗了一倍有余。就听主刀医生对助手们说：“病人的血管弹性很好，现在先来打通血管，压力150。”

助手朝我静脉管里加压，血管被堵塞处纹丝不动；主刀医生似乎早就知道这个结局，于是又发出第二道指令：“压力200。”

我的血管内仍无反应。一名助手问：“250？”

主刀医生急切地叫了一声“慢！”他停留了五六秒钟，说：“220。”

主刀医生话音刚落。我堵塞了95%的一根心血管猛地一下子被疏通，我获得了新生！这是一种怎样的感觉？就好比堵塞的下水道，用压力泵冲洗，堵住的管道“轰”地一下疏通了。

由于我的心血管有一处血管瘪了，事先准备好的支架跟着就通过静脉管抵达有问题的地方，支架撑开后，我的心血管更加畅通了，前后只用时20分钟。

说来也好玩，我在未动手术前，脑子里还想着今天是星期六，我还要去报社上班呢，主刀医生说我的性命刚“捡”回来，还想上班？之前是多么危险啊，假如我妻子先回家了，那么，我就一个人倒在人行道上，等到天明，早就没命了，幸亏我妻子坚持留下陪我“吊盐水”。其二，那晚，正好我外孙女被我女儿带回自己的家，要不然，我还拖着去不了医院……

我就在想：一个3岁的孩子拿着手榴弹，他敢拉弦，因为他不知道危险的存在，这弦一拉，手榴弹是要炸死人的；倘若放在有思维能力的人手上，他是绝对不敢拉弦的！我对自己心绞痛一点都没当一回事，就像敢于拉手榴弹弦的3岁小孩，差点“大意失荆州”。

我被送入重症监护病房，家人每天下午4点至5点只能轮流一个人到病房探视，而且要穿医院的衣服。从周六上午做完手术，我一觉睡到下午妻子进病房，我才知道这一天发生了许多事。

那天，我除了穿的是医院的病人服之外，身上没有自己的东西，尤其是手机，暂由妻子保管。我女儿认识我供职的《新闻晨报》主编马笑虹，按照她的想法，从我的手机通讯录上找到马笑虹的手机号打了过去，双休日的马笑虹可能不在上海，接到我女儿的电话，立即指示分管我所在的社会新闻部的副主编秦川上我家探望。一个小时后，秦川调整自己的安排到了我家，仔细了解我的突发状况，代表报社慰问我家人，并迅即关照社会新闻部主任杜琛安排其他同仁顶替我的工作。临走时，他掏出一个信封，说，这是他个人的一点心意，让我妻子转告我，安心养病，报社的事情暂时别操心了。

部主任杜琛这天也是在家休息，他的儿子3岁多，他得知我的情况后，割舍天伦之乐，立即赶到我家。

我住在重症监护病房，这监护病房一字排开有十几张病床，我每天都被其他病人的呻吟、叫喊闹得烦透了，吵着要求换到普通病房，4天后，我如愿以偿地住到了3人一间的普通病房，家人可以随时随地来探视。

与我同龄的同仁朱中民一定要到医院看望，我与妻子商量好的，不给别人添麻烦，我所住的病房一概不透露，唯有朱中民例外，他是报社唯一在我出院前夕到医院探望的人。

我知道，医生能够允许我转入普通病房，说明我基本无大碍，否则的话，是不会让我离开重症监护室的。

住院12天，我终于康复回家了。

报社的工会委员胡福荣是个热心人，在我出院回家后，他多次与我联络，最终确定了日期，陪同主编马笑虹和晨报主编助理、工会副主席杨海鹰一起到我家（如今杨海鹰已是晨报副主编）。

胡福荣时常同已退休的原《解放日报》副总编、《新闻报》总编毛用雄有联系，这次他与毛总通电话时说起了我的情况，当晚，毛用雄就来到我家，当他见到我面色红润，精神抖擞，说："建富，看到你恢复得这么好，我真为你高兴！"临走时硬要我收下"慰问金"。

社会新闻部的10来位同事相约一起上我家"集体探望"，部主任杜琛已是在我生病期间第3次来我家了。而比我年少几岁的韩鸿伟随"大部队"来我家时，除了看望我之外，还带有另一项使命：询问我写这本书的进展情况。可以说，韩兄是我这本书的第一读者，在我还未动笔之前，我便与他多次讨论书的主题和写作计划。韩兄平时酷爱国学，每月都要花大量的钱购买国学类的书籍，他谈起国学如数家珍，他对国学的研究到了痴迷地步，令我无法企及。因而，他提出："你写的书稿能否让我率先拜读？"我当然求之不得。我知道，韩兄他特别谦虚，他说的"拜读"，其实是为我的书稿把关，我对他的把关格外放心，这种长此以往的默契是信任使然。我在本书开头部分写道"信任的实践犹如一把枷锁，将伴随你一生"，韩兄在"一把枷锁"中间加了"无形的"三个字，内容立马有了新的含义。

我还欣喜地看到行将毕业的宋韬纬，他正在我们部门实习，等到一个月后我上班时，他已正式加入了《新闻晨报》的团队，成为社会新闻部的一名记者。

报社财经部的副主任李俊与主任助理徐哲先后上我家；教育部的主任助理徐斌忠来了，经济部的老记者谢克伟偶尔听说我的事，旋即抽空赶到我家，一见我，说："你气色要比过去好得多了。"

我告诉他，这是我戒掉抽了30多年香烟的缘故。

5月5日，这是我心肌梗死重生的一个多月。这天上午，家中的电话铃声响起，我拿起听筒，就听到："吉建富，我是张煦棠。"

我的老领导、原《文汇报》副总编、《新闻报》总编张煦棠已是87岁高龄，仍挺精神的，我时常在报纸上看到他的大作。我们平时经常通电话，我以为他找我有什么事，还未开口问，便听他在电话中说："我来看你，已经在你家门外。"

我连忙打开房门，将张煦棠迎进屋内。他说："我给你传经送宝来啦。"

原来，张煦棠得知我通心脏的血管装了支架，特意来探望，一番亲切的交谈后，我方知他的心脏10年前就装了支架。他不说，谁会知道啊。张煦棠将他的养身经验一一传授于我，让我获益匪浅。

对所有关心我的朋友，我将永远铭记在心！

我在家养病，每天都会接到方方面面的朋友问候的电话，或是手机短信。朋友们的关心令我不安，我觉得这是一个硕大的信号：是我健康的信任度降到了冰点。倘若要重构我健康的信任度，就必须果断采取行动，以消除别人对我健康状况的不信任。

最有效的方法就是出去露脸。于是考虑过了"五一"劳动节便去报社上班，当然，我是根据自己的身体情况做出的决定，我自我感觉很好，这种感觉就像每个人穿鞋，尺码合不合适，穿着舒不舒服，只有自己心里最清楚。

当我打电话给部主任杜琛，告诉他这个决定的时候，他愣了好一会，问："你不是说，医生讲你还有一根心血管堵了85%，等一个月后再回医院，怎么想到上班啦？"

我告诉杜琛，恢复上班是我自己的主意，已经咨询过医生，身体没问题，我请他转告分管领导。

2013年的"五一"劳动节放假一结束，我就出现在报社，凡知道我心肌梗死的同事，只要见到我，无论男女，不管干部群众，无不投来惊奇的目光，说得最多的一句话："你来上班啦？气色老好的嘛。"

在食堂吃饭，集团其他报纸熟悉我的朋友也都会大吃一惊，惊呼："兄弟，听说你的事了，现在你上班啦？"

当得到我肯定的回答时，他们还不住地打量我。

还有两位老兄碰到我，其中一位："咦，你上班啦，看上去你面色反而比过去好，过去你面色灰蒙蒙的，大难不死，必有后福。"

另一位则说："哦哟，兄弟，你上班啦，一点都看不出装过支架的，我以为你要长期病假呢，上礼拜有个饭局，我没敢叫你，下个礼拜有个活动，到时候我发短信给你。"

朋友们的惊奇目光少了，一个多星期后，这样的目光消失了，问候我的电话如同上证指数，从6000多点一路下滑至1000多点，指数还有反弹之日，问候声却再也没有反弹。

我成功了。

感悟：我突发心肌梗死，只要熟悉我的人听说后都会惊愕不已，我的身体健康指标打了折扣，这是毋庸置疑的，然而，这上面到底打了多少折扣，自己清楚，别人并不清楚。对于数不清的"问候"电话，我忽然领悟出自己的健康信任度下滑得厉害，原本见到我的人都知道我的身体健壮，数十年来甚至很少患感冒，别人对我的健康是不会有任何怀疑，换一种说法，我让别人留下的"健康信任度"颇高。随着我的"死去活来"，我在别人的议论中似乎成了废人，在苟延残喘，苦度余生。

重构人们对我健康的信任，成为我首当其冲的任务，假如我仍然歇在家中，真的把自己“养”起来了，那么，根本就不用去谈重构健康信任的话题。我毕竟获得了重生，我的健康只是暂时出了问题，现在已经恢复，因此，我选择了回到新闻岗位上继续奋斗。如今，已经没人认为我会无法继续工作，相反，不少人说：“听听交关吓人，看看一点没啥。”

当然，我心中十分清楚，自己毕竟不再是“好人”，以后只要小心翼翼，未来人生的道路还长着呢。

7.医生，医院诚信的试金石

写到医院，我想起10多年前，父亲80岁那年，胆总管堵塞，胆汁倒流，小便如同深咖啡，不仅颜色吓人，主要是疼痛难忍。当年张煦棠是《新闻报》总编，我无意间说起家父的病，张煦棠立即给了我第一人民医院院长的电话，让我报他的大名，办我父亲的事。

我当时已在鞍山新村购买了一套商品房，从我父母那里乔迁新居。妻子关照，隔三差五必须去看望我父母。

一天，我正在报社上班，忽然接到父亲的邻居打给我的拷机，我随即找了一部电话回电，得知父亲胆囊炎发作，被邻居送到家对面的第一人民医院“吊盐水”。我立即叫了一辆出租车，直奔医院。到了医院，我在急诊室输液处寻找父亲，吊盐水的人那个真叫多啊。我在他们中间找了一遍，却没有看到父亲，也没有看到母亲，按常理，父亲吊盐水，母亲总会陪伴在身旁。

我耐着性子，又挨着个寻找，终于看到父亲坐在轮椅车上，身上盖着棉被，消瘦的脸庞黑漆漆的，难怪我从他身边走过，竟然没有认出。当时父亲正闭目养神，我喊他时，他微微睁开双眼，告诉我，母亲回家吃饭了。

父母的家就在第一人民医院对面，从虹口消防队抄近路，3分钟就能到家。等到父亲吊完盐水，母亲刚来，我送父亲回家后建议他去第一人民医院做手术，父亲说他已是80岁的人了，开什么刀呀，弄不好，竖的进去，横的出来，坚决不要去开刀。

上了年纪的人十分固执，我尊重父亲的决定，再向张煦棠去解释。

大约过了十来天，父亲说他的胆囊时好时坏。有一天我去看望他，我们正说着话，父亲突然打住话头，起先我没在意，猛地听见父亲说：“你看，你看，快点看呀……”

我随着父亲手指的方向朝地板上看去，一枚一角钱硬币挺立着，居然没有躺下，这不得不说是一个奇迹！因为父亲住的是石库门房子的前楼，这是1927年建造的老房子，地板凹凸不平，我和妻子住在那里的时候，特意买来塑料地板铺上，有些地方似波浪。那天，父亲掏手绢擦鼻子，从裤子口袋里带出了一角钱硬币，这枚硬币竟然站得笔直，后来，我无数次地复制从衣袋里带出一角钱掉在地板上的动作，却没有一次使它成功竖着。

我父亲当时发现一角钱硬币没倒下，让我赶紧去医院为他办理住院手续，父亲说：“看样子，我勿会倒下的。”

对于父亲进医院开刀，我妻子主张给主刀医生、麻醉师送红包。妻子认为，这是潜规则。我也觉得有必要送红包。按当年的“行情”，至少2000元。父亲得知妻子和我要给医生送红包，当即一本正经地对我们说：“假如要送红包，我自己有钱，可以自己来，但是，我决定不送一分钱红包，你们也不要送。医生开刀，本身就有工资，怎么可以受贿？”

父亲很快住进了医院。八九天后，各种检查报告出来了，主任医生多次来看望过我父亲，说，很快就要做胆囊切除手术了。

这天下午，父亲告诉我，隔壁病床小他一岁的老王也是胆囊毛病，比我父亲晚一天进病房的，今天被医生告知无法手术，让他出院了。

父亲向我分析道：“看样子，老王的刀不怎么好开，医生怕担风险，万一老王在手术台上一脚去，医生的信誉扫地，下次病人不敢让这个医生开刀，生怕赴老王后尘。而我年纪要比老王大，医生通知下个礼拜开刀，说明医生有百分之百的把握，不然的话，我也会像老王一样，被请出医院的。”

我正玩味着父亲的一席话，将要给我父亲动手术的主刀医生的助手来找我谈话，说是每位病人开刀之前都必须进行的一个程序。这位医生是从外地医院来上海第一人民医院实习的，像这种同病人家属“谈话”的工作，似乎很对他胃口。

作为病人家属的我被请进医生办公室，房间内就这名实习医生。他口若悬河，把我父亲开刀时估计会出现的各式各样的情况一一列举，千言万语并成两句话：一是切开肚皮发现“扩散得太厉害”，就只能缝起来；二是有可能.我父亲当场在手术台“走了”，医生概不担责。

我知道，我必须在两份告知书上签字，否则，我父亲是不能动手术的。我立即在一份单子上签了字。正欲起身离去，那名实习医生愣了一下，示意我坐下，说，还有话没讲完。

这名实习医生又讲了输血后，病人若发生肝炎，甚至被感染了艾滋病均由自己负责。我想，被感染了肝炎、艾滋病，怎么让病人负责？这完全应该由医院担责，但我拿着早已印好的单子，这种单子上，只要是动手术的病人，家属都必须签字的。我能对医院说什么呢，赶紧在另一份单子上签了字。我站起身，径直走出医生办公室，就听到身后传来“哎哎哎哎，我话还没说完呢……”

其实我知道，“没说完的话”是谈谈红包事宜。

父亲有言在先，坚决不送红包，我“坚决贯彻执行”，也省得自掏腰包。

然而事情远没那么简单。就在实习医生被我打发走后，主刀医生出场了。一天，这位已定好为我父亲开刀的医生碰到我，先是说了某月某日，我父亲几点几分进手术室，随后话锋一转，似乎无意间的闲聊，说起他们开刀医生“开一个盲肠炎，只拿15元，开一个小囊肿，只有8块钱……”

这不是在暗示：“红包拿来”吗？

我要与这名主刀医生“玩玩”，于是对他说：“你们医生这么辛苦，看来收入不合理，我写篇稿子为你们呼吁呼吁……”

我话还未说完，主刀医生反应极快，问我：“你是记者？是记者怎么早点不讲啊。”

《新闻报》总编张煦棠曾为我父亲的病，介绍过第一人民医院的院长给我，但那时我父亲死活都不愿意去动手术，因此我也没去找过院长。这次父亲进第一人民医院是我自己到入院处办的手续，当时，我告诉接单的人，我父亲已80岁，最近多次因胆囊炎发作而痛得晕过去，恳请医院尽量快点安排我父亲住院。

对方从小窗口"甩"过来一句："80算什么？人家90岁的都有，要根据床位情况来安排的，回去耐心等通知！"

医院办入院手续的老兄说这句话的时候是上午10点半，结果下午1点多就来电话，让我父亲赶紧去办理入院手续。

我还以为自己的几句话起了作用，等办理完入院登记，将父亲送到病房时，隔壁床上的病友大惑不解，问："再有两天就是五一劳动节了，别人都办了出院手续回家过节，你们倒好，反而进来了。"

我有时总在想，自己不要自以为是，想当然，按照"自己最能干"的思维方式出牌，其实，那样的答案是不正确的，或者是模棱两可的。

再来说说红包、记者、主刀医生的事。

这次我没有暴露记者的身份，我认为，父亲开刀，我无权使用记者证为自己开方便之门。现在主刀医生反应强烈，好像我是个冒牌货，我不得不拿出一张自己的名片递给主刀医生。不料，他看了看名片，又看了看我，似乎在说"啥人晓得这张名片是谁的。"

我很不情愿地掏出记者证，主刀医生瞄了一眼，说："文章么就不要写了，你父亲的刀我会全力以赴开好的。"

主刀医生的确"全力以赴"了，我父亲摘除胆囊那年正好是80岁，他在91岁无疾而终。

我对某些医生不信任，却又奈何不得他们，除非我吃五谷不生病，可能吗？以往看病像现在一样也要排队，在我的印象中，我带着三四岁的女儿上医院看病，挂了号，坐在长椅上排队，等的时间很长，女儿要上厕所，我与排在我前面的一位阿婆打了招呼，等到5分钟返回时，阿婆不知去向，后面的人不认账倒也罢了，问题是还朝我翻白眼，说："大家都有小囡的，排排队，快来兮格……"

这分明是不信任我，你说如何重构我们的信任？如今哪会发生这种事，电脑叫号，看病者在挂号付款时，就获得了一个一次性的排队号码，你可以判断自己啥时候被叫到号，即使你稍微晚来了一会，拿出叫号的凭证，哪有人会遇见我当年被别人的误会，更不会有“难听的话”灌入耳中。

看来，医院在重构自己失去的被别人不信任的举措中，电脑起了一定的作用。比如在医院配药（我们这里不对药价的高低进行评论，只是客观地对医院已经或者正在改进的某些方面进行描述）。

现在我每月都要去新华医院配药，过去挂号要去挂号窗口排队等着，这种等候是要凭意志与耐心的，而今我可以选择到挂号窗口排队，也可以去自助挂号机前自己挂号，既快又节省时间。

拿药也如此，过去是人工从堆放药品的货架上去取药，医务工作者每天要在药房间走多少路呀，费时费力，还会引起排队等候取药者的不满。多年前，排队取药的人们似乎对长时间的等候早已司空见惯，他们不以为然，医院也就心安理得地见怪不怪。而今，新华医院的配药完全电脑操控自动化了，发药的医生将药方朝扫描仪上一扫，不用动一下身子，所需的药品全都乖乖地从货架上“滑”至发药医生的手中，速度快了，排队的时间少了，患者还会怨声载道吗?

电脑，在重构医院的信任中功不可没，但我碰到的另一件蹊跷的事，更认为医院在患者间建立信任的关键人物是一个个医生，要重构医院失去的某些信任，除了有制度的保障，增加必须的透明度外，对医生，或者说是医务工作者而言，他们才是医院有无良好信誉的天平秤。

我来说说中医医院的一位奇才，此人叫成金康。两年前，我的手指经常发麻，曾去医院拍片检查，结论是颈椎压迫神经所致。像我这种每天都要坐在电脑前工作的人，颈椎出问题实属正常。现在手机、平板电脑不离手的“低头族”，哪一个没有颈椎病?

我曾每次花100元做一个小时的推拿，“推”的时候适意了小半天，过后，手指发麻依然如故。一天，在中药店做营业员的妻子告诉我，她单位的一位同事腰间盘凸出，直不起腰，人几乎像虾似的弓着，严重时只能整日躺在床上。后来，有位来店里配药的顾客介绍他去中医医院骨科打金针，并关照要找成金康医生；这名顾客的家人连路都无法行走，经成金康10余次的针灸治疗，本来是被家属抬着进去的，最后竟自己走出来。

妻子单位的同事当即慕名而去，经成金康10余次针灸，也挺直了腰板回药店上班。我听后决定去中医医院试试，去了才发现成金康的一技之长的确名不虚传。

那天上午，我到了中医医院，指名道姓要挂成金康的号，进门处的护士给了我一张“骨科”的小条，吩咐我到挂号窗口付款。我付了6元挂号费，找到二楼的骨科，却让我没了方向，因为有四间房间，不知成金康在哪间。我正在疑惑之际，看到一个有些发福的中年女士正在替病人拔针，问她成金康在哪间。这位被患者亲切称为“小胖”的女士立即热情地领着我到了走廊尽头的一间房间。“小胖”叫了一声：“成医生，有人找你。”

我循声望去，看到1米80的个头、国字脸上架着普通眼镜的成金康医生。他瞄了我一眼，并不认识，确定我是来针灸治疗的，所以大声说：“病历卡放下，到外面去等着。”

所谓的“外面”就是走廊。我看到走廊上的两张长椅坐满了人，他们之中有不少人或在腿上扎针，或在颈部甚至耳朵上和头顶上扎针，被扎针者个个抱着一个砖头大小的塑料盒子，每个盒子上都有“成金康”3个大字。一问，才知盒子中装有电池，通过转换器变成可以输出高频和低频的电流，通过电线连接在金针的尾部，被扎金针的患者可以自己调节电流的大小，从而改变金针的震动感。

等到成金康给我看病，他听我说手指发麻，立即在我颈部一摸：“头颈发硬，颈椎毛病蛮严重，打金针，5次一个疗程。”说完，递给我一张付款单，让我去楼下付款。他特意关照，5次针灸的钱一次性付了，以后来针灸不用再挂号，拿着单子直接找他。

我到付款窗口又排了十几分钟的队，用医保卡“拉”了200元，算下来，每次针灸40元。假如成金康不说，我每次来打金针还得排队，现在一下子把5次针灸的钱付了，不仅省下了我24元，最主要的是还可以节省我4次排队的时间。

重返二楼，等到成金康给我扎针，他在我的第6节颈椎处扎了3针，又在我手背上扎了两针，随后在每枚金针上绕上电线，还未绕到第3枚针时，就听有人大叫“成医生”。他喊了一声：“小胖，31号，来帮忙绕电线。”说完，径直跑了出去。

这是一间20几平方米的房间，中间为走道，两边分割出10间小间，每间小间放着两张床，我抬头看到我的床位号正是31。

“小胖”赶来，她为我绕好了另外两根电线。她建议我，下回来打金针不用等床位，那样的话，等候的时间太长，我可以在走廊的长椅上坐着扎针。我觉得“小胖”的建议极是，因为我等了很长时间，现在也是坐在床边打金针。只有那些腰间盘凸出的人必须卧床针灸外，颈椎病患者完全可以坐在走廊的椅子上打金针。

趁“小胖”在绕电线，我们闲聊起来，由此，我才知道，50岁退休已两年的“小胖”，其丈夫患有严重的腰间盘凸出，几乎无法行走，是坐着轮椅车慕名而来找成金康治疗的，经成金康两个月的针灸治疗，竟可以直起腰板走回家了。“小胖”不仅千谢万谢，还悄悄地给成金康送红包，被坚决“顶”了回来。“小胖”最终决定担当志愿者，只要成金康当班，她都会一早从杨浦区的住处赶来。成金康家住新江湾城，他每天都是乘头班地铁来医院上班，医院一般7点半以后才开始看病，成金康治疗的患者却在6点半就能进行针灸，他们在治疗后还不耽误去上班。

去打了几次金针，初与“小胖”熟了，我还看见另一位高个子的中年女子，那位也是志愿者，她来此的经历与“小胖”如出一辙。

一天，我在报社食堂与《解放日报》副总编徐锦江同桌用餐，我说起了“小胖”的事，徐锦江的新闻敏感性特强，认为这是一条非常好的新闻线索。他觉得，如今医患矛盾突出，纠纷不断，见于报端的病人殴打医生，甚至医生被打死的报道屡见不鲜，像成医生与志愿者的故事十分典型。他当即决定邀请《解放日报》采写卫生报道的记者去采访成金康，并让我与成金康联系。

我得令，再去打金针时向成金康说起《解放日报》记者准备来采访他的事，不料，他把头摇得像拨浪鼓：“别别别别别”，一连说了5个“别”，又加了一句“千万别来采访，不要没事弄出点事情来。”

我彻底懵了，忙问“为什么？”

“别问为什么，复杂得很，你是好心，但是好心不一定办好事，相反会给我添麻烦。”成金康不解释原委，只是一个劲地回绝。

对我而言，这件事就此打住。没想到，《解放日报》的记者行动迅速，还没等我告诉徐锦江，那位跑卫生条线的记者就已经到了医院采访。她根据以往的惯例，找到医院负责宣传的干事，指名道姓要采访成金康。宣传干事当然知道成金康，却不清楚“志愿者”的事，陪着记者找到了成金康，讲了记者此行的目的，却被成金康一口回绝。

记者不死心，做起成金康的思想工作，被缠得没办法的成金康让她去找院长办公室的负责人，只要院办同意，他就接受采访。记者想想这有啥难的，又不是写批评医院的报道，是采写医院的好事情呀，要是放在其他医院，笑都笑不动了，记者请都请不到，哪有记者主动上门却被打回票的?

踌躇满志的记者去了院办，提出自己准备采访成金康的设想……奇了怪了，这位记者最终打道回府了。成金康似乎早料到是这样的结果，所以根本就没当一回事，只顾忙于自己的工作。

意想不到的事发生了。当我再次去那里打金针时，发现走廊的长椅上坐满了候诊的患者，以往腿上、头上、脖子上扎着金针的患者一个都没见着，他们全都被安排在屋里的走道上坐着针灸。屋子本身就不宽敞，现在又添加了本来可以在屋外走廊上打金针的人现在必须在屋子里面针灸。

我没见到“小胖”，成金康要给患者看病，又要扎针，绕电线与拔针也全都由他一人完成。他看到我，摇着头说：“我再三关照不要记者采访，现在麻烦来了吧。上面来人讲，现在医院正在抓精神文明，病人不可以在走廊上做针灸治疗，针灸必须要放在房间里。上面来人还讲，有群众反映，不是医院的人，怎么可以为病人拔针，如果拔出事情来，算啥人的？到时候，跑得了和尚跑不了庙。”

成金康告诉我，现在“小胖”等几个也不能来了，要打金针的人只能耐心等着，毕竟他只有一双手。

我无言。

出版了17本著作的中国作家协会会员林景怡，多年前腰椎呈“S”型扭曲，她是中医医院骨科病房的常客，每年都去那里住院几个月。我在这家医院做针灸治疗，林景怡正巧那段时间住在骨科病房，我趁此机会特意去看望她，并从她口中了解到成金康的一些事。

成金康原先是骨科的病房医生，据说学历低，没文凭，因此要评高级职称希望渺茫；但成金康自学成才，除了接骨头、正骨等外，他的针灸另有一功，不说“针到病除”，至少可以立即缓解病情。而比他级别高的主任医生，职称虽然高，技术水平并非与之匹配，但可以对成金康发号施令。有病人住进病房，成金康科室的主任医生先“拣活”，因患者及其家人格外信任职称高的医生，对成金康只是客客气气地点点头。

有时，主任医生要求患者动手术，众所周知，即使一个小手术，费用也都要成千上万的，有一次，一名患者被主任医生通知要动手术，成金康认为用不着动手术，只需做针灸治疗即可，患者是来沪务工者，结果经成金康针灸治疗，总共才花了200多元医疗费，病就好了。

患者对成金康千谢万谢，感谢信贴到了中医医院的醒目处，患者逢人便称赞“上海中医医院”。

因成金康的针灸治疗名声远扬，慕名来找他做针灸治疗的人络绎不绝。不知多少回，主任医生建议患者动手术的“建议”，常常被成金康的针灸所否决，一来二去，他不知道自己触犯了某些人的利益，结果被一纸调令，调到了门诊室。要说成金康没有想法，那是不正常的，一个人活人，肯定心知肚明，但他没有后悔。在哪里都可以为病人服务，只要凭良心做事，夜半不怕鬼敲门！

林景怡说成金康还有一年多就要退休，已有好几家民营医院来“抢”他了。

当我再次去做针灸治疗时，我对成金康投去深深敬意的目光，过去我在打金针时话特多，自从与林景怡一番交谈后，我的话几乎没了。但在其他场合，只要听说某人颈椎、腰椎疼痛，我总会介绍他们去找成金康针灸治疗，并把他的事说一通。

感悟：10多年前我父亲开刀，医生暗示“红包”，医院形象在我们心中黯然失色，这么多年过去了，医院在人们的印象里，负面的东西并非越来越少。人们选择医院，首先是它的名声和专业性，也可以说，人们对医院的信任主要是来自自己的感受，也包括别人的“传递”。医院的信誉度大幅度下降，要重构医院在人们对它的信任绝不是一蹴而就，需要法律的威慑、有良心者的监督，包括舆论，还有是医生的自我监督。

像成金康，一位普普通通的医生，不管处于顺境还是逆境，他凭着一颗真诚的心为患者针灸治疗，有许多人慕名而来，我觉得，这些人并不是“冲”着医院的名声来的，他们完完全全彻彻底底是“冲”着成金康医生高超的技艺与崇高的医德而来！

我认为，不管“中”医院，还是“西”医院，只要成金康到了那里，不用振臂高呼，瞬间就会有他的无数粉丝蜂拥而至。一家医院不可能处处是阳光，但不妨有点局部的亮点，像成金康绝对是局部的亮点，甚至是耀点！我认为医院的名称，医院的设施皆为硬件，而作为软件的医生才是医院赢得患者信任的保障。

8. 美林阁作弊秤与德国蟹事件

美林阁与德国蟹是两家商家的两件事，我把他们拉扯在一起，试图通过这两件事，来佐证“重构信任”。

先来说说美林阁。

美林阁在申城有多家分店，四平路257号是美林阁四平店。熟悉上海话的朋友都知道，美林阁是沪语“蛮灵格”的谐音。上海人说话比较谦虚，“蛮”字单独解释为“还可以”，其实，在沪上，已属“顶级”的了。

1967年，我家搬到了溧阳路1129号，这里并排排列着四幢洋房，我们在那里住了两年多，又搬家至虹口消防队的后门哈尔滨路29弄，我至今户口和身份证上的地址都是那里。

溧阳路1129号的四幢洋房在我家乔迁的十年后全被夷为平地，在这块地上建起了高楼大厦，除了中国银行外，还有几家颇具规模的酒家，美林阁四平店与此处的中国银行毗邻。我与妻子多次前去品尝佳肴，感到的确“蛮灵格”。

自从女儿结婚后，她是个吃货，也多次与丈夫请我和妻子光临美林阁四平店，我“实话实说”，觉得有些海鲜是用同样方法烹饪的，吃起来的味道却并不相同。有一次，服务员拿着一条称过分量的鱼拿来给我们过目，服务员说是一斤半，可我总觉得顶多一斤二两。妻子说我过于斤斤计较，偶尔来这里用餐，又是女儿女婿请客，不要搞得大家不开心。

2013年3月19日的中午时分，我们几位“写写弄弄”的朋友到美林阁四平店聚聚。在这些朋友中，有的喜欢写诗，有的喜欢散文，也有喜欢摄影的。正当我们就餐临近结束之时，忽见一行穿制服的质监执法人员走进厨房，后面还跟着不少媒体的记者，其中有几位我认识，彼此打了招呼。

等到我与朋友的用餐结束，朋友们离去，我留了下来，很快寻找到了厨房。

之前同我打招呼的记者一见我，就低声说：“有新闻了，美林阁厨房里的电子秤有花头，外面可以用遥控器操纵电子秤的称重，现在还在进一步查。”

我愣住了。想想，作为上海市著名商标，有如此规模，有颇大名气的美林阁酒店在上海不止四平路一家店，现在它的四平路店出了问题，我是记者，虽然不是采写“质监条线”的，但毕竟是媒体人，可遇不可求的“新闻”被我遇上了，算我运道好。

我当即悄悄“混”入跟随质监人员采访的记者队伍里。

我很快就弄清楚了，今天出场的主角是虹口区质监局行政执法科的执法人员，他们在美林阁四平店的厨房内，发现一台专门用来称海鲜的电子秤本应贴牢的年检铅封已被打开，如今的质监人员增添了不少年轻人，他们新老结合，形成一股合力，对各类“作弊手法”了如指掌。这次，他们撬开电子秤，发现内部电路板上套有塑料膜，膜内装有一只遥控接收器，使用者可通过外置的遥控器暗中操纵电子秤的称重。

我看到执法人员正在对美林阁四平店的相关负责人做现场笔录，并将作弊秤封存，他们还开具了责令整改通知书，将对美林阁四平店在过去两年的海鲜经营收入进行追溯，并依法对其进行处罚并没收非法所得。

这家店的负责人急于解释，这台有问题的电子秤是进驻店内的海鲜供应商提供的，主要业务也都由对方承接包办，酒店对此一点都不知情。

这种推诿，记者见得多了，当即让他请负责“承包海鲜”的供应商出来；那位姓郭的“供应商”一脸的无辜，他表示店内使用的两台电子秤都从铜川路附近的流动摊贩那里买来的，如果坏了，只要付两三百元就能换一个“好用的”。他说：“我们也不懂这个电子秤有作弊功能，只晓得能用就行，从不看什么年检、强检标志”。

我问了一句：“作为海鲜供应商，请问你与美林阁合作了多少年，还供应其他美林阁的分店？”

这名海鲜供应商说：“在这里大概六七年了，除了这里，我还负责供应虹桥地区的另两家美林阁分店。”

随行的一位工程师告诉我们，这种安装有遥控装置的作弊秤，在称量时可较一般正常值增加10%-60%不等，且由于这种作弊秤是通过远程遥控的，因此极难被消费者所察觉。

第二天，各大报纸都刊发了“美林阁电子秤可以遥控”的新闻，电台、电视台也同时刊播这条对大众食客来说，是“爆炸性的新闻”；一时间，大街小巷，人们议论纷纷：“总觉得铜川路市场小贩使用的电子秤可能有问题，万万没想不到像美林阁这样的大酒店，也会在电子秤里会做手脚，真是防不胜防！”

我在想，上海有不少美林阁的分店，现在是四平路上的一家“出事”，有可能是“一粒老鼠屎坏了一锅汤”，但是，规规矩矩做生意的其他“美林阁”至少应该“发点声音”吧；如果我是美林阁的其他分店经理，我就会建议总经理拿出一点“活动经费”，可以登广告，也可以做些“危机公关”，不知何故，美林阁竟然集体失语。

我在最后一章中主要是讨论“重构信任”的话题，美林阁的信任度大幅度下降是不争的事实。不久，相关部门撤销了美林阁的上海市著名商标。

导致美林阁这家店的生意一落千丈，原因当然很多，但“电子秤作弊”必定是首当其冲。

直至今日，我在不少场合存心提及美林阁，可以说，十有八九的人都会异口同声：“噢，美林阁，就是在电子秤做手脚的美林阁，当心点，有谁说得清楚，现在的电子秤上就没问题啦？”

完结！人们已经很难消除留在记忆中对美林阁的不良形象，它的当家人也似乎早就明白了，难怪会“不作声”。

2013年的8月中旬，《新闻晨报》上刊出一条消息：德国大闸蟹将来沪。

据我所知，今年由于罕见的高温，阳澄湖大闸蟹成活率低，产量少，届时势必会涨价。如今搞出了一个德国大闸蟹，我脑海里蹦出的第一个念头是：毋庸置疑，德国的湖泊水质一定比我们好，外国人非常注重环保，德国的大闸蟹在清澈的河水、湖水中幸福地茁壮成长，又听说这些大闸蟹是多少年前从中国远渡重洋带到了德国，10多年后竟然“蟹满为患”。

德国人不吃大闸蟹，因此德国的大闸蟹泛滥。

著名作家俞天白的公子俞可曾在德国留学，在那里生活了14年，俞天白与妻子多次去德国看望儿子，对德国也比较熟悉。我操起电话，拨通了俞天白家的电话。

俞天白听我谈及德国蟹，说他也注意到这条新闻了。他告诉我，他在德国的超市没有见到过大闸蟹，德国人也不吃大闸蟹。他有一次在德国看了一部讲述大闸蟹的纪录片，才知道被德国人当作“外来物种”的大闸蟹的来历。

数十年前，有中国的万吨货轮驶入德国，不知从何时开始，在被运抵德国的集装箱里带入了几只大闸蟹，也有遗漏在船舱中的大闸蟹的蟹苗，其实德国人也没有真正弄清楚，后来在他们的某些湖泊中会造成大闸蟹泛滥的。

当德国人后来发现湖边爬满了被中国人看到后会垂涎欲滴的大闸蟹，竟然吓坏了，如此多的“外来物种”入侵，他们严阵以待，之后发现这种蟹的故乡在中国。德国人没采取什么措施，就让这些大闸蟹自生自灭……

德国人不吃大闸蟹，中国人要吃，阿里巴巴集团旗下的团购网站“聚划算”动起了德国蟹的脑筋，他们准备从德国进口大闸蟹，因此分成两步走，第一步，在2013年8月18日开始在网上发起德国大闸蟹预售；这是“聚划算”想摸清到底有多少订单，以便第二步，在向德国和中国检验检疫检查沟通时，做到数量“心中有数”。

据聚划算数天后的统计，他们一共售出3.5万份30多万只大闸蟹，总成交金额900多万元，有将近2万名消费者参团。这个数字乐坏了聚划算的整个团队，他们接下去就是尽快“走第二步”。

按理说，德国方面把“外来物种”的大闸蟹抓起来，送出去换外汇，对睡梦中都会笑醒的好事肯定举双手赞同，并且会加快“出口”的步伐。孰料，聚划算的总裁不得不承认自己的计划显得过于乐观，现在德国大闸蟹暂时来不了中国。

原来，照预订的计划，聚划算在收集完订单后分别申请德国和中国检验检疫检查。不过，这样的互联网预售模式在现行法律法规条款下并未走通。国家质检总局于8月22日发布通告称，德国大闸蟹首次入华必须先由德国官方正式提交出口申请，国家质检总局将按法定程序同德国官方密切合作，妥善解决“德国大闸蟹”检疫准入问题。

而聚划算原先承诺：9月11日开始向网购者发货，让大家赶在中秋节前品尝德国大闸蟹，如今已无法兑现承诺。

将近2万名没有谋面的消费者，他们都是向着你“聚划算”去的。我知道聚划算这次可能失算了，问题是，如何重构他们在消费者心目中失去的信任。我静观其变。

9月3日，备受人们关注的德国大闸蟹事件有了最新进展，这一天，各大网站纷纷转发聚划算总裁行癫，通过聚划算官微，发出一条长微博：“对不起，德国大闸蟹这事儿，我们搞砸了。”同时，聚划算将对此次德国大闸蟹全额退款，并对消费者提供总共300万元的额外补偿。行癫表示，一旦进口申请获批，聚划算仍将开团经销德国大闸蟹。

行癫在接受媒体记者采访时就取消发货作出了解释：因为大闸蟹属于活体，进口时需要进行一系列的动植物活体检验检疫程序，而且其规模是如此的庞大，以致于此前的计划显得过于乐观。同时，聚划算的预售模式与传统贸易方式也需要更多时间的衔接。“这些都是我们所没有考虑周全的。

行癫表示，发起德国大闸蟹团购的出发点主要有两个，第一是让大家在国内尝尝鲜，再就是让我们年年负重的阳澄湖也喘口气。但是，对于取消发货，他在微博中予以致歉：“辜负了您的信任，我想给各位说一声，对不起!作为聚划算的负责人，我必须代表我们整个团队，再次向您致以最深的歉意！”

聚划算最终作出决定，立刻启动退款及赔偿流程，下单的消费者一律全额退款;为了弥补过失，聚划算将在退款同时，在退款之外额外补偿30%订单金额的现金，也就是在9月6日，900多万元货款及总计约300万元的赔偿支付到已经下单的消费者账户上。

我女婿孙新元是一家信托投资公司的业务经理，他就是德国蟹团购的近2万名消费者中的一员，当拿到退款和“补偿”时说：“本想尝尝德国大闸蟹到底是什么味道的，看来这次尝鲜泡汤了。不过，聚划算的道歉是诚恳的，补偿方案也能接受，以后聚划算弄什么新鲜玩意一定要多买点，期货投资，30%收益率。”

我之前根本就不知道“聚划算”，德国大闸蟹也是从自己供职的《新闻晨报》上看到的消息。由于我女婿加入了德国大闸蟹的团购，他从需求开始，得到某月某日发货的承诺，他满心欢喜地期待着，结果由于种种原因，聚划算无法兑现承诺，信誉严重受损。我不得不佩服聚划算的总裁，采取“破财消灾”的做法，这种做法并不是什么人都敢做的。

感悟：美林阁是我们众人熟悉的上海市著名商标，却因被查出在电子秤上做手脚的丑闻，美林阁在人们心中的美好形象轰然倒塌。可以说美林阁苦心经营，逐渐建立起自己的信誉，有多少食客总会想念它，美林阁竟被自己击倒。要重构自己的信任，我认为几乎没有可能，除非换一块牌子。但是，换招牌也是要承担相当大的风险，要是被食客知道“原来是美林阁那帮人开的”，保证叫你“新开店”也门可罗雀。唉，一声叹息！

阿里巴巴旗下的聚划算没有“搞作弊”行为，却因为估计不足，造成原先对网购者的承诺无法兑现。可以说，德国大闸蟹暂时进不了中国，并不是聚划算故意制造的麻烦，他们把事情想得太简单、太美好了，或者是有报纸刊登的消息，称是有其他与蟹有关的利益集团的“出击”，不管怎样，相关部门并未禁止德国蟹进口，只是需要补办相关的手续。中国的事情有着极大的变数。然而，聚划算为近2万名团购的消费者全额退款外，还要为每笔订单金额补偿百分之三十！

上海人说，这就叫模子！我虽然是从我女婿那儿听说聚划算的，但通过德国蟹事件，令我对这样的团购网刮目相看，今后要经常浏览这家网站，因为他重构了自己在消费者心目中的信任。

尾章

本书作者曾参阅过的有关论述信任话题的书籍

尾章

美国的布鲁斯·施奈尔是信息安全界巨擘和顶级密码专家，他所著的《我们的信任》中不时引用他人对“信任”的论述。其中社会学家彼得·什托姆普卡给出的定义为：“信任，是相信他人未来可能行动的赌博。”政治学教授罗素·哈丁则认为：“信任，是对他人是否会侵犯自己利益的判断。”

布鲁斯·施奈尔开宗明义地写道：“我们一般不会对上门维修的管道工刨根问底，但对方可能是假扮成管道工的窃贼；我们也不会在吃饭前对饭菜进行化学分析，但可能吃进地沟油；我们更不会担心银行没收存款，却会遭遇网络迷诈骗……”

这位顶级的密码专家认为：人类的生存本能告诉我们要相互信任，可是社会正变得庞大和复杂，道德、名声的作用正在减弱，传统的信任正在出现危机，与其信任个体，我们倒更愿意信任系统。

对于“系统”，我们每时每刻都在同它打交道，比如电脑有了病毒，修理电脑的都会叫你重新安装“系统”。世界就是由数不尽的“系统”相连。从个人而言，一个人的身体就是由若干“系统”组成：神经系统、消化系统、呼吸系统……

在现实社会中，我是新闻系统的，我女儿女婿是金融系统的，我的朋友中有政法系统的、有文教系统的、有医疗系统的……

“系统”是社会团体的分工而形成的一个支流，社会的运转基于信任，人与人之间的多元联系是建立在信任基础上的。我在本书最前面部分对信任作出过概述：信任自己、信任别人、被别人信任。并将自己在半个世纪中的“信任的记忆”袒露在光天化日下，没有掩饰，没有修饰，一路磕磕绊绊走来，对“信任与不信任”有了自己的人生感悟。

不可否认，当今世界都被不信任所包围，而能令人们信任的光芒分散在四处，如果把它们集中起来，必定是光芒四射的正能量！

2013年的9月，《新闻晨报》主编马笑虹询问我正在写作的这部书的进展情况，我如实相告：到了最后冲刺阶段了，因为对于“重构我们的信任”这个沉重话题我似乎难以把控。

马笑虹说：“我来给你提供一个线索。”（马笑虹在2013年10月28日被任命为《解放日报》副总编，这一天，也是解放日报报业集团与文新报业集团合并为上海报业集团的日子。）

这岂止是“线索”，这是上海市的领导业已或者正在做的有关“信任”的大事，比如目前已在做的上海地铁逃票情节严重者，将被记入个人信用库。但也有人认为，把逃票者的信息登记到诚信档案中，且不说是否所有人都已经拥有了“诚信档案”，就算有这个档案，又有哪些机构会去参考呢？

我觉得任何事情首先需要去做，重构我们的信任，有着太多、太多的事情等待着我们去实施，“诚信档案”没有，或者不完善，可以逐步建立起来，我们总得做些什么吧，像地铁逃票情节严重者将被记入个人信用档案，不是正在做的事吗？

人们对信任与不信任的认识和了解并非与生俱来，每个人只要来到这个世界上，他的人生第一课便是学习判断的技巧，而这种学习将伴随人的一生。尽管婴儿还不晓得什么叫信任，但是随着年龄的增长，他们开始信任父母和父母的父母，这是家庭成员中的信任灌输。作为孩子的父母，总以为孩子还小，什么都不懂，有些事骗骗他是不会有任何问题，却不知道一旦孩子“觉悟”了，他们便会对父母以后所说的话将信将疑。

我的一位朋友说起他3岁的儿子，这段时间老是吵着要去看小区的垃圾桶，问儿子，垃圾桶有什么可看的，他的儿子说，要去捡个妹妹。原来，我朋友的儿子曾多次问他：“爸爸，我是从哪里来的？”

我朋友认为，儿子只有3岁，你怎么对他说得清楚。在被儿子追问得无法逃避了，他只能哄着儿子，说儿子是从垃圾桶里捡来的。于是儿子又去问妈妈同样的问题，妈妈也说是从垃圾桶里捡来的。说得多了，久而久之，儿子信以为真，所以他才会想当然的要到垃圾桶里再捡一个妹妹。

当朋友的那个懵懵懂懂的儿子一旦弄明白，或者说渐渐弄明白垃圾桶里是捡不到妹妹的，自己也不是从垃圾桶里捡来的时候，他对父母便会生出不信任感。由此，我想到了，在不经意的“说说笑笑”中，信任的天平已经朝不信任的方向倾斜，而当事人并没把它当回事，就此埋下了隐患。

我之所以想到朋友3岁儿子的事，是因为我觉得诚信教育应该从孩子抓起，作为孩子的父母，打铁还需自身硬。由家庭成员之间把信任承上启下，这是必需的。

从家庭转向社会，信任与不信任的碰撞无时无刻不在发生。我们对信任绝不会一成不变，相反，在对待某个人，或者对待某件事上，可能一开始是信任的，但事情总在发生变化，我们因此也会在对待某个人，或者对待某件事上变成了不信任，之后通过某个过程，我们又会变得信任起来。

另一种模式，张三是个热心人，有着强壮的身体，又是我的朋友，若请他帮我去超市买一袋我指名牌子的大米，我是绝对放心的，换一种说法，我是绝对信任的。然而，张三的文化底子差，你让我请他为某篇文章润色，我会放心吗？显然不会。但是，李四恰恰与张三相反，身体瘦小，手无缚鸡之力，让他去帮忙背一袋大米，我是不放心的。可李四酷爱读书，平时又喜欢写写随笔，你说，让他帮忙修改一篇散文，我会不放心吗？

从这个例子来看，我们对一个人的信任只能放在这个人的特长上，非其特长的，我们则无法信任。不过，这种不信任并不影响到对这个人整体的信任，唯有当这个人明明有某方面的特长，却对有求者回避，甚至否认自己的特长，我们就必须当机立断做出定论：此人不能信任了。我最担心会出现这种情况：你本身一直信任这个人的特长，深信无疑，这个人却利用你对他特长的信任而摆开迷魂阵，让你受骗上当。

信任，其中有一项指标，即言行一致。我有时会非常困惑，明明自己是发自内心问话，却会被人误解而造成对我的不信任；我在报社下午这段时间是在做准备工作，真正的“活”要到在报社吃过晚饭后才开始，干到9点10点都很正常。有些部门的同行，他们“早九晚五”，来去匆匆，我准备去食堂吃晚饭时，在电梯里相遇，我虽然年龄比他们大（这不是优势），小青年或者中青年向我打招呼，我总不能“嗯嗯”两下，或者装聋作哑吧？我会客气地说一句:“下班啦？”

这其实就是一句“客套话”，好比在食堂吃饭，有人吃完了，站起身走了，遇见我刚端起饭碗，对方问“吃饭啊？”或者我朝他说一句“吃好啦？”一样。

当我问“下班啦”，对方脸无表情，“嗯”了一声再无下文，等电梯门打开，头也不回地冲出电梯。假如我以自己晚上要很晚下班的标准来衡量，我同样在电梯里遇到同样“朝九晚五”刚下班的熟人，我多说了“三个字”变成“这么早下班啦？”我简直捅了马蜂窝，对方会把脸一沉，说：“吉老师，我上午来上班的时候，你说不定还睡在被窝里呢，现在我下班怎么早了呢？”

我连连打招呼，说自己“不是这个意思”，对方已经昂首阔步走出了电梯。啥叫“信任”，我信任自己，说了大实话，却未被别人信任。我不止一次遇到这样不信任我的熟人，我必须改变“问候语”。之后，我同样见到这些人，却说出不同的话，得到的效果是令对方愉悦的。我是这样问候的：“今天怎么这么晚下班？”

“哦哟，吉老师，我今天算是走得早的噢，昨天要比今天走得还要晚，吉老师再会。”

你说，对方应该相信我，还是我应该相信对方？

哎，信任的问题无处不在。

数年前，我邂逅某省的一位副省长，过去我写过他的专访，稿子见报前，我请他的秘书将稿子请他审稿，待审定的稿子交我时，我发现有几处修改十分到位，是这位副省长亲自动手的。

这次再见到他，这位副省长一改之前矜持的作风，与我无拘无束交谈起来。他告诉我，他在位时主持会议，有时是小范围的会议，坐在一张椭圆形的会议桌前，一些地市级官员个个摊开笔记本，手持水笔、钢笔，在本子上做记录。这位副省长对我说："那些在做记录的人中，不乏认认真真做记录的人，有的则是在我面前'装门面'，有的看上去一副若有所思的样子，其实，他们这些人，有几根肠子，有多少分量，我都清楚得很。"

这位副省长好像有些无奈，他又不能把话挑明，必要的"门面"还是要的。他说自己有时实在熬不住了，就会这样说："同志们，大家认真记录，很好，其实，有些新的精神要记在心里，落实在行动上。"

我心中感慨万千。省级干部在位时不愿越雷池一步，退休后，只是遇见了老朋友，说了几句大白话而已。

于是我就在想，人与人之间，别人没有当面说你，不等于不在背地里议论你，或者，你在当面夸奖一个人，不等于你说的就是心里话。其实大家心里都很清楚，信任已在大幅度的滑坡，人们常常要戴上假面具，说着无关紧要的"风凉话"。

记得社会学家芭芭拉·米兹泰尔在论述信任的作用时说道："从某种意义上讲，信任在社会中扮演的角色如同大气中的氧气。顾客越信任卖家，生意就越容易做成。司机们越是相互信任，道路就会更通畅。信任赋予人们与陌生人交易的信心，因为他们相信对方大都会诚信待人、乐于合作。相互信任的氛围越好，社会就愈发容易走向兴盛。反之，越是缺失信任，社会就越容易变得病态而萎缩。倘若这种信任缺失严重到一定程度，就会引发社会的衰退和灭亡。"

我始终认为，信任与不信任是全世界人民的共同话题，难怪美国的布鲁斯·施奈尔在他新著《我们的信任》书名下，还有一行副题：为什么有时信任，有时不信任。

施奈尔认为，信任是相对的、不固定的、多维的。他相信爱丽丝会偿还10美元的债务，却不能确信她会偿还1万元；相信鲍勃会偿还1万美元，却不敢把婴儿委托他照看；卡罗尔能照看婴儿，却不是保管房子钥匙的合适人选；戴夫可保管钥匙，却担任不了秘书；埃伦可胜任秘书，他却不会偿还10美元债务。

我的一位朋友私下里向我抱怨：他母亲病重，他托了不少关系，也花了不少钱，搞得他心力交瘁，才让母亲住院；他的儿子要进“名牌”小学，又费了他九牛二虎之力，还将大房子换成小面积的学区房；他表哥的一桩官司打输了，让中间人转过“红包”的事只能自己“吃进”，此外还有单位领导把一个原本让他出国考察的名额换成了别人；更要命的是，他那位如花似玉的老婆外面有了花头，让他戴上一顶“绿帽子”……他还遇到过各种不如意的事，由此而得出这样的结论：现在到处是无法让你信任的陷阱，你再怎么留神，也无法防范。信任？你还能信任谁？你还能信任什么？

我无法想象，怎么会有这么多的烦心事都落在他一人身上？我相信他对自己的遭遇不会对我“加油添酱”。我们也无需否认，当今社会的好些领域的确出现了信任危机，这并非危言耸听；然而，我们不能因为出现了不信任的现象，就放弃自己固有的信任原则，而与不讲信任的人同流合污。而今，从中央到地方，重构我们的信任正在有序推进，但信任的建立不可能一蹴而就，却能毁于一旦；重构我们的信任也是冰冻三尺非一日之寒，需要全社会、全世界的共同努力。

有一点我们现在便可以立即实施，那就是先从自己做起，做到我之前提到的：要有敬畏之心，要有感恩之心！

行文至此，我忽然发现自己的碎片往事竟然用一根历史的长绳串起了50年的记忆。在本书即将完稿之时，妻子给我转发了一条微信，称此乃释迦摩尼推崇的四句话，我迫不及待地阅读完，继而迫不及待地要与本书读者分享。

1. 无论你遇见谁，他都是在你生命中该出现的人。这意味着没有人是因为偶然而进入我们的生命；每个在我们周围和我们有互动的人，都代表着一些事，也许要教会我们什么，也许要协助我们改善眼前的一个状况，也许要给我们的人生一个转折。

2.无论发生什么，那都是唯一会发生的事。我们所经历的事，绝不可能以其他的方式发生，即便是最不重要的细节，也不会。并不存在“要是我当时做法不一样，那么结果就会不一样”之类的假设。无论发生什么事情，那都是唯一会发生的，而且一定要那样发生，才能让我们学到经验以便继续前行。生命中，我们经历的每一种情境都是绝对完美的，即便它不符合我们的理解与自尊。

3.不管事情开始于哪个时刻，都是对的时刻。每一件事情都正好是在对的时刻开始的，不早也不晚。当我们准备好，准备经历生命中的新奇时刻，它就在那里，随时准备开始。

4.已经结束的，已经结束了。就是如此简单。当生命中有些事结束，它会帮助我们进化。要完整享受已然发生的事，最好是放下并持续前行。

我本想再说说自己为何要写这本书的，如今看来已属多余，就此打住。